倡学

板书体债法总论

解亘　冯洁语　尚连杰 著

北京大学出版社
PEKING UNIVERSITY PRESS

图书在版编目(CIP)数据

板书体债法总论/解亘,冯洁语,尚连杰著.—北京:北京大学出版社,2024.6
ISBN 978-7-301-35096-6

Ⅰ.①板… Ⅱ.①解…②冯…③尚… Ⅲ.①债权法—中国—教材 Ⅳ.①D923.3

中国国家版本馆 CIP 数据核字(2024)第 108257 号

书　　　名	板书体债法总论 BANSHUTI ZHAIFA ZONGLUN
著作责任者	解　亘　冯洁语　尚连杰　著
策划编辑	王　晶
责任编辑	钱　玥　孙嘉阳
标准书号	ISBN 978-7-301-35096-6
出版发行	北京大学出版社
地　　　址	北京市海淀区成府路 205 号　100871
网　　　址	http://www.pup.cn
新浪微博	@北京大学出版社　@北大出版社法律图书
电子邮箱	编辑部 law@pup.cn　总编室 zpup@pup.cn
电　　　话	邮购部 010-62752015　发行部 010-62750672　编辑部 010-62752027
印　刷　者	北京溢漾印刷有限公司
经　销　者	新华书店
	730 毫米×980 毫米　16 开本　30.5 印张　668 千字 2024 年 6 月第 1 版　2025 年 2 月第 3 次印刷
定　　　价	86.00 元

未经许可,不得以任何方式复制或抄袭本书之部分或全部内容。
版权所有,侵权必究
举报电话: 010-62752024　电子邮箱: fd@pup.cn
图书如有印装质量问题,请与出版部联系,电话: 010-62756370

序

一、为何是"债法总论"？

凡以"债法总论"命名的民法学教材，其所讲述的内容通常是围绕实定法上债法总则所作的解说。然而，尽管我国《民法典》在体例上基本维持了潘德克吞民法典的总分结构，但因为各种历史的、现实的原因并未设置债法总则。在此大背景下，以"合同法总论"来统摄潘德克吞式民法中债法总则与合同法总则，进而实现知识传授，无可厚非地成为首选。尽管如此，本书的作者还是更青睐于区分债法总论与合同法总论。

首先，尽管在我国《民法典》的体例上并不存在债法总则，但学界还是普遍承认存在着"实质的"债法总则规范群。因此，专门针对"实质的"债法总则规范群展开讲解，具有实定法上的基础。其次，区分债法总论和合同法总论，对于初学者而言，有助于构建潘德克吞式民法学知识体系。既然我国无论在实定法层面还是在学理层面均保留了物债二分的理论构架，那么在法学教育特别是本科生教育中系统讲授债法总论的一般性知识，对初学者而言无疑是有益的。为此，本书将通常被归入侵权法课程的有关损害概念和因果关系的内容等列为讲解的对象；将通常被归入合同法内容的保证之债定位为多数当事人之债的一个亚种，侧重从债法总论的角度下阐述，毕竟保证合同有着与其他有名合同迥异的特征。

当然，本书所预设的读者群不限于初学者，还包括具备一定债法学基础的民法学热爱者。为了满足后者的兴趣，本书作了适度的拓展，以确保教材的理论深度和知识广度。对此部分，初学者可直接绕过。

二、为何采板书体？

究竟何种体裁和版式才是法学教科书的理想选择，是一个见仁见智的问题，主要取决于所预设的读者群。无论如何，至少易于读者理解、掌握，应该是最低的共识。尽管有此共识,许多经典的、优秀的法学教材依然呈现出多姿多彩的体裁特征。

较之于主流的"文章体"教材,本书试图作一种全新的尝试:尽可能将债法课堂教学中的教案原封不动地搬进书本。这便是本书以"板书体"作为书名的缘由。之所以作此尝试,源于本书作者的以下认知:形式本身就是无声的力量。对于法学的初学者而言,课堂学习的效果通常要好于自学。既然如此,若将教材直接"教案化",界面会更友好,更易实现将读者带入教学现场的逼真效果。

为了最大限度地实现界面友好的目标,本书模仿日本京都大学山本敬三教授的《民法讲义》系列教材,作如下的尝试:

第一,根据知识点之间的层级关系,对所讲述之内容作段落的逐级缩进。

第二,按照"原则-例外-例外之例外"的逻辑顺序展开叙述。

第三,尽量借助事例和图表来辅助对内容的讲述。

本书的用心想必已无需赘言。

对界面友好的追求,并不意味着只能将教科书的难度降低到入门级别。实际上,本书并未对内容作简化处理,恰恰相反,为了能让读者了解学术的前沿,从而保持对债法学的敬畏,本书不仅保留了许多相对理论化甚至是充满争议的内容,且不惮于表达不成熟的一家之言。也正因如此,书中注定充斥着错漏,唯有依靠日后不断的自查、反思以及广大读者的指正来不断地修正和弥补。

祈愿广大读者阅读本教材后能获得这样的体验:易懂但不通俗。

三、 文献与观点

教材毕竟不同于专著或者论文,为了最大限度地保障阅读的流畅感,作者完全可以省却一切的文献引注。如此行事并不会违反学术惯例。不过,本书还是希望给读者留下若干可供读者作深度阅读和思考的线索。为此,本书保留了较低限度的文献引注。本书的引注方针是:着重引用少数有力说;凡是国内多数说,或不引用或仅引用个别代表性文献。挂一漏万,在所难免。

判断某一部门法学是否成熟的判据之一,是看相关的教科书中是否已经不再需要引用域外法的文献和判例。然而在现阶段,我国的民法学显然还远未发展到这一阶段。为了确保内容的深度,本书不得不引用了相当数量的域外法的文献和判例。不过,由于自身的局限性,本书所作之引用尤其是对域外法的引用,依赖于执笔者的外语能力和阅读范围,并不能确保全面性。此外,本书也未能全面跟踪我国的司法实践。

四、 本书的分工

解亘:第1部第1章、第2章、第4章第2节六;第2部第1章、第2章、第3章第1—2节、第4章第3节、第5节一、三、五、第5章;第3部第1章、第2章;第4部;第6部第4章。

冯洁语：第3部第3章、第5部、第6部第1—3章。

尚连杰：第1部第3章、第4章（不含第2节六）；第2部第3章第3节、第4章第1—2节、第4节、第5节（不含一、三、五）。

书中"本书的立场"所表明的观点，大体仅代表执笔者个人的学术立场。

五、致谢

本书主要建立在经年形成的教案之上。成熟教案的形成，离不开南京大学法学院广大学子无数次的质疑和反馈。教学相长，诚非虚言。此外，要向曾就保险法问题提供过专业帮助的同事岳卫、为初稿的校对以及绘图付出辛勤努力的博士生杨靖、硕士生张莹莹和周绘玲表达谢忱。当然，还要特别感谢北京大学出版社的王晶和钱玥两位编辑为书稿的校对，尤其是为古怪版式的调整所付出的辛劳。

解亘、冯洁语、尚连杰
2024年4月6日

法条标注例示[*]

第五百六十三条　有下列情形之一的，当事人可以解除合同： ← 563.1柱（柱书）

（一）因不可抗力致使不能实现合同目的；

（二）在履行期限届满前，当事人一方明确表示或者以自己的行为表明不履行主要债务；

（三）当事人一方迟延履行主要债务，经催告后在合理期限内仍未履行； ← 563.1.3

（四）当事人一方迟延履行债务或者有其他违约行为致使不能实现合同目的；

（五）法律规定的其他情形。

以持续履行的债务为内容的不定期合同，当事人可以随时解除合同，但是应当在合理期限之前通知对方。
　　　　　　　　　　563.2正（正文）　　　　　　563.2但（但书）

第五百四十九条　有下列情形之一的，债务人可以向受让人主张抵销：

（一）债务人接到债权转让通知时，债务人对让与人享有债权，且债务人的债权先于转让的债权到期或者同时到期；

（二）债务人的债权与转让的债权是基于同一合同产生。 ← 549.0.2

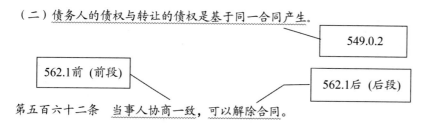

第五百六十二条　当事人协商一致，可以解除合同。
　　　　　　　562.1前（前段）　　　562.1后（后段）

当事人可以约定一方解除合同的事由。解除合同的事由发生时，解除权人可以解除合同。
　　　　　　　　　　　　　　　　　　562.2S2（第2句）

---

[*]　正文中未注明法律规范名称的条文序号数字，均为我国《民法典》中相应条文。

法规缩略语

简称	全称
保险法	中华人民共和国保险法（1995年颁布并施行；2015年第三次修正）
查封、扣押、冻结财产规定	最高人民法院关于人民法院民事执行中查封、扣押、冻结财产的规定（法释〔2004〕15号，2004年颁布，2005年施行；2020年修正）
产品质量法	中华人民共和国产品质量法（1993年颁布并施行；2018年第三次修正）
担保法解释	最高人民法院关于适用〈中华人民共和国担保法〉若干问题的解释（法释〔2000〕44号，2000年颁布并施行；2021年废止）
反不正当竞争法	中华人民共和国反不正当竞争法（1993年颁布并施行；2019年修正）
海商法	中华人民共和国海商法（1992年颁布，1993年施行）
合伙企业法	中华人民共和国合伙企业法（1997年颁布并施行；2006年修订）
合同编通则解释	最高人民法院关于适用《中华人民共和国民法典》合同编通则若干问题的解释（法释〔2023〕13号，2023年颁布并施行）
合同法	中华人民共和国合同法（1999年颁布并施行；2021年废止）
合同法解释一	最高人民法院关于适用《中华人民共和国合同法》若干问题的解释（一）（法释〔1999〕19号，1999年颁布并施行；2021年废止）
九民纪要	全国法院民商事审判工作会议纪要（法〔2019〕254号，2019年颁布）
劳动合同法	中华人民共和国劳动合同法（2007年颁布，2008年施行；2012年修正）
旅游法	中华人民共和国旅游法（2013年颁布并施行；2018年第二次修正）
买卖合同解释	最高人民法院关于审理买卖合同纠纷案件适用法律问题的解释（法释〔2012〕8号，2012年颁布并施行；2020年修正）
民法典	中华人民共和国民法典（2020年颁布，2021年施行）

(续表)

简称	全称
担保制度解释	最高人民法院关于适用《中华人民共和国民法典》有关担保制度的解释（法释〔2020〕28号，2020年颁布，2021年施行）
继承编解释一	最高人民法院关于适用《中华人民共和国民法典》继承编的解释（一）（法释〔2020〕23号，2020年颁布，2021年施行）
民商事合同指导意见	最高人民法院关于当前形势下审理民商事合同纠纷案件若干问题的指导意见（法发〔2009〕40号，2009年颁布并施行）
民法通则	中华人民共和国民法通则（1986年颁布，1987年施行；2009年修正；2021年废止）
民间借贷规定	最高人民法院关于审理民间借贷案件适用法律若干问题的规定（法释〔2015〕18号，2015年颁布并施行；2020年第二次修正，2021年施行）
民事诉讼法	中华人民共和国民事诉讼法（1991年颁布并施行；2023年第五次修正）
民事诉讼法解释	最高人民法院关于适用《中华人民共和国民事诉讼法》的解释（法释〔2015〕5号，2015年颁布并施行；2022年第二次修正）
企业破产法	中华人民共和国企业破产法（2006年颁布，2007年施行）
破产法规定一	最高人民法院关于适用《中华人民共和国企业破产法》若干问题的规定（一）（法释〔2011〕22号，2011年颁布并施行）
破产法规定二	最高人民法院关于适用《中华人民共和国企业破产法》若干问题的规定（二）（法释〔2013〕22号，2013年颁布并施行；2020年修正）
侵权责任法	中华人民共和国侵权责任法（2009年颁布，2010年施行；2021年废止）
商业银行法	中华人民共和国商业银行法（1995年颁布并施行；2015年第二次修正）
深圳个人破产条例	深圳经济特区个人破产条例（2020年颁布，2021年施行）
诉讼时效规定	最高人民法院关于审理民事案件适用诉讼时效制度若干问题的规定（法释〔2008〕11号，2008年颁布并施行；2020年修正并施行）
物权法	中华人民共和国物权法（2007年颁布并施行；2021年废止）
消费者权益保护法	中华人民共和国消费者权益保护法（1993年颁布，1994年施行；2013年第二次修正）
刑法	中华人民共和国刑法（1979年颁布并施行；2023年修正）
银行卡纠纷规定	最高人民法院关于审理银行卡民事纠纷案件若干问题的规定（法释〔2021〕10号，2021年颁布并施行）
执行异议复议规定	最高人民法院关于人民法院办理执行异议和复议案件若干问题的规定（2015年颁布并施行；2020年修正）
法民	法国民法典
旧德民	2002年债务法现代化之前的德国民法典
德民	现行德国民法典

(续表)

简称	全称
德商	德国商法典
瑞债	瑞士债务法
瑞民	瑞士民法典
意民	意大利民法典
明治民	2017年修改前的日本民法典
日民	现行日本民法典
台"民"	中国台湾地区"民法"
CISG	联合国国际货物销售合同公约
DCFR	欧洲私法共同参考框架草案
PECL	欧洲合同法原则
PICC	国际商事合同通则

文献缩略语(书籍)

程啸	程啸:《侵权责任法》(第三版),法律出版社 2021 年版
崔建远	崔建远主编:《合同法》(第七版),法律出版社 2021 年版
崔建远、陈进	崔建远、陈进:《债法总论》,法律出版社 2021 年版
韩世远	韩世远:《合同法总论》(第四版),法律出版社 2018 年版
合同编通则解释理解与适用	最高人民法院民事审判第二庭、研究室编著:《最高人民法院民法典合同编通则司法解释理解与适用》,人民法院出版社 2023 年版
黄立	黄立:《民法债编总论》,中国政法大学出版社 2002 年版
黄茂荣	黄茂荣:《债法总论》(第二册),中国政法大学出版社 2003 年版
黄薇 1	黄薇主编:《中华人民共和国民法典总则编解读》,中国法制出版社 2020 年版
黄薇 2	黄薇主编:《中华人民共和国民法典物权编解读》,中国法制出版社 2020 年版
黄薇 3	黄薇主编:《中华人民共和国民法典合同编解读》(上册),中国法制出版社 2020 年版
黄薇 4	黄薇主编:《中华人民共和国民法典合同编解读》(下册),中国法制出版社 2020 年版
黄薇 5	黄薇主编:《中华人民共和国民法典侵权责任编解读》,中国法制出版社 2020 年版
柳经纬	柳经纬主编:《债法总论》,北京师范大学出版社 2011 年版
罗歇尔德斯	〔德〕迪尔克·罗歇尔德斯:《德国债法总论(第 7 版)》,沈小军、张金海译,沈小军校,中国人民大学出版社 2014 年版
史尚宽	史尚宽:《债法总论》,中国政法大学出版社 2000 年版
王洪亮	王洪亮:《债法总论》,北京大学出版社 2016 年版

（续表）

王利明 1	王利明:《合同法研究(第一卷)》(第三版),中国人民大学出版社 2015 年版
王利明 2	王利明:《合同法研究(第二卷)》(第三版),中国人民大学出版社 2015 年版
王利明等	王利明、朱虎、尹飞、王叶刚、武腾:《中国民法典释评 合同编·通则》,中国人民大学出版社 2020 年版
王利明(上)	王利明:《合同法》(第二版)(上册),中国人民大学出版社 2021 年版
王利明(下)	王利明:《合同法》(第二版)(下册),中国人民大学出版社 2021 年版
王轶等	王轶、高圣平、石佳友、朱虎、熊丙万、王叶刚:《中国民法典释评 合同编·典型合同》(上卷),中国人民大学出版社 2020 年版
王泽鉴 1	王泽鉴:《债法原理(第一册)》,中国政法大学出版社 2001 年版
王泽鉴 2	王泽鉴:《侵权行为》,北京大学出版社 2009 年版
王泽鉴 3	王泽鉴:《不当得利》(第二版),北京大学出版社 2015 年版
王泽鉴 4	王泽鉴:《损害赔偿》,北京大学出版社 2017 年版
我妻	〔日〕我妻荣:《新订债法总论》,王燚译,中国法制出版社 2008 年版
徐涤宇、张家勇	徐涤宇、张家勇主编:《中华人民共和国民法典评注(精要版)》,中国人民大学出版社 2022 年版
杨代雄	杨代雄主编:《袖珍民法典评注》,中国民主法制出版社 2022 年版
杨巍	杨巍:《合同法总论》,武汉大学出版社 2021 年版
张广兴	张广兴:《债法总论》,法律出版社 1997 年版
曾世雄、詹森林	曾世雄、詹森林:《损害赔偿法原理》,新学林出版股份有限公司 2016 年版
朱广新	朱广新:《合同法总则》(第二版),中国人民大学出版社 2012 年版
朱广新(上)	朱广新:《合同法总则研究》(上册),中国人民大学出版社 2018 年版
朱广新(下)	朱广新:《合同法总则研究》(下册),中国人民法学出版社 2018 年版
朱广新、谢鸿飞	朱广新、谢鸿飞主编:《民法典评注 合同编通则》,中国法制出版社 2020 年版
周江洪	周江洪:《典型合同原理》,法律出版社 2023 年版
内田	内田貴『民法Ⅲ(債権総論・担保物権)〔第 4 版〕』東京大学出版会 2020 年
奥田	奥田昌道『債権総論(増補版)』悠々社 1992 年
奥田、佐々木(上)	奥田昌道、佐々木茂美『新版債権総論(上巻)』判例タイムズ社 2020 年
奥田、佐々木(中)	奥田昌道、佐々木茂美『新版債権総論(中巻)』判例タイムズ社 2020 年
於保	於保不二雄『債権総論〔新版〕』有斐閣 1972 年
潮見Ⅰ	潮見佳男『新債権総論Ⅰ』信山社 2017 年

（续表）

潮見Ⅱ	潮見佳男『新債権総論Ⅱ』信山社 2017 年
潮見プラ	潮見佳男『プラクティス債権総論〔第 5 版補訂〕』信山社 2020 年
中田	中田裕康『債権総論（第四版）』岩波書店 2020 年
中間試案説明	商事法務編『民法（債権関係）の改正に関する中間試案の補足説明』商事法務研究会 2013 年
前田	前田達明『口述債権総論（第 3 版）』成文堂 1993 年
平井	平井宜雄『債権総論（第二版）』弘文堂 1994 年
Brox/Walker	Brox/Walker, Allgemeines Schuldrecht, 44. Aufl., 2020
Medicus/Lorenz	Medicus/Lorenz, Schuldrecht I: Allgemeiner Teil, 22 Aufl., 2021
Looschelders1	Looschelders, Schuldrecht Allgemeiner Teil, 18 Aufl., 2020
Looschelders2	Looschelders, Schuldrecht Besonderer Teil, 17 Aufl., 2022
Larenz	Larenz, Lehrbuch des Schuldrechts, Bd. 1. Allgemeiner Teil, 14. Aufl., 1987

目 录

第 1 部　债的基本概念

003 | 第 1 章　绪论

004　第 1 节　债之概述
　　　　一、债的概念 /004　　　　二、债权的特征 /006

011　第 2 节　债的种类
　　　　一、按照强制执行的方法区分 /011
　　　　二、按照是否确保结果的实现区分 /012
　　　　三、按照给付内容是否可分区分 /013

013　第 3 节　债法总论的构成和意义
　　　　一、债法总论涉及的内容 /013　　　　二、实定法依据 /014
　　　　三、债法总论的意义 /014

015　第 4 节　优先权
　　　　一、含义 /015　　　　二、种类 /015
　　　　三、定性 /016　　　　四、正当性 /016

018 | 第 2 章　债权的效力总论

019　第 1 节　债权通常具有的权能
　　　　一、请求力 /019　　　　二、给付保持力 /020
　　　　三、诉求力 /021　　　　四、执行力 /021

022　第 2 节　不完全债务
　　　　一、纯粹道义上的债务 /022　　　　二、自然债务 /022
　　　　三、无责任债务 /024

025 | 第 3 章　债的产生

026　第 1 节　合同之债的产生
　　一、合同自由 /026　　二、合同订立 /027
　　三、强制缔约 /028　　四、悬赏广告 /030

031　第 2 节　先合同债务关系
　　一、制度演进 /031　　二、具体类型 /032
　　三、法律效果 /037

041　第 3 节　法定之债的产生
　　一、概述 /041　　二、无因管理 /041
　　三、不当得利 /042　　四、侵权行为 /044
　　五、物上之债 /046

048 | 第 4 章　债的内容

049　第 1 节　给付内容的确定
　　一、当事人约定 /049　　二、解释确定与法律确定 /049
　　三、一方当事人确定 /051　　四、第三人确定 /052

053　第 2 节　给付义务的客体
　　一、特定之债 /053　　二、种类之债 /054
　　三、选择之债 /058　　四、任意之债 /060
　　五、金钱之债 /062　　六、利息之债 /064

第 2 部　债务不履行

073 | 第 1 章　债务不履行的概念和类型

074　第 1 节　债务不履行的概念
　　一、债务不履行的含义 /074
　　二、债务不履行概念的必要性 /074
　　三、债务不履行与法定之债的关系 /075

077　第 2 节　债务不履行的类型
　　一、原因进路 /077　　二、原因进路的特点 /086
　　三、救济进路 /087　　四、我国法的定性 /088

090 | 第2章 履行请求权和补正请求权

091 第1节 履行请求权

一、履行请求权的定性 /091　　二、履行请求权的优先性 /091
三、履行请求权的限制 /092
四、有关履行期限的主张、举证 /092

093 第2节 补正请求权

一、补正请求权的含义和手段 /093
二、问题 /094　　三、基本立场 /094
四、补正请求权的顺位 /094

096 | 第3章 债务不履行（损害赔偿）责任的构成要件

097 第1节 概述

一、债法总论层面的债务不履行 /097
二、损害赔偿责任要件的特殊性 /097
三、构成要件概述 /097

100 第2节 归责事由

一、归责事由的内涵 /100
二、金钱债权之债务不履行的归责事由 /101

101 第3节 因果关系

一、自然因果关系 /101　　二、相当因果关系 /102
三、规范保护目的说 /104　　四、假设因果关系 /106
五、合法替代行为 /108

110 | 第4章 损害赔偿

111 第1节 损害赔偿的功能与基本思想

一、功能 /111　　二、基本思想 /111

113 第2节 损害的概念与分类

一、损害的概念 /113　　二、损害的分类 /116

120 第3节 损害赔偿请求权

一、债务不履行之损害的承担者 /120

二、替代性损害赔偿与履行请求权的关系 /120
三、替代性损害赔偿与解除的关系 /122
四、迟延损害赔偿与其他救济的关系 /122
五、违约损害赔偿与债务不履行损害赔偿的关系 /122

123 第 4 节 损害赔偿的方式与范围
一、损害赔偿的方式 /123
二、损害赔偿的范围 /127

129 第 5 节 损害赔偿数额的确定
一、损害数额的证明负担 /129
二、损害的计算方法 /131
三、损害赔偿数额的预定 /133
四、损益相抵 /134
五、过失相抵 /137
六、赔偿额的酌减 /139

142 | 第 5 章 债务不履行责任与违约责任的关系

143 第 1 节 概述
一、涉及的问题领域 /143
二、基本的思路 /143

144 第 2 节 纯粹的债权—债务构成
一、制度设计和法解释的立足点 /144
二、债权的概念和范围 /144
三、缩减债务内容的装置 /145
四、瑕疵担保责任的定性 /148
五、损害赔偿的范围 /148
六、履行不能时的解除与风险负担的分工 /148
七、实际的立法例 /149

149 第 3 节 纯粹的合同构成
一、制度设计和法解释的立足点 /149
二、对债务内容的实质化把握及其归结 /149
三、违约损害赔偿的归责事由 /151
四、损害赔偿的范围 /152
五、合同内容的确定 /152

153 第 4 节 两种理论构成的比较
一、殊途 /153
二、同归 /153
三、差异 /154
四、两种理论构成的关系 /155

155 第 5 节 我国法的定位
一、我国法的定位 /155
二、检验 /156
三、结论 /160

第 3 部 债 的 消 灭

163 | 第 1 章 清偿

164 第 1 节 概述
　　一、清偿的概念 /164　　二、清偿的法律属性 /164

165 第 2 节 清偿的方法
　　一、清偿的时期 /166　　二、清偿地 /170
　　三、清偿的内容 /171　　四、清偿的证据 /172

174 第 3 节 清偿的抵充
　　一、含义 /174　　二、合意抵充 /174
　　三、指定抵充 /175　　四、法定抵充 /176

178 第 4 节 第三人清偿
　　一、清偿人概述 /178
　　二、第三人对于清偿具有合法利益的情形 /179
　　三、第三人对于清偿无合法利益的情形 /180
　　四、清偿的效果 /183　　五、清偿代位 /184

189 第 5 节 清偿受领人
　　一、清偿的受领人 /189　　二、债权的表见受领 /190

193 第 6 节 清偿的提供
　　一、清偿提供的意义 /193　　二、清偿提供的效果 /194
　　三、清偿提供的方法 /194

197 第 7 节 受领迟延
　　一、概述 /197　　二、受领的法律属性 /200
　　三、受领迟延的要件 /203　　四、受领迟延的效果 /204

207 | 第 2 章 抵销

208 第 1 节 抵销的含义和机能
　　一、抵销的含义 /208　　二、抵销的功能 /209

209 第 2 节 当事人之间的关系

　　　　　　　一、抵销的积极要件——抵销适状 /209
　　　　　　　二、抵销的消极要件 /214　　　三、抵销的方法 /216

217　第 3 节　抵销的基本效果
　　　　　　　一、基本效果 /217　　　　　二、溯及力的有无 /217
　　　　　　　三、抵销的抵充 /222

224　第 4 节　与第三人的关系
　　　　　　　一、与相对人之债权人的关系 /224
　　　　　　　二、与债权受让人、质权人的关系 /227

231　第 5 节　合意抵销
　　　　　　　一、意义 /231　　　　　　　二、类型 /231

234 | 第 3 章　债的其他消灭原因

235　第 1 节　提存
　　　　　　　一、概述 /235　　　　　　　二、提存的要件 /236
　　　　　　　三、提存的程序（提存方法） /239　四、提存的效力 /240

242　第 2 节　代物清偿与以物抵债
　　　　　　　一、代物清偿 /242　　　　　二、以物抵债 /243
　　　　　　　三、本书的立场 /246

247　第 3 节　为清偿之给付
　　　　　　　一、概念 /247
　　　　　　　二、与代物清偿的区别 /247
　　　　　　　三、效果 /248

249　第 4 节　更改
　　　　　　　一、更改的概念及意义 /249　二、更改的要件 /250
　　　　　　　三、更改的效果 /251

252　第 5 节　免除
　　　　　　　一、免除的性质及特征 /252　二、免除的方法 /253
　　　　　　　三、免除的效果 /254

254　第 6 节　混同
　　　　　　　一、混同的定义 /254　　　　二、混同的原因 /254
　　　　　　　三、混同的效果 /255

第 4 部　债的保全

259 | 第 1 章　概述
　　　　　一、含义 /260　　　　　二、手段 /260
　　　　　三、正当性 /261

262 | 第 2 章　债权人代位权
　263　　第 1 节　债权人代位权的功能
　　　　　一、责任财产保全说 /263　　二、简易的债权回收功能说 /264
　　　　　三、特定债权保全说 /265　　四、我国法的定位 /266
　266　　第 2 节　债权人行使代位权的要件
　　　　　一、债权人一方的要件 /266　　二、债务人一方的要件 /268
　276　　第 3 节　债权人代位权的行使及效果
　　　　　一、债权人代位权的行使方式 /276
　　　　　二、代位行使的范围 /278　　三、诉讼当事人及抗辩 /279
　　　　　四、代位成立的效果 /279

282 | 第 3 章　债权人撤销权
　283　　第 1 节　总论
　　　　　一、债权人撤销权的功能 /283　　二、与恶意串通制度的关系 /284
　　　　　三、与破产法的关系 /285　　四、债权人撤销权的性质论 /285
　287　　第 2 节　债权人行使撤销权的要件
　　　　　一、债权人一方的要件——被保全债权 /287
　　　　　二、债务人一方的要件 /291
　　　　　三、相对人或者转得人一方的要件 /299
　300　　第 3 节　债权人撤销权的行使
　　　　　一、行使的方式 /300　　二、行使的范围 /300
　　　　　三、行使的时期 /302
　302　　第 4 节　行使债权人撤销权的效果

一、撤销的对象 /302　　二、撤销的效果 /303
三、费用的负担 /304　　四、逸散财产的返还 /304
五、相对人和转得人的救济 /308

第 5 部　债之关系的变动

313 | 第 1 章　概述

314　第 1 节　类型和概念区分
一、债之关系变动的类型 /314
二、债的变更与债的更改 /314

315　第 2 节　主体变动的两种视角
一、禁止变动说：债权是法锁 /315
二、允许变动说：债权作为财产权 /317
三、禁止变动说和允许变动说的影响 /317

319 | 第 2 章　债权转让

320　第 1 节　债权转让的构造和规范体系
一、债权转让的构造 /320
二、债权转让的规范体系 /326
三、债权转让的核心问题 /330

330　第 2 节　债权转让成立的一般构成要件
一、债权转让合意 /330
二、债权出让人有处分权 /331
三、债权的存在 /331
四、债权符合确定性和特定性的要求 /336

338　第 3 节　债权转让成立的特殊构成要件(债权可转让性)
一、依合同性质不得转让的债权 /338
二、依法律规定不得转让的债权 /340
三、当事人约定不得转让的债权 /340

344　第 4 节　债权转让对第三人的对抗要件

一、成立要件和对抗要件具备后的效果 /344
二、对抗模式的选择 /345
三、多重债权转让中债权受让人之间的对抗问题 /346
四、债权受让人和其他权利人（债权质权人、扣押债权人等）的对抗问题 /349
五、基本结论 /351

351　第5节　债权转让的法律效果
一、债权主体变更 /351　　二、担保权移转 /352
三、辅助性从权利的移转 /352

353　第6节　债权转让中对债务人的保护
一、通知作为债务人保护的要件 /353
二、债务人享有的抗辩 /359　　三、债务人享有的抵销权 /363

366　第7节　债权的法定让与
一、定义 /366　　二、功能和构成要件 /366
三、规范适用 /367

368 | 第3章　债务承担和债的概括继受

369　第1节　概述
一、基本含义与类型 /369
二、《民法典》的规范体系与制度原型 /369
三、与保证的区分 /370

371　第2节　免责的债务承担
一、定义 /371　　二、构成要件 /371
三、效果 /373

375　第3节　并存的债务承担
一、定义 /375　　二、构成要件 /375
三、效果 /377

377　第4节　债的概括继受
一、概述 /377　　二、构成要件 /378
三、效果 /379

第 6 部 多数当事人之债

383 | 第 1 章 总论

    384   第 1 节 多数人之债的基本内涵
            一、定义和类型 /384   二、债数 /386

    387   第 2 节 多数人之债的三个基本问题
            一、对外效力 /387   二、影响关系 /387
            三、内部关系 /388

389 | 第 2 章 多数债务人之债

    390   第 1 节 按份债务
            一、定义 /390   二、构成要件 /390
            三、按份债务的效力 /395

    396   第 2 节 连带债务
            一、定义 /396   二、特点 /396
            三、构成要件 /397   四、连带债务的效力 /400

    408   第 3 节 不真正连带债务
            一、定义和特点 /408
            二、我国法上的两种表现形式 /409
            三、我国传统理解中的不真正连带债务的效力(通说) /409
            四、不真正连带债务概念的存废 /409

    410   第 4 节 协同债务(共同债务、债务人共同体)
            一、定义和特点 /410   二、产生原因 /410
            三、效力 /411   四、与不可分债务的关系 /411

413 | 第 3 章 多数债权人之债

    414   第 1 节 按份债权
            一、定义 /414   二、构成要件 /414
            三、法律效果 /414

    415   第 2 节 连带债权

一、定义 /415　　　　　　　二、效力 /415
三、连带债权概念的存废 /416

416　第 3 节　协同债权(共同债权、债权人共同体)
　　　一、定义 /416　　　　　　　二、特点 /417
　　　三、适用范围 /417　　　　　四、效力 /417

419 | 第 4 章　保证

420　第 1 节　概述
　　　一、担保的体系 /420　　　　二、保证的类型 /421
　　　三、保证债务的性质 /423

429　第 2 节　保证债务的发生
　　　一、保证债务的发生原因 /429　二、保证合同的成立 /429
　　　三、保证人的资格 /431　　　四、保证合同的瑕疵 /432

435　第 3 节　债权人与保证人之间的关系
　　　一、保证债务的内容——介于自由与从属性之间 /435
　　　二、保证期间 /438　　　　　三、保证人的抗辩 /439
　　　四、债权人的担保保存义务 /443

444　第 4 节　债务人与保证人之间的关系
　　　一、追偿权 /444　　　　　　二、清偿代位 /448
　　　三、行使权利不得损害债权人的利益 /448

449　第 5 节　根保证
　　　一、总论 /449　　　　　　　二、最高额保证 /450

452　第 6 节　连带保证
　　　一、概念及判定 /452　　　　二、特征 /452

453　第 7 节　共同保证
　　　一、概念和类型 /453　　　　二、影响关系 /454
　　　三、共同保证人之间的相互追偿 /455

458　第 8 节　反保证
　　　一、概念 /458　　　　　　　二、反保证的从属性 /459
　　　三、保证期间的起算点 /459

第1部
债的基本概念

第 1 章　绪论

第 1 节　债之概述
第 2 节　债的种类
第 3 节　债法总论的构成和意义
第 4 节　优先权

第 1 节 债①之概述

一、债的概念

在学理上,一般认为债权是请求特定的他人为一定之作为或者不作为(=给付)的权利,现行法也采纳了这种定义(118.2)。相应的,该他人负担的为一定之作为或者不作为(=给付)的义务,便是债务。

> **例 1.1.1**
> G 与 S 之间订有买卖合同,约定 S 出卖其房产于 G。

G 对 S 享有请求其移转房屋所有权和占有(通常情形下)的债权,而 S 则对 G 享有请求其支付对价的债权。

> **例 1.1.2**
> G(受教方)与 S(施教方)订有家教合同。

G 对 S 享有请求其实施讲授一定内容之家教行为的债权,而 S 对 G 享有请求其支付对价的债权。

(一)给付

债权的客体是一定的作为或者不作为,学理上称之为给付。

1. 给付的含义

给付是带有增益他人财产之目的的行为。

(1)存在给付方的行为

> **例 1.1.3**
> X 与 Y 两家相邻。某日,X 饲养的鸭子与 Y 饲养的鸭群聚集到了一起,难以分辨。

---

① 在比较法上对于债法之相关表述,存在用语上的差异。德国法采用"债务法"的表述,日本法则采用"债权法"的表述,而我国一直有使用"债法"之传统。

由于不存在 X 或者 Y 的行为,因而不成立给付。
(2) 具有增益相对人的目的

> **例 1.1.4**
> X 在田间除草时,误入 Y 的农田,无意中帮 Y 清除了杂草。

X 并不具有增益 Y 的目的,因而其除草行为不构成对 Y 的给付。

2. 给付的内容

在上述债权的定义中,给付与一定之行为之间划有等号,但与实现债权有关的具体行为本身不一定都是给付。例如,在因不动产买卖所引发的债权债务关系中,为了实现所有权和占有的移转,出卖人需要配合买受人完成过户登记,需要腾空房屋。这些具体的行为不过是实现给付结果的具体手段。而给付则是指应为之具体行为的总和。①

(二) 请求权

1. 请求权的概念

罗马法上并不存在请求权的概念。在罗马法的时代,实体法与程序法未实现分离,实体权利与程序权利是合而为一的,称为诉权(actio)。在德国后期普通法时代,潘德克吞法学的集大成者温德沙伊德主张实体法与程序法的分离,将诉权中的实体法部分独立出来。这个实体法部分被称为请求权(Anspruch)。请求权遂成为纯粹的实体法概念。

2. 债权与请求权的关系

从上述债权的定义看,似乎债权 = 请求权。然而,民法上还存在其他的请求权。例如,有基于物权的物权请求权和基于占有的占有返还请求权、排除妨害请求权、消除危险请求权,有基于亲属关系的扶养请求权、抚养请求权、同居请求权,还有基于继承人地位的继承恢复请求权等。这些请求权并不是债权。

(1) 债权的内涵不限于请求权

债权的内涵(效力)还包括对给付的受领权限、保持权限等。

(2) 请求权的多义性

广义的或者说抽象的请求权,针对的是给付本身,可以等同于债权。而狭义的或者说具体的请求权,针对的是具体个别的作为或者不作为。仅仅凭借抽象的请求权主张救济,在诉讼中将无法使诉讼标的特定化,导致诉讼活动无法展开。

---

① 奥田、佐々木,9 頁。

> **例 1.1.5**
> 房东 S 与房客 G 之间存在房屋租赁关系。在租赁期间，下水管道的破裂，导致房客 G 无法正常使用房屋。

若房客 G 提起诉讼，其不能笼统地请求房东 S 履行租赁义务，而需要提出具体的请求。

(3) 债权与作为救济权之请求权的关系

物权与物权请求权、占有与占有恢复请求权、继承权与继承恢复请求权是元权利（或可称为第一性权利）与救济手段（或可称为第二性权利）的关系。

债权同样可以分化出元权利和救济手段。作为元权利的债权，具有抽象性；而一旦发生债务不履行，则债权人便可以凭借具体的请求权以实现救济。

二、债权的特征

债权的特征，可以通过与物权的比对来把握。

（一）对人权

1. 含义

物权是对物权，即人对物的支配权，体现的是人与物的关系。物权通过对物的支配得以实现。债权的定义注定了其只能是对人权，它规范的是人与人的关系。债权只能通过债权人对债务人的给付请求以及债务人的给付行为来实现。

2. 物权与债权的关系

(1) 协作关系

在通常的交易中，常常同时存在两种关系，两者之间存在协作关系。

（a）债权关系

通过订立买卖合同，双方当事人之间发生债权关系：买受人对出卖人取得要求移转标的物所有权的债权；出卖人对买受人取得要求支付价金的债权。

（b）物权关系

买受人仅仅取得请求移转标的物所有权的债权，标的物的所有权并不会自动发生转移，而是还需要移转标的物的所有权的意思表示以及必要的公示手段，才会发生物权变动的效果。

当然，债权关系可以促成物权关系的变动。买受人基于其对出卖人的债权，可以请求出卖人履行债务，从而实现双方之间物权关系的变动。不过，在他主物买卖中债权不一定能促成物权的变动。

> **例 1.1.6**
> S 擅自将 D 所有的手机当作自己的所有物卖给了 G。

G 对 S 享有移转手机所有权的债权,但由于本人 D 与 G 之间不存在物权行为,所以手机的所有权不会由 D 处移转到 G 处。如果日后 S 能取得该手机的所有权或者处分权,则债务的履行才有可能。

> **【思考题】**
> D 为了能从 G 处获得借款,请 S 用其所有的房产为其提供抵押(物上保证),S 同意。于是,S 和 G 签订了抵押协议,但却始终没有办理抵押登记。一年多以后,借款的清偿期届满,D 却不能清偿。问 G 如何获得救济?

(2) 物权与债权的效力对比
(a) 原则
正因为物权是对物权而债权是对人权,故当物权与债权发生冲突时,原则上物权具有更高的效力,即物权优先于债权。

> **例 1.1.7**
> S 将房产分别卖给 G 和 D,D 取得了该房产从 S 到 D 的所有权变更登记。

尽管 G 对 S 享有移转房产所有权的请求权,但由于 D 享有的是直接支配该房产的所有权,因此,原则上 G 只能追究 S 的债务不履行责任,无权要求 D 将房产过户给自己。

(b) 例外
例外情况下,法律会规定债权优先于物权。例如:
(甲) 优先于物权的优先权①
常见的有:
① 发生于担保物权成立之前的税款债权。纳税人欠缴的税款发生在纳税人以其财产设定抵押、质押或者纳税人的财产被留置之前的,税收应当先于抵押权、质权、留置权执行(税收征收管理法 45.1 后)。
② 建设工程价款债权。建设工程的价款就该工程折价或者拍卖的价款优先受偿(807S3)。

---

① 围绕优先权的法律属性,学理上存在着争议。本书持债权说的立场。

（乙）承租权的物权化

> **例 1.1.8**
> 房东 S_1 于租赁期内将房客 G 占有的租赁房产出卖给了 S_2。

房东 S_1 与房客 G 之间存在债权债务关系，G 基于租赁合同对 S_1 享有承租权，而 S_2 是新的所有权人。照理，S_2 享有物权（所有权），而 G 与 S_2 之间并不存在租赁关系，因此，S_2 完全可以基于物权请求权排除 G 的占有（235）。但依现行法，G 却可以要求 S_2 承继 G 与 S_1 的租赁关系（725）。于是，作为债权的承租权具有了优先于物权的效力。这样的制度安排，在学理上被称为买卖不破租赁。这种债权的物权化，也可以用物上之债的理论来描述（详见本部第 3 章第 3 节五）。

（二）相对权

1. 债权的相对性

物权是对世权，即可以对全天下之人主张，换言之，全天下之人均负担有不侵害该物权的义务。债权却仅具有相对性，债权人仅仅能够对债务人主张其权利（465.2 正），原则上不能向其他人主张。这一点从债权的定义中就可以演绎出来。

2. 债权相对性的例外

不过，债权的相对性存在着若干的例外。上文所述的买卖不破租赁，即租赁权的物权化，就使得承租权具有了一定的对外效力。除此之外，常见的例外如下：

（1）债权的保全制度

> **例 1.1.9**
> G 对 S 享有 100 万元的金钱债权已到期，S 对 D 享有的 80 万元金钱债权也已到期。由于 S 不向 D 主张自己的债权，导致其财产不足以清偿其对债权人 G 的债务。

> **例 1.1.10**
> G 对 S 享有 100 万元的金钱债权，为了赖账，S 将其最重要的财产（例如不动产）以极低的价格出卖给 D，导致资不抵债。

在【例 1.1.9】和【例 1.1.10】这种债权的实现陷入岌岌可危之情形，法秩序例外地允许债权人对债务人之外的人有所主张，例如在【例 1.1.9】中代 S 向 D

请求履行(535 以下),在【例 1.1.10】中撤销 S 与 D 之间的法律行为(538 以下)(详见第 4 部的讲解)。

(2) 债权的侵害

由于债权具有相对性,对于第三人对债权之实现所为之干扰,原则上债权人无可奈何。

例 1.1.11

听说 S 与 G 订立了不动产买卖合同,D 向 S 表示愿意出更高价格购买,于是 S 又与 D 订立了该不动产的买卖合同,并完成了所有权的变更登记。

尽管 D 的故意行为导致了 G 对 S 的债权不能实现,但这样的行为原则上属于自由竞争,不构成侵权行为。但并不排除例外情形的存在。

例 1.1.12

G 与 S 之间订有买卖特定物的合同。D 为了阻挠买受人 G 获得该特定物的所有权,故意毁损该物。

例 1.1.13

G 在银行 S 存有一笔钱,后其不小心丢失的装有借记卡和密码的钱包被 D 捡到。D 到银行取走了存款。

在一定的情形,第三人对债权的侵害例外地会构成侵权行为。

(3) 第三人清偿(详见第 3 部第 1 章第 4 节)

例 1.1.14

G 对 S 拥有 100 万元的金钱债权。

① S 的好友 D_1 代 S 向 G 作了清偿。

② 物上保证人 D_2 为保住抵押物的所有权代 S 向 G 清偿了债务。

虽然债权具有相对性,但通常第三人可以代债务人清偿。第三人的清偿导致债权人对债务人的债务消灭。

(三) 平等性

1. 概念

> **例 1.1.15**
>
> S 将同一不动产分别卖给 G_1 和 G_2。

在【例 1.1.15】中就该不动产上只能成立一个所有权。这是由物权的排他性所决定的。在同一有体物上不能并存内容相同的数个物权(一物一权主义)。但是,债权并不具有排他性,可以同时成立多笔相同内容的债权。在【例 1.1.15】中,G_1 和 G_2 各自基于其与 S 的合同对 S 享有请求其移转房屋所有权的债权。换言之,S 负担两重的移转其房屋所有权的债务。

> **例 1.1.16**
>
> S 对 G_1 和 G_2 分别负担 100 万元和 120 万元的金钱债务。

当然,同一债务人对多个债权人负担内容未必相同的债务,这种情形更为常见。问题是,针对同一债务人的数个债权之间是什么关系?既然债权具有相对性,那么每一位债权人都仅仅可以对债务人主张权利,而不能对其他人包括其他债权人主张权利。因此,在逻辑上针对同一债务人的数个债权在法律地位上一定是平等的,每一位债权人均不拥有优越其他债权人的地位。债权的这一属性,被称为债权的平等性。

2. 债权平等性的归结

(1) 债权之间的竞争关系

既然债权之间的关系平等,那么在给付同一或债务人客观上无法清偿全部债务的情形,数个债权之间便处于竞争关系。债权人只能凭借法律赋予的手段(最为常见的便是强制执行手段)争夺。而债务人则可以自发向任一债权人清偿全部或者部分债务。

(2) ≠比例受偿

多个债权人之间的竞争关系,通常意味着先下手为强,债权的平等性并不担保全体债权人可以按照比例平等受偿。仅在法定的特殊情形,才会发生按比例受偿的结果。例如,在破产程序中位于同一顺序之债权的受偿(企业破产法113.2)。再如,在被执行人为自然人或者其他组织的情形,在执行程序开始后,被执行人的其他已取得执行依据(学理上多称之为执行名义,最典型者为生效的判决文书、裁决书)但不享有优先受偿资格的债权人,可申请参与分配,按其占全部参与分配债权数额的比例受偿(民事诉讼法解释508)。此外,在限定继承的情形,比较法上常见这样的规定,限定继承人应当用继承的财产根据各遗产债权人于申报期内申报的债权数额比例向其清偿(如日民929正)。

3. 平等性的例外——优先权

优先于物权的优先权,自然也凌驾于通常的债权之上。此外,还存在仅优先于其他债权但不优先于物权的优先权(详见本章第4节)。

(四) 归属性和可转让性

在历史上,罗马法严格理解债的相对性,认为债权债务关系是拘束特定人的法锁,因此债权不具有可处分性,不能转让。近代以来,随着观念的变化,债权的财产属性被强化,最终债权的可转让性得到普遍的承认。可转让性的前提,是债权具有归属性,即债权一定归属于特定之人——债权人。在归属性和可转让性这一点上,债权与物权具有共性。当然,债权中也可能例外地因为其特性、法律规定以及当事人的约定而不具有可转让性。

并非所有的财产利益都具有可转让性。凡不具有归属性的利益均不具有可转让性。例如,反不正当竞争法所保护的商业秘密。

第2节 债的种类

按照不同的基准,可以将债区分为不同的类型。个别具有典型性的类型将在本部第4章第2节详细讲述。在此仅介绍更为宏观的类型。

一、按照强制执行的方法区分

(一) 作为之债与不作为之债

作为之债以积极的行为作为给付内容,例如交付某物、提供劳务。不作为之债以消极的行为(不作为)作为给付内容,例如不开展竞争、保守秘密等。

1. 区分的意义

区分作为之债与不作为之债的意义如下:

(1) 强制执行的方法

发生债务不履行时,不作为之债的债权只能通过间接强制的方式实现;而作为之债的债权则存在多种强制执行方法。

（2）可转让性

作为债权通常可以被转让，作为债务也可以由他人代为履行；而不作为债权则通常不能被转让，不作为债务也不可由第三人代为履行。

2. 不作为之债的重要类型——容忍之债

所谓容忍之债，是指债务人对债权人之特定的侵入自己权利领域的行为负担容忍义务的债之关系。

> **例 1.1.17**
> 专利权人 S 将自己的专利许可给 G 实施。

在【例 1.1.17】中，专利权人 S 对被许可人 G 负担不对其行使专利权以排除后者实施专利的债务。

（二）交付之债与行为之债

作为之债可以进一步区分为交付之债与行为之债。

1. 交付之债

亦称为与之债，以标的物的交付为给付内容的债，例如动产、不动产的交付。

2. 行为之债

亦称为为之债，以一定行为的作出作为给付内容的债，如劳务的提供。

发生债务不履行时，交付之债可以通过直接强制的方法实现，而行为之债只能通过替代执行或者间接强制的方法实现。

二、按照是否确保结果的实现区分

（一）结果之债与手段之债

1. 结果之债

以一定之结果的实现作为给付内容，例如，出卖人交付标的物的债务、承揽人完成工作的债务。

2. 手段之债

以特定手段的采用作为给付内容，通常要求债务人给付时谨慎、勤勉，例如，医院对患者负担的诊疗债务。

（二）区分的意义

区分结果之债与手段之债的意义，在于判断债务人是否构成债务不履行时举证对象的不同。

1. 结果之债

只需证明结果的实现与否。只要结果未实现，便构成债务不履行。

2. 手段之债

需证明是否采用了特定的手段。手段之债的债务人不担保特定结果的实现，只有债务人未采用特定的手段时，才构成债务不履行。

> **例 1.1.18**
>
> G 到 S 医院看病。不料，病情反而加重了。

G 要追究医院的债务不履行责任，不能仅以自己的病情加重作为要件事实，还需要举证证明医院违反诊疗规范或者存在其他过错的事实。

（三）难以区分的情形

结果债务与手段债务的区分并非总能奏效。有些债务难以定性其到底是手段债务还是结果债务。例如，租赁关系中承租人负担的债务：既要妥善使用租赁物，又要在租赁到期后返还占有。

三、按照给付内容是否可分区分

可以分为可分之债与不可分之债。

区分两者的意义在于债务是否可以部分履行。不过，即便是可分之债，也仅在例外情形允许部分履行（531.1 但）。

第 3 节 债法总论的构成和意义

一、债法总论涉及的内容

既然是总论，其一定是关于超越了各种债之特性的共通部分的理论。至于共通部分的具体构成，则又与民法的外在体系特别是法典具有密不可分的关系。由于认知和着眼点的不同，并不存在唯一的债法总论的体例。本书选取最大公约数，作为讲述的对象。

作为最大公约数之债法总论，包括如下的内容：

（一）债的概念

（二）债的发生原因

（三）债的种类：包括特定物之债与种类之债、选择之债、金钱之债、利息之债

（四）债务不履行：包括债务不履行的要件和效果

（五）债的保全：包括债权人代位权和债权人撤销权

（六）债之主体的变动：包括债权转让、债务承担、债之地位的概括继受

（七）债的消灭：包括清偿、代物清偿、抵销、提存、免除、混同

（八）多数当事人之债

二、实定法依据

通常的部门法教科书，都以实定法的教义学展开作为其核心内容。换言之，一般是以实定法的存在作为前提的。债法总论的教科书，对标的自然是民法典债法编的总则。然而，我国《民法典》虽然在总体上采用的是潘德克吞模式的立法体例，却未设置债法总则。这样的体例安排直接导致债法总则规范的大规模缺失。

为了克服这一缺陷，起草者在合同编第一分编（通则）中设置了类推规则："非因合同产生的债权债务关系，适用有关该债权债务关系的法律规定；没有规定的，适用本编通则的有关规定，但是根据其性质不能适用的除外。"（468）这一规则意味着合同编第一分编中存在着实质意义上的债法总则规范群。这样的设计固然可以在相当程度上填补因债法总则缺失造成的大面积法律漏洞，但不可避免地留下两个后遗症：其一，需要对第一分编的规则作逐一甄别；其二，由于第一分编毕竟只是合同编的通则，仍然不能涵盖债法总则领域所有的规范，于是依然会留下诸多的法律漏洞，不得不通过法解释来填补。而具体的法解释要在民法学共同体内形成共识，尚需时日。

三、债法总论的意义

既然《民法典》放弃了债法总则，撰写债法总则的教科书、设置债法总则的课程还有何意义呢？

（一）实质债总的存在

既然合同编中存在着实质意义上的债法总则规范群，那么债法总论作为一门学问，自然肩负着对于实质债法总则规范群的发现和法解释的展开。这项工作对于法律适用的意义不言而喻。

（二）体系思维的需要

尽管我国法在立法体例上放弃了债法总则，但在法典的总体设计上并未告别潘德克吞的立法体例，依然坚持总分结构。此外，我国法也并未抛弃物债二分的格局。如果在学理上放弃债法总论，法律共同体的知识结构中将只有各种具体的意定之债和法定之债的法教义学，各种债之关系中具有共性的内容（见上文）将失去立足之地。知识的准确定位，是构建体系思维的关键。而体系思维恰恰是民法思维的生命力之源。

第 4 节 优先权

一、含义

对于一定类型的债权,法律(民法或者特别法)基于某种考虑,赋予了该债权的债权人以优先受偿的地位。这样的优先受偿的地位可以是优先于普通债权的,还可以是优先于担保物权的。此种债权的效力会波及债务人之外的其他债权人甚至物权人,自然也就突破了相对性。

由于优先权是一种法定的优先于其他债权人的权利,却又不存在充分的公示手段(尽管某些优先权的存在可以预见),对其他债权人的危害很大。所以,德国法和瑞士法对这种制度都非常消极。而法国法和日本法却很积极,规定了很多种类的优先权。以日本法为例,仅在民法典中就规定了 15 种优先权,加上特别法上的优先权总计百余种之多。我国法对于优先权的立场总体上较为消极,种类有限。

二、种类

以优先权的客体为标准,可以作如下分类:

(一)动产优先权

存在于债务人特定动产上的优先权。优先权人仅仅能将特定的某件动产变价而获得优先受偿。例如,船舶优先权(海商法 21)。

(二)不动产优先权

存在于债务人特定不动产上的优先权。我国法上主要有如下几种在司法实践中被误作"物权期待权"的不动产优先权。

1. 无过错不动产买受人享有的不动产优先权

在法院查封之前已签订合法有效的书面买卖合同并合法占有该不动产,且已支付全部价款,或者已按照合同约定支付部分价款且将剩余价款按照法院的要求交付执行,但非因自身原因未办理过户登记的买受人,可排除对登记在被执行人名下的不动产的强制执行(执行异议复议规定 28)。

2. 商品房消费者享有的不动产优先权

在法院查封之前已签订合法有效的书面买卖合同,所购商品房系用于居住且买受人名下无其他用于居住的房屋,同时已支付的价款超过合同约定总价款的

50%的购房人,可排除对登记在被执行的房地产开发企业名下的商品房的强制执行(执行异议复议规定 29)。

3. 不动产预告登记权利人享有的不动产优先权

取得不动产预告登记的受让人,有权对于所有权人的处分提出异议;符合物权登记条件,受让人可以排除执行异议(执行异议复议规定 30)。

(三) 一般优先权

存在于债务人责任财产上优先权。我国法上的一般优先权主要规定在破产法上。除了破产费用债权、共益债权(企业破产法 43.1)外,还包括破产人所欠职工的工资和医疗、伤残补助、抚恤费用,应当划入职工个人账户的基本养老保险、基本医疗保险费用,法律、行政法规规定应当支付给职工的补偿金;以及其他社会保险费用。此外,税款债权也具有此种优先性(税收征收管理法 45.1)。

三、 定性

(一) 一般优先权

由于一般优先权存在于债务人的责任财产之上,无法特定,因此不具有担保物权的属性,只能定性为债权。

(二) 动产优先权、不动产优先权

1. 法定抵押权说

主流观点将其定性为法定抵押权,有别于债权本身。

2. 债权说

本书采债权说,理由如下:

(1) 与一般优先权的一致性

从体系性的角度考虑,应尽可能统一地理解优先权。既然一般优先权是债权,那么也应将动产优先权和不动产优先权尽量作与之相一致的定性。

(2) 存在占有的情形

抵押权人不占有抵押物;但无论是对于动产优先权还是不动产优先权,均不存在这种限制。

四、 正当性

法律承认优先权所依据的理由主要有以下几点:

(一) 对弱者的保护

例如,破产企业的职工工资债权(各国通例)。

（二）对债权人之正当期待的保护

例如，住宿旅馆的旅客若不支付住宿费，旅馆老板通常期待从旅客寄存的行李上获得优先清偿（日民317）。

（三）社会通常观念

例如，丧葬费债权（日民309）。

（四）基于公平的考虑

例如，在动产的买卖关系中出卖人将所有权移转给买受人后，就价金及其利息在该动产上享有优先权（日民321）。

（五）特定产业的保护

例如，种苗、肥料供给的价金债权（日民322）。

第 2 章　债权的效力总论

第 1 节　债权通常具有的权能
第 2 节　不完全债务

第 1 节　债权通常具有的权能

所谓债权的效力,是指享有债权的债权人"可以怎样对待"给付。债权通常具有如下的权能。

一、请求力

（一）含义

所谓请求力,顾名思义,是指债权人可以向债务人请求其完成给付的权能。为了区别于下文将要讲述的诉求力,需要将这里的请求限于私人领域的请求,不涉及诉讼或者仲裁行为。至于请求的内容,则取决于给付本身,既可以是物的交付,也可以是金钱的交付,还可以是服务的提供。

因为债权具有请求力,债权人对债务人所作的请求会被评价为权利的行使,具有正当性。即便给债务人带来不便,债权人的请求也不会构成侵权行为,除非请求本身构成权利滥用。

（二）请求的效果

请求本身属于准法律行为中的观念通知,因此会发生法定的效果。最为常见的效果有如下两项。

1. 诉讼时效的中断(195.0.1)
2. 不定期债权的到期(511.0.4)

需要注意的是,只有债权人本人及其授权之人才有权请求,债权人以外的人无权请求,其请求行为不构成法律意义上的请求,自然不会发生请求的法定效果。

> **例 1.2.1**
> D 误以为债权人 G 对债务人 S 之债权是归属于自己的,在该债权诉讼时效即将届满时向 S 发出了履行请求。

二、给付保持力

（一）含义

> **例 1.2.2**
> 8月8日早上，G到S的早餐摊位购买油条。S将早上炸出的第8根油条递给了G，但随即后悔，他觉得带有如此吉利序号的油条应该由自己吃掉才能发财。于是，他提出要用两根油条换回G手中的那根油条。G能否置之不理？

> **例 1.2.3**
> S擅自将D所有的手机当作自己的所有物卖给了G。事后S害怕事情败露，便将真相告知G，并提出愿返还G已支付的价金，要求G返还该手机。

一旦债务人完成了给付，债权人就可以保持所受领之给付，拒绝债务人的返还请求。这是因为，债务人原本就有义务提供给付，债权人保持给付不构成不当得利，债务人要回给付标的的请求权基础不存在。在以上两个事例中，债权人均有权拒绝债务人要回给付标的的要求。

给付保持力是债权的四项权能中最为基本的权能，不可或缺。

（二）给付保持力的丧失

给付具有的保持力于构成债权债务关系之基础丧失——法律行为无效、意思表示被撤销（155），或者合同被解除（566.1、580.2）——时丧失，这时债权人保持给付便不再具有正当性，债务人有权基于物权或者不当得利请求权等要回所给付之标的。

（三）给付保持力的主体范围

给付保持力仅仅在债权人与债务人之间的相对关系中成立。

> **例 1.2.4**
> S将D的自行车出卖给G（无权处分），并完成了交付。
> ① 事后S担心无法向D交代，于是要求G返还自行车。
> ② 闻知此事的D向G索要自行车。

G之所以取得自行车，是因为S的给付。只要G与S之间债权债务关系的基础存在，S便无权要求G返还给付之标的。但是D享有的是所有权，只要不构成善意取得，G便不能以给付保持力来对抗所有权人D的返还请求。

三、诉求力

（一）含义

所谓诉求力,是指债权人通过诉讼请求债务人提供给付的能力。当债务人不履行债务时,债权人可以通过向法院提起诉讼(给付之诉),获得给付判决。

从反面来说,不具有诉求力的债权,是指债权人在程序上不能诉求(不具有原告适格)或者在实体上不能获得胜诉判决的债权。

（二）具有诉求力之债权的种类

比较法上普遍承认金钱债权的债权人享有诉求力,但对于非金钱债权则未必。罗马法上给付判决必须以金钱判决的方式作出,非金钱债权的诉请必须作金钱评价。[①] 有的立法例对于非金钱债务的不履行,曾在原则上仅允许债权人诉请以金钱给付为内容的替代性损害赔偿,如法国法(例如 2016 年 10 月 1 日修改前的法民 1142)。我国法则不区分债权的种类,原则上均允许债权人请求债权原本之内容的实现(580.1)。

四、执行力

（一）含义

债权人通过诉讼获得了给付判决后,如果债务人依然不履行债务,那么债权人便可以通过强制执行程序,借助公权力之手实现债权的内容。债权的这种能力称为执行力。

（二）类型

执行力包含两种类型。

1. 贯彻力

即通过公权力的强制力原封不动地实现给付内容的能力。例如物的交付之债,最适合用这种方式来实现给付内容。在程序法上一般将债权的这种实现方式称为直接强制。

2. 掴取力

（1）含义

即债务人不履行债务时,债权人通过强制执行债务人的责任财产从而使自己的债权得到满足的能力。债权人可以借助公权力从债务人用以担保债权实现的全部财产中任意保全、变现,从而最终获得所变现之金钱。

（2）对象——金钱债权

掴取力的对象为金钱债权。如果债务人不履行非金钱债权,仅在债权人主

[①] 中田,60 页。

张具有金钱债权性质之替代性损害赔偿请求时,才会发生掴取力的问题。

【深化】 什么是责任财产?

所谓责任财产,是指用以对外承担责任的财产。由于民法上的主体通常都具有多种多样的财产,这些财产中的大部分都可用来承担民事责任,所以责任财产通常由多种多样的财产构成。因此,真正需要辨别的是,哪些财产不属于责任财产。换言之,哪些私人财产不能用来对外承担责任? 通常,具有一身专属性的财产以及基于法律规定不能被用以强制执行的财产以及其他不具有移转可能性的财产,不属于责任财产。此外,债务人还可通过与债权人的约定进一步限定仅针对该债权人的责任财产的范围。

第 2 节 不完全债务

不完全具备上述全部四项权能的债权,属于不完全债权,相应的债务为不完全债务。其中,不具有请求力的债务极为罕见。

一、纯粹道义上的债务

纯粹停留于道德、宗教、社交和情感层面上的债权债务,不具有上述四项权能,不能算作法律意义上的债权债务。债务人为清偿这种债务所为的给付,债权人一方在受领后无权保持,需要按照不当得利返还,除非构成赠与。

二、自然债务①

(一) 含义

1. 概念及其价值

(1) 概念

自然债务,原本是罗马法上的概念,是指不伴有诉权(actio)的债务。这种债务不同于纯粹道德意义上的债务,尽管债权人不能通过诉讼获得救济,但债务人

---

① 关于自然之债的详细内容,可参看李永军:《自然之债论纲》,中国政法大学出版社 2019 年版。

自发履行的给付,债权人受领后有权保持。此外,这种债权可以成为更改的对象,还可以成为抵销的对象——被动债权。近代发生实体法与程序法的分离之后,自然债务的产生就与是否伴有诉权脱离了瓜葛。近代以来的自然债务,主要源于合意或者法律对诉求力或执行力的限制。

(2) 概念的价值

围绕自然债务这一概念的价值,学理上存在争议。否定立场认为,自然债务并非一个精确的学理概念,其不过是一个整理概念。而肯定立场则认为,各种自然债务中存在着最大公约数:(a)该债权具有给付保持力;(b)该债权不具有诉求力,或即便具有诉求力也不具有执行力。

2. 与债务不存在的区别

> **例 1.2.5**
> S 误以为其对 G 负担 10 万元债务,于是向 G 清偿了 10 万元。事后得知自己对 G 并无债务,于是要求 G 返还这笔钱,可否?

债务不存在的情形所作的给付(非债之清偿),构成不当得利,给付人可以要求受领人返还。但无诉求力的自然债权具有给付保持力,债权人受领后有权拒绝返还。

(二) 强制力受到限制的原因

1. 合意对诉求力或者执行力的限制

当事人可以约定,即便发生债务不履行,债权人亦不能提起诉讼,或者即便获得胜诉判决也不能申请强制执行。最高人民法院的裁判例并不认可此类约定的效力。① 但该立场完全不考虑合意的过程,有过剩介入意思自治之嫌。容易引起争议的,是对这种合意的认定。此种债务与纯粹道义上的债务往往界限不明。此外,默示的限制诉求力的合意,在认定时也有难度。

2. 法律对诉求力的限制

(1) 诉讼时效已经届满且债务人援用了时效抗辩的债权(192.1)

(2) 限定继承中超过遗产实际价值的债务(1161)

(3) 婚约

在有的立法例中,婚约所产生的结婚义务属于自然债务,法院不能判令当事人结婚;不过被毁约方可以主张损害赔偿。我国法虽未作明确规定,但实务中不承认婚约双方对对方负担结婚的债务。

---

① 王文明与贾红亮合资与合作开发房地产合同纠纷案,最高人民法院(2019)最高法民再 327 号民事裁定书。

（4）给付彩礼之债

订婚阶段约定的一方向另一方支付彩礼的债务，在性质上应属自然债务。

【深化】 基于不法原因之给付所发生的债务是否属于自然债务

> **例 1.2.6**
>
> G 在赌博中负于 S，遂向 S 清偿了赌债 1 万元。事后 G 得知作为合同的赌博行为因违反公序良俗或者违反强制性规定而无效。于是，G 认为自己所为之清偿构成非债之清偿，要求 S 返还。

【例 1.2.6】中 G 所为之给付基于不法原因，对此，尽管我国法没有明文规定，但司法实践普遍的立场是：基于不法原因之给付所引发之债不受保护，一旦给付便无法要回，除非不法原因仅在接受给付一方。基于不法原因所生之给付返还之债是否构成自然债务？尽管这种债务在效果上与自然债务非常接近——债权不具有强制力，然而两者之间存在着根本性的差异。自然之债的债务人一旦给付便不能要回给付，是因为债权人具有给付保持力；而不法原因之债的债务人之所以不能要回给付，则是基于法政策的特别考虑。

三、无责任债务

所谓无责任债务，是指即便债务人不履行债务，债权人也不能诉诸强制执行的债务。这种债权具有请求力、给付保持力和诉求力，唯独不具有执行力。至于不具备执行力的原因，或来自当事人的合意，或来自法定。这一概念与自然债务存在交叉。

比较法上，法定无责任债务集中出现在亲属法领域。例如，夫妻之间的同居债务、因离婚而产生的交还未成年子女的债务等。

第 3 章　债的产生

第 1 节　合同之债的产生
第 2 节　先合同债务关系
第 3 节　法定之债的产生

债是按照合同的约定或者依照法律的规定,在当事人之间产生的特定的权利和义务关系(民法通则 84.1)。《民法典》虽并未承继《民法通则》的表述,但于第 118 条第 2 款规定:"债权是因合同、侵权行为、无因管理、不当得利以及法律的其他规定,权利人请求特定义务人为或者不为一定行为的权利。"同时,第 468 条规定:"非因合同产生的债权债务关系,适用有关该债权债务关系的法律规定;没有规定的,适用本编通则的有关规定,但是根据其性质不能适用的除外。"可见,立法者仍然承认"债"这一上位概念,并在其下区分出意定之债和法定之债。针对法定之债无特别规定时,可以适用合同编通则的有关规定。

债之关系的产生问题不仅具有理论意义,在法律适用上也有其价值。每一个案件分析过程中,都需要考察当事人之间的请求权是否成立。而大部分请求权都基于债之关系而产生。[①]

第 1 节 合同之债的产生

一、合同自由

(一)合同自由的内容

在合同法领域,合同自由是私法自治的体现。具体而言,合同自由原则包括以下要点:

1. 订立自由

   订立自由指个人可以决定是否以及与何人订立或不订立合同。

2. 形成自由

   形成自由指当事人可以自由决定以何种内容订立合同。

3. 形式自由

   原则上,除非法律有特别规定或者当事人有特别约定,合同订立并无采取特定形式的要求,可以采取书面形式、口头形式或者其他形式(469.1)。

   特定形式的要求具有警示功能、澄清功能、证据功能和指导功能。以特定的形

[①] 王洪亮,第 35 页。

式作成合同,可以警示当事人、确保合同内容正确、保留相关证据,并给予当事人以指导。①

(二) 合同自由的功能

1. 促进交易简单化、便捷化
2. 满足当事人的多样化需求

二、 合同订立

(一) 要约

1. 含义

什么是"要约"? 一方当事人(要约人)发出的希望和对方(受要约人)订立合同的意思表示,而且表明经受要约人承诺,要约人即受该意思表示的约束。要约是一个单方的、需受领的意思表示。通过发出要约,要约人赋予了受要约人以订立合同的权限。②

2. 与要约邀请的区分

某一行为究竟属于要约抑或要约邀请,本身是解释问题,二者的区别体现在以下两点:

(1) 是否存在受拘束的意思

要约属于意思表示,而要约邀请属于事实行为,前者包含受拘束的意思。对于受拘束的意思是否存在,应以要约人的言辞或行为是否会使得一个理性人确信其有受约束的意图来判断。③

(2) 内容是否具体确定

何为具体确定? 通说认为,应具备构成合同要素的内容。就买卖而言,至少应包括当事人名称、标的。

3. 要约的生效

要约的生效适用关于意思表示生效的一般规则。以对话方式发出的要约,自相对人知道其内容时生效。以非对话方式发出的要约,自到达相对人时生效。

4. 形式拘束力

要约的形式拘束力是指要约一经生效,要约人即受到要约的拘束,不得撤销要约或对其加以限制、变更和扩张。

5. 实质拘束力

要约一经受要约人承诺,合同即成立。学理上也称为要约的本体效力。

---

① Vgl. Jauernig/Mansel, 18. Aufl., 2021, BGB § 125 Rn. 3.
② 〔美〕E. 艾伦·范斯沃思:《美国合同法》,葛云松、丁春艳译,中国政法大学出版社 2004 年版,第 112 页。
③ 〔英〕H.G. 比尔主编:《奇蒂论合同法(第 30 版) 上卷:通则》(影印本),商务印书馆 2012 年版,第 144 页。

（二）承诺

1. 含义

　　承诺是受要约人同意要约的意思表示。

2. 承诺的生效

（1）生效的时点

　　承诺通知到达要约人时生效。承诺不需要通知的，根据交易习惯或者按照要约的要求作出承诺的行为时生效。

（2）承诺的撤回

　　撤回承诺的通知应当在承诺通知到达受要约人之前或者与承诺通知同时到达受要约人。承诺如果被有效地撤回，不发生承诺的效力。

（3）承诺的效力

　　承诺生效时合同成立，但是法律另有规定或者当事人另有约定的除外。

3. 承诺的迟延

　　承诺必须在要约提出的承诺期限内到达。受要约人超过承诺期限发出承诺，或者在承诺期限内发出承诺，按照通常情形不能及时到达要约人的，视为新要约；但是，要约人及时通知受要约人该承诺有效的除外。

三、强制缔约

（一）含义

　　所谓强制缔约，是指个人或企业负有应相对人的请求与之订立合同的义务；对于相对人的要约，非有正当理由不得拒绝承诺。

（二）法定缔约强制

　　法定缔约强制也称为直接缔约强制，是法律有明文规定的缔约强制。立法者规定此种缔约强制的目的旨在实现人民基本物品与服务的保障。例如，对供用电、水、气、热力合同的订立，即存在法定的缔约强制（648.2）。

（三）一般缔约强制

　　在法定缔约强制之外，存在一般的缔约强制。例如，为了给予患者必要的医疗保障，医疗服务合同的订立存在缔约强制。由于一般缔约强制不像法定缔约强制那样存在明确的法律依据，因此需要寻找适当的规范基础。

1. 整体类推

　　通过整体类推的方式将缔约强制延伸至在通常生活方式框架内普通人所需要的一切给付，从而拓展缔约强制的范围。如此宽泛的缔约强制可能会构成对私法自治的极大侵蚀，与此同时，整体类推在方法论上也是有疑问的。

2. 背俗侵权

> **例 1.3.1**
>
> 　　教授 G 为少数民族,一日到某市高校访学,准备参观该市的著名旅游景点。景点运营公司 S 的工作人员 A 以少数民族不得进入为由拒绝了他。G 是否可以起诉要求进入该景点?

　　如果拒绝订立合同构成故意违背善良风俗,则可以引申出缔约义务。在一般的民商事交往中,对民族或种族的歧视可构成对善良风俗的违反。

　　反对观点认为,当事人的利益通过抚慰金或者刑法制裁能够更好地得到保护,而无须获得"咬牙切齿的表面顺从"。① 不过,法律秩序不能无理地要求当事人屈服于违背善良风俗的歧视。② 因此,赋予受歧视的当事人以选择权也许是更妥当的思路。

3. 请求权基础

　　我国《民法典》第 179 条关于民事责任的承担方式包括"排除妨碍"。因此,可通过第 1165 条结合 179 条,导出一项强制缔约义务。由于侵权责任编未采用三个"小"的一般条款的立法技术,可以从第 1165 条第 1 款发展出类似《德国民法典》第 826 条的小的一般条款。

【深化】

　　对于缔约强制如何通过"背俗侵权"(德民 826)引申出来,一种观点认为,缔约义务通过《德国民法典》第 249 条规定的恢复原状被引申出来。恢复原状体现为:通过消除致害行为(拒绝缔约),实现订立合同的效果。③ 而反对观点指出,一般缔约强制所涉及的并非对已发生损害的填补,而是为了排除(因一方拒绝订立合同所产生的)对缔约自由的干扰。更具说服力的观点是,基于《德国民法典》第 826 条所"引致"的"准"排除妨害请求权,即类推适用《德国民法典》第 1004 条。④

(四) 拒绝缔约的效果

　　负有缔约义务的人,如果无正当理由拒绝缔约,致使相对人因而受有损害,相对人

---

① Vgl. Bydlinski, Zu den dogmatischen Grundfragen des Kontrahierungszwanges, AcP 180 (1980), S. 44 ff; Medicus/Lorenz, S. 34.
② Vgl. Bezzenberger, Ethnische Diskriminierung, Gleichheit und Sittenordnung im bürgerlichen Recht, AcP 196 (1996), S. 427 ff.
③ 罗歇尔德斯,第 47 页。
④ Vgl. MüKoBGB/Spickhoff, 9. Aufl., 2021, Vor § 145 Rn. 21.

可以请求损害赔偿。

在直接缔约强制的情形，此种损害赔偿请求权的基础是第648条等具体规定；在一般缔约强制的情形，请求权基础为第1165条结合第179条。

四、悬赏广告

> **例 1.3.2**
> S为推广自己新出版的专著，在其微信"朋友圈"中声称："本人郑重承诺，凡挑出拙作一个错别字，奖励1000元。"

（一）立法留白

对于悬赏广告的性质，立法者并未明确。①

从第499条的文义来看，完成特定行为的人可以请求悬赏人支付报酬，这就留下了充分的解释空间。

（二）理论争议

1. 单方行为说

悬赏广告因悬赏人一方的意思表示而负担债务，无需相对人的承诺。

采单方行为说的实质理由有二：第一，使不知有悬赏广告存在而完成特定行为的人可请求报酬；第二，使无行为能力人也可因完成特定行为而请求报酬。

2. 要约说

悬赏广告人对于特定或不特定的人所作出的悬赏表示是发出要约，相对人完成特定行为则构成承诺。

我国司法实践多采要约说。例如，有判决认为，失主发布悬赏广告寻找遗失物，声明拾得人归还后给付报酬的行为，应视为一种民事法律行为，即向社会不特定人的要约的行为。而拾得人按照悬赏广告送还遗失物的行为，则是拾得人对该要约的有效承诺。②

在要约说的背景下，对于不知悬赏广告存在的情形，可以通过特别规定赋予完成特定行为的人以报酬请求权；对于无行为能力而完成特定行为的情形，可以由行为人的法定代理人进行追认③，行为人由此可获得报酬请求权。

---

① 黄薇3，第132—133页。
② 李珉诉朱晋华、李绍华悬赏广告酬金纠纷上诉案，载《最高人民法院公报》1995年第2期。
③ 崔建远、陈进，第31页。

第 2 节　先合同债务关系

一、制度演进

（一）法学上的发现

1794 年《普鲁士一般邦法》第 284 条对缔约过失责任已有所涉及，认为关于在履行合同中过失程度的规定也适用于合同一方当事人在缔结合同时忽视应尽义务的情形。① 不过，通常认为，缔约过失理论是由耶林所提出的。耶林于 1861 年在《耶林法学年报》第 4 卷发表了《缔约上过失、契约无效或未完成时的损害赔偿》一文，被誉为"法学上的发现"。②

（二）制度漏洞的填补

在德国债法修改之前，《德国民法典》第 122 条、第 179 条等条文针对意思表示错误、无权代理等情形下的损害赔偿作了规定，并未形成缔约过失责任的一般规则。而德国侵权法并不能够为先合同领域的潜在合同当事人提供适当的保护。这种保护漏洞主要存在于《德国民法典》第 831 条规定的对事务辅助人行为的免责可能性以及对纯粹经济损失的保护上。

1. 免责可能性

> **例 1.3.3**
>
> 　　为购买办公用品，G 走进 S 的商店，S 的雇员 A 正在盘货。在挑选办公用品期间，G 被 A 失手脱落的书架砸伤。

如果 S 能够证明已谨慎地选任和监督了 A，则 G 无法根据《德国民法典》第 831 条对 S 主张侵权请求权。而 A 往往赔付能力较小，不能充分弥补 G 的损失。而在缔约过失制度的框架下，G 可结合《德国民法典》第 278 条（债务履行辅助人）的规定对 S 主张损害赔偿请求权，S 不能以已谨慎选任和监督 A 为由主张

---

① Vgl. MüKoBGB/Emmerich, 9. Aufl., 2022, BGB § 311 Rn. 38.
② 王泽鉴 1，第 229—230 页。

免责。

2. 纯粹经济损失

> **例 1.3.4**
>
> 　　为了与 S 进行合同磋商，G 支出了相关费用，该费用因合同磋商失败或者合同无效而成为无益费用。

《德国民法典》第 823 条和第 826 条无法提供有效的保护。因为只有当违反保护性法规或者以故意背俗的方式引起上述财产损失时，受害人才享有损害赔偿请求权，而这一前提通常并不具备。①

（三）制度背后的思想

对合同当事人的保护为何延伸至缔约阶段？从第 500 条的文义来看，缔约过失责任在我国的创设是诚实信用原则使然。此外，考虑到缔约过失责任是对一方当事人信赖利益的保护，承认缔约过失制度的内在理由不乏信赖思想。在当代社会，缔约过失制度的意义还可从其他法律思想中找寻，如法益保护、消费者保护、投资者保护以及例外情况下对经济上弱者的保护。②

二、具体类型

（一）违反磋商义务

当事人享有缔约自由，不能强迫当事人进入合同关系。因此，对当事人违反磋商义务的认定应作限制，从而维护缔约自由的基本价值。

> **例 1.3.5**
>
> 　　艺龙公司及趣拿公司均有权在国际酒店合作协议的拟定过程中，为维护自身利益，提出佣金、对账、结算方式及流程之外的其他事项。双方对条款存在分歧，最终无法达成一致。③

缔约双方无法就合同条款形成合意，属于协议洽商过程中的正常现象，原则上应尊重当事人的缔约自由。

---

① Medicus/Lorenz, S. 244.
② Vgl. MüKoBGB/Emmerich, 9. Aufl., 2022, BGB § 311, Rn. 43.
③ 艺龙网信息技术（北京）有限公司与北京趣拿软件科技有限公司合同纠纷案，北京市高级人民法院（2015）高民（商）终字第 1139 号民事判决书。

1. 恶意进行磋商

恶意进行磋商是指自始没有订立合同的意图,但却仍与对方当事人进行磋商,目的在于损害对方当事人或第三人的利益。

例 1.3.6

S 了解到 G 有意转让位于市中心的酒店。S 本无意购买该酒店,但为了阻止 G 将该酒店转让给潜在的竞争对手 D,便与 G 进行了长时间的谈判。后来 D 退出竞争,S 随即中止谈判。后来,G 只能以远低于评估价的价格将酒店转让。

即使当事人主观上并无"积极"损害对方当事人的意图,但只要客观上产生了此效果,也可构成恶意进行磋商。

例 1.3.7

某名牌大学毕业生 S 向位于云南丽江的企业 G 申请一个职位。G 求贤若渴,愿意为 S 参加面试支付差旅费。而 S 只是想免费到丽江旅游,并无意到 G 处工作。G 为 S 购买机票、预订酒店,支出费用若干。

在【例 1.3.7】中,虽然 S 并未以损害 G 为目的,但其在实现免费旅游目的的同时放任了损害 G 的结果的发生,也构成恶意进行磋商。

2. 恶意终止磋商

虽然第 500 条的文义仅包括"恶意进行磋商",但是"恶意终止磋商"在性质上与"恶意进行磋商"相当,而且前者往往是后者的结果,因此,"恶意终止磋商"也应被包括在内。

例 1.3.8

S 向 G 保证,如果 G 努力取得经验并准备投资 300 万元,则向 G 授予专营许可。此后的两年间,G 为订立该合同作了大量的准备工作,且 S 一直保证会授予其专营许可。当订立协议的一切准备工作就绪时,S 通知 G 必须投资更多的金额。G 拒绝。G 有权要求 S 补偿其为准备订立合同所支出的费用。

---

3. 恶意的软化可能

第 500 条将对磋商义务的违反限定在当事人主观上为恶意,范围过窄。理论上,在当事人为缔约进行磋商的阶段,因过失而承担缔约过失责任,亦属可能。

> **例 1.3.9**
> 　　在高校工作的 G 想换个单位,于是与某高校 S 的校长 A 就工作调动进行了磋商。A 告诉 G,G 需要先与原单位解约,然后才能开始办理人才引进手续。虽然需要经过教育部门批准,但这是"板上钉钉"的事情。当 G 与原单位解约后,A 通知 G,教育部门没有批准 S 的人才引进申请。

(二) 违反信息义务

1. 提供虚假情况

违反信息义务可能表现为积极的作为,即告知对方虚假信息。例如,汽车销售者承诺向消费者出售没有使用或维修过的新车,消费者购买后发现系使用或维修过的汽车。①

此外,产品或者其包装上的标识必须真实(产品质量法 27.1)。在实践中,提供虚假情况也可能表现为销售者在产品标识上记载的内容不真实。②

2. 隐瞒重要事实

隐瞒重要事实构成默示欺诈,以对说明义务的违反为前提。

在判断一方当事人是否存在说明义务时,应首先看有无法律明确规定或相关交易习惯;如果没有,则应根据诚信原则来判断。

(1) 法律规范

《消费者权益保护法》第 20 条、《保险法》第 16 条等法律规定了经营者、投保人的说明义务。此外,行政法规、司法解释或者其他规范性文件也可作为说明义务的"发生器"。例如,金融消费者在购买理财产品或服务时,金融机构负有相应的告知说明义务(九民纪要 76)。

(2) 交易习惯

在特定的纠纷类型中,交易习惯或行业惯例常常被援引作为说明义务的依据。

分公司在已申请注销的情况下,隐瞒该重要事实,仍然对外签订经销合同,不符合此类交易的惯例,构成欺诈。③

(3) 诚信原则

诚信原则较为抽象,仍应基于具体的因素来判断。

当事人是否拥有特殊专业知识、当事人获取相关信息的成本、对方当事人能否通过其他手段合理获取该信息以及该信息对对方当事人是否具有明显的重要

---

① 最高人民法院指导案例 17 号:张莉诉北京合力华通汽车服务有限公司买卖合同纠纷案。
② 苏向前与徐州百鑫商业有限责任公司百惠超市分公司、徐州百鑫商业有限责任公司侵犯消费者权益纠纷案,载《最高人民法院公报》2013 年第 12 期,第 36—40 页。
③ 钱兵珍诉呼和浩特经济技术开发区蒙牛酒业有限公司销售代理合同案,北京市海淀区人民法院(2005)海民初字第 10353 号民事判决书。

性,是判断说明义务是否存在的相关因素。

> **例 1.3.10**
>
> S 居住在某高档小区,其房屋内曾发生过凶杀案件。为此,S 急于将房屋转让。后经房产中介联络,S 将房屋转让给 G。G 搬入居住后得知该房屋系"凶宅"。

若 S 明知标的物有重大的、影响合同对价的瑕疵而不予披露,可能构成欺诈。房屋系"凶宅"这一信息对于 G 具有重要性,由于 S 作为信息占有者,距离信息更近,其不能期待 G 支付过多成本去获取该信息。因此,S 负有说明义务。

如果没有证据证明一方当事人在订立合同过程中有故意隐瞒或虚假陈述的行为,也没有证据证明另一方当事人在订立合同过程中因此遭受了损失,则不存在缔约过失。①

3. 过失欺诈

过失欺诈理论的提出②,突破了欺诈以故意为要件的传统认知,其所涉问题实质上是过失违反信息提供义务,其核心争点是表示人要尽多大努力去查明或者核实其作出表示所依据的事实。③ 从意思表示受领人的角度看,涉及的是受领人对所接收信息正确性的信赖在多大程度上值得保护以及在何种程度上被期待去自行调查。

> **例 1.3.11**
>
> 电脑专营店 S 的店员 A 在向 G 推荐电脑时,对该电脑的性能包括内存、硬盘、显卡等进行了详细介绍,购买后 G 发现 A 所提供的信息有误。而这是由 A 的不专业所导致的。

(三) 违反保护义务

原则上,缔约阶段所引起的所有义务均可称为保护义务。因此,这里所称的保护义务是狭义的保护义务,是缔约当事人防止对方的固有利益遭受损害的义务。

> **例 1.3.12**
>
> G 下班后步行返回住处。途中突遇雷雨,为避雨进入书店 S,在 S 中随便翻阅。在翻看《平凡的世界》时,安装在墙壁上的大型壁画脱落,砸伤了 G,致使 G 腰部骨折。经查,S 的雇员 A 未按照要求正确安装壁画。

---

① 吴卫明诉上海花旗银行储蓄合同纠纷案,载《最高人民法院公报》2005 年第 9 期。
② 刘勇:《缔约过失与欺诈的制度竞合——以欺诈的"故意"要件为中心》,载《法学研究》2015 年第 5 期,第 65—69 页。
③ Vgl. Georg Milanin, Die informationelle Fahrlaessigkeitshaftung in England und in Deutschland, 2017, S. 128.

我国缔约过失责任所涉及的先合同义务群中包括保护义务。从立法机关工作人员对第 500 条第 3 项的释义来看,如果当事人违反了诚信原则要求的互相协助、照顾、保护、通知等义务,实施了违背诚信原则的行为,需要承担缔约过失责任。①

(四)违反协作义务

在缔约阶段,对协作义务的违反主要体现为违反报批义务。

1. 法定的报批义务

法律、行政法规可能会规定合同自批准之日起生效。例如,在外商投资企业设立、变更等过程中订立的合同,当事人负有报批义务。

2. 约定的报批义务

合同约定生效要件为报批允准,承担报批义务的一方不履行报批义务的,应当承担缔约过失责任。②

(五)违反保密义务

1. 商业秘密

商业秘密是指不为公众所知悉、具有商业价值并经权利人采取相应保密措施的技术信息、经营信息等商业信息(反不正当竞争法 9.4)。通常包括产品配方、制作工艺或方法、管理诀窍、客户名单、货源情报、产销策略、招投标中的标底及标书内容等。

2. 其他应当保密的信息

相较于《合同法》第 43 条,《民法典》第 501 条增加了"其他应当保密的信息"的表述,意在拓宽保密义务的辐射范围。

> **例 1.3.13**
>
> 冯某将其发现的注音错误的 10 个字以传真方式提交给微软公司,双方为此进行多次磋商,因对是否应付酬及付酬多少分歧太大而未达成协议。其间微软公司委托书同文数字化技术公司对其注音稿进行审检,后又将全部注音稿提交国家语言文字工作委员会进行审检,并依据书同文公司和语委的意见进行二次补丁更正,分别删除 126 个字音和 1103 处注音,删除的注音中有 5 个与冯某指出的错误相吻合,另外 4 个则予以保留。冯某在发现微软拼音输入法的部分注音错误后,进行大量查找、比对工作,并向微软公司提出批评和建议的精神值得赞许。不过,法院指出,冯某主张的"微软拼音输入法的错误的发现和改正的方法"不属法律保护的商业秘密。③

---

① 黄薇 3,第 135 页。
② 深圳市标榜投资发展有限公司与鞍山市财政局股权转让纠纷案,载《最高人民法院公报》2017 年第 12 期。
③ 冯某诉微软(中国)有限公司侵犯商业秘密纠纷案,湖北省武汉市中级人民法院(2003)武知初字第 70 号民事判决书。

3. 泄露或不正当使用

泄露包括向特定人或不特定人泄露。特定人是否为商业秘密权利人的竞争对手,以及这些人是否将得到的商业秘密用于经营等均无须考虑。

不正当使用,是指未经授权而使用该秘密或将该秘密转让给他人。

三、法律效果

在缔约过程中,当事人对上述义务的违反可能导致合同未成立或者订立了一个不利的合同。无论是何种情形,均可能会产生以下法律效果。

(一) 合同的废止

根据《德国民法典》第 249 条,基于缔约过失的损害赔偿请求权会产生回复原状的效果,而回复原状的效果就是废止合同。①

1. 肯定说

可将缔结合同本身解释为"损失",进而通过缔约过失责任的一般规范实现废止合同的效果。② 这一观点受德国法影响。

2. 否定说

我国法上的损害赔偿仅指金钱损害赔偿,需要通过撤销合同或解除合同来实现回复原状。"废止合同"这种方式在实证法上没有依据。申言之,第 500 条只承认了通过金钱损害赔偿方式回复原状,而对于通过废止合同回复原状,则需要借助于总则编的规定。

【深化】

废止请求权的实现需要当事人缔结一个废止合同,这种意思表示在诉讼中可以通过《德国民事诉讼法》第 894 条实现。③《德国民事诉讼法》第 894 条是拟制意思表示作出的规定。根据该条第 1 句,如果债务人被判决作出意思表示,则判决一经生效,就视为该意思表示已作出。需要说明的是,合同拘束力被消解之后,其实并不能真正地实现回复原状的效果,仍然需要金钱损害赔偿的"协力"。在我国,则需通过撤销合同和损害赔偿共同来实现回复原状的效果。

---

① Vgl. Medicus/Lorenz, S. 247-248. 为了与基于意思表示瑕疵撤销合同、基于合同履行障碍解除合同有所区别,本书将德国法上的"Aufhebung des Vertrags"翻译为"合同的废止"。
② 牟宪魁:《民法上的说明义务之研究》,载梁慧星主编:《民商法论丛》(第 31 卷),法律出版社 2004 年版,第 561 页。
③ Vgl. Grigoleit, Vorvertragliche Informationshaftung: Vorsatzdogma, Rechtsfolgen, Schranken, 1997, S. 88.

（二）所受损失的赔偿

所受损失是指因为信赖合同成立和生效而支出的各种费用。例如，为缔结合同所支出的交通费、住宿费、电话费等，以及为缔约做准备所支出的保管费等费用。

> **例 1.3.14**
> 一匹名马的所有人 S 与名马爱好者 G 订立了关于该马的买卖合同。后 G 发现 S 隐瞒了该名马患病的信息。G 为缔结合同支出了路费若干，且已建造了马棚。

（三）所失利益的赔偿

所失利益是因信赖合同有效成立而放弃其他缔约机会的损失。除直接损失外，缔约过失人对善意相对人的交易机会损失等间接损失，也应予赔偿。

> **例 1.3.15**
> G 与 D_1 达成初步意向，D_1 愿以 18 万元到 20 万元之间的一个价格购买 G 所有的古董。此时，S 提出愿意以更高的价格购买，D_1 便自愿放弃该交易。此后，S 再三拖延，始终未与 G 订立合同，G 最后不得不以 16 万元的价格将古董出卖于 D_2。

1. 可赔偿性

   （1）否定说

   机会形成的利益很难合理确定，不应包括在信赖损害赔偿的范围之内。如果允许赔偿机会损失，则赔偿范围过大，不利于责任确定。而且，机会损失在举证上存在困难，可能会诱发当事人与第三人恶意串通，索要巨额赔偿。[①]

   （2）肯定说

   交易机会损失在个案中可能客观存在，也能够确定，不予赔偿不符合客观实际。另外，受害人举证困难，涉及的是个案中受害人能否实际获得间接损失赔偿的问题，与法律是否给受害人请求间接损失赔偿的权利，是不同范畴的问题。[②]

   本书认为，应当肯定对交易机会损失的赔偿，不应"因噎废食"。否则，会导致受害人的损害无法得到完全填补，同时也"放纵"了存在缔约过失的一方。

【深化】

主流观点认为，受害人可同时主张支出费用与所失利益。机会利益与成本费用看

[①] 王利明1，第366页。
[②] 崔建远：《合同法总论》（上卷）（第二版），中国人民大学出版社2011年版，第448—450页。

似毫无交集,实际上并非如此。交易机会损失与支出费用的赔偿并非简单的并列关系,因此应考虑其重叠可能性。① 因为债权人与第三人缔约合同也将产生相同的缔约费用,若均予赔偿,会产生债权人"不当得利"的问题。②

2. 要件

(1) 故意说

行为人须在缔约时明知信赖方已为订立该合同而放弃了其他已近成功的缔约机会,即主观上为故意。

(2) 区分说

除了第 500 条第 1 项和第 2 项的情形之外,不以故意为必要,过失即可。

本书认为,传统的缔约过失责任并不以当事人故意为要件,自不待言。从文义及体系解释的角度看,第 500 条整体上应以故意或恶意为要件。而第 157 条仅以当事人具有过错即为已足。因此,如果将第 157 条、第 500 条视作缔约过失的规范群,则"区分说"较为合理。

除了行为人主观上的过错要件之外,还要求相对人产生合理信赖、所放弃的缔约机会已经具有实现的高度盖然性(如第三人已经向相对人发出要约)、机会丧失可合理量化(应结合相对人的个体情况与社会一般情况来合理计算机会损失)。③

3. 计算

对于交易机会损失,可以通过考虑缔约过失人过错程度及获得利益情况、善意相对人成本支出及预期利益等,综合衡量确定。④

(四) 信赖利益损害赔偿的限制

1. 以履行利益为限

例 1.3.16

G 拟收购 S 的加油站。由于 S 的职员 A 对加油站的营业额作了虚假陈述,G 将加油站的市场价值估价为 600 万元。最终,G 以 500 万元的价格完成收购。合同履行后,G 发现加油站的营业额不真实,主张撤销合同,并要求赔偿因磋商和准备履行合同所支出的各项费用。

(1) 主流观点

通说认为信赖利益的赔偿以履行利益为限。

---

① Vgl. Ackermann, Der Schutz des negativen Interesses, 2007, S. 301-302.
② 于韫珩:《违约责任中的信赖利益赔偿》,载《环球法律评论》2015 年第 3 期,第 109 页。
③ 涂咏松:《信赖利益损害之机会损失分析》,载《华东政法大学学报》2009 年第 4 期,第 38 页。
④ 深圳市标榜投资发展有限公司与鞍山市财政局股权转让纠纷案,载《最高人民法院公报》2017 年第 12 期。

在商事合同中,对"履行利益"的认定应持灵活的态度。如果交易为连环交易,买受人在买卖合同中往往无利可图,可能呈现为"亏本买卖",因为买方大多希望通过转卖合同而获利。因此,应从宽界定"履行利益"。

(2) 例外情形

在消费合同和追求精神利益的合同中,不应以履行利益对信赖利益的赔偿进行限制。在消费合同中,如果消费者以受欺诈为由主张撤销合同及信赖损害赔偿,无法以履行利益作为上限。因为消费合同并不会使消费者赢利,消费者也不以此为目的。

2. 其他限制

主张信赖利益的赔偿,原则上不得超过行为人在订立合同时应当预见的因合同不成立、无效或被撤销所可能造成的损失。如果受害人自身也存在过错,则有过失相抵规则的适用空间。

(五) 固有利益赔偿

1. 适用场景

行为人侵害缔约相对人的身体权、健康权等人身权或者所有权,也有可能成立缔约过失责任。此时,加害人所赔偿的系缔约相对人的固有利益的损失。

对于固有利益的赔偿,自然不以履行利益为限。

2. 竞合问题

(1) 竞合说

立法者将保障固有利益的任务同样分配给了侵权法,因此承认责任竞合,允许受害人选择基于侵权或者基于缔约过失主张其损害赔偿请求权,更为自然。[1]

(2) 统合说

缔约过失责任为一种特殊的侵权责任[2],通过缔约过失责任保护固有利益,实际上就是对固有利益的侵权法保护。

仅就固有利益的保护而言,承认侵权责任替代(或"吞噬")缔约过失责任,具有解释论上的可行性。因为在我国,雇主在雇员造成他人损害时不存在免责的可能性(1191.1),并不存在德国侵权法那样的保护漏洞,也就无需独立的缔约过失责任制度。

(六) 缔约过失与瑕疵担保

相较于第 500 条,关于瑕疵担保责任的规定为特别法。原则上,当出卖人违反先合

---

[1] 韩世远,第 187 页。
[2] 张金海:《耶林式缔约过失责任的再定位》,载《政治与法律》2010 年第 6 期,第 98—107 页;于飞:《我国〈合同法〉上缔约过失责任性质的再认识》,载《中国政法大学学报》2014 年第 5 期,第 92—98 页。

同义务时，买受人基于缔约过失的请求权被瑕疵担保责任所排除。不过，当出卖人主观上为恶意时，如对标的物的性质进行欺诈，买受人的缔约过失损害赔偿请求权则不被排除。①

第3节 法定之债的产生

一、概述

我国并无债法总则，合同编通则中的相关规则发挥着"实质债总"的功能，关于无因管理和不当得利的规定也被"安放"在合同编第三分编"准合同"之中。对于侵权行为，则专设"侵权责任"一编进行调整。

二、无因管理

（一）含义

无因管理是指管理人没有法定的或者约定的义务，为避免他人利益受损失而管理他人事务。

（二）要件

1. 管理他人事务

管理人所管理的是他人事务，并希望将因管理所产生的利益归于他人。

> **例 1.3.17**
>
> G发现邻居S的屋顶因台风而毁损，恰逢S出国休假，为避免房屋继续受损，G帮忙修缮了S的屋顶。

2. 具有管理的意思

无须表示，只要管理人是在为他人的利益而管理他人的事务，就可以推定其具有管理意思。对于该"他人"的具体身份不必有确切的认识，只要有为他人利益的意思即为已足。②

---

① Vgl. Looschelders 2, S. 92-93.
② 崔建远、陈进，第388页。

3. 没有法定或约定的义务

如果存在法定或约定的义务,如在【例 1.3.17】中 S 有偿委托 G 代为看管房屋,则不构成无因管理。

(三) 效果

1. 管理人的权利

管理人可以请求受益人偿还因管理事务而支出的必要费用。例如,在【例 1.3.17】中 G 可请求 S 偿还因修缮屋顶支出的费用。

2. 管理人的义务

(1) 适当管理的义务

管理人管理他人事务,应当采取有利于受益人的方法。中断管理对受益人不利的,无正当理由不得中断(981)。

(2) 通知义务

管理人管理他人事务,能够通知受益人的,应当及时通知受益人。管理的事务不需要紧急处理的,应当等待受益人的指示(982)。

(3) 报告义务

管理结束后,管理人应当向受益人报告管理事务的情况。管理人管理事务取得的财产,应当及时转交给受益人(983)。

三、不当得利

(一) 含义

得利人没有法律根据取得不当利益,致使他人遭受损失的,构成不当得利。不当得利规则的目的在于矫正不正当的财产移转。在采取物权行为无因性理论的法域,不当得利规则可以矫正无因性理论,从而避免无因性理论所带来的实质上的不公平。

(二) 给付型不当得利

1. 功能

给付型不当得利制度的功能在于使给付受领人向给付人返还欠缺原因的给付。

2. 要件

例 1.3.18

G 以 1000 元的价格从小商贩 S 处购买了一条名牌领带,后发现受到欺诈,于是主张撤销合同。

（1）给付

给付是有意识地增加他人财产的行为。

（2）基于给付而获得利益

这种利益可能表现为所有权的取得、对物的使用，也可能表现为债务的免除。小商贩 S 从 G 处获得了 1000 元的给付，受有利益。利益是基于特定的给付行为而取得的个别具体的财产利益，而非就受领人财产整体抽象计算之。① 即使受领人整体财产为"负数"，仍不妨碍不当得利的构成。

（3）他方当事人受有损失

G 因支付价金而总体财产减少，受有损失。

【深化】

在德国法上，"受有损失"并非给付型不当得利的要件。② 不当得利法并不关注债权人所遭受的财产上的不利。③ 而且，由于"利益"并非必须具有财产价值，④在此意义上，给付一方并非一定会受有损失。需注意的是，即使不当得利不以"受有损失"为必要，但事实上仍常伴有债权人的损失，这二者并不矛盾。

（4）没有法律依据

如果 G 主张因受欺诈而撤销合同，则 G 的给付目的视为自始不存在，S 继续保有 1000 元没有法律依据。

（三）非给付型不当得利

1. 基于受益人行为的不当得利

   典型的情形如无权处分他人之物。

2. 基于受害人行为的不当得利

   受害人因支出费用等原因而使他人受有利益，如邻居乙的牛进入甲的牛群，甲喂养之。

3. 基于第三人行为的不当得利

   受益人因第三人的行为而取得本应归属于受害人的利益，如第三人用受害人的油漆粉刷受益人的墙壁。

---

① 崔建远、陈进，第 337—338 页。
② Vgl. Jauernig/Stadler, 18. Aufl., 2021, BGB § 812 Rn. 11.
③ Vgl. MüKoBGB/Schwab, 8. Aufl., 2020, BGB § 812 Rn. 5.
④ Vgl. MüKoBGB/Schwab, Fn. ③, Rn. 3.

4. 基于法律规定的不当得利

添附物所有权的取得,也可能构成不当得利。

(四)法律效果

1. 原物返还

不当得利的返还方法,以返还所受利益为原则,即原物返还。

2. 价值返还

不当得利债务人所获得的利益依其性质不能返还或有其他不能返还的情形的,应偿还其价值。

3. 返还范围

对于受损人可否请求返还债务人(得利人)返还超过客观价值的获利,存在争议。

(1)返还客观价值

损失大于利益时,应以利益为限,利益大于损失时,应以损失为限。不当得利不是衡平制度,而是旨在调节当事人间欠缺法律上原因的财产变动;超过客观价额的获利究竟应归属于谁,实非不当得利所能决定。超过损失的部分,可通过准用无因管理的规定请求返还。①

(2)返还全部利益

德国法上有学者采取所谓"财产取向"的观察方式,认为不当得利法旨在去除债务人所增加的所有财产。② 据此,债务人应当返还全部利益。

(3)类型化说

在权益侵害型不当得利如无权处分的场合,债务人应当返还所获得的全部利益如因出售获得的所有价金。③ 在给付型不当得利的情形,则应返还客观价值。作区别对待的理由在于:在给付型不当得利情形,债务人并未侵犯他人的所有权,因为在作处分时他仍是权利人,因此"超出部分"并非派生于他人的权利内容,而是仰仗债务人的交易技能。④

四、侵权行为

(一)概述

损害原则上应停留在原处,将损害转嫁给他人需要具备特殊的理由。通常而言,需要侵权人主观上具有过错。作为例外,危险的创造者即使无过错,也需承担责任,因为

---

① 王泽鉴 3,第 254—255 页;Jauernig/Stadler, 18. Aufl., 2021, BGB § 818 Rn. 12-25.
② Vgl. MüKoBGB/Schwab, 8. Aufl., 2020, BGB § 818 Rn. 84ff.
③ Vgl. MüKoBGB/Schwab, 8. Aufl., 2020, BGB § 816 Rn. 47; MüKoBGB/Schwab, Fn. ②, Rn. 82, 83.
④ Vgl. Looschelders 2, S. 488.

其从危险中获得了利益。①

与德国、日本等传统大陆法系国家不同,自《侵权责任法》施行以来,我国便确立了侵权法在民法规范体系中的独立性。虽然侵权法在逻辑上仍属债法,但考虑到无债法总则的统摄,加之侵权法规范的庞杂使其无法像不当得利和无因管理一样归于"准合同"之中,"侵权责任"部分最后独立成编。

(二) 构成要件

1. 一般侵权

(1) 致害行为

致害行为可以是作为或不作为。作为的致害行为如将他人打伤,不作为的则如救生员不对落水儿童进行施救。

(2) 损害

损害包括财产损害和非财产损害,前者如营业收入的减少,后者如精神上的痛苦。

(3) 因果关系

损害和致害行为之间应具有相当因果关系,如将他人打伤通常会支出误工费、医疗费等。

(4) 违法性

对于违法性的判断,存在"结果不法说"和"行为不法说"。

(a) 结果不法

行为人侵害他人权利的,行为具有违法性。

(b) 行为不法

行为人未尽避免侵害他人权利的注意义务的,行为具有违法性。

(5) 过错

过错包括故意和过失。过失是指行为人本应能预见到损害的发生并予以避免,却因未尽到相应的注意义务而导致损害发生。通说对于过错的判断采取客观的理性人标准。

2. 特殊侵权

除了一般侵权行为之外,侵权责任编还规定了特殊主体的侵权责任如监护人责任、雇主责任,以及产品责任、机动车交通事故责任、医疗损害责任、环境污染和生态破坏责任、高度危险责任、饲养动物损害责任、建筑物和物件损害责任等特殊侵权责任。关于特殊侵权的规定中,一般侵权的构成要件被不同程度地缓和,典型的做法是放弃对过错的要求。

---

① Vgl. Looschelders 1, S. 79.

(三) 法律效果

1. 损害赔偿

当侵权人侵害他人的人身或财产权益时,其应当对所造成的损失进行金钱赔偿。损害赔偿是典型的承担侵权责任的方式。

2. 利润剥夺

侵害他人人身权益造成财产损失的,可以按照侵权人因此获得的利益计算赔偿数额(1182)。

3. 惩罚性赔偿

当涉及食品安全、环境保护、知识产权保护时,法律赋予被侵权人请求相应的惩罚性赔偿的权利,从而强化侵权责任的威慑与预防功能。

五、物上之债

(一) 含义

物上之债是指既有相对性,又能约束物权受让人的债。此债虽因相对性而指向特定主体,但不关注主体的人格和身份,而是以标的物为媒介,将该物的物权人作为债的主体。[①]

> **例 1.3.19**
>
> S 以自有房屋为 G 设立地役权,约定 S 有义务在地板上铺设地毯。地役权登记后,S 把房屋转让给 D_1,后 D_1 又将房屋转让给 D_2。

对于债权人 G 而言,只要供役房屋这个客体存在,其所有权人无论是 S、D_1 或 D_2,均为债务人,故称其为物上之债,以区别于普通之债。

(二) 本质

作为一种非典型之债,物上之债区别于无因管理、不当得利等典型的法定之债,但也未脱离债法的范畴,仍可适用债法的一般性规则。因此,物上之债具有任意规范的属性,可为当事人另行约定或变更。[②]

(三) 类型

1. 法定的物上之债

法定的物上之债的产生无须借助当事人意思表示。我国没有关于物上之债的规定。在《瑞士民法典》中,关于法定的物上之债的规定有:共有人对共有物进行

---

① 常鹏翱:《物上之债的构造、价值和借鉴》,载《环球法律评论》2016 年第 1 期,第 5—7 页。
② 夏沁:《论私法自治中物上之债对物权法定适用的缓和》,载《清华法学》2021 年第 6 期,第 143 页。

必要管理的义务、区分所有权的所有权人维修专有部分的义务、地役权人修理行使地役权所需设施的义务、居住权人负担通常维修费用的义务等。①

2. 意定的物上之债

当事人可以通过意思表示在法律规定的范围内来设立物上之债,此即意定的物上之债。

依据我国《民法典》第375条,供役地人负担不作为义务是原则,但也允许当事人约定供役地人有作为义务,如铺设道路,为需役地人行使通行地役权创造便利。

【深化】

依据我国《民法典》第725条,租赁物在承租人按照租赁合同占有期限内发生所有权变动的,不影响租赁合同的效力。可见,租赁合同的约束力延伸至租赁物的受让人。有观点将此种情形纳入物上之债的范畴。② 相反观点指出,此种情形与物上之债在效果上似乎没有差别,但其规范基础不在物权法,因而不是物上之债。③ 如果后种观点成立,则物上之债与"债权物权化"并非一回事,买卖不破租赁为"债权物权化"的体现,但租赁关系不可归入物上之债,因为物上之债只能由物权法来规定。

---

① 常鹏翱:《物上之债的构造、价值和借鉴》,载《环球法律评论》2016年第1期,第9页。
② 苏永钦:《大民法典的理念与蓝图》,载《中外法学》2021年第1期,第77页。
③ 常鹏翱,同注①,第14—15页。

第4章 债的内容

第1节 给付内容的确定
第2节 给付义务的客体

第 1 节　给付内容的确定

一、当事人约定

（一）形成与变更自由

当事人可以通过约定确定债的内容，并可以通过约定改变债的内容，二者均属于当事人形成自由的范畴。在法定之债的情况下，其初始内容虽已确定，但当事人也有变更自由。①

> **例 1.4.1**
> S 因过失完全毁损了 G 所购买的带有威灵教授亲笔签名的《物权法》，为此，S 对 G 负有金钱赔偿义务。事后，S 与 G 约定，以 S 所有的梅迪库斯教授的《民法总论》赔付。

（二）确定内容的限制

1. 一般界限

当事人形成自由的一般界限在于法律的强制性规定与公序良俗原则。如果违反了强制性规定或者公序良俗原则，则当事人所形成的法律行为的内容无效。

2. 其他限制

除了对内容自由的一般限制之外，为了保护特定群体如消费者、劳动者，法律会规定不利于受保护方的约定无效，此类规范被称为"半强制性规范"。第 634 条第 1 款即为半强制性规范，旨在保护作为消费者的买受人。如果买卖双方约定，未支付到期价款的数额达到全部价款的六分之一的，出卖人可以解除合同，因此约定对消费者更为不利，约定无效。不过，如果将解除条件约定为"未支付到期价款的数额达到全部价款的四分之一"，则约定有效。

二、解释确定与法律确定

（一）通过解释确定

1. 狭义解释

即使当事人对债的内容有所约定，但仍难免滋生疑义，此时有解释的必要。应

---

① 罗歇尔德斯，第 89 页。

从客观的受领人的角度解释当事人表示的意思。解释的方法通常包括文义解释、体系解释、目的解释等。在解释时,应当以词句的通常含义为基础,结合相关条款、合同的性质和目的、习惯以及诚信原则,参考缔约背景、磋商过程、履行行为等因素确定争议条款的含义(合同编通则解释 1.1)。

> **例 1.4.2**
>
> G 将运输车出租给 S,二人于合同中约定:(1) 因不可抗力所产生的损害,S 不承担赔偿责任;(2) S 应对违法使用运输车过程中所产生的损害承担责任。如果 S 超载运输,途中遇泥石流,车辆毁损,S 是否应承担赔偿责任?

对于超载情形下因遇泥石流所受损失,根据 G 与 S 的两款约定作文义解释,会得出不同结论。因此,应当考虑两个条款之间的关系以及合同目的。虽然第一款规定不可抗力情形下 S 可免责,但第二款紧接第一款,可理解为对第一款的限制,即 S 应对违法使用运输车过程中所产生的所有损害负责,包括不可抗力情形。第二款的约定可理解为对 S 责任的加重,是 G 与 S 对风险的分配。无论 S 违法使用运输车与损害之间是否具有因果关系,S 均须承担责任。

2. 补充解释

如果狭义的解释仍不能确定合同的内容,则合同存在漏洞。此时,当事人可以通过补充解释来填补合同存在的漏洞。① 补充解释实质上是模拟当事人的意思,即如果当事人已经考虑到相关情况,根据诚实信用原则,本来可能作出有关的约定。第 510 条规定的按照合同相关条款和交易习惯解释是两种补充解释方法。此外,依据诚信原则解释也属于重要的补充解释方法。

> **例 1.4.3**
>
> 建邺区的 S 和栖霞区的 G 缔结了一份合同,交换彼此的网红餐厅。交换不久后 S 就返回建邺区,打算在其原来的餐厅旁边再开一家新餐厅。G 认为,S 不应当与自己进行竞争。S 反驳说,合同中未对此作出约定。

依据诚信原则,虽然 S 与 G 未明确约定,但模拟双方当事人的意思,双方应互负竞业禁止义务。

(二) 通过任意规范确定

当合同存在漏洞,如当事人对于质量、价款、履行地点等内容没有约定或约定不明确,

---

① 关于补充解释,参见〔德〕托马斯·芬克瑙尔:《个别约定中的补充解释》,马强译,载宋晓主编:《中德法学论坛》第 17 辑(下卷),南京大学出版社 2021 年版,第 3 页。

也可以通过任意规范予以填补。关于补充解释与任意规范的适用顺序,存在两种观点。

1. 任意规范优先说

任意规范是立法者根据当事人的典型利益状态所设计的,更加符合当事人的利益,应优先于补充解释而适用。

2. 补充解释优先说

根据第510条,当存在合同漏洞时,可以"按照合同相关条款或者交易习惯确定",此为补充解释的方法。而根据第511条的规定,依据第510条不能确定的,方适用第511条。因此,补充解释应优先于任意规范而适用。①

三、一方当事人确定

(一) 给付内容确定的标准

1. 公平衡量

如果当事人约定了确定给付的标准,有确定权的当事人须遵守该标准。如果没有约定该标准,则依据公平衡量原则予以确定。② 公平衡量标准来源于古典罗马法和共同法上的"公正人士裁决",是一个需要精确化和具体化的一般条款。这需要全面考虑双方当事人之间的利益状况并考虑所有的事实情况。③例如,在类似情况下通常如何确定给付内容。④

> **例 1.4.4**
>
> G与S签订了轿车买卖合同,G从S处购买两辆轿车,一辆有现货,一辆是待投产的产品。对于前者,双方约定由S在不高于市场价1%的范围内确定价格;对于后者,由S在交货时评估市场情况予以确定。

"不高于市场价1%的范围内"即当事人所约定的确定给付的标准,"在交货时评估市场情况予以确定"是一个相当宽泛的标准,需要由S考虑双方的利益状况等因素予以确定。

2. 法院介入

如果当事人所确定的给付是不公平的,如价格明显高于市场价格,则对另一方当事人无拘束力。此时,由法院确定给付的内容。⑤

(二) 确定权的行使

给付内容的确定权本质上属于形成权,确定权人通过作出单方、需受领的意思表示

---

① 韩世远,第879页。
② 王洪亮,第90页。
③ Vgl. MüKoBGB/Würdinger, 9. Aufl., 2022, BGB § 315 Rn. 38-41.
④ Vgl. Palandt/Grüneberg, 69. Aufl., 2020, BGB § 315 Rn. 10.
⑤ 罗歇尔德斯,第92页。

行使确定权。确定权行使后,不得再行变更给付内容。

> **例 1.4.5**
>
> G 参加了旅行社 S 组织的为期一周的马尔代夫之旅。根据合同约定,S 有权确定旅客的午餐。旅程开始的前五天,S 安排的是"四菜(两荤两素)一汤",后两天则改为"四菜(全素)一汤"。

（三）确定权归属的推定

在双务合同情况下,如果没有约定,可以推定由对待给付的债权人确定给付的内容,如医生可以在费用规章范围内确定诊费。①

四、 第三人确定

（一）公平衡量

由第三人确定给付多出现于需要专业人士来确定给付内容的领域。合同当事人通常并不具备这些领域的专业知识。② 第三人行使确定权需要遵循公平衡量标准。此处的公平衡量标准与当事人享有确定权时的区别在于:只有确定给付的结果明显不公平时,所确定的给付内容才对当事人没有拘束力。所谓明显不公平,是指第三人以显著方式违反了诚实信用原则并且与专业的、无偏见的判断者不相称。③

（二）法院控制

当第三人所作出的确定对合同当事人没有拘束力时,法院可以判决来代替这一确定。如果第三人不能或不欲作出确定,或者迟延作出确定,可以作相同处理。

如果当事人约定由第三人任意决定给付内容,那么即使给付确定明显不公平,也具有拘束力,但给付确定无论如何不能违背公序良俗。由于此时给付没有客观标准,所以不能由法院通过判决予以替代。④

（三）确定的撤销

如果第三人在确定时存在意思表示瑕疵,如重大误解、胁迫、欺诈等,合同当事人可以行使撤销权。因为第三人所确定的给付内容影响的是合同当事人的利益。⑤

---

① 王洪亮,第 91 页。
② Vgl. Jauernig/Stadler, 18. Aufl., 2021, BGB § 317 Rn. 1.
③ 罗歇尔德斯,第 93 页。
④ 王洪亮,第 91 页。
⑤ Vgl. Jauernig/Stadler, 18. Aufl., 2021, BGB § 318.

（四）多个第三人的情形

在由多个第三人确定给付内容的情形,存疑时应采取"一致决";如果未取得一致同意,则由法院作出判决。不过,也允许当事人约定采取"多数决"。①

第 2 节 给付义务的客体

根据给付义务涉及的客体的不同,可以区分出若干在债法上有意义的债的类型。

一、特定之债

根据合同在订立时客体是确定的,还是以一定种类的物中的一定数量为交付标的,可以区分为特定之债和种类之债。

（一）含义

在大陆法系民法典制定的时期,多以特定之债为出发点。在特定之债中,合同订立时标的物已经具体确定。据此,当事人负有交付特定标的物的义务。例如,买卖双方约定的合同标的物为一件古董。

即使在合同订立时标的物尚不存在,即涉及的是将来物,只要其具体确定,也符合特定之债的要求。例如,买卖双方约定交付一头待产母牛将来所生产的小牛。

（二）保管义务

负有移转特定物债务的债务人,直至交付为止,应当以善良管理人的注意对标的物加以保管。②

（三）交付义务

债务人应当在履行期内保持标的物的现状,以便交付。履行期届满时标的物毁损的,以毁损后的状态交付即可。当毁损是因可归责于债务人的事由发生时,其承担损害赔偿责任。③

（四）特定物教义

由于标的物的性质(是否存在瑕疵)是不能被当事人的合意所左右的客观存在,因

---

① Vgl. MüKoBGB/Würdinger, 9. Aufl., 2022, BGB § 317 Rn. 24.
② 我妻,第 23 页。
③ 我妻,第 24 页。

此债务人一方不需要负担交付无瑕疵之特定物的给付义务,特定物债权的内容仅仅是交付该特定物。①

特定物教义会造成给付不均衡的现象,需要通过规定瑕疵担保责任来对债权人进行救济(关于瑕疵担保责任的定性,详见第2部第5章第2节)。

二、种类之债

(一) 含义

在当代的经济生活中,种类之债更为典型。"种类"是指通过共同特征(式样、品牌、型号、品种、系列等)识别的且可以与其他标的区分开来的标的群体。② 例如,特定型号的电脑、10公斤的大白菜、特定高度的书架等。

(二) 判断

判断种类之债的根据并非客观意义上的种类,而是当事人的约定,即以当事人的意思为准。种类物与可替代物通常是同义的。不过,不可替代物也可以在当事人的约定中成为种类物。例如,当事人可以约定买卖某画家所有的画中的一幅。③

因此,特定物与种类物、可替代物与不可替代物两组概念不完全重合,特定物与种类物之分基于当事人的主观评价,可替代物与不可替代物之分则基于客观标准。

(三) 债务人的选择权

在种类之债中,债务人享有自同一种类中选择具体的给付客体的权利,但这种选择权受到限制。如果当事人对质量未作特别约定,则根据第511条第1项,按照强制性国家标准履行;没有强制性国家标准的,按照推荐性国家标准履行;没有推荐性国家标准的,按照行业标准履行;没有国家标准、行业标准的,按照通常标准或者符合合同目的的特定标准履行。然而,国家标准、行业标准内部可能存在上等、中等、下等甚至更多的级别,无法直接根据现行法确定质量标准。对此,我国法存在漏洞,可参照没有国家标准、行业标准的情形,按照通常标准或者符合合同目的的特定标准履行。

【深化】

《德国民法典》第243条第1款规定,仅以依种类来确定的物为债务标的物的,必须给付中等种类和品质的物。通常认为,当事人可以偏离该任意规范,约定给付或高或低品质的物。④ 我国法并未明确规定债务人需交付中等品质的物。不过,国家标准、行业

---

① 解亘:《我国合同拘束力理论的重构》,载《法学研究》2011年第2期,第76页。
② 罗歇尔德斯,第105页。
③ 王洪亮,第93页。
④ Vgl. MüKoBGB/Emmerich, 9. Aufl., 2022, BGB § 243 Rn. 19.

标准、通常标准等对物的要求可能与中等品质相吻合。

如果债务人提供了高于平均品质之物,原则上债务人不能要求返还,债权人也没有拒绝权,因为不存在瑕疵。例外的情形是,较好品质之物的价格较昂贵或者债权人对获得平均品质之物具有值得保护的利益。①

（四）债务人的购置义务

1. 通常的种类之债

在种类之债中,当债务人所确定的物灭失之后,并不会导致给付不能。债务人负有在市场上购置同种类其他物的义务。只有当购置费用过高时,债务人才有拒绝的权利。申言之,当种类物灭失时,债务人不能通过主张第 580 条第 1 款第 1 项免除给付义务,而需要主张第 580 条第 1 款第 2 项。

> **例 1.4.6**
>
> G 向 S 购买 P 教授的签名新书 100 本。因 S 的店员 A 的过失,导致仓库失火,S 存放在仓库的 P 教授的新书均灭失。此时,P 教授因生病去世,导致其签名新书价格上涨至原来的 10 倍。

2. 限制的种类之债

如果根据当事人的约定或根据合同解释,给付仅需从特定范围的种类物中提供,则为限制的种类之债。最常见的是库存之债。在个案中,相关情形究竟属于通常的种类之债还是库存之债,是一个合同解释问题。一般情况下,如果双方当事人约定"只要库存充足",则为库存之债。② 如果库存的产品全部灭失,则构成给付不能,债务人的给付义务被免除。此外,限制的种类之债还包括生产型种类之债,即债务人的义务范围限定于自己生产或制造之物,不必从市场上或其他生产者处购置标的物以履行义务。③ 如果确定不再生产种类物,也可构成给付不能。④

除了上述两种限制的种类之债以外,当事人也可以通过合同约定,将库存之债与生产型种类之债相结合。例如,出卖人不仅须在自己的存货范围内向买受人供应标的物,还须从某个特定的供应商采购标的物。⑤

（五）特定化

在种类之债的情形,即使标的物灭失,债务人也负有给付义务。为平衡债权人和债

---

① Vgl. MüKoBGB/Emmerich, 9. Aufl., 2022, BGB § 243 Rn. 21.
② Vgl. MüKoBGB/Emmerich, Fn.①, Rn. 12.
③ 孙新宽:《论种类之债的履行不能》,载《月旦法学杂志》2024 年第 346 期,第 133 页。
④ 同上文,第 140 页。
⑤ 同上文,第 134 页。

务人的利益,应允许债务人限定用于清偿的物,即特定化。种类物一经特定化,种类之债就成为特定之债,适用特定之债的规则。

根据给付地与结果地的各种组合情况,债务可分为往取之债、赴偿之债及送付之债。由于特定化的判断需要结合上述三种债务类型进行分析,因此以下先对三种债务类型进行介绍。

1. 往取之债、赴偿之债与送付之债

(1) 往取之债

> **例 1.4.7**
> G 与 S 约定,G 向 S 购买一批手机零件,由 G 到 S 的工厂提货。

债权人必须在债务人处领取给付的标的,给付地与结果地均在债务人处。债权人应承担"回程"时标的物毁损、灭失的风险。

(2) 赴偿之债

> **例 1.4.8**
> G 组织一场学术午餐会,从快餐公司 S 订餐,约定由 S 将快餐送至 G 的学术报告厅。

债务人要在债权人处为给付行为,给付地与结果地均在债权人处。在赴偿之债中,债务人应承担"去程"风险。

(3) 送付之债

> **例 1.4.9**
> G 向 S 购买一批手机零件,约定由 S 代办快递手续,由快递公司 D 送至 G 所在地。

送付之债介于往取之债与赴偿之债之间。给付地为债务人的住所地,结果地是债权人所在地。[①] 债务人并无义务将标的物亲自送至债权人处,但负有义务安排运输,从而使标的物得以送到债权人处。送付之债的特殊之处在于,途中风险原则上应由债权人承担。由于债务人已经为给付,所以不构成迟延,但给付结果尚未发生,标的物所有权未移转。风险负担与所有权移转的时点不一致。

---

① Vgl. Medicus/Lorenz, S. 63.

2. 特定化的判断

> **例 1.4.10**
> G 从 S 处订购了一台机器，S 从仓库中选出了 G 所需型号的机器。此时，特定化是否完成？如果 G 与 S 约定，由 G 于 2022 年 9 月 1 日至 S 所在地领取电脑，G 未如约而至，给付风险与对待给付风险分别由谁承担？

特定化要求债务人必须做了自己可作出的、给付所需的一切，最低的要求是将物选出与分离。[1] 债务人仅仅表示已经供货，或者表示他将通过特定之人提供给付，是不够的。[2]

（1）往取之债

（a）交付时特定化

如果债权人按时来领取，特定化于债务人交付标的物时完成。在交付时，种类之债转为特定之债，同时该特定之债也得以履行。

（b）受领迟延时特定化

债务人需要告知债权人已经将标的物分出并且要求债权人前来领取标的物。如果当事人约定了领取的期间，期间届满后发生特定化。[3] 即使当事人未约定领取的期间，在合理的期间届满后特定化也发生。同时，债权人也陷入迟延。[4]

（2）赴偿之债

（a）交付时特定化

由于履行地在债权人处，债务人有义务在债权人住所将所选标的物实际提供给债权人。如果债权人按时受领标的物，在交付的同时，种类之债转为特定之债，债权因履行而消灭。

（b）受领迟延时特定化

如果债权人没有在约定期间或者合理期间受领（包括不当地拒绝受领），则陷入受领迟延。此时，也发生特定化。

（3）送付之债

债务人将挑选好的标的物交付给（第一）承运人，即发生特定化。

3. 特定化的效果

当交付和特定化的时点重合时，特定化没有独立意义。因此，这里仅讨论债务人将标的物交给承运的第三人或者债权人受领迟延之时的效果。

---

[1] Vgl. Palandt/Grüneberg, 69. Aufl., 2020, BGB § 243 Rn. 5.
[2] Vgl. MüKoBGB/Emmerich, 9. Aufl., 2022, BGB § 243 Rn. 25.
[3] 罗歇尔德斯，第 105 页。
[4] Vgl. MüKoBGB/Emmerich, Fn. [2], Rn. 29.

(1) 给付风险的移转

种类之债特定化后,债务人的原给付义务可因给付不能而被免除,债务人不再负有购置义务。换言之,给付风险被移转给债权人。

(2) 价金风险的分配

债务人的给付义务消灭,逻辑上对待给付义务原则上也应消灭,换言之,应由债务人承担对待给付之风险,通常即价金风险。不过,如果特定化的同时债权人受领迟延或者特定化通过送交运送人完成(607.1),对待给付风险移转给债权人。

4. 特定化的撤销

特定化可否撤销,涉及的是特定化有无拘束力。这首先要看当事人的约定。若无约定,则存在以下两种观点。

(1) 通说

特定化原则上对于债务人具有拘束力。不过,应承认存在以诚实信用原则为依据的例外。例如,买方无根据地以货物有缺陷为由拒收。此时,尽管货物已经特定化,卖方仍可以对这些货物进行处分,并以其他货物来进行给付。①

(2) 有力说

种类物特定化的目的在于保护债务人,故债务人可以自由决定是否撤销特定化及在被特定化的物灭失后是否再以其他物为给付。在债务人撤销特定化之后,债务人重新承担给付风险。②

上述两种观点的争论的意义甚微,因为在两种观点之下,都允许当事人作出不同约定,在个案中也可以基于诚信原则进行修正。③ 正如在通说之下基于诚实信用原则可允许债务人撤销特定化一样,在有力说之下亦可基于诚实信用原则对撤销特定化进行限制。

三、 选择之债

(一) 含义及意义

选择之债是在多个不同的给付中择一的债。例如,债权人支付给债务人 100 元运费,由债务人采取合理方式将包裹运送至目的地。选择之债区别于种类之债,后者是在同一种类的给付中择一的债。

选择之债不仅存在于对不同标的物进行选择的情形,而且存在于对诸如给付时间、运输方式等进行选择的情形。④ 不过,在实践中,选择之债相对较少,意义较为有限。

---

① Vgl. MüKoBGB/Emmerich, 9. Aufl., 2022, BGB § 243 Rn. 32.
② Vgl. Larenz, S. 154.
③ Vgl. BeckOGK/Beurskens, 1.9.2021, BGB § 243 Rn. 105.
④ Vgl. MüKoBGB/Krüger, 9. Aufl., 2022, BGB § 262 Rn. 3.

(二) 选择权

1. 选择权的主体

除了法律另有规定、当事人另有约定或者另有交易习惯之外,债务人享有选择权(515.1)。

第 515 条第 1 款应为任意规范。当事人有不同约定时,通常是将选择权归于债权人。对此,债权人负有举证责任。

2. 选择权的行使

选择权为形成权,通过单方需受领的意思表示行使。选择权行使之后,标的即告确定。基于对相对人的信赖保护,原则上不能变更选择,但相对人同意的除外。

3. 选择权的转移

无论享有选择权的是债权人还是债务人,在约定期限内或者履行期限届满时未作选择,经催告后在合理期限内仍未选择的,选择权转移至对方。

【深化】

《民法典》第 515 条第 2 款未对选择权人为债务人和债权人的情形作区别安排,与《法国民法典》《日本民法典》的做法类似。与之不同,《德国民法典》第 264 条区别了选择权人为债务人和债权人的情形。当债务人享有选择权时,在强制执行开始前,有选择权的债务人不作出选择的,债权人可以依其选择,就两项以上给付中的一项或另一项实施强制执行;但只要债权人未全部或部分地受领经选择的给付,债务人就仍可以因履行其余各项给付中的一项而消灭债务。而当债权人享有选择权时,与《民法典》第 515 条类似,债务人可以在指定适当期间的情况下,催告其作出选择。债权人不适时地作出选择的,选择权在期间届满时移转给债务人。

(三) 给付不能

1. 全部给付不能

当可选择的给付全部不能时,债务人的给付义务消灭。如果债务人具有过错,则债权人可主张替代给付的损害赔偿。

例 1.4.11

如果 S 从 G 处借款 100 万元,约定以 S 收藏的古画 α 或老爷车 β 抵债,G 享有选择权。如果由于 S 的过错导致古画 α 和老爷车 β 均灭失,则 G 可以主张替代古画 α 或老爷车 β 的损害赔偿。

2. 部分给付不能

给付义务存在于可能的给付标的。如果非选择权人对于不能的出现具有过错,则选择权人有权请求仍为可能的给付或者就已经不能的给付主张损害赔偿。

> **例 1.4.12**
>
> 如果 S 从 G 处借款 100 万元,约定以 S 收藏的古董 α 或古董 β 抵债,G 享有选择权。如果由于 S 的过错导致古董 α 灭失,则 G 可以要求 S 交付古董 β 或者主张替代古董 α 的损害赔偿。

四、任意之债

(一) 含义

任意之债的债务人或债权人可以他种给付代替债的原来给付。决定代替的权利,为代替权;可以决定代替之人,为代替权人。

> **例 1.4.13**
>
> 如果 S 在 G 处以 1 万元的价格购买了一台新空调。G 表示愿意以 2000 元的价格接受 S 的旧空调。S 本来应支付 1 万元,但他也可以将旧空调交给 G,然后再支付 8000 元即可。

(二) 意义

任意之债与选择之债的区别在于:在任意之债中,债务人的给付义务业已确定,其确定地负有一项给付,债务人或债权人并无选择空间;只是债务人或债权人可以通过另一项给付来代替所负的给付义务。① 而在选择之债中,债务人的给付义务并不确定,需经债务人或债权人选择后方才确定。在实践中,赋予一方当事人以代替权的情形较为常见。相较于选择之债,任意之债更重要。代替权常存在于长期债务关系之中,用来调整已经发生变化的利益关系。②

(三) 代替权

1. 债务人享有代替权

债务人享有以他种给付代替清偿的权利。

---

① Vgl. MüKoBGB/Krüger, 9. Aufl., 2022, BGB § 262 Rn. 8.
② Vgl. MüKoBGB/Krüger, Fn.①, Rn. 10.

【深化】

在德国的实践中,代替权最为重要的适用情形是"以旧换新",即购买人将其旧车"折价"交出,以抵扣部分价款。① 不过,拉伦茨认为,这种情形并非纯粹的买卖合同,而是由买卖和互易构成的类型混合合同。② 在我国,电商平台也经常采用"以旧换新"的交易方式。例如,购买新型号手机的消费者可以交出旧型号的手机以抵扣部分价款。

2. 债权人享有代替权

债权人可以请求他种给付代替原本负担的给付。例如,当财产被损坏后,债权人可以选择金钱赔偿以代替恢复原状。

(四) 给付不能

如果所负担的给付是不可能的,则债务人的原给付义务即为消灭,即使其他给付是可能的,亦同。如果只有其他给付不可能,则只有代替权消灭,仍需为原负担的给付。申言之,风险应由债务人承担。其合理性在于:妨害来自债务人的范围之内。③

(五) 代替表示的撤销

1. 原则

行使代替权的意思表示是不可撤销的,这是基于交易安全的考虑,因为在确信权利人行使代替权之后,对方往往会作相应的交易安排。④

2. 例外

如果不允许撤销代替表示有违诚信,则例外地应允许撤销。

> **例 1.4.14**
>
> S 从 G 处购买画 α,价款为 10 万元。G 表示愿意以 1 万元接受 S 所有的画 β,从而抵扣部分价款。S 欣然应允。在 S 交付画 β 前,发现该画为其祖父所留,颇具纪念意义,G 明知这一点。同时,画 β 的市场价值回落至 5000 元。如果 G 尚未对画 β 进行处置(如提前寻找卖家),S 可否反悔?

应允许 S 撤销代替表示。

---

① 罗歇尔德斯,第 110 页。
② Vgl. Larenz, Lehrbuch des Schuldrechts, Bd. Ⅱ, Besonderer Teil, 1. Halbband, 13. Aufl. , 1986, S. 92.
③ 王洪亮,第 97 页。
④ 罗歇尔德斯,第 110—111 页。

五、 金钱之债

（一）概述

金钱之债是以金钱为标的的债。金钱在实践中是重要的标的物。在绝大多数的双务合同中，金钱均构成对待给付。货币法意义上的金钱是国家承认的可用于清偿债务的货币符号，是法定的支付工具。电子货币也包含在其中，但不包括比特币以及其他形式的虚拟或者数字货币。① 电子货币在性质上属于以针对发行机构的债权形式存在的价值单位，它储存在电子数据载体中，被第三人作为支付工具。②

（二）风险分配

1. 给付风险

给付风险涉及的问题是，如债务人携带金钱前往债权人住所地，在交给债权人之前金钱灭失，债务人是否必须再次进行给付？

第511条第3项规定，履行地点不明确，给付货币的，在接受货币一方所在地履行。可见，有疑义时，金钱之债属于赴偿之债。因此，应由债务人承担给付风险。

2. 迟延风险

> **例 1.4.15**
> S通过转账方式履行对G的债务，因银行的技术故障，S所欠金额未及时存入G的账户。

(1) 由债权人承担

如果迟延风险由债权人承担，债务人无须就迟延承担违约责任。

(2) 由债务人承担

如果迟延风险由债务人承担，债务人需就其迟延承担违约责任。

货币之债在我国原则上是赴偿之债，这就意味着债务人须承担迟延风险。债务人在履行期届满之前转账，因银行过错导致履行期限届满以后债权人才收到货币，债务人同样构成履行迟延。③

---

① Vgl. Jauernig/Berger, 18. Aufl., 2021, BGB §§ 244, 245 Rn. 2.
② Vgl. Schefold, in: Schimansky/Bunte/Lwowski, Bankrechts-Handbuch, 5. Auflage, 2017, §115 Fremdwährungsschuld, Rn. 53.
③ 冯洁语：《论私法中数字货币的规范体系》，载《政治与法律》2021年第7期，第138页。

3. 贬值风险

例 1.4.16

S 向他的朋友 G 借了 100 万元,为期 5 年,用来购买房屋。当还款日期到来时,出现了通货膨胀。此时,G 可否以货币贬值为由要求 S 偿还超过 100 万元的金钱?

在发生通货膨胀时,货币购买力下降,此时债务人应当按照约定的票面价值来履行还是按照约定时货币购买力所对应的价值来履行?除非当事人有特别约定,原则上货币贬值的风险由债权人承担。在极端的情形可通过诚信原则尤其是情势变更制度予以矫正。① 同理,在发生通货紧缩时,货币升值的收益也应当由债权人享有。

(三)债的清偿方式

1. 通过现金清偿

如果没有约定支付方式的,推定为现金支付。

2. 通过数字货币清偿

在我国,数字货币体现为数字人民币,是由中国人民银行发行,与纸钞和硬币等价,并具有价值特征和法偿性的支付工具。

3. 通过转账货币清偿

转账货币并非有体物,其本质上是对信贷机构的金钱债权。② 债务人通过转账货币清偿债务,实际上是使债权人获得了对信贷机构的请求权。

4. 通过信用卡清偿

通过信用卡支付的情况日益增多,这种支付方式属于代物清偿。信用卡发放企业向特约商户保证支付信用卡用户所负担的金额,这实质上是一种抽象的债务允诺。③

(四)给付不能

1. 原则

对于金钱之债,债务人原则上不能主张给付不能,而须无过错地为其经济给付能力负责。

无法想象市面上所有流通的货币均灭失,因此不会出现金钱之债客观履行不能的情况。主观履行不能原则上也不存在于金钱之债,因为债务人目前无资力不构成主观履行不能;只有债务人将来也无获得金钱的可能性时才构成主观履行

---

① Vgl. MüKoBGB/Grundmann, 9. Aufl. 2022, BGB § 245 Rn. 20.
② Vgl. MüKoBGB/Grundmann, Fn.①, Rn. 6.
③ 王洪亮,第 98 页。

不能。①
  2. 例外
    涉及现金补偿、股权回购等情形的金钱债务,其履行会因违反资本维持原则受阻,例外地可能出现金钱之债的给付不能。②

(五) 特殊类型
  1. 外币之债
    对于外币之债,在本国支付时,债务人可以以给付时、给付地的汇率换算成人民币予以支付,其目的在于避免外汇管理制度造成债务人给付的困难。该规则背后的机理是赋予债务人以代替权。③
  2. 封金
    货币也可以作为特定之债的标的物,如将一定数额的货币加以包装封存,即封金。

六、利息之债

(一) 含义
  利息是债权人因让与以金钱(或其他可替代物)存在的资本的使用权而获得的报酬。利息之债,顾名思义,即以支付一定利息为标的之债。利息之债可以因当事人约定或法律规定产生。

(二) 分类
  1. 依法律性质
    (1) 基本权利息之债
      基本权利息之债是未达履行期的利息之债,其从属于本金之债,具有发生上的从属性、转移上的从属性、效力上的从属性和消灭上的从属性。④

> **例 1.4.17**
> G 于 2022 年 1 月 2 日向 S 提供贷款 100 万元,为期五年,约定年利率为 10%,每年 12 月 31 日结算利息。

---

① 冯洁语:《论私法中数字货币的规范体系》,载《政治与法律》2021 年第 7 期,第 148 页。
② 贺剑:《对赌协议何以履行不能?——一个公司法与民法的交叉研究》,载《法学家》2021 年第 1 期,第 161 页。
③ 王洪亮,第 98—99 页。
④ 林诚二:《民法债编总论——体系化解说》,中国人民大学出版社 2003 年版,第 242—243 页。

在 2022 年 12 月 31 日之前,利息之债为基本权利息之债。

(2) 支分权利息之债

支分权利息之债是已届履行期的利息之债,其与本金之债分离而独立存在,具有独立性。在前述例子中,在 2023 年 1 月 1 日已经产生利息 10 万元,此债权与本金债权分离而独立存在。

2. 依发生原因

(1) 法定利息之债

迟延利息之债为典型的法定利息之债。

(2) 约定利息之债

这种利息之债在日常生活中较为常见,如消费者在贷款购买商品房时与银行约定的贷款利息之债。

(三) 复利

1. 禁止说

(1) 绝对禁止

罗马法、欧洲中世纪立法,禁止复利。①

(2) 相对禁止

(a) 原则

对于通常的债务人来说,复利较难估算。因此,应当禁止复利,从而避免债务人承担其无法预见的利息负担。②

(b) 例外

根据《德国商法典》第 355 条,交互计算中的复利是被允许的。③

2. 允许说

我国司法实践承认约定复利的有效性。④ 以利息计复利本是当事人基于自主意思的约定,对其加以禁止没有正当性,只需将复利的名义利率换算为实际利率,依利率上限规定对其加以规制即可。⑤

(四) 法定利率

对于金钱债权,如果不存在约定利率,则适用法定利率,即将利息最初发生之时的法定利率作为金钱债权的利率(日民 404.1)。至于法定利率,有两种可能的确定

---

① 史尚宽,第 260 页。
② Vgl. MüKoBGB/Grundmann, 9. Aufl., 2022, BGB § 248 Rn. 1.
③ 所谓交互计算,是指当事人约定以其相互间的交易所生债权债务为定期计算,互相抵销,而仅支付其差额的合同(台"民"400)。
④ 刘勇:《〈民法典〉第 680 条评注(借款利息规制)》,载《法学家》2021 年第 1 期,第 174—175 页。
⑤ 高圣平、申晨:《民间借贷中利率上限规定的司法适用》,载《政治与法律》2013 年第 12 期,第 27 页。

方式。

1. 固定利率

即以固定的数值作为利率。例如,日本法曾规定法定利率为5%(明治民404)。这种方法的优点是简明,便于计算。但缺点是可能过分偏离市场行情。

2. 变动利率

即法定利率不采用固定数值,而是随着市场的变化适时调整。这种方法的好处是与市场接轨,缺点是计算复杂。

我国实定法上虽不存在明确的一般性规定,但长期以来司法实践普遍采取变动利率制度,即以中国人民银行公布的同期贷款利率作为法定利率。只不过,这种做法带有不确定性,因为中国人民银行公布的利率因贷款期限的不同而存在数种利率,且金钱债权未必存在期限。《合同编通则解释》就因合同不成立、无效、被撤销或者确定不发生效力而发生的资金占用费债权作出规定,原则上以中国人民银行授权全国银行间同业拆借中心公布的一年期贷款市场报价利率(LPR)为准;但占用资金的当事人对于合同不成立、无效、被撤销或者确定不发生效力没有过错的,以中国人民银行公布的同期同类存款基准利率为准(合同编通则解释25.1)。考虑到《民法典》合同编通则发挥着债法总则的作用,《合同编通则解释》的上开规定也可看作有关法定利率的一般规定。

(五) 对利率的限制

过高的利率约定会与人们的法律感情相冲突,违背合同正义。为此,法秩序会对过高的利率加以限制。在私法上,限制的手法便是不认可超过利率上限的利息,即令利息或者利率条款部分无效。

1. 最高利率

(1) 利率上下限

(a) 商业银行的利率上下限

目前,我国的商业银行利率已经市场化,至少在法律层面不存在对商业银行存贷利率的上下限规定。好在,由于存在银行业行业协会的自律管控,实际上在商业银行的交易中并不会发生利率极端的现象。

(b) 民间借贷利率上限

所谓民间借贷,就是借贷双方均不是经金融监管部门批准设立的从事贷款业务的金融机构及其分支机构的借贷。对于民间借贷,超过合同成立时一年期贷款市场报价利率(LPR)的4倍(民间借贷规定25.1)以上的利息债权,不受保护。

（2）利息的预扣

> **例 1.4.18**
>
> S 向 G 借 100 万元，由于双方约定的年利率为 15%，于是在出借时 G 直接预扣了 15 万元，实际交付给 S 的金额为 85 万元。

利息预先在本金中扣除的，应当按照实际借款数额返还借款并计算利息（670S2）。

（3）变相利息

在借款关系中，本金以外的债权人或者其指定的第三人收取的服务费、咨询费、顾问费、管理费等，是否可视为利息，取决于相对模糊的基准——这些费用的收取是否合理（九民纪要 51）。

2. 刑事责任

在规定高利贷罪的立法例中，入罪的基准一般高于私法上的利率上限。之所以保留这样的容忍区域，是为了给无法从正规金融渠道融资的中小企业提供融资渠道。我国法上没有单独的高利贷罪，而是将职业性的高利放贷行为——2 年内向不特定多数人以借款或其他名义出借资金 10 次以上——纳入非法经营罪的处罚范围（刑法 225）。

3. 超过部分利息的处理

如果已经支付，该如何处理？

> **例 1.4.19**
>
> G 向 S 出借 50 万元，约定每年年底等额等息偿还一次本金和利息，偿还本金额为 10 万元，利息 10 万元。而借贷合同成立时的 LPR 为 3.5%，即利息上限为 LPR×4 = 14%。

在【例 1.4.19】中，由于等额等息的偿还本息方式中所约定的利息数额偏高，会导致债务人超出利息上限的利息支出。

（1）应对方案

可能的应对方案有两种。

（a）方案 1

对于每一次超额的利息不用作所剩余本金的抵充，仅仅留作最终的利息加总。由此计算出利息上限。

就【例 1.4.19】而言，利息上限为：50×14% + 40×14% + 30×14% + 20×14% + 10×14% = 21（万元）。当所清偿的本息总额超过本金的总额和利息上限时（在【例 1.4.19】中，第 4 年年底时所支付的本金和利息达到 80 万元，超出理应支付的本息总额 9 万元),本金债权和利息债权均告消灭,对于利息的超额部分,构成非债之清偿,债务人有权请求不当得利的返还。

(b) 方案 2

每一次超额支付的利息直接用于扣减剩余本金。在此方案下,每次清偿本息后所剩余的本金数额较之于方案 1 更少,最终导致利息上限低于方案 1 的情形。

就【例 1.4.19】而言,由于债务人第一次清偿时所支付的利息超过了利息上限,超出的 3 万元被用作扣减剩余的本金。于是,在第一次作等额等息的清偿后,债务人所剩本金债务总额为 50-10-3=37(万元)。之后的清偿也依次操作。

表 1.4.1

	支付的本金+利息	方案 1(剩余本金)	方案 2(剩余本金)
第 1 年底	10+10=20	40	50-10-(10-50×14%)=37
第 2 年底	10+10=20	30	37-10-(10-37×14%)=22.18
第 3 年底	10+10=20	20	22.18-10-(10-22.18×14%)=5.2852
第 4 年底	10+10=20	0(超额:80-50-21=9)	0(超额 20-5.2852-5.2852×14%=13.974872)

(c) 评价

尽管方案 1 计算简便,但无法解释债权人为何有权保持债务人每期支付的超出利息上限的那部分利息,这部分利息的支付没有法律上的根据,因而对于这部分给付债权人并不享有给付保持力。故而,方案 2 更具有说服力。

(2) 法律构成

(a) 当然抵充构成(关于抵充,详见第 3 部第 1 章第 3 节)

在债务人超额支付利息的情形,自动发生对剩余本金的抵充,无须当事人主张抵充或者以抵充作抗辩。这是国内法院普遍采取的立场。[1] 这种立场所面临的质疑是,可能有违债务人的财产管理意愿,也许债务人更愿意行使超额利息返还请求权。

(b) 抵销构成

有观点则主张,为了尊重债务人的财产管理自由,应采取抵销(详见第 3 部第 2 章)构成,即债务人可以选择是否抵销。[2]

---

[1] 张凯与宁夏青春房地产开发有限公司民间借贷纠纷案,最高人民法院(2014)民一终字第 00104 号民事判决书。
[2] 刘勇:《超额利息的抵充》,载《法律科学》2019 年第 2 期,第 172—174 页。

(c) 评价

抵销构成确实可以实现对债务人财产管理自由的尊重,但其有一个潜在的前提,即抵销具有溯及力(第3部第2章第3节二),即债务人事后所作抵销的效果,溯及到其当初超额支付之时。若不承认抵销的溯及力,则在超额支出的利息上则会持续发生后续的法定利息,导致计算烦琐。而我国的司法解释对于抵销恰恰采取了不承认溯及力的立场(合同编通则解释55)。

第2部
债务不履行

第1章 债务不履行的概念和类型

第 1 节 债务不履行的概念
第 2 节 债务不履行的类型

第 1 节　债务不履行的概念

一、债务不履行的含义

债务不履行是一个具有双重含义的概念。

（一）作为事实的债务不履行

作为事实的债务不履行，是指债务人未按照债务本旨履行债务的事实。这个含义上的债务不履行，不必然导致债务人的责任发生，因为这还要取决于存在归责事由这个要件是否得到满足（后述）。

（二）作为责任原因的债务不履行

作为责任原因的债务不履行，是指债务人未按照债务本旨履行债务，且该事实可归责于债务人。这个意义上的债务不履行，意味着债务人需要承担相应的责任。

二、债务不履行概念的必要性

虽然《民法典》未设置潘德克吞式的债法总则，但其功能实际上已经由合同编第一分编中的规范群所承担。就合同之债而言，债务不履行已经被违约所取代。但是，即便在这样的背景下，仍需要保留和探讨债务不履行这一概念。具体理由如下：

（一）法定之债的债务不履行

法定之债同样会发生债务不履行的问题。仅有违约这一概念，显然不足以涵盖。

（二）合同之债的债务不履行

即便是合同之债，依然会发生超出违约范畴的债务不履行问题。例如，债权债务的主体发生变动后发生的债务不履行，就不能再称作违约。在债权转让中，由于债务人与债权的受让人之间并不存在合同关系，因此，从受让人的角度看，债务人对债务的不履行就不属于违约。

（三）债务不履行的参照系作用

在解释我国法上之违约制度时，债务不履行制度可以发挥参照系的作用。毕竟，债务不履行的制度设计和法解释在大陆法系已经相当成熟，这样的制度和法解释有助于对我国法上之违约制度的反省和解释论的展开。

至于债务不履行与违约的关系,事关重大,下文将专章讲述。

三、债务不履行与法定之债的关系

(一) 债务不履行与侵权行为

1. 分属不同层次

鉴于债务不履行是指债务人未按照本旨履行债务,从逻辑上讲,先有债务的存在,才会有债务的不履行。而侵权行为则是债的发生原因。在这个意义上,债务不履行与侵权行为不属于同一层次的概念。

> **例 2.1.1**
> S 因为交通肇事,将 G 撞伤,却迟迟不肯赔偿。

在【例 2.1.1】中,S 的交通肇事行为本身只是侵权之债(损害赔偿)的发生原因,并不构成债务不履行。不过,加害人未及时履行赔偿义务,构成债务不履行——履行迟延。①

2. 竞合

(1) 含义

不过,对债务的不履行,在特定情形会同时构成侵权行为。

> **例 2.1.2**
> 患者 G 到 S 医院看病。因医生的疏忽发生医疗事故,加重了 G 的病情。

在【例 2.1.2】,医生的疏忽构成了医院 S 的债务不履行,同时也构成了医院对患者 G 的侵权行为(1165.1、1191.1)。同一法律事实同时满足了两套规则的要件,发生两项请求权,这种现象称为竞合。不过,由于这样的竞合多源于债权人与债务人之间业已存在的合同关系,我国法上较少使用债务不履行的概念,而是代之以违约责任。于是,在大陆法系上债务不履行责任与侵权责任的竞合问题,在我国法上就变成了违约责任与侵权责任之间的竞合问题。

(2) 违约责任与侵权责任的差异

(a) 证明负担

一般认为,追究违约责任时债权人的举证负担更轻,因为在违约责任中采

---

① 比较法上,侵权之债于损害发生之时便到期,换言之,侵权之债于发生之时便陷入迟延。不过,我国的司法实践并未采取这种立场。

严格责任立场的情形无须证明债务人的过错,而即使采过错责任的情形,过错也是推定的;相较而言,追究侵权责任时却需要债权人证明加害人的过错。①

然而,在本书看来,两种救济模式下债权人的举证负担完全相同。这是因为,我国法在合同债权的拘束力问题上采取的是合同构成(详见本部第5章第3节),债务人仅对其承接的履行障碍事由负担克服的义务。违约的要件事实与侵权中过错的要件事实完全相同。就此事例而言,并非只要患者 G 的病情加重医院的诊疗行为就一定构成违约。医院所承接的是按照诊疗规范诊疗的债务。为此,患者 G 要证明医院的行为构成违约,就需要证明医院的诊疗不符合规范。而这同时恰恰是侵权救济中过错的要件事实。

(b) 损害赔偿

真正的差异在损害赔偿的范围。第一,违约责任中的损害赔偿通常不包括精神损害(996);而侵权责任中的损害赔偿可以包括精神损害(1183.1)。第二,违约损害赔偿以缔约时应当预见的损失作为赔偿范围,而侵权损害赔偿通过相当因果关系来划定范围。

(3) 竞合时的应对方案

发生竞合时两项请求权的关系可有如下几种应对方案:

(a) 请求权竞合说

被害人可以自由选择违约救济和侵权救济。我国法采取的便是此种立场(186)。如此一来,因当事人选择的不同,要件和效果会显著不同。

(b) 法条竞合说

侵权法是调整一般市民间法律关系的规范,具有一般社会关系中的普遍、标准的内容。而债务不履行责任(合同责任)是债权债务(合同)这种特定关系中的当事人间的责任规范,属于特别法。因此,在此情形优先适用合同法,只成立债务不履行责任(违约责任)。

(c) 请求权规范统合说

实质上只发生一个请求权,其内容是通过在权衡两种规范相互关系的基础上合理地、规范地取舍选择来确定。

(二) 债务不履行与无因管理、不当得利

同侵权行为一样,无因管理、不当得利也是债的发生原因,与债务不履行不属于同一层次的概念。对于无因管理、不当得利所生之债务,同样会发生债务不履行的状况。

---

① 韩世远,第 886—887 页。

> **例 2.1.3**
> G 照管了一段时间别人家走失的小狗,后找到失主 S,归还了小狗。
> ① S 拒绝支付狗粮费用。
> ② G 在照管小狗时疏忽大意,导致小狗受伤。

无因管理结束时,本人应当支付必要的费用(979)。在【例 2.1.3】①中,失主 S 有义务支付狗粮费用。本人拒绝支付,构成了债务不履行。无因管理的管理人应当采取有利于受益人的方法(981S1),因可归责于管理人的原因未能采取有利于受益人的方法致使受益人遭受损害的,管理人应承担债务不履行责任。在【例 2.1.3】②中,G 对因自己的疏忽大意所导致的小狗受伤,需要对失主 S 负担债务不履行责任。

> **例 2.1.4**
> 出卖人 G 与买受人 S 之间存在二手房买卖关系。G 撤销其基于胁迫所作之意思表示后将所得购房款汇至 S 的账户,但 S 却拒不配合 G 作过户登记的涂销和房屋的移交。

因为买卖之意思表示被撤销,双方之间的买卖合同失去效力。在【例 2.1.4】中,G 的获利(购房款)和 S 的获利(登记名义的取得和占有的取得)均构成不当得利,均需返还。G 履行返还义务导致 S 丧失了同时履行抗辩权,S 的拒不履行构成债务不履行。

第 2 节 债务不履行的类型

围绕如何判断债务人是否已按照本旨履行,即在债务不履行之构成要件层面,存在两种不同的制度设计思路。

一、原因进路

原因进路认为不存在统一的债务不履行概念,因此,在设计债务不履行的构成要件时,主张区分未按照债务本旨履行——学理上称之为"履行障碍"——的不同形态,按照类型分别设计出各自的债务不履行构成。各种类型的债务不履行都会发生损害赔偿、解除的法律效果。2002 年债务法现代化之前的德国法采取的就是这种立法体例。

这种思路下的债务不履行主要被区分为如下类型:

（一）履行迟延

1. 总论

所谓履行迟延，指能够履行但是履行期限已经过仍尚未履行完毕的状态，包括履行晚于履行期限的情形，以及履行期限经过后拒绝履行的情形。① 但存在若干例外的履行期限经过却仍不构成履行迟延的情形。

（1）存在先履行抗辩或者同时履行抗辩的情形

若遭遇先履行抗辩或者同时履行抗辩，则即便履行期到来，债务人也不陷入履行迟延。②

（2）债务的履行需要债权人协助的情形

若因债权人未予协助而导致履行期的经过，不仅不构成履行迟延，反而会构成受领迟延（详见第3部第1章第7节）。

（3）自动续期的债务

例如自动转存的定期存款、约定可以自动延续租期的租赁之债，履行期限到来也不会导致履行迟延。即便是非自动转存的定期存款之债，到期后定期存款也会自动并入活期账户，因而也不会发生履行迟延。③

（4）票据化的债务

对于票据化的债务，即便有确定的履行期限（付款期限），仍自以提示证券之方式催告后才陷入履行迟延。④

2. 意定之债的履行迟延

（1）履行期限确定的意定之债

原则上履行期限经过将导致债务人陷入履行迟延。至于债务人或债权人放弃期限利益的情形，详见第3部第1章第2节一（一）2。

（2）未定履行期限的意定之债

对于此种债权，自债权人于请求履行时赋予的或者合理的宽限期届满之时，债务人陷入履行迟延（511.0.4）。

（3）履行期限不确定的意定之债

在履行期限不确定的情形，履行期限是明确的，只是具体的时点具有不确定性。这种状况通常是将履行期限与发生时间不确定的事件联系在一起。

---

① 后者在分类上仍属于履行迟延，不属于拒绝履行。

② 关于先履行抗辩权和同时履行抗辩权之抗辩效果的发生，有存在效果说和行使效果说之争。依存在效果说，只要抗辩事由存在，无须抗辩权人主张，自动就会发生抗辩的效果；依行使效果说，仅有抗辩事由的存在还不够，还需要抗辩权人主张，才会发生抗辩的效果。正文中选取了行使效果说的表述，仅仅是为了方便说明。

③ 潮见Ⅰ，469页。

④ 史尚宽，第399页；我妻，第91—92页。我国《票据法》虽然对此并未作明确规定，但从该法第4条第2款的表述——"持票人行使票据权利，应当按照法定程序在票据上签章，并出示票据"——中可以解释出来。

> **例 2.1.5**
> G 与 S 约定,其对后者的债权自股指相对于约定之日的平均数值跌落 30% 之时到期。

对于这种债权的履行迟延何时发生,我国法未作规定。此种情形下,判断债务人何时陷入履行迟延,不能仅以履行期限的到来作为基准,以防债务人在不知不觉中已经陷入了履行迟延。为此,需要在履行期限到来后债务人收到债权人的履行请求之时与债务人知道期限已经到来之时中选取较早的时刻作为履行迟延的时点(日民 412.2)。

3. 法定之债的履行期限

法定之债的履行期限,原则上应与未定履行期限之意定之债的规则保持一致。① 不过,也需要考虑具体法定债务的特性。

(1) 侵权之债

一般认为,侵权之债自损害发生之时便陷入迟延。② 之所以持如此立场,是基于侵权损害填补对及时性的要求。我国的司法实践却采取了完全不同的立场:侵权损害发生后,债务人(侵权人)并不立刻陷入履行迟延的状态;仅在未按判决、裁定和其他法律文书指定的期间履行给付金钱义务时,才须加倍支付迟延履行期间的债务利息(民事诉讼法 264S1)。这种立场,完全不能回应被害人救济之及时性要求。

(2) 不当得利之债

不当得利之债属于未规定履行期限之债,因此,得利人原则上应自受损人请求不当得利返还之时陷入履行迟延。不过,由于恶意不当得利需要返还利息(986、987),因此,善意不当得利之债自得利人转为恶意之时也应陷入迟延。③

4. 救济手段

(1) 迟延损害赔偿请求权

迟延损害赔偿金也被称为迟延利息,然而其在性质上与利息有着本质的差异,利息是使用本金的对价,而迟延利息是对债权人因债务人迟延而遭受的损失的填补。

需要注意的是,对迟延损害赔偿责任的承担,并不能豁免债务人的履行义务。

(2) 解除权

如果是合同之债,履行迟延在两种情形下,会导致债权人解除权发生。

---

① 我妻,第 93 页。
② 最高裁判所昭和三十七年(1962 年)9 月 4 日判决,最高裁判所民事判例集 16 卷 9 号 1834 页。严格来讲,侵权之债自损害发生的次日才陷入迟延。之所以天为时间单位,是因为法定利率是以天为时间单位计算的。
③ 潮见 I,473 页。

(a) 迟延履行主要债务的情形

经催告后在合理期限内仍未履行,债权人有权解除(563.1.3)。反之,如果仅仅是非主要债务的迟延,即便经过催告,债权人依然无权解除合同,除非这样的迟延导致合同目的不能实现。

(b) 迟延导致合同目的不能实现的情形(563.1.4)

最为典型的,是履行期限对于合同的目的实现至关重要的情形。

> **例 2.1.6**
> S 与 G 之间订有月饼的批发合同。S 迟延到农历八月十六日才供货。

在【例 2.1.6】中,唯有在中秋节之前提供月饼,G 的合同目的才能实现。故 G 有权解除合同。

(二) 履行不能

1. 类型概述

履行不能存在多种分类。例如,从是否对于任何人来说都为不能的角度,可将履行不能区分为客观不能和主观不能。客观不能,是指对于任何人来说都无法履行的情形。主观不能,则是指虽然债务人不能履行,但其他人仍能履行的情形。从不能之状态持续的时间长短角度,可分为永久的不能和一时的不能。从不能履行之债务的范围角度,可分为全部不能和部分不能。相对重要的分类如下:

2. 从形态角度的区分

可分为物理上不能、法律上不能、经济上不能以及物理上不能之外的性质不能。

(1) 物理上不能(580.1.1)

物理上不能的判断,依照社会通常的交易观念为之。① 特定物之债中的特定物灭失、租赁之债中租赁物的灭失,自然属于物理上不能。此外,大海捞针也属于物理上不能。

(2) 法律上不能(580.1.1)

主要是法律法规禁止某种给付行为的情形,例如违禁品的交付、运送等。

(3) 经济上不能(580.1.2)

履行所需要的费用远远大于债权人因履行而获得的利益。

---

① 中田,102 页。

> **例 2.1.7**
> S 的债务是为 G 拥有的某台老旧设备更换一个无关紧要的原装配件。由于技术的更新迭代,这种配件在市场上早已绝迹,S 只能向厂家订做,而订做过去的零件需要重新制造模具,费用极高。

(4) 物理上不能之外的性质不能

> **例 2.1.8**
> 在特定物的二重买卖中,出卖人 S 将某特定物先后出卖给 G_1 和 G_2,并向 G_2 移转了所有权。这时,S 对 G_1 的债务便陷入履行不能的状态。

> **例 2.1.9**
> 无权处分人 S 将 A 的房屋所有权无权处分给 G,但 A 不追认,导致 S 陷入履行不能的状态。

这种不能也可以被归类为法律上不能。

3. 从不能发生之时点角度的区分

可分为自始不能和嗣后不能。自始不能是指债之关系成立之前给付已经处于履行不能的状态。而嗣后不能则是指债之关系成立后发生的履行不能。传统民法上有关债务不履行的制度在涉及履行不能时一般以嗣后不能为预设。因而,如何应对自始不能的问题便突显出来。

> **例 2.1.10**
> ① 买受人 G 与出卖人 S 订立了买卖正在海上运送之货物的合同。但在合同订立之前,船已倾覆。
> ② 买受人 G 与出卖人 S 订立了买卖正在海上运送之货物的合同。当时双方都知道货船正经过交战水域,有触碰水雷的风险。船在合同订立之前已触水雷沉没。
> ③ 病人 G 与女巫 S 订立合同,约定由 S 跳一次大神,以彻底治愈 G 的顽疾。
> ④ G 想办一所培训工程车辆驾驶人员的驾校,于是与校舍的所有权人 S 订立了租赁合同。合同中约定 S 同意 G 拓宽校门,并由 S 向建设局申请施工许可。然而,该校舍位于特殊区域,S 向规划局提交拓宽校门的申请因违反规划未得到批准,导致驾校无法开办。

(1) 自始不能与合同效力的关系

大陆法早期的立场是,若自始不能则构成债之基础的合同无效(旧德民306),再通过缔约过失责任来实现信赖利益的赔偿。若依此立场,自始不能显然不能为嗣后不能所吸收。然而,债务能否履行与债的成立之间没有必然的联系;而且发生在缔约之前与缔约之后的履行不能结果迥异,亦难以令人信服。如今,合同有效说成为主流。① 2002 年德国债务法现代化时也改采合同有效说(德民 311a)。日本法在 2017 年债法修改时增设了有关自始不能之债务不履行责任的规定,也是以合同的有效为前提的(日民 412 之 2.2)。我国的立法虽然不明确,但主流学说也采合同有效说。②

(2) 应对③

(a) 债务的确定

应首先通过合同解释判断债务人负担了什么样的债务。在【例 2.1.10】①中,S 负担的是移转在途货物之所有权的债务,而不是移转未灭失之在途货物所有权的债务。而在【例 2.1.10】②中,G 与 S 订立的是射幸合同,S 负担的是如果未触雷就移转在船货物所有权的债务。在【例 2.1.10】③中,女巫负担的是通过跳大神治愈债权人顽疾的债务。在【例 2.1.10】④中,债务人需要负责申报施工许可,但如果没有特别的约定并不能得出其承接了获得许可之结果债务的结论。

(b) 自始不能的判断

应根据合同以及社会通常的交易观念来判断债务是否陷入了履行不能。在【例 2.1.10】①中,S 负担的债务显然自始不能。而【例 2.1.10】②中的合同是射幸合同,哪一种结果都是债权人自愿承受的,无所谓履行不能。在【例 2.1.10】③中,根据通常观念可知,女巫负担的债务自始不能。在【例 2.1.10】④中,许可在合同订立之前就注定了无法取得。

(c) 债务不履行责任的判断

如果构成自始不能,还要考察债务人是否存在免责事由。如果债务人对于这种自始不能之合同的缔结不具有可归责性,则债务人不承担债务不履行责任。即便债务人存在归责事由,如果债权人对于合同的缔结也存在过错,则应适用过失相抵的规则(592.2)。例如在【例 2.1.10】④中,对于拓宽该校舍校门是否违反规划的判断上双方当事人均存在疏漏。

(3) 意思表示瑕疵

自始不能之债往往源自合同双方当事人在意思表示上的瑕疵,最为常见的是重大误解,此外也有构成心中保留或者戏谑行为的可能。表意人可以通过相应的意思表示瑕疵制度获得救济。

---

① 详见韩世远,第 524—526 页。
② 例如,韩世远,第 524—532 页。
③ 中田,128—129 页。

4. 金钱债权的特殊性

依现行法,金钱债务不存在履行不能的可能(579)。不过,该规范仅在债法总则层面具有正当性。到了合同法领域,当事人的合意完全可能允许金钱债务陷入履行不能。

例 2.1.11

G 与 S 订立了买卖存量房的合同。双方约定,购房人 S 采用公积金贷款的方式支付首付以外的购房款。合同签订后不久,公积金贷款的放贷政策突然收紧,导致 S 无法贷到公积金。G 能否要求 S 支付剩余购房款?

在【例 2.1.11】中,由于合同中已经将金钱债权的实现方式作了限定,在此情形金钱债权就有可能陷入履行不能。

5. 救济手段

(1) 可归责于债务人的情形

由于陷入了履行不能的状态,债权人不再享有原给付的履行请求权。债权人只能主张替代性损害赔偿,以获得与原给付得到履行时相同的利益状态。如果是合同之债,债权人可以解除合同(563.1.4)。

(2) 不可归责于债务人的情形

此时不发生债务不履行责任。如果存在对待给付,则由对价风险负担制度来应对。

例 2.1.12

所有人 S 与 G 订有租赁合同,但租赁物在交付前因地震而灭失。

在【例 2.1.12】中,S 无须承担债务不履行责任,但 G 不必再支付对价。

(3) 部分不能的情形

无论是否可归责于债务人,债权人均有权主张减价。减价,并非债务不履行的责任形态,而是基于对价均衡的当然归结。然而,《民法典》将减价救济规定在违约责任之中(582),偏离了其本质。

(三) 不完全履行

1. 类型

尽管债务人在履行期限内履行了债务,但未能完全遵从债务本旨。包括如下几种类型:

(1) 部分给付

所谓部分给付,指给付标的数量不符合债务本旨。部分履行既可以发生于与之债,也可以发生于为之债。

> **例 2.1.13**
> 应当演出 4 场却只演出了 3 场。

（2）瑕疵给付

　　所谓瑕疵履行,是指与之债的债务人所给付之标的物存在物理瑕疵或者权利瑕疵。

（3）履行方法不合债务本旨

> **例 2.1.14**
> 本应由债务人亲自演出,但其却让其弟子演出。

> **例 2.1.15**
> 债务人用赃款支付。

（4）未履行附随义务

> **例 2.1.16**
> 交付家具板材时忘记提供安装说明书。

（5）加害给付

　　所谓加害给付,是指因给付不符合债务本旨造成债权人固有利益的损害。

> **例 2.1.17**
> S 向 G 交付的家禽患有禽流感,导致 G 原有的家禽也被传染。

　　严格来讲,加害给付在逻辑上并不能与前四种不完全给付并列,而是由前四种不完全给付进一步衍生出来的结果。

2. 与履行迟延的关系

　　由于不完全给付在客观上表现为在履行期限内未能完成符合债务本旨的给付,在广义上也可以被认为是一种履行迟延。但若照此理解,履行不能也可以归为履行迟延的一种,如此一来类型化就失去了意义。故而,学理上对于履行迟延采狭义的理解。同理,由于履行期限的经过也意味着不再可能在约定时间内给付,则履行迟延也将属于履行不能;因此,学理上对于履行不能也采狭义的理解。
3. 救济手段
 (1) 补正请求
 (2) 损害赔偿请求
 (3) 解除
　　在合同之债的情形,债权人还可以解除合同。其要件与履行迟延之情形的解除要件相同。
 (4) 减价
　　在存在对待给付的情形,债权人可以行使减价权。
　(a) 减价的正当性基础
　　减价的正当性基础在于给付与对待给付之间的对价关系。因此,减价并非违约(或者债务不履行)责任的承担方式,即使债务人无须对违约(债务不履行)负责,只要给付客观上不完全,就存在减价的可能。
　　不过,减价在效果上相当于部分剥夺了相对人的对待给付请求权,为了尽可能维护相对人对于对待给付所享有的利益,减价这样的救济在顺位上应当安放在债务人丧失了补正、损害赔偿机会之后。因此,债权人在减价之前应当给予债务人合理的期间补正或者作填补性损害赔偿,该期间经过后才能减价。①
　(b) 减价权的定性
　　关于减价权的定性,存在请求权说和形成权说的对立。若是请求权,便意味着其实现需要债务人的配合。然而,减价并不需要债务人的配合,法官可径行作出形成判决。因此,形成权说更具有说服力。
　(c) 减价额
　　至于减价额,应当按照不完全给付与完全给付之比例来计算。

> **例 2.1.18**
> 　　S与G之间存在买卖某房产的合同。该房产的市场价为500万元,双方约定的价款为600万元。因保养不善,S移交的房产有一定程度的破损,市场价为400万元。如果G主张减价,减价后的价金债权为多少?

　　在【例2.1.18】中,房产的价值减少了1/5,价款也应减少1/5。故减价后的价金债权数额应为600×4/5=480(万元)。

---

① 有观点从解释论的角度得出相同的结论:《民法典》已借由第563条第1款第3项确立了债务人在合同目的丧失前仍有重振履行之机会的立场,此立场应同样适用于减价;减价仅在出卖人根本违约之际才有立足之地。详见陈诣文:《修理的买卖法构造》,载《南大法学》2023年第1期,第61—62页。

（四）期前拒绝

1. 含义

债务人在债务到期前以言辞或者行动明确拒绝履行。此种类型通常是指债务人在完全没有履行的情况下于债务到期前拒绝履行，但也不排除债务人在提前作部分履行后于债务到期前拒绝后续的履行。在此情形，尽管履行期限尚未到来，但债权人已无法期待债务人的履行。期前拒绝在性质上属于准法律行为中的意思通知，因为依法律的规定会发生特定的效果。

2. 救济手段

债权人不必等到债务到期，便可追究债务人的债务不履行责任。至于具体的形态，则取决于期前拒绝的形态。如果是期前部分拒绝，则适用不完全履行的救济制度。如果债权上存在担保，债权人可以提前实现担保。当然，一般保证的保证人仍享有先诉抗辩权（详见第 6 部第 4 章第 3 节三（二））。

3. 期前拒绝的撤回

围绕债务人能否撤回期前拒绝的意思通知，存在不同的观点。

（1）肯定说

肯定说认为，在履行期限到来之前债务人可以随时撤回期前拒绝的意思通知。[1]

（2）否定说

否定说则认为，在接到期前拒绝的意思通知后债权人往往不再期待债务人的履行，因而有可能已着手采取替代措施。因此债权人可以不接受撤回。[2]

二、原因进路的特点

（一）长处

原因进路的优点在于针对性强，毕竟不存在普适的债务不履行救济。

（二）不足之处

1. 规范的重复

鉴于各种类型的履行障碍都会发生损害赔偿和解除的效果，却又不存在统一的规范，为此立法者不得不就不同的类型分别规定损害赔偿和解除的救济手段，造成规范的重复。

2. 类型的不周延和重叠

救济手段具有针对性，因此原因进路下理想的状态是，各种债务不履行类型之

---

[1] 史尚宽，第 394 页。
[2] 张广兴，第 179 页。

间存在相互排斥的关系,彼此之间不存在交叉重叠;同时,实定法上所规定的债务不履行类型恰好能够涵盖所有的债务不履行。然而,实际情况却并非如此理想。虽然类型的缺漏可以通过立法来补齐,①但类型之间交叉重叠的问题却是无法解决的。

(1) 履行迟延后的履行不能

例 2.1.19

S 未能按照约定的时间向 G 交付其饲养的家禽,结果因为禽流感的出现,导致其家禽全部被防疫部门扑杀,无法交付。

在【例 2.1.19】中同时发生了履行迟延和因不可抗力导致的履行不能。履行迟延的后果是迟延损害赔偿;而对于因不可抗力导致的履行不能,债务人可以免责。如果认为履行迟延和履行不能不存在交叉,债权人只能主张迟延损害赔偿,对于不能交付家禽所带来的损失无法主张替代性损害赔偿。这一结果显然不合理。为此,就需要通过立法或者法解释来填补漏洞。

(2) 履行迟延后的不完全履行

例 2.1.20

S 应当在 9 月 1 日前向 G 交付由其饲养的全部 10 只藏獒。S 拖延到 9 月 15 日才向 G 交付了 6 只藏獒,其余的藏獒均因病死亡。

在【例 2.1.20】中发生履行迟延和不完全履行的重叠。履行迟延的后果是迟延损害赔偿,不完全履行的后果则包含减价。如果认为履行迟延与不完全履行不存在重叠,债权人便不可以同时主张迟延损害赔偿和减价。②

三、救济进路

(一) 含义

救济进路不大关注债务不履行的形态,而是更重视各救济手段在不同的债务不履行形态下的共性,转而用未按照债务本旨履行或者义务违反的概念来统摄各种类型的履行障碍中需要救济债权人的情形,完全从如何救济债权人的角度来设计有关损害赔偿、解除的规则。比较法上的立法例,如日本法,仅规定了债务不履行的一般条款(日

---

① 德国法当初仅规定了履行不能和履行迟延两种履行障碍,不完全履行便是通过判例发展出来的履行障碍。
② 武腾:《救济进路下不完全履行的定位和效果》,载《法律科学》2021 年第 3 期,第 157 页。

民 415)①。此外,2002 年债务法现代化之后的德国法也放弃了原因进路,设置了义务违反的一般条款(德民 280.1)。这一进路既可避免债务不履行类型的立法缺漏,还可避免规范的重复。

(二) 打补丁的必要性

不过,对于损害赔偿和解除之外的救济,仍需要针对不同的债务不履行类型,分别补充相应的救济手段。例如,在履行迟延情形赋予债权人履行或者补正请求权;在破坏给付均衡的不完全履行或者部分不能情形,赋予债权人减价权。

四、我国法的定性

(一) 我国法的特点

1. 分析的对象

由于我国法并未设置债法总则,因此,至少在实定法层面并不存在一般性的债务不履行法。不过,由于现行法在合同编第一分编(通则)中设置了类推规则"非因合同产生的债权债务关系,适用有关该债权债务关系的法律规定;没有规定的,适用本编通则的有关规定,但是根据其性质不能适用的除外"(468),合同编第一分编中存在着实质上的债总规范群。因此,可以通过对合同编第一分编的体例分析,来判断我国法在债务不履行制度上的总体设计思路。

2. 立法体例

一方面,合同编在违约责任的构成要件和总体法律效果上设计了违约责任的一般条款(577),来统摄所有的违约(债务不履行)行为,并未区分履行障碍的原因而分别规定;而且针对所有的违约行为,统一规定了履行请求、损害赔偿和解除这三种救济手段。另一方面,又分别就预期违约、瑕疵履行设置了特别的救济规则。其中,针对预期违约,设计了特别的构成要件(578),针对瑕疵履行,则设置了特别的救济手段——补正请求权(具体包括修理、重作、更换、退货)和减价权(582)。

(二) 定位

1. 混合进路说

主流观点认为,我国法采取的是以救济进路为主、原因进路为辅的混合进路。②

---

① 日本民法典颁行后曾经历过学说继受,主要是以德国法的制度、判例以及学说来解释日本民法的条文。在这个阶段,围绕债务不履行制度采取的原因进路的法解释。

② 王利明 2,第 459 页;韩世远:第 477 页;杜景林、卢谌:《债权总则给付障碍法的体系建构》,法律出版社 2007 年版,第 19 页;王洪亮,第 205 页。

2. 救济进路说

少数观点则认为,我国法采取的依然是救济进路,而实定法对不履行形态的划分只不过是救济内容的具体化或者构成要件的具体化。其理由在于:若我国法采取的是混合进路,等于一定程度上保留了原因进路;而要为一种不履行形态保留原因进路,必须满足以下条件:在适用解除、实际履行、替代给付的损害赔偿等主要救济方式时,该类不履行与其他不履行在构成要件上有实质差异。然而,除非要实现特别的法律效果,通常在追究债务人债务不履行责任时并不需要界定债务不履行的形态。[1]

---

[1] 武腾:《救济进路下不完全履行的定位和效果》,载《法律科学》2021年第3期,第157—158页。

第 2 章 履行请求权和补正请求权

第 1 节 履行请求权
第 2 节 补正请求权

第 1 节　履行请求权

一、履行请求权的定性

实体法上的履行请求权是债权请求力和诉求力的体现。关于履行请求权的性质，存在不同的观点。

（一）原生权利说

原生权利说认为，债权的本质就是请求债务人为一定给付的权利。因此，履行请求权并非违约的救济手段，它就是在行使债权本身。

（二）救济手段说

救济手段说则认为，当债务人不履行时，请求履行是法律赋予债权人的一种救济手段。《民法典》将其定性为债务不履行的救济手段（577、579、580.1 柱）。

二、履行请求权的优先性

（一）含义

就合同之债而言，较之于其他的救济手段，特别是相对于替代性损害赔偿请求权，履行请求权具有优先性。[1] 其理由如下[2]：

1. 从债权人的角度看

　　债权人通过订立合同试图获得的利益毕竟不同于通过等值的替代性损害赔偿所获得的利益。

2. 从债务人的角度看

　　对于自主承接的债务内容，即便履行对自己不利也是自己责任的结果，债务人理应承受。

（二）归结

1. 对债权人和债务人双方的约束

　　合同之债的双方当事人均要受到履行请求权优先性的约束。只要不存在对履

---

[1] 王洪亮，第 296 页。
[2] 潮見 I，375 頁。

行请求权的限制,债务人便不能以替代性损害赔偿来对抗债权人的履行请求;债权人也只能请求债务人履行原债务,而不能请求替代性损害赔偿。

2. 对效率性债务不履行的不认可

> **例 2.2.1**
> G 对 S 享有特定物债权,但 S 如果将该特定物处分给他人获利会更高。

面对债权人的履行请求,债务人原则上不能以不履行债务更具有经济价值为由抗辩。

三、 履行请求权的限制

（一）对于非金钱债权

非金钱债权的债权人在下列情形中无权请求债务的履行:

1. 履行不能的情形

第 580 条第 1 款上的"不能履行",指的是履行不能(详见本部第 1 章第 2 节一(二))。

2. 债务的性质不适于强制履行的情形

主要指具有人身依赖性的债务、以服务为内容的债务。

3. 债权人在合理期限内未请求履行的情形

之所以在此情形要限制债权人的履行请求,目的是将为应对债权人的履行请求而不得不长期处于履行准备状态下的债务人从中解放出来。

（二）对于金钱债权

由于金钱债权原则上不存在履行不能的可能,也不存在不适于强制履行的情形,所以,金钱债权的债权人请求债务人履行金钱债务的权利不受限制。

四、 有关履行期限的主张、举证[①]

有关是否约定履行期限以及履行期限是否届至的事实,该由谁主张和证明?

> **例 2.2.2**
> G 向 S 订购了一件旗袍,并支付了价款。G 起诉 S,请求 S 交付旗袍。

---

① 倉田卓次監修『要件事実の証明責任 債権総論』西神田編集室 1986 年,转引自潮见Ⅰ,276—277 页。

（一）债务人主张、证明说

既然期限利益被推定为债务人的利益，基于衡平的立场，就应该由债务人来证明期限的存在与否以及是否届至。债权人只需要举证债权的存在。

（二）债权人主张、证明说

期限的存在本身也是债权的要素，两者不可分离。如果关于期限的要约和承诺不一致，则合同就不成立，债权也就不会发生。既然期限是债权发生原因的一部分，就应该由债权人主张和证明期限的存在和届至。

【深化】 双务合同中的履行请求

履行请求权的对象本应是债务，但司法实践中常常出现"履行合同"或者"继续履行合同"的表述。这样的表述并不正确，特别是在双务合同的情形。如果被告的债务与原告的债务处于同时履行抗辩关系，生效的裁判文书若判令被告履行合同，可能导致判决无法被强制执行。这是因为在双务合同中原告也对被告负担债务，判令被告履行合同将与双方债务的同时履行抗辩关系直接发生冲突。

> **例 2.2.3**
>
> S与G互负债权债务。G交付首付款后半年内S交付某设备的底座。收到底座后三日内G交付第二笔价款，S于收到之日起半年内交付设备的主体部分。由于S一直没有交付底座，所以交了首付款的G提起诉讼，请求S继续履行合同。

若应判令原告胜诉，正确的判决主文只能判令被告履行债务，而非合同。例如：1. 被告于×××内交付底座；2. 被告于收到原告第二笔价款后半年内交付设备主体部分。

第2节 补正请求权

一、补正请求权的含义和手段

（一）含义

补正请求权是在债务人瑕疵履行（例如发生质量瑕疵、数量不足）的情形，债权人享有的请求债务人补正给付的权利。

（二）定性

补正请求权既可以看作是履行请求权的具体化，也可以看作是债务不履行的救济手段。

（三）具体手段

补正的具体手段，包括修理、更换、重作、数量的补齐以及债权人自行补正等。其中债权人自行补正的情形，则需要债务人承担相应的费用。

二、问题

（一）补正请求权的顺位

当出现瑕疵履行的情形，债权人可以采取的应对手段有：请求补正、减价、损害赔偿、催告+解除+替代性损害赔偿。如果各种救济手段之间完全没有顺位，任由债权人选择，则债务人的法律地位将处于高度不确定状态。因此，有必要探明补正在其中的顺位。

（二）谁的权利？

在具体的纠纷中，有时债权人追求补正的结果，而债务人则希望以损害赔偿来了结；有时债务人追求补正的结果，债权人却希望解除合同并由债务人损害赔偿。关键在于，补正究竟是谁的权利？债权人的，还是债务人的？

三、基本立场

（一）债权人利益优先

发生瑕疵履行时，首先还是应该维护债权人的利益。

（二）减轻债务人的负担

同时，也不应给债务人造成过重的负担。

四、补正请求权的顺位[①]

（一）谁的权利

补正请求权的作用是追求补正后的给付结果，因此该请求权当然是债权人的权利。当债权人请求债务人补正时，债务人不得作替代性损害赔偿。

[①] 参见朱心怡：《不完全履行下债权人救济途径选择权之限制》，载《法学》2022年第4期，第131—144页。

（二）对补正请求权的限制

既然补正请求权是履行请求权的具体化，那么限制履行请求权的事由同样可以限制补正请求权（580.1）。

（三）补正请求权在各种救济手段中的顺位

如果仅仅是债权人的权利，那么债权人可以不行使该权利，而选择其他救济手段。不过，按照债务本旨履行是债务人所承接的债务，补正更符合债务人的预期。如果债权人不选择补正，有可能会给债务人增加过重的负担。为此，有两种途径保护债务人：

1. 赋予债务人补正权模式（CISG48.1）

债权人选择其他救济手段时，债务人可以补正权对抗。债权人选择补正请求时，债务人可以选择补正中不同于债权人请求的救济手段。这时就涉及各种补正手段之间的顺位关系。

2. 债权人催告模式

在其他救济手段的要件上增加"经过补正期间"这一门槛。债权人通过催告，为自己选择其他的救济途径设置"补正期间"，在该期间经过之前，债务人可以补正，而债权人无权采取其他救济措施。德国民法上债权人主张替代性损害赔偿时需为债务人设置补正期限（德民281.1）；行使解除权时需作催告（德民323.1）。

3. 我国法的立场

一方面，我国法并未明文规定补正权。另一方面，依我国《民法典》第563条第1款的规定，解除以催告为前提，这至少可以说明，债权人如欲主张解除后的替代性损害赔偿，需要给予债务人补正机会。虽然在实定法上减价权的顺位并不明确，但完全可以通过解释得出减价权劣后的结论。因此，可以认为我国法采取的是债权人催告模式。

第3章 债务不履行(损害赔偿)责任的构成要件

第 1 节 概述
第 2 节 归责事由
第 3 节 因果关系

第 1 节　概述

一、债法总论层面的债务不履行

尽管设置有债法总则之立法例通常都有意无意地以合同之债作为预设,但债法总则毕竟是整个债编的公因式,有关债务不履行的要件和效果就并非专门针对合同之债。本章所讲述的内容,位于债法总论的层面,换言之,位于违约责任的上一层次。

二、损害赔偿责任要件的特殊性

一般提及债务不履行责任的构成要件时,指的并非所有债务不履行责任共通的构成要件,而是仅指基于债务不履行之损害赔偿责任的构成要件。至于债务不履行的其他效果,例如履行和补正,其构成要件与损害赔偿的并不一致。对此,本书将另辟章节讲述。此外,在合同之债的情形,还可能涉及解除、减价,而解除和减价的构成要件,相关内容可参见其他关于合同法的教材和著述。

通说认为,基于债务不履行之损害赔偿责任的构成要件如下文。[1]

三、构成要件概述

（一）构成要件的内容

1. 债务不履行

即债务人未按照债务本旨履行。关于债务不履行的事实,已如本部第 1 章第 2 节所述。

【深化】"债务本旨"的含义

"本旨"这样的表述,不仅出现在法学著作、专业论文中,而且在汉字圈内的立法例

---

[1]　史尚宽,第 292—295 页(违法性被称作客观的归责原因)、第 358—369 页;我妻,第 88—89 页。

中也赫然存在，例如中国台湾地区"民法"第 235 条①、第 309 条第 1 项②。台湾地区"民法"中的"债务本旨"，有很大可能是在 20 世纪上半叶法律继受时从日本法移植而来。在《日本民法典》中也出现多处的"本旨"表述，例如，有关债务不履行之一般规则的第 415 条、有关清偿提供之方法的第 493 条、有关使用借贷合同中损害赔偿请求权以及费用偿还请求权的期间限制的第 600 条、有关委任合同中受托人的注意义务的第 644 条等。《日本民法典》中"本旨"这一表述，来源于施行前即夭折的日本旧民法财产编第 382 条第 1 款："在债权人依义务本旨请求直接履行有拘束债务人身体迫使其履行的情形……"。该规定则来自起草人博瓦索纳德的草案。博瓦索纳德当初使用的法语表述是"forme et teneur"，可直译为"形式和内容"。据说该词汇当时在法国不过是一个颇具古风的修饰语，并没有什么特殊的含义，③即便该词汇含有与一定的文脉相关联的意味，也并不会对使用该词汇的法律制度等的构造发挥决定性的作用。④ 实际上，现行《日本民法典》中有关委任的第 644 条中的"本旨"并不能发挥灵活、概括性的作用，来满足以合同责任为前提之种种规范性需求。⑤ 质言之，"本旨"一词，并不意味着在解释合同债权的内容时就可以轻松地摆脱合同文本的束缚，规范地将文本中不曾出现的内容纳入债务内容之中。

2. 违法性

所谓违法性，并非指债务不履行本身具体违反了什么法律法规，而是指债务不履行违反了法秩序。通常，未按照债务本旨履行本身，就是对正常法秩序的破坏，因而具备违法性。因此，在存在债务不履行之事实的情形，违法性主要扮演消极要件的角色，即当存在违法性阻却事由时，不满足违法性要件。

违法性阻却事由体现为紧急避险、债权人同意等。如果是合同之债，还可以体现为同时履行抗辩、先履行抗辩的存在等。

3. 归责事由

所谓归责事由，是指可将损害转嫁给债务人的正当化事由。之所以损害赔偿责任需要以归责事由作为要件，是因为向债权人赔偿损失构成债务人的不利益。具体而言，在加害给付和给付迟延的情形，损害赔偿是与原债务并存的额外不利益；而在替代性损害赔偿的情形，损害赔偿毕竟不同于原给付内容。

---

① 台湾地区"民法"第 235 条："债务人非依债务本旨实行提出给付者，不生提出之效力。但债权人预示拒绝受领之意思，或给付兼需债权人之行为者，债务人得以准备给付之事情，通知债权人，以代提出。"
② 台湾地区"民法"第 309 条第 1 项："依债务本旨，向债权人或其它有受领权人为清偿，经其受领者，债之关系消灭。"
③ 内田贵，『債権法の新時代「債権法改正の基本方針」の概要』（商事法務，2009 年），88 頁以下。
④ 石川博康，「『契約の趣旨』と『本旨』」ジュリスト86 巻 1 号（2014 年），26—27 頁。
⑤ 同上文，28 頁。

4. 损害

　　损害赔偿责任自然要以损害的发生作为前提。
5. 因果关系

　　损害赔偿责任还要求债权人所遭受的损害与债务不履行之间存在因果关系。
6. 责任能力

> **例 2.3.1**
> 　　G 向 S 定制了一个计算机软件。快接近完成时，S 突然精神失常，导致了工期的延误。S 是否应当承担迟延损害赔偿的责任？

　　过去的通说曾认为，债务人的责任能力也是损害赔偿责任的构成要件。所谓责任能力，是对行为是非的判断能力。追究欠缺这种能力之人的债务不履行责任，意味着对其的非难，而这样的非难缺乏正当性。① 如今的主流观点则认为，在交易世界对欠缺辨别能力者的保护通过意思能力和行为能力即可实现，无须再以责任能力作为要件。② 若依此观点，只要在订立合同时 S 具有意思能力和行为能力，他就应当对之后的债务不履行承担损害赔偿责任。

（二）证明责任的归属

1. 由债权人负证明责任的要件

　　按照谁主张谁举证的一般原理，债务不履行、损害、因果关系这三项构成要件的要件事实，均由债权人负担证明责任。
2. 由债务人负证明责任的要件

　　但也存在需要债务人来反证其不满足的要件。

　（1）违法性

　　如上文所述，未按照债务本旨履行本身就是对正常法秩序的破坏，因而发生债务不履行时，违法性要件通常都是满足的。债务人比债权人更能说明债务不履行的原因。③ 既然如此，就应当由债务人来证明违法性要件的不满足。

　（2）归责事由

　　比较法上或明确规定由债务人负担有关债务不履行之归责事由的证明责任（2016 年 10 月 1 日修改前的法民 1147，意民 1218，瑞债 97），或在学理上、判例上予以承认；至于理由，多是基于诚信原则。④

　　此外，在履行迟延后陷入因不可归责于债权人和债务人的原因导致履行不

---

① 例如，於保，94 頁；奥田，130 頁。
② 前田，155 頁；潮見Ⅰ，392 頁。
③ 罗歇尔德斯，第 201 页。
④ 我妻，第 99 页；黄立，第 460—461 页；黄茂荣，第 109 页；崔建远，第 243 页。

能的,视为可归责于债务人的履行不能(日民413之2.1),债务人应承担债务不履行责任。其背后的理由是,如果债务人按时履行就不可能发生之后的履行不能。我国法也有类似规定,不过是从不可抗力的角度规定的:"当事人迟延履行后发生不可抗力的,不免除其违约责任。"(590.2)

足以推翻推定的事由,通常包括债权人的原因、不可抗力。

第 2 节 归责事由

一、归责事由的内涵

之所以未按照债务本旨履行,是因为存在可归责于债务人的事由(德民 280.1、日民 415)。至于归责事由的内涵,有两种理解。

(一) 狭义的归责事由

德国法(德民 276)、中国台湾地区"民法"(台"民"220)通常对此采狭义的理解,指债务人的故意或者过失。所谓故意,是指明知会造成债务不履行的结果,却特意采取或者不采取某种行动。所谓过失,是指因欠缺一般程度的注意而导致债务不履行发生。如此一来,履行辅助人的故意或者过失便不能被判定为债务人的故意或者过失。

> **例 2.3.2**
>
> G 向 S 购买了一件古董家具,约定的交货地点为 G 的住所地。S 将古董家具的装运事宜托付给了当地口碑最好的快递服务商 A。由于 A 在将家具装车时固定不牢,导致家具在途中在车上发生倾倒,严重毁损。

在【例 2.3.2】中,由于 S 将家具的运送托付给了当地服务口碑最好的主业人士,因此其对于家具在途的毁损并不存在过失。如果对于债务不履行的归责事由坚持采狭义的理解,则债权人 G 便无法要求 S 赔偿。这一结论显然不符合人们的法律情感。为此,采取狭义理解的立法例不得不特别规定:债务人对于履行辅助人的故意或者过失负担与自己的故意或者过失同样的责任(德民 278S1、台"民"224)。

(二) 广义的归责事由

日本的通说则采广义的理解,认为归责事由指债务人的故意、过失,以及"依诚信原则可作相同看待之情形"。而依诚信原则可作同等看待之情形中,最为典型的,便是履行辅助人的故意或者过失。①

二、金钱债权之债务不履行的归责事由

对于金钱债务的迟延履行,无论债务人是否具有归责事由,均应承担损害赔偿责任。除非有特别约定或者法律规定,如果发生金钱债务的履行迟延,债务人应赔偿法定利息。② 这与金钱天然具有能衍生孳息的本金属性有关。

第3节 因果关系

一、自然因果关系

只有与债务人的行为之间存在因果关系的损害才能得到赔偿。

在判断债务人的行为与损害之间是否存在自然因果关系时,通常采取等值说。等值说主张,债务人的行为是损害的必要条件;每个损害结果的发生有很多原因,这些原因具有同等价值。等值说采取的是"若无,则不(but-for)"的检验公式,即若无该行为,不会发生此损害,则成立自然因果关系。等值说在涉及双重因果关系或者合法替代行为的案件中无法适用。

例 2.3.3

S_1、S_2 两人均与 G 有嫌隙。在一次聚餐中,S_1、S_2 两人均在 G 的红酒中下毒,每个人投毒的分量均足以致 G 死亡。

例 2.3.4

装修公司 S 的工人 A 在装修时改变了承重墙的结构,以致承重墙所能承受的重量仅为原来的二分之一。后房屋所有人 G 购买巨幅油画悬挂于承重墙之上,该油画的重量是承重墙原本能承受重量的两倍。

如果根据"若无,则不"的检验公式,没有【例 2.3.3】中 S_1 或 S_2 的投毒行为,仍然会发生 G 死亡的结果;即使【例 2.3.4】中工人 A 依施工规范装修,也仍会发生承重

---

① 我妻,第 94 页。
② 张广兴,第 138 页。

墙倒塌的后果。

> **例 2.3.5**
>
> G 与网约车司机 S 约定，S 于周五早上六点将 G 送至禄口机场。后 S 未按时履约，造成 G 未赶上航班，支出改签费用若干，并因此错失一笔买卖。

此外，根据等值说，【例 2.3.5】中 S 需要对 G 因错失交易机会所生损害进行赔偿，可能会导致责任泛滥。

因此需要确立"规范性"的归责标准，从而纳入评价因素，对因果关系标准进行限制。这所涉及的是客观归责问题。

二、相当因果关系

（一）含义

根据相当因果关系理论，如果行为人的行为不是以异乎寻常、十分不可能的方式造成了损害，而是在事务的一般进程中便通常会引起损害，则行为人对于损害的发生是可归责的。相当因果关系理论使十分遥远的损害结果得以排除。在相当性理论之下，主导的并非自然因果关系学说，而是基于评价将损害后果归责的问题以及可能性大小的判断问题。①

（二）相当性的判断

在判断相当性时，应考虑特定因果关系过程的可预见性。就可预见性而言，既不取决于债务人的主观预测，也不取决于债务人所属的交往圈子中普通成员的判断，而是取决于"最佳判断者"的预测。②

> **例 2.3.6**
>
> 古董爱好者 G 购买了一把稀有的古代椅子，拿给家具制造商 S 修复。由于 S 的过错，椅子完全毁损。

> **例 2.3.7**
>
> 大学生 G 因为受伤住进校医院 S，并在校医院 S 中患了肺炎，因此要继续住院。住院期间，医院护士 A 偷了 G 的钱包，以致 G 未及时清偿债务，为此支出了诉讼费。

---

① Vgl. Brox/Walker, S. 366.
② 罗歇尔德斯，第 324 页。

修理过程中毁损一把普通的古代椅子、住院期间患肺炎是能够为"最佳判断者"所预见的;而毁损一把稀有的古代椅子、钱包被偷以及因此导致不能履行债务并支出诉讼费,则是不能为"最佳判断者"所预见的。足见,相当因果关系理论在因果关系链条上做了适当的"切割术"。

在我国的司法实践中,相当因果关系理论也常被援引。

> 高速公路的管理者有及时巡视和清障的义务,从而保障司乘人员在通过高速公路时的安全、畅通。通行者在高速公路驾车行驶时碾压到车辆散落物导致交通事故。高速公路的管理者怠于巡查和清障的不作为,与事故的发生有相当因果关系,应当承担相应的赔偿责任。①

(三) 相当性的量度

用于判断行为对损害发生可能性之提升程度是否具有相当性的知识,应包括:理性人拥有的全部知识、案件发生时行为人可以获得的知识及其已掌握和应掌握的知识。申言之,相当性判断以一定的知识量为背景,知识量的确定遵循"常人基础上的适度增加"之准则。行为人因其能力高于常人而增加的知识量以及因偶然因素而获得的知识,均应引入作为判断基础。②

(四) 相当因果关系与可预见性规则

1. 区分说

> 相当因果关系中考虑的是客观因素,而可预见性规则中参考的多是主观标准。③

2. 趋同说

> 在判断是否可预见时,可根据与违约方处于相同或者类似情况的民事主体在订立合同时能否预见作为判断依据(合同编通则解释 63.1)。学理上称之为理性人标准,理性人能否预见应考虑理性人的知识,理性人的知识应考虑违约方的状况包括其已知和应知的知识。④ 此处的理性人标准并非纯粹的客观标准,而是考虑了违约方的情况,与相当因果关系中的"最佳判断者"标准发挥着类似的功能。在此意义上,可预见性规则与相当因果关系的判断标准可以视作"同质"构造。

两种观点的分歧在于:对可预见性与相当因果关系的判断,究竟采取纯粹的主观标准或客观标准,还是同时考虑主观和客观因素。

---

① 丁启章诉江苏京沪高速公路有限公司等人身损害赔偿纠纷案,载《最高人民法院公报》2016 年第 10 期。
② 叶金强:《相当因果关系理论的展开》,载《中国法学》2008 年第 1 期,第 47—48 页。
③ 王洪亮,第 400 页。
④ 叶金强:《可预见性之判断标准的具体化——〈合同法〉第 113 条第 1 款但书之解释路径》,载《法律科学》2013 年第 3 期,第 144 页。

（五）批评的观点

1. "最佳判断者"标准的模糊性

法律的适用者可能会根据自己的喜好以"最佳判断者"的名义来预测结果，由此会产生掩盖关键的价值判断的危险。①

> **例 2.3.8**
>
> 丈夫 S 进入了一栋房屋，他已分居的妻子 F 和熟人 G 逗留其中。G 惊慌失措，穿过八米高的窗户跳了下去，导致腰椎和手腕骨折。②

在【例 2.3.8】中，法院认为存在相当因果关系。但是，S 进入房屋是否通常会导致 G 从窗户跳下去并遭受损害，不无疑问。

2. 对规范目的未予以充分考虑

在特定情况下，是否将损害后果归责于行为人，不仅需要考虑"最佳判断者"是否可预见，同时还应考虑规范目的。

> **例 2.3.9**
>
> S 驾车撞伤了 G。由于 G 患有骨质疏松症，其伤情重于常人，治疗费用显著增加。

S 是否应对增加的治疗费用负责，不应仅依据"最佳判断者"来决定，而应考虑现有规范是否保护具有特殊体质的人。

三、规范保护目的说

（一）界定

根据规范保护目的说，对于行为所引发的损害是否可归责于行为人，应当探寻相关规范的目的。只有根据被违反的规范的意义和目的，损害可归责于行为人，行为人才需要承担赔偿责任。

（二）合同的保护目的

合同本身可以被看作一种拘束合同当事人的规范。因此，在合同领域，规范目的主要取决于当事人的约定。在因违反合同义务导致他人权益受损的情形，损害是否可归责于违反义务的一方，首先应根据当事人的合同约定，其次根据合同目的、诚信原则等进行判断。

---

① 罗歇尔德斯，第 325 页。
② BGH NJW 2002, 2232.

> **例 2.3.10**
> 演员 G 想在上海举办一个世纪婚礼,因此在著名酒店 S 处租了一个能容纳 1000 人的大厅。婚礼前一周,S 的工作人员通知 G 说,大厅能容纳的人数搞错了,只能容纳 500 人。而 G 无法在短时间内租到更大空间的婚宴地点,不得不取消对一半儿宾客的邀请。G 要求 S 赔偿 500 万元的损失,因为 G 放弃邀请的嘉宾人均会支付 1 万元的礼金。

G 的赔偿请求不应得到支持。因为根据合同的目的,S 并未承接使 G 得以通过婚礼收取巨额礼金的义务,G 遭受的礼金损失不在合同的保护范围之内。

(三) 规范的保护目的

在侵权责任领域,需考虑的是被违反的交往安全义务规范以及保护性法规的意义和目的。

> **例 2.3.11**
> G 春节后由家乡返回打工地,高铁上水泄不通。经查,中国铁路某局集团有限公司 S 违规售票,造成高铁超载。G 到站下车时发现电脑被盗,于是以"超载"导致小偷容易得手为由向 S 主张损害赔偿。

禁止超载的规范目的在于保障高铁的运行安全,而不在于防范盗窃。因此,G 不能向 S 主张损害赔偿。

规范保护目的说要求在保护债权人的利益与适当限制债务人的责任风险之间进行权衡。

> **例 2.3.12**
> S 在拥挤的电梯中挤到了 G,导致 G 心脏病突发,因此不得不支出大笔治疗费用。

债务人原则上不能以债权人存在特殊体质为由主张免责。不过,如果致害行为只是实现了一般生活风险,则不可归责于行为人。否则,债务人的责任风险会过大。因此,在【例 2.3.12】中,G 不得向 S 主张赔偿治疗费用。

(四) 规范保护目的说的意义

通常情形下,相当因果关系理论和规范保护目的说所得出的结论是一致的。

规范保护目的说的价值在于"边缘案型",即相当因果关系理论作为客观归责的标准不尽如人意时,可以通过规范保护目的说进行补充。①

---

① Vgl. MüKoBGB/Oetker, 9. Aufl., 2022, BGB § 249 Rn. 125.

> **例 2.3.13**
> 依据某地方性法规,只有在特定条件下才允许用货车的装载空间运送人员。网约车司机 S 违反该法规运送 G,G 因待在装载空间而患感冒。

S 的行为与 G 因感冒所受损害之间存在"相当性",但 G 所受损害并非禁止货车载人的地方性法规所要防范的危险。因此,G 不得向 S 主张因感冒而支出的医疗费。

> **例 2.3.14**
> G 遭 S 驾车撞伤。在住院治疗过程中,因医生发现脑疾,被服务机关命令提早退休,G 以遭受损害为由向 S 请求损害赔偿。

有观点认为,S 的行为与 G 因提早退休而所受损害之间满足相当因果关系要件,但根据规范保护目的说,因检查发现疾病而退休,并非法律所要防范的危险。[①] 换言之,被告所遭受的损害不在受保护之列。实际上,也可认为 S 的行为与 G 的损害之间不具备相当因果关系。

四、假设因果关系

(一) 界定

假设因果关系所涉及的问题是:债务人是否可以主张,即使没有自己的行为,损害也会全部或部分地由于其他原因发生。

(二) 判断标准

1. 概说

债务人是否可以提出上述抗辩,取决于其他原因对损害发生的影响。如果其他原因对于损害的发生具有重要性,则会对债务人的损害赔偿义务产生影响。因此,关键的问题是判断其他原因是否具有重要性。

早期的观点认为,其他原因原则上是重要的或者不重要的[②],而新近观点则认为应根据具体情况进行判断。此时,可以考虑以下情况。

2. 损害体质

如果其他原因在损害发生时已经被包含在受侵害的人或物之中,并且此后会造成同一损害的,则其他原因具有重要性。

---

① 王泽鉴 4,第 103 页。
② Vgl. MüKoBGB/Oetker, 9. Aufl., 2022, BGB § 249 Rn. 213.

> **例 2.3.15**
>
> S 与 G 素有嫌隙,于是将 G 的汽车烧毁。实际上,G 的汽车存在严重的质量问题,本来也只能再使用一个月。

当受侵害的物存在损害体质时,其价值实际上已经降低。没有损害体质的物价值要高于有损害体质的物。① 在【例 2.3.15】中,S 应当赔偿的是汽车的残余价值以及一个月的使用利益。足见,假设因果关系涉及的核心问题实质上并非因果关系,而是损害的认定和计算。②

3. 事件介入

事件介入是指如果没有债务人的行为,损害会由于不可归责于第三人的原因而发生,损害发生于该事件产生之前。

> **例 2.3.16**
>
> S 负责装修 G 购买的门面房。由于 S 的操作失误导致房屋大面积毁损。实际上,G 的房屋本来就会在一个月后的地震中毁损。

S 是否可以主张,即使没有其违约行为,G 的房屋本来也会因不可抗力而毁损?答案是不可以。此时,对于标的损害的赔偿请求权,假设原因是不重要的。因为损害赔偿请求权已经构成,不会因假设原因存在而受影响。

4. 他人介入

> **例 2.3.17**
>
> S_1、S_2 二人均与 G 有嫌隙。一日,S_1 至 G 的饭店吃饭,饭后将该饭店砸毁。实际上,S_2 本来计划在次日将饭店烧毁。

如果其他原因为第三人的行为,债务人可否主张得免责?不能免责。当假设原因是可归责于第三人的行为时,如果没有债务人的先前行为,损害的风险应当由第三人来承担,债权人的财产价值可以通过第三人的损害赔偿得以保全,债权人最终不会有损害。但债务人的行为使第三人造成同样损害的行为被阻却,要使债权人的状态不因此而改变,就应由债务人承担全部损害的赔偿责任。③

---

① Vgl. MüKoBGB/Oetker, 9. Aufl., 2022, BGB § 249 Rn. 210.
② Vgl. Larenz, S. 524.
③ 廖焕国:《假设因果关系与损害赔偿》,载《法学研究》2010 年第 1 期,第 94 页。

五、合法替代行为

（一）界定

合法替代行为所涉及的问题是：即便行为人实施合法行为，也会造成同样损害，行为人应否对其违法行为所造成的损害承担责任。

（二）规范目的的射程

在判断行为人是否应承担损害赔偿责任时，应根据规范保护目的说，对个案中所涉及的规范目的进行考量。

> **例 2.3.18**
> 载货车司机 S 在超车时未与骑行者 G 保持足够距离，载货车的拖车与 G 发生碰撞，导致 G 死亡。即便 S 超车时与 G 保持了足够距离，也仍然会发生碰撞。因为，G 处于醉酒状态。[1]

> **例 2.3.19**
> 劳动者 S 提前 7 日通知用人单位 G 解除劳动合同。为此，G 必须刊登招聘广告。G 向 S 请求损害赔偿。

在【例 2.3.18】中，司机的违法行为与骑行者的死亡结果之间存在因果关系。对于司机是否需要承担损害赔偿责任，取决于规范保护目的。对此有两种观点：一种观点认为，所发生的损害在规范保护的范围之内。[2] 交通法规应保护因司机违规驾驶而受到侵害的骑行者。另一种观点则认为，因骑行者处于醉酒状态，违反交通法规，无保护的必要性。

在【例 2.3.19】中，即使劳动者遵守了《劳动合同法》第 37 条关于提前 30 日以书面形式通知用人单位的期限要求，广告费仍然无法被避免。换言之，广告费不在关于解除期限的规范的保护范围之内。

（三）争议情形的处理

> **例 2.3.20**
> S 是一名医生，其告知 G 中医疗法是有望治愈 G 疾病的方法，但未说明，中医疗法可能会导致某种后遗症。

---

[1] BGH NJW 1958, 149.
[2] 〔奥〕海尔穆特·库齐奥、张玉东：《合法替代行为：因果关系与规范保护目的》，载《甘肃政法学院学报》2017 年第 5 期，第 67 页。

医生可否抗辩,即使履行了说明义务,病人也会同意。对此,存在争议。
1. 抗辩否定说

鉴于医生所负的说明义务的目的是要绝对保护病人的决定自由,医生提出的这种抗辩通常不成立。[1]

2. 抗辩肯定说

可通过举证责任的分配,督促医生尽到说明义务,从而保障患者的自主决定权。亦即,医生可举证证明,即使履行了说明义务,病人也会同意,从而排除可归责性。[2]

否定说与肯定说的差异并未如想象中那样大,因为医生想通过证明病人本会同意来排除其可归责性,实际上十分困难。

---

[1] 王洪亮,第 402 页。
[2] 周友军:《论民法上的合法替代行为抗辩》,载《法律科学》2013 年第 1 期,第 125—126 页。

第 4 章　损害赔偿

第 1 节　损害赔偿的功能与基本思想
第 2 节　损害的概念与分类
第 3 节　损害赔偿请求权
第 4 节　损害赔偿的方式与范围
第 5 节　损害赔偿数额的确定

第 1 节　损害赔偿的功能与基本思想

一、功能

（一）补偿功能

损害赔偿的主要目的在于填补损害。因此,补偿功能是损害赔偿的核心功能。

（二）预防功能

预防功能处于辅助角色。在危险责任中,损害赔偿具有明显的预防功能。

为了保护人格权,第 1182 条允许根据侵害人的获利计算损害赔偿,体现了其预防功能。

（三）抚慰功能

当债权人遭受精神损害时,精神损害赔偿具有抚慰功能。

（四）惩罚功能

当法律有特别规定或者当事人有特别约定时,损害赔偿也具有惩罚功能。例如,第 1207 条以及《消费者权益保护法》第 55 条等条文均赋予债权人请求惩罚性赔偿的权利。此外,当事人也可以明确约定具有惩罚性的违约金。

二、基本思想

（一）完全赔偿原则

根据完全赔偿原则,债务人必须赔偿他以可归责的方式造成的全部损害。因此,损害赔偿的数额应当完全以债权人所遭受的损害为基准。可见,完全赔偿原则是将补偿功能作为核心功能的逻辑结果。①

对完全赔偿原则的讨论虽多以侵权为背景,但在违约损害赔偿中,完全赔偿原则也

---

① Vgl. BeckOGK/Brand, 1. 8. 2021, BGB § 249 Rn. 63.

得到承认。当事人一方不履行合同义务或者履行合同义务不符合约定,造成对方损失的,损失赔偿额应当相当于因违约所造成的损失,不过应受到可预见性规则的限制(584)。这一做法与 CISG 较为类似。①

【深化】

近些年有学者认为应对完全赔偿原则进行检讨,或认为对完全赔偿原则的缓和以生计酌减和公平酌减为限②,或更进一步,认为应通过比例责任来避免"全有全无"的僵硬后果。③ 事实上,德国学界也承认过失相抵、生计酌减系对完全赔偿原则的缓和。④ 不过,这并不必然会削弱完全赔偿原则的基础性地位。

(二)损害移转与风险分配

损害赔偿实质上是一种损害移转机制。原则上损害需停留于原处即债权人处。由于债务人存在可归责事由,损害方"移转"于债务人。除此之外,通过责任保险等保险机制,损害被进一步移转和分散,"分摊"给购买责任保险的众多消费者。

在财产保险中,保险公司理赔后,在赔偿保险金额范围内,债权人对债务人的损害赔偿请求权移转给保险公司。此时,保险公司行使请求权的基础仍然是损害赔偿法。

(三)公法对损害赔偿的影响

公法与损害赔偿法之间存在着密切的关系。例如,损害赔偿应受到宪法上比例原则的限制。在计算损害时,也要考虑到税法的作用。例如,针对所失利益获得的损害赔偿金,原则上应交税。⑤

(四)损害赔偿的研究方法

法教义学的方法是损害赔偿的主流研究方法。不过,经济分析等研究方法也逐步被引入。例如,美国学者卡拉布雷西对于事故成本的经济分析等。尽管如此,经济分析等研究方法仍未对法教义学的方法形成替代之势。

---

① Vgl. MüKoBGB/Huber, 8. Aufl., 2019, CISG Art. 74 Rn. 17.
② 徐银波:《论侵权损害完全赔偿原则之缓和》,载《法商研究》2013 年第 3 期,第 70—72 页。
③ 郑晓剑:《侵权损害完全赔偿原则之检讨》,载《法学》2017 年第 12 期,第 170—173 页。
④ Vgl. Medicus/Lorenz, S. 310.
⑤ Vgl. MüKoBGB/Oetker, 9. Aufl., 2022, BGB § 249 Rn. 506.

第 2 节　损害的概念与分类

一、损害的概念

（一）界定

通说以自然的损害概念为出发点，认为损害是任何非自愿的物质或非物质损害。与之相对，自愿的财产牺牲是费用。

（二）差额说的构成

损害确定的依据是差额说，该学说由德国学者蒙森于 19 世纪首倡。[①] 根据蒙森的观点，"利益"和"损害"经常替换使用，意义相同。[②] 根据差额说，假设没有发生损害事件情况下当事人的财产状况与真实的财产状况的差额，即为损害。差额说的具体内容包括：

1. 以总财产计算差额

　　差额说比较的是现实的财产状态与假设的财产状态，用以计算的是债权人的总财产，而非个别的损害项目，如人身损害、物的损害。

2. 损害的主观性

　　损害的有无及大小，应结合债权人的情况，考虑有利及不利的因素进行具体认定。[③] 对于债权人的特殊情况，只要对财产状况的增减有所影响，即应考虑在内。[④]

> **例 2.4.1**
>
> 　　G 为清洁公司，其机器出现故障，交给 S 修理，双方约定 2023 年 1 月 31 日将机器修好送至 G 处。后 S 迟延两个月。根据过往营业状况，G 每个月可通过该机器获利 1 万元。

　　在计算迟延损害时应考虑 G 自身的营业状况，故 S 应向 G 赔偿 2 万元。

3. 完全赔偿原则

　　损害赔偿的数额应当及于债权人所遭受的全部损害（具体见前文分析）。

[①]　Vgl. Brand, Schadensersatzrecht, 3. Aufl., 2021. S. 7.
[②]　Vgl. BeckOGK/Brand, 1. 8. 2021, BGB § 249 Rn. 8.
[③]　王泽鉴 4，第 65 页。
[④]　曾世雄、詹森林，第 141 页。

（三）差额说的问题

1. 在操作上过于复杂

    以财产总额作为计算损害的方法，不切实际，过于复杂。

2. 无法体现评价因素

    在假设因果关系、损益相抵等问题上，按照"差额说"得出的结果有违公平理念。在假设因果关系中，即使没有债务人的行为，损害也会由于其他原因发生。根据差额说，债务人并未给债权人造成损害。此外，差额说在计算上由于考虑了两种状态之间损益变化的全部情况，使损益相抵制度无法发挥作用。[①] 例如，在第三人因债权人遭受债务人的侵害而对债权人进行赠与的情形，债权人的整体财产可能并未减少。

3. 适用范围受限

    差额说的适用范围仅限于以金钱计算或评估的财产损害，而在债权人遭受非财产损害的情形，无法根据债务人行为前后债权人财产状态的变化计算出所谓的"差额"。

（四）差额说的修正

1. 组织说

    （1）含义

    根据组织说，应将因特定物毁坏所发生的损害看作具有独立性的一部分，并按照其客观价值予以赔偿。我国法上的损害概念被划分为立法者和司法者所预设的损害项目，对各个损害项目逐一进行赔偿即是对损害的赔偿，一定程度上贯彻了组织说。

    根据组织说，损害被客观化，其将损害区分为直接损害与间接损害。关于直接损害，其赔偿应以客观价值为最低损害。关于间接损害，应根据债权人自身情况，考虑其整体财产的减少情况。[②] 例如，债务人违章驾驶汽车撞毁债权人的货车，债权人因此受重伤。货车价值减损及医疗费用支出为直接损害。因不能使用货车而减少的营业收入及误工费为间接损害。

    （2）作用

    根据差额说，在假设因果关系和损益相抵的情形，因不存在差额而无法赔偿，这对受害人并不公平。采取客观损害的概念，在一定程度上可以克服上述问题。

---

① 李昊：《损害概念的变迁及类型建构——以民法典侵权责任编的编纂为视角》，载《法学》2019 年第 2 期，第 73 页。

② 王泽鉴 4，第 66—67 页。

(3) 运用

若差额大于客观损害,则可依据差额说计算损害;若差额小于客观损害,则以客观损害为准。客观损害在损害赔偿中代表着最低赔偿额。①

> **例 2.4.2**
> G 购置一辆新车,将旧车赠送给他人,尚未交付。S 与 G 素有恩怨,为了报复 G,毁损旧车。

旧车的主观价值虽已为零,但仍具有客观价值。若 S 毁损该汽车,G 可以根据客观价值请求赔偿。

2. 规范损害说

(1) 含义

依据差额说计算损害,需要以事实上的损害为前提,是一种自然意义上的损害,不同于所谓的规范损害。所谓规范损害,是建立在评价的基础之上的,即使在计算上没有不利益,也可认定存在损害。②

(2) 作用

> **例 2.4.3**
> G 与 S 为同事,二人同时竞聘部门主管,G 获成功,S 因此怀恨在心。某晚下班途中,S 将 G 打伤,G 因此误工一个月。G 所在公司继续支付工资。

如果 G 所在公司依法应继续支付工资,根据差额说,G 未因误工而遭受损害。不过,考虑到法律的规范目的不在于免除 S 的责任,因此,虽然 G 事实上没有损害,但仍认为其存在规范损害。通过在个案中进行规范目的考量,规范损害说能够解决差额说所引起的不合理问题。

(3) 问题

规范损害说虽然正确地提出了损害概念是需要评价的,但是并未就不同个案提供具有说服力的一般性理论。换言之,它的边界并不清晰。③

(五) 原则与例外

尽管差额说遭到了批评,但至今仍然被作为原则上的损害评估方法。④ 只是在必要的时候,用组织说、规范损害说等其他观点对差额说进行修正。

---

① 曾世雄、詹森林,第 149—150 页。
② 王洪亮,第 394 页。
③ Vgl. MüKoBGB/Oetker, 9. Aufl., 2022, BGB § 249 Rn. 23.
④ Vgl. MüKoBGB/Oetker, Fn. ③, Rn. 19.

差额说以总财产的差额计算损害,只是一种思考过程,实际上通常仍是就个别项目计算损害。此外,即使强调损害的主观性,仍然可能以受损害之物的客观价值来量定损害。在此意义上,差额说在操作层面并无很大问题。至于在假设因果关系、损益相抵等问题上,可以例外地对差额说进行修正,以体现损害的"规范"色彩,凸显损害赔偿的评价因素。

二、 损害的分类

(一) 财产损害与非财产损害

1. 区分意义

如果损害赔偿限定在金钱赔偿,区分财产损害与非财产损害的意义很大。财产损害总是可以进行金钱赔偿的,而对非财产损害的金钱赔偿则限定在法律规定的情形。例如,侵害自然人人身权益、因故意或者重大过失侵害自然人具有人身意义的特定物造成严重精神损害的,被侵权人有权请求精神损害赔偿(1183)。

2. 财产损害

财产损害原则上可以通过差额说来进行计算,即比较受害人事实上的财产状态与不发生损害事件时本应存在的状态。

财产上的不利益均属于财产损害,不但包括财产的积极减少,也包括财产的消极不增加。前者如甲纵火将乙的房屋烧毁;后者如甲将乙用于营业的路边摊毁损,乙无法正常营业。

3. 非财产损害

非财产损害并不会导致财产的减少,因而无法通过差额说来进行计算,只能通过考虑精神痛苦程度、受害人的个人因素等具体情况加以估算。[①]

由于非财产损害的赔偿受到限制,若有被纳入财产损害范围的可能,理论上倾向于尽量将其认定为财产损害。

(1) 商品化理论

是否存在可以通过金钱评估的损害,主要看是否存在相关市场。对此,应根据交易观点来定。如果存在,则该利益就具有财产价值,侵害该利益时,就可以通过金钱进行赔偿。[②] 例如,未经他人同意对他人的肖像进行商业化利用。

(2) 挫折理论

根据挫折理论,如果通过金钱花费所追求的享受为导致损害赔偿的行为所阻碍或者影响,那么该费用也是财产损害。[③] 例如,用益租赁人被车撞伤后,不

[①] 程啸,第 229 页。
[②] Vgl. MüKoBGB/Oetker, 9 Aufl., 2022, BGB §249 Rn. 41.
[③] 王洪亮,第 393 页。

能在所租赁的区域狩猎,请求赔偿为狩猎所支出的费用。①

【深化】

挫折理论被德国的主流观点所否定。如果承认挫折理论,会"泛化"对非财产损害的金钱赔偿,进而架空《德国民法典》第253条。根据挫折理论,只要利益的享有者支出了费用,就可以此为依据来计算利益的财产价值。例如,如果一个人打车去250公里外参加流行演唱会,因他人过错发生交通事故,导致其未能看到演唱会。根据挫折理论,受害人可以请求支付打车费。② 这显然是不合理的,因为所支出的费用应当在客观合理的范围之内。

(二) 履行损害与信赖损害

这一分类仅适用于合同领域,而不适用于侵权领域。因为在侵权领域缺少可以履行的合同,不存在履行损害。

1. 履行损害

履行损害(也称为履行利益或积极利益)是合同当事人由于另一方的不履行所遭受的损害。受害人必须被置于假如合同已经得到履行时他所处的地位。

(1) 可得利益

在规范层面,履行利益被界定为"合同履行后可以获得的利益",也称为"可得利益"。实践中,可得利益损失主要分为生产利润损失、经营利润损失和转售利润损失等类型(民商事合同指导意见9)。这种履行利益为"毛利润"。在确定可得利益时,可以在扣除非违约方为订立、履行合同支出的费用等合理成本后,按照非违约方能够获得的生产利润、经营利润或者转售利润等计算(合同编通则解释60.1)。后种意义上的履行利益为"净利润"。

> **例 2.4.4**
> 中间商 G 从生产商 S 处以单价 5 元购买 10000 个手机外壳,随即以单价 5.5 元将该批手机壳转售于 D。后 S 未履行合同,导致 G 无法获得预期利益。

中间商 G 所遭受的损失为转售利润损失。生产商 S 应赔偿 G 所遭受的损失 5000 元。

---

① Vgl. BGH NJW 1971, 796.
② Vgl. Staudinger/Schiemann, 2017, § 249 Rn. 125.

(2) 证明问题
　　(a) 受害人举证
　　　　学理上通常认为,应由非违约方举证证明存在所失利益,而非采取推定技术。① 对此,规范层面也有所体现。非违约方应当承担其遭受的可得利益损失总额、必要的交易成本的举证责任;对于可以预见的损失,既可以由非违约方举证,也可以由法院根据具体情况予以裁量(民商事合同指导意见 11)。
　　(b) 举证责任的减轻
　　　　《德国民法典》第 252 条减轻了债权人的举证责任,只要债权人能够证明存在获取期待利益的极大可能性,则可推定债权人可以获得该利益。当然,债务人可以举证推翻该推定。②

2. 信赖损害
　　信赖损害(也称信赖利益或消极利益)是当事人因信赖法律行为的有效性所遭受的损害。受害人必须被置于假如他没有从事该交易时所应处于的地位。信赖利益包括所受损害和所失机会,通常表现为缔约费用等落空费用和机会损失。其中,在落空费用的情形,因合同不成立、无效或被撤销导致此类费用支出的"信赖目的"落空。③

(1) 缔约费用
　　缔约费用是指为促成交易而支出的费用。

> **例 2.4.5**
> 　　G 欲收购 S,与 S 的法定代表人 V 进行了长时间的谈判,后达成收购协议。为此,G 支出了交通费、咨询费等 5 万元。后 G 发现 V 在谈判过程中隐瞒了有关 S 财务状况的重要事实。

　　如果 G 以欺诈为由撤销合同,可以要求 S 赔偿所支出的交通费、咨询费等费用。

(2) 其他落空费用

> **例 2.4.6**
> 　　G 酷爱收集名马,从 S 处购得汗血宝马一匹。双方达成协议后,G 为汗血宝马建造舒适马棚一间。后 G 发现该马并非汗血宝马。

　　如果 G 以欺诈为由撤销合同,可以要求 S 赔偿建造马棚的费用。

---

① 王洪亮,第 410 页。
② Vgl. Brox/Walker, S. 386.
③ 姚明斌:《〈合同法〉第 113 条第 1 款(违约损害的赔偿范围)评注》,载《法学家》2020 年第 3 期,第 179 页。

（3）机会损失

> **例 2.4.7**
>
> 为了承建 S 的工程，G 与 S 进行了长时间的磋商。事实上，S 一开始就无意将工程交给 G 承建，而 G 却为此推掉了 D 的承建请求。

G 可以请求赔偿因 S 恶意磋商而导致的交易机会损失。作为例外，信赖利益可能超过履行利益，如 G 本可从错失的交易中获取比与 S 之间的交易更多的收益。不过，对信赖利益的赔偿仍应以履行利益为限。

（三）直接损害与间接损害

1. 直接损害

直接损害是指对债权人的人身或财产法益本身所造成的损害。例如，甲将乙打伤，或者丙将丁的车砸坏。

在我国司法实践中，对"直接损害"的使用较为随意，大致将其等同于"所受损失"或"实际损失"。例如，在"盘起案"中，法院将企业的组建费用、经营投入、促销活动投入等作为直接损失。[①]

2. 间接损害

间接损害（也称为"后续损害"），是指因致害行为所导致的直接被侵害的法益之外的损害，所失利益属于间接损害。[②] 例如，甲将乙打伤后致使其丧失的劳动收入，或者丙将丁的车砸坏导致其减少的营业收入。此外，非违约方所遭受的可得利益损失，亦为间接损害。

3. 区分意义

区分直接损害与间接损害所涉及的实质问题是：损害附着在何种标的物上。区分意义主要在于：当存在间接损害时，因果关系要件常难满足。此时，当事人无法请求赔偿间接损害。在合同法上，当事人对于间接损害的赔偿请求权，也经常会被否定。[③] 在我国司法实践中，对于可得利益的赔偿也表现出谨慎态度，原因在于可得利益不可预见或具有不确定性。[④]

[①] 上海盘起贸易有限公司与盘起工业（大连）有限公司委托合同纠纷案，载《最高人民法院公报》2006 年第 4 期。
[②] Vgl. BeckOGK/Brand, 1.8.2021, BGB § 249 Rn. 38.
[③] Vgl. MüKoBGB/Oetker, 9. Aufl., 2022, BGB § 249 Rn. 99-102.
[④] 吴行政：《合同法上可得利益赔偿规则的反思与重构——从〈中华人民共和国合同法〉第 113 条适用的实证考察出发》，载《法商研究》2012 年第 2 期，第 70—72 页。

【深化】

法国法与英国法上多有关于直接损害与间接损害的划分,但欠缺清晰的边界。事实上,直接损害与间接损害的区分,在实务上意义甚微,因为其区分标准本身即有问题。因此,其仅有理论价值。①

第 3 节　损害赔偿请求权

一、债务不履行之损害的承担者

（一）原则

债务不履行会导致债权人的利益受到损害。对于损害的承担,民法上的根本立场为令所有人负担损害,即令损害停留在原处。就债务不履行所造成的损害而言,意味着由债权人自己承担。这是因为,利益之所在即为风险之所归。既然债权人通过他人的履行获得给付利益,那么在这一过程中因债务不履行所造成的损害,就应该由债权人自己承受。

（二）例外

不过,如果当债务人对于债务不履行具有归责事由时,债权人有权将损害转嫁给债务人。这便是基于债务不履行的损害赔偿制度。

二、替代性损害赔偿与履行请求权的关系

所谓替代性损害赔偿,是指通过给予金钱的方式来实现原本按照债务本旨可以实现的债权人利益状态。关于替代性损害赔偿请求权与原债权的履行请求权的关系,涉及属性上的同一性和时间上的关系。

（一）同一性问题

探讨这一问题的意义,在于以下三点:其一,原债权上的担保是否及于损害赔偿请求权;其二,原债权发生移转时,替代性损害赔偿请求权是否也随之移转;其三,损害赔

---

① 曾世雄、詹森林,第 161—162 页。

偿请求权的诉讼时效的类型以及起算点是否与原债权的一致。

1. 曾经的主流观点

围绕替代性损害赔偿请求权与原债权的关系,曾经的主流观点认为两者具有同一性,①即替代性损害赔偿请求权是原债权的变形。既然两者具有同一性,上述问题的答案便一目了然。

2. 新近的立场②

近年来的有力说则认为,虽然履行请求权和替代性损害赔偿请求权均为发生债务不履行时以债权人利益的实现为内容的救济手段,两者具有共通之处和相互替代性,但却没有必要将其归结为同一性。上述问题的结论没有必要从同一性的判断中演绎出来,而应该分别就具体问题作个别探讨。担保是否及于损害赔偿请求权的问题,属于担保范围的问题。如果是人保,自当由保证合同来决定;如果是物保,则自有法律规定。至于债权发生移转时损害赔偿请求权的归属,应取决于当事人之意思的解释,这就意味着损害赔偿请求权有可能不发生转移。至于诉讼时效的相关问题,则应在考虑损害赔偿请求权与原债权之关系的基础上,去解释相关的时效规范。

3. 本书的立场

本书赞同新近的立场。追加的理由如下:

对于履行期限到来前发生的债务不履行(例如因瑕疵履行所导致的积极的债权侵害),损害赔偿请求权的诉讼时效起算点与原债权的本就不一致。在此情形,原债权的诉讼时效自履行期限到来时起算,而损害赔偿请求权的诉讼时效自瑕疵履行导致损害发生之时起算。

(二) 在时间上的关系

1. 债务转型论

替代性损害赔偿请求权由履行请求权转化而来,这就意味着两者在时间上不存在并存的可能性。只有当原给付陷入履行不能的状态时,以及构成债之原因的合同被解除时,履行请求权才转化为替代性损害赔偿请求权。

2. 并存可能说

履行请求权与替代性损害赔偿请求权完全存在并存的可能。债权人在不解除合同的前提下主张替代性损害赔偿时,债务人既可以履行原给付义务,也可以作替代性损害赔偿;而债权人在此时也仍然可以请求债务人履行原给付义务,除非可以从替代性损害赔偿请求中解释出解除的意思表示,或者应当基于诚信原则或者禁止权利滥用原则得出相反的结论。③ 在考虑两者之间关系时,只需要确保债权人

---

① 我妻,第 89 页;平井,74 頁。
② 中田,186—187 頁。
③ 中田,186 頁。不过,潮见Ⅰ,482 頁,对于债务人仍可以履行原给付义务持否定观点。

不会二重获利即可。最为典型的情形,便是债务人对履行的期前拒绝。在此情形,债权人可以在不解除合同的情况下请求替代性损害赔偿(578),也可以请求债务人履行债务(577)。

3. 适用顺序

至于替代性损害赔偿与履行、补正在适用上的先后顺序,参见本部第 2 章的内容。

三、替代性损害赔偿与解除的关系

就合同之债而言,如果因债务不履行导致合同被解除,债权人自然可以主张替代性损害赔偿。问题是,享有解除权的债权人在不解除的情况下还能否主张替代性损害赔偿? 至少在诸如下列情形中,债权人不解除合同是符合其自身利益的①:

(一) 债权人一方所负担的对待给付为非金钱给付的情形

有时债权人对于己方履行有利益;或者己方已经履行完毕而不希望被返还。

(二) 继续性合同中的特殊情形

给付为非金钱给付,某一期发生严重迟延,但债权人仍然期待以后各期的给付。

四、迟延损害赔偿与其他救济的关系

(一) 与履行、补正的关系

迟延损害是一项单独的损害,与履行请求、补正(在合同之债的情形还包括减价)所欲实现的利益状态并不重叠,因而可以并列。换言之,在发生履行迟延的情形,债权人可以同时请求债务人继续履行,并赔偿迟延损害。

(二) 与替代性损害赔偿的关系

同理,迟延损害赔偿与替代性损害赔偿也可以一并主张。

五、违约损害赔偿与债务不履行损害赔偿的关系

(一) 两种可能的立场

关于债务不履行责任和违约责任的关系,存在两种截然相反的应对立场。一种是无视违约责任的特殊性,以债务不履行责任吸收违约责任;另一种则是强调违约责任的特殊性,主张应构建违约责任的相关制度(详见第 5 章)。这种对立在损害赔偿问题上体现得最为鲜明。

---

① 中田,148 页。

1. 一元制

所谓一元制,是指在立法上仅确立单一的损害赔偿制度,且站在债法总则的层面。例如德国法、我国台湾地区"民法"以及 2017 年债法修改之前的日本法便是如此。

不过,需要注意的是,债务不履行制度的核心是合同之债的债务不履行。在制度设计和解释论的展开中,立法者和法解释者其实有意或无意地均以合同之债作为预设。这一点,在债务不履行的损害赔偿之中亦是如此。

2. 二元制

所谓二元制,则是指在立法上同时保留通常的债务不履行损害赔偿制度和违约损害赔偿制度。这种制度在比较法上未必真实存在,但在理论上具有可能性。2017 年债法修改后的日本法将债务不履行的损害区分为通常损害和特别损害,并分别予以规定(日民 416),其背后就隐含了二元制的思想。

（二）我国法上的问题

我国法的情况,刚好与上述一元制的立场相反:在实定法上不存在有关债务不履行之损害赔偿的规范,只有关于违约损害赔偿的规范群。这就导致针对违约行为之外的债务不履行损害赔偿——具体而言即债务人就不当得利之债、无因管理之债和侵权之债的债务不履行所造成的损害该如何赔偿——成为问题。

由于第 468 条规定,对于法定之债可以类推合同编通则的规范。因此,可以认为对于法定之债的债务不履行,原则上类推适用违约责任的规定。至于在细节处是否存在例外,尚需仔细探讨。

第 4 节　损害赔偿的方式与范围

一、损害赔偿的方式

（一）恢复原状

1. 界定

恢复原状即恢复到如果导致债务人负有赔偿义务的情况没有出现,债权人所处于的状态。此为广义上的恢复原状。

现行法规定的"恢复原状"(179.1.5),指行为人通过修理等手段使受到损坏的财产恢复到损坏发生前的一种责任方式。① 这种"恢复原状"是狭义上的恢复原状。

2. 恢复原状所需金钱

债权人通过请求恢复原状所需金钱,可以替代恢复原状。请求恢复原状所需金钱不同于金钱赔偿,因为前者在计算金钱数额时不是取决于物的价值,而是取决于恢复原状所必要的金额。

> **例 2.4.8**
>
> S 将 G 的汽车(价值为 10 万元)毁损,毁损后汽车剩余的价值为 6 万元。G 请求恢复原状。恢复原状所需金额可能为 5 万元,而金钱赔偿的数额为 4 万元。

即使债务人可以自行以较少费用恢复原状,债权人原则上仍然可以行使替代权,请求恢复原状的费用。②

【深化】

在德国法上,当标的物出现瑕疵时,立法者为出卖人配置了"二次供货权"。③ 据此,出卖人的自行修理被赋予了优先地位。在前述违约领域的恢复原状中时,债务人便可以较少费用修理标的物,使其符合合同约定。

3. 债权人的处分自由

债权人是否必须将恢复原状所获得的金钱事实上用于恢复原状?

(1) 否定说

恢复原状所需费用必须被用于恢复原状,不得自由使用。法律允许债权人向债务人请求支付该费用,显然是为了实现恢复原状的规范目的,债权人亦应受到此目的的拘束。④

(2) 肯定说

债权人可以自由使用恢复原状所需费用。原因在于:首先,实定法上未设此限制;其次,如此对债务人并无不利;最后,债权人自由使用也符合其经济利益。⑤

---

① 黄薇 1,第 582—583 页。
② 王泽鉴 4,第 121 页。
③ Vgl. MüKoBGB/Westermann, 8. Aufl., 2019, BGB § 439 Rn. 2.
④ 程啸、王丹:《损害赔偿的方法》,载《法学研究》2013 年第 3 期,第 65—66 页。
⑤ 王泽鉴 4,第 123 页。

(3) 区分说

(a) 物的损害

> **例 2.4.9**
>
> 在一起交通事故中，G 的汽车被 S 的货车撞毁，S 负全责。如果 G 自己修好了汽车或者继续使用毁损的汽车，可否要求 S 支付相关的修理费用？

债权人可以"拟制"的修理费用为基础计算恢复原状所需金额，且并非必须将该金额实际用于恢复原状。①

(b) 人身损害

在人身损害的情况下，债权人应将恢复原状所需费用实际用于恢复原状，不得另作他用。债权人不得因为非财产损害而取得经济上的利益。② 此观点以对非财产损害的赔偿的严格限制为背景，仅当法律有规定时，方可因非财产损害而请求金钱赔偿。（德民 253.1）

> **例 2.4.10**
>
> 在一起交通事故中，G 被 S 的货车撞伤，S 负全责。如果 G 并未就医，而是居家自愈，可否要求 S 支付治疗费，并将此款项用于购买书籍？

如果不允许自愈的债权人向债务人请求赔偿"拟制"的治疗费，则意味着债务人从债权人的行为中获益，这一结果并不合理。债权人的人身完整性利益虽然值得保护，但如果已经自愈，应允许债权人将"拟制"的治疗费用作其他用途。

(二) 金钱赔偿

金钱赔偿指向的并非债权人的恢复原状利益，而是价值利益。

1. 与恢复原状费用

我国传统学说不区分金钱赔偿与恢复原状费用，把所有用金钱来赔偿债权人损失的方式都称为"赔偿损失"，这是不合理的。③ 应将现行法规定的"赔偿损失"（179.1.8）理解为金钱赔偿，即债务人向债权人支付一定数额的金钱以弥补其损失的一种责任方式。

2. 金钱赔偿的实益

如果债权人的人格权受侵害或遭受精神损害，恢复原状通常较为困难，务实的

---

① Vgl. Looschelders, S. 396.
② Vgl. Looschelders, S. 397.
③ 程啸、王丹：《损害赔偿的方法》，载《法学研究》2013 年第 3 期，第 68 页。

方案是对债权人进行金钱赔偿。

(三) 二者关系

1. 恢复原状优先

德国法确立了恢复原状优先的原则,从而保护债权人的维持利益或固有利益。

按照恢复原状优先的思路,金钱赔偿仅存在于以下几种情形:

(1) 恢复原状不可能

此时应区分不可替代物和可替代物。如果是不可替代物,灭失后自然无法恢复原状;但如果是可替代物,即使灭失后,也可用实物进行赔偿。因此,恢复原状不可能的情形大大减少。①

如果恢复原状不可能,与恢复原状所需金额不同,此时应赔偿受害人财产的减少部分,即赔偿价值利益。如果存在市场价值,则以市场价值为准。②

(2) 恢复原状不足以赔偿

如果恢复原状仍不足以填补损害,则加害人应当以金钱赔偿补充恢复原状请求权。

> **例 2.4.11**
>
> 在一起交通事故中,S 和 G 驾车撞在一起。经交警鉴定,S 负全责。S 将 G 的汽车修理如初。但 G 的车作为事故车,发生贬值。

S 应当赔偿 G 因车贬值所遭受的损失。

(3) 以不成比例的费用才能恢复原状

如果恢复原状需要花费不合比例的费用,应允许债务人拒绝债权人的恢复原状请求权,而以金钱赔偿作为替代。以交通事故为例,如果汽车修理费用超过了汽车在事故前价值的130%,通常认为不成比例。此时,受损车主只能请求赔偿一辆相应汽车的重置费用,且通常还应从中扣除车辆的剩余价值。③

2. 金钱赔偿主义

以金钱赔偿为原则,根据损害的程度估计相当的金钱数额,使债务人以该数额对债权人给付金钱,从而填补损害。④

3. 自由裁量主义

既不以恢复原状为原则,也不以金钱赔偿为原则,而是由法官在个案中根据案件具体情形确定。

---

① 王洪亮,第 408 页。
② Vgl. MüKoBGB/Oetker, 9. Aufl., 2022, BGB § 251 Rn. 14.
③ Vgl. Looschelders, S. 408.
④ 程啸,第 760 页。

现行法(179.1)并未确立恢复原状的优先地位。在此意义上,恢复原状与金钱赔偿处于并列的地位,可由债权人进行选择。

二、损害赔偿的范围

债务不履行会给债权人造成各种各样的损害。那么,在成立债务不履行责任的情形,债务人应该赔偿多大范围的损害呢?关于这个问题,比较法上存在不同的立场。

(一)相当因果关系说

德国法一方面宣示了完全赔偿原则,这就意味着,与债务不履行具有自然因果关系的全部损害,债务人均负担赔偿义务。然而,事实上的因果链条可以无限延伸,如果在这一链条上的全部损害都需要由债务人赔偿,会导致当事人从事交易以及从事社会活动的积极性萎缩。为此,德国的判例和学说将因果关系改造成相当因果关系,即债务人仅需要赔偿按照社会通常观念看与债务不履行的事实具有相当因果关系的损害。

关于针对相当因果关系的批判,请参看第 2 部分第 3 章第 3 节。

需要注意的是,相当因果关系说是对损害事实的限定,而非对损害额的限定。损害额是金钱评价的问题。

(二)预见可能性说

限制损害赔偿范围的另一思路,则是以债之关系的当事人能够预见的损害范围作为赔偿的范围。这是法国法、英国法以及日本法的限制进路。

1. 预见的主体

关于预见的主体,存在着争议。

(1) 一元论

主流的观点不区分法定之债与意定之债,主张预见主体一律为债务人。

(2) 二元论

然而,重视合同之债特殊性的观点则认为,对于法定之债的债务不履行,应以债务人作为预见主体;对于合同之债的债务不履行,则应以债权人和债务人双方共同预见的范围为准。其背后的思想是,合同是意思自治的工具,也是分配给付失败之风险的工具。

2. 预见的时点

关于预见的时点,也存在立场的对立。

(1) 一元论

一元论主张,预见时点为债务不履行发生时,其背后是保护债务人行动自由的思想。既然债务不履行需要债务人的归责事由,那么对于债务不履行这种债务人可控的事情,债务人就其发生时能够预见的损害范围内负担损害赔偿责任才具有正当性。

（2）二元论

二元论则主张区分法定之债和合同之债。对于前者，以债务不履行发生时作为预见时点；对于后者，则以合同缔结时作为预见时点。

3. 机会主义行动的应对

对于合同之债，如果以缔约时作为损害范围的预见时点，会诱发债务人的机会主义行动。

> **例 2.4.12**
>
> 在与 G 订立合同时，S 预见到如果日后自己不履行债务将会给 G 造成的损害事实为 α。但因为情况的变化，到 S 决定不履行债务时，可能给 G 带来的损害事实已经变为 α+β。若债务不履行会给债务人 S 带来的收益足以覆盖 α 的数额，S 就会任由 G 的损害扩大。

在此情形，仍固守缔约时的可预见损害范围规则，将会纵容债务人的机会主义行动。为此，在此情形需突破该规则的束缚。

4. 我国法的立场

我国法对于违约损害赔偿范围明确采取了预见可能性说的立场，预见的时点为合同缔结之时，预见的主体为债务人（584但）。由此，也衍生出若干的问题。

（1）预见主体的妥当性

如果坚持合同构成，认为合同是双方当事人分配履约过程之风险的工具，就合同之债而言，以债权人与债务人共同作为预见主体才更合乎逻辑。

（2）机会主义的问题

我国法对于预见可能性规则并未保留例外，所以也将面对机会主义债务人的难题。

（3）基于债务不履行之损害赔偿的范围

问题在于，在更上位的债法总则层面，对于一般的基于债务不履行之损害赔偿的范围，可否认为也采取了预见可能性说呢？由于法定之债非经合意产生，而预见可能性说却以缔约之时作为损害的预见时点，显然无法适用。因此，对于法定之债不履行的损害赔偿，只能采取相当因果关系说。

（三）债务人的主观状态

就债务不履行的损害赔偿范围而言，债务人在主观上为故意的情形与为过失的情形，有无区别？

债务人的主观状态原则上不影响损害赔偿的范围。这是因为，无论相当因果关系说还是预见范围说，均不涉及债务人的主观状态。不过，有可能存在例外。其一，如上文所述，针对采取机会主义行动的债务人，没有必要固守预见可能性规则。其二，在判断是否应当赔偿债权人的精神损害时，债务人的主观状态有发挥作用的空间。

第 5 节　损害赔偿数额的确定

既然损害赔偿是以金钱赔偿的方式来实现,那么在确定了应予以赔偿的损害之后,就需要对损害作金钱上的评价。抽象地看,损害的范围与损害赔偿数额属于不同层次的问题,但实践中未必泾渭分明。例如,可得利益损失的范围常常就直接以数额的形式呈现。

一、损害数额的证明负担

（一）原则

尽管我国法上没有明文的规定,但按照司法实践中普遍的做法,债权人主张损害赔偿时,原则上不仅要举证证明损害的事实,还要证明损害赔偿的数额。

（二）例外

1. 金钱债权

金钱债权原则上不存在履行不能的可能,因此金钱债权的债务不履行造成的损害以迟延损害为主。

（1）金钱债权迟延损害的特殊性

由于金钱的特殊性,金钱债权的迟延所造成的损害具有特殊性。

（a）下限

金钱具有储蓄功能,因此金钱债权的迟延通常至少导致债权人相应的存款利息损失,尽管存在债权人闲置金钱的例外。

（b）上限

由于金钱的功能极其多样,因此金钱债权的迟延给债权人带来的损害可能远超储蓄利息,为债务人始料未及。

（2）赔偿额的法定性

正因为金钱债权的上述特点,为了便于计算,比较法上通常基于一定的价值判断,以约定利率(若无,则以法定利率)为基准来确定迟延损害赔偿额。具体的立场有三种[1]:

---

[1] 张金海:《论金钱债务的迟延履行利息》,载《法学》2020 年第 11 期,第 69 页。

(a) 最低损害额

即以迟延期间的利息作为最低损害额,允许债权人举证证明超过利息的损害额。这种做法的长处是符合公平理念,在比较法上属于主流。

(b) 固定损害额

即仅以迟延期间的利息作为损害额,不允许任何一方诉讼主体举证证明不同于此的损害额。

(c) 推定损害额

即以迟延期间的利息来推定债权人的损害额,既允许债权人举证证明存在高于利息的损害额,也允许债务人举证证明损害额低于利息。

我国法对于此问题缺乏一般性的规定。

(3) 利率

如果债权人与债务人就金钱债权的履行迟延约定有利率,自然不成问题。问题是不存在约定时,应如何确定利率？

(a) 存款利率还是贷款利率？

应以贷款利率作为计算迟延损害的基准。若以存款利率作为基准,对债务人构不成清偿的压力。

(b) 利率基准

随着利率市场化的推进,理想的做法是以中国人民银行发布的全部商业银行的平均贷款利率作为基准。① 现阶段司法实践中的做法是以中国人民银行每月发布的贷款市场报价利率(LPR)作为基准。

(c) 何种期间的法定利率

利率随着存贷期间的长短各有不同,究竟该以何种期间的利率为准？司法实践中常常采"同期"利率的表述。然而,"同期"并非不言自明的概念。在陷入履行迟延的情形,债权人与债务人通常并不会商定一个迟延的期间。因此只能根据已经过的期间比照最相接近期间的法定利率。

(d) 利率变动的情形

若在整个迟延期间基准利率发生过变动,当如何计算迟延损害呢？司法实践中的做法是分别就不同的利率期间适用不同的法定利率再加总。

2. 精神损害赔偿额

对于精神损害赔偿额,无法由债权人证明,只能由法官酌定。

3. 可得利益的确定

就合同之债而言,债权人因债务人的债务不履行而遭受的损害主要是可得利益损失。然而,可得利益损失往往难以确定,只能由法官在债权人所提供的间接证据(债权人既往的收益、可类比之特定他人的收益、同行业的平均收益、机会损失

---

① 张金海:《论金钱债务的迟延履行利息》,载《法学》2020年第11期,第76页。

等)的基础上酌定。①

> **例 2.4.13**
> G 长期委托 S 帮其随机购买彩票。某一期的彩票 S 却忘记了购买。G 可以主张的损害赔偿额是多少?

G 的可得利益是一张彩票的数学期望值＝彩票奖金池总额×一张彩票的中奖概率。

二、损害的计算方法

(一) 具体的计算方法

具体损害是基于个案的特殊情况尤其是在当事人所作准备和所采取措施的作用下产生的损害。② 具体的计算方法,也称主观的计算方法,是指在计算损害赔偿额时要考虑债权人的具体情况,如债权人与第三人的关系、债权人的经济状况与社会地位、债权人智力上或身体上的特质。③

> **例 2.4.14**
> G 以 50000 元的价格从 S 处购买一辆汽车,S 未履行合同。如果 G 以 55000 元从 D 处购得同样的汽车,则替代交易与 G、S 间合同价格的差额 5000 元为具体损害。

(二) 抽象的计算方法

抽象损害是不考虑债权人的具体情况以及个案特殊情事,在事物的通常发展下所产生的损害。例如,市场价格与合同价格之间的差额为抽象损害。以此为依据的损害计算方法为抽象的计算方法。④ 抽象的计算方法也称客观的计算方法,其依据固定的标准计算损害赔偿数额。⑤

> **例 2.4.15**
> G 以 50000 元的价格从 S 处购买一辆汽车,S 未履行合同。如果该汽车的市场价格为 52000 元,则 2000 元即为抽象损害。

---

① 刘承韪:《违约可得利益损失的确定规则》,载《法学研究》2013 年第 2 期,第 95—101 页。
② Vgl. Brox/Walker, S. 387.
③ 曾世雄、詹森林,第 192—194 页。
④ 张金海:《违约损害赔偿中的抽象计算方法研究》,载《法律科学》2016 年第 3 期,第 107 页。
⑤ 程啸,第 832 页。

（三）二者的地位

1. 以具体的计算方法为主

德国法原则上采用具体的计算方法，例外情况下采用抽象的计算方法。采抽象的计算方法的情形，如《德国民法典》第 288 条第 1 款关于迟延利息的规定以及《德国商法典》第 376 条第 2 款关于不履行损害赔偿的规定。①

2. 以抽象的计算方法为主

第 1184 条关于财产损害采用的是抽象的计算方法，此规则应准用于违约损害赔偿领域②，即我国整个债务不履行领域对损害原则上采抽象的计算方法。

3. 多元说

对于损害的计算方法，不宜以某一方法为原则或例外，而应具体地予以确定：一方面可由债权人选择，另一方面可有条件地、适当地赋予法官自由裁量权。③

在违约的情形，当事人通常会做不同于市场价格的特殊安排，以具体的计算方法为主较为合理。在侵权的情形，应区分财产损害与人身损害。在人身损害中，对于医疗费、误工费等采取具体的计算方法，根据受害人实际支出予以赔偿；对于残疾赔偿金、死亡赔偿金等则采抽象的计算方法。④ 因此，违约与侵权之间以及侵权内部不同情形之间的差异决定了多元说的合理性，不能笼统地讲我国整个债务不履行领域对损害采取抽象或具体的计算方法。

（四）计算损害赔偿数额的时间基准

例 2.4.16

G 向 S 订购了一艘驳船。S 因为技术人员的流失，迟迟不能完成。其后，因为市场的变化，同等型号驳船的价格经历了过山车一般的行情。现在 G 要求 S 按照最高价格赔偿损失。

关于以何时的价格来计算损害赔偿（主要是替代性损害赔偿）额，现行法未作规定，客观上也难以规定。

1. 可能的基准时

可能的基准时包括：(1) 缔约时（合同之债的情形）；(2) 履行期限届满时；(3) 履行不能时（发生履行不能的情形）；(4) 解除之时（合同被解除时）；(5) 损害赔偿之诉提起之时；(6) 二审口头辩论终结时。

---

① Vgl. Brox/Walker, S. 387.
② 王洪亮，第 410 页。
③ 韩世远，第 820 页。
④ 程啸，第 833 页。

2. 总体的立场

(1) 一元基准说

由于案情的复杂性和多样性,难以确定普适的时间基准,但在具体的案件中却只能有一个唯一的时间基准。

(2) 多元基准说

另一种可能的立场则是,即便在具体的案件中,多个时间基准可能都具有妥当性,应当允许债权人选择。

三、损害赔偿数额的预定

债权人与债务人有时会在事前就债务不履行所造成之损害数额作出约定。在合同之债的情形,这种约定常常表现为违约金条款。

(一) 预定损害赔偿数额的作用

1. 应对损害赔偿数额的证明困难

债权人常常难以证明其因债务不履行所遭受的损害数额,特别是可得利益损失。有了对损害赔偿数额的预定,就可以使得债权人摆脱证明的负担。

2. 降低债务人的风险

损害赔偿数额的约定也可以降低债务人高额赔偿的风险。

3. 督促债务人的履行

一定数额的损害赔偿预定,会给债务人带来心理压力,有助于债务的履行。不过,在此情形,这个约定的数额已不再是单纯的双方对损害赔偿数额的预定。

(二) 干预的必要性

如果约定的损害赔偿数额过高或者过低,可能有违当事人之间的公平。为此,有干预的必要。我国法就合同之债的违约金,设置了以当事人主张为前提的违约金酌减和酌增规则(585.2)。该规则可类推适用于合同之债以外的情形。

然而,干预也会带来新的问题。

(1) 与意思自治的冲突

预定数额的酌增酌减与当事人的意思自治发生了冲突,特别是旨在督促债务人履行的损害赔偿数额预定。当事人之所以作这样的约定,其目的就不仅是以该数额来填补实际损失。

(2) 对实际损失的依赖

然而,酌增酌减规则对于赔偿数额过高或者过低的判断,以债权人的实际损失为基准。如此一来,便陷入了怪圈:当事人之所以预定损害赔偿数额,目的之一就是要避免日后对实际损失的证明;而预定是否需要酌增酌减却又有赖于实际损失。

四、损益相抵

(一) 概述

1. 界定

债权人可能因损害的发生而获得利益。利益通常体现为财产的增加,但也可能体现为财产减少的避免。损益相抵涉及的是将这些利益在多大程度上加以扣除,从而确定具体的损害赔偿数额。

2. 制度渊源

损益相抵制度始于罗马法。罗马法已形成在确定具体损害时将所获利益与损害加以平衡的做法,不过只是局限在几个相互独立的案例中,尚未形成一种判断损益相抵的统一做法。损益相抵真正发展成一项损害赔偿法上的一般规则始于19世纪日耳曼普通法。[①]

(二) 评价标准

为合理限制可以相抵的利益的范围,通常需要经过两道机制的过滤,即相当因果关系和赔偿义务的目的。

1. 相当因果关系

损益相抵规则的适用要求所受利益与损害事件之间具有相当因果关系。如果不具备相当因果关系,则不考虑损益相抵。

> **例 2.4.17**
>
> 某开发商 S 的工作人员 A 夜晚强行拆除了城中村居民 G 的房屋,G 于被推倒的墙壁中发现祖传古画。

G 发现古画与 S 的侵权行为之间不存在相当因果关系,没有适用损益相抵规则的余地。

2. 赔偿义务的目的

在具备相当因果关系的情况下,债权人所获利益也并非均可扣除,还需要考虑损害赔偿义务的意义和目的。这需要斟酌债务人与债权人的利益状况。如果债务人被不合理地优待,则不考虑损益相抵。[②]

[①] 赵刚:《损益相抵论》,载《清华法学》2009 年第 6 期,第 88 页。
[②] Vgl. Brox/Walker, S. 389.

例 2.4.18
  D 为某大学教师,信仰佛教,心地善良。一日,D 目睹在街边乞讨的 G 被 S 打伤,心生怜悯,于是赠与 G 医疗费若干。

  D 的捐赠与 G 被打伤之间具有相当因果关系,但衡量损害赔偿义务的目的,不应将捐赠款从损害赔偿金中扣除,否则会使得 S 被不合理地优待。

(三) 具体类型

  损益相抵多存在于侵权中,不过违约中也存在类似问题。买卖合同当事人一方因对方违约而获有利益,违约方主张从损失赔偿额中扣除该部分利益的,人民法院应予支持(买卖合同解释 23)。
  1. 因第三人给付而获得利益
   (1) 第三人自愿给付
    第三人自愿给付的目的通常在于施惠于债权人,而非免除债务人的责任,原则上不适用损益相抵。不过,如果第三人的给付是为了免除债务人的责任,则成立第三人清偿。债务人可以主张损益相抵。①
   (2) 扶养费
    在债权人遭受人身损害而丧失劳动能力时,其近亲属如配偶负有扶养义务。此时,扶养费是否可从赔偿金额中扣除? 应予否定,否则债务人将因受害人的近亲属支付扶养费而得以免除部分责任。
   (3) 社会保险
    根据现行法,债权人有权获得工伤保险待遇或者其他社会保险待遇的,债务人的侵权责任不因债权人获得社会保险而减轻或者免除(最高人民法院第八次全国民事商事审判工作会议纪要(民事部分)9)。如果债权人所在的用人单位参加了工伤保险,因债务人侵权造成人身损害的,债权人获得工伤保险待遇后,仍有权请求债务人依照法律规定赔偿损失(2015 年全国民事审判工作会议纪要 15)。学理上有观点指出,如果社会保险赔偿与侵权损害赔偿旨在填补同一损害,则不能对债权人进行重复给付,应予扣减。② 即便根据后种观点,在债权人已获得社会保险赔偿的情况下,侵权损害赔偿金额并非真正被"扣减",只是社会保险机构在社会保险赔偿金额范围内可以代位行使债权人对债务人的赔偿请求权(最高人民法院第八次全国民事商事审判工作会议纪要(民事部分)10,社会保险法 30.2)。

---

① 王泽鉴 4,第 289 页。
② 程啸:《损益相抵适用的类型化研究》,载《环球法律评论》2017 年第 5 期,第 33—36 页。

（4）商业保险

根据现行法,在财产保险中,保险人自向被保险人赔偿保险金之日起,在赔偿金额范围内享有代位权(保险法 60)。在人身保险中,保险人向被保险人或者受益人给付保险金后,不享有追偿权(保险法 46)。[1]

(a) 保险人有代位权

债权人对债务人的损害赔偿请求权不因保险金的给付而被扣除,保险人可得代位行使对债务人的损害赔偿请求权。申言之,保险代位权的构造足以避免债权人获得"双重给付",不宜再适用损益相抵规则。

(b) 保险人无代位权

债权人一方面可向债务人主张损害赔偿请求权,另一方面可向保险人主张给付保险金。之所以不适用损益相抵,是保险合同目的使然。申言之,债权人为自己利益支付保险费所得的保险给付,应归被保险人所有,不能因损益相抵而使得债务人免责。[2]

2. 因损害事件而获得利益

（1）费用的节省

债权人因损害所节省的费用,原则上应从损害赔偿数额中扣除。例如,债权人因为受伤住院所节省的伙食费、暖气费和水电费等。

（2）税收的节省

(a) 所得税

支持扣除的观点认为,纳税义务人依法应当缴纳所得税,其因受损而免除了税收的缴纳当然属于因受损而获得的利益,应当扣除。[3] 不过,对于人身伤亡的赔偿金等通常免征所得税,其目的在于保护受害人。此时,不存在扣除问题。

(b) 契税

因出卖人将房屋过户给第三人导致给付不能,买受人请求债务不履行的损害赔偿,应扣除办理所有权移转所需缴纳的契税。

(c) 增值税

如果出租人干扰承租人营业,承租人向出租人请求赔偿因无法正常营业遭受的损失,应当扣除无法营业期间本应支出的税金。

3. 因债权人行为而获得利益

损害事件发生后,债权人可能因积极从事减少或者防止损害扩大的行为而获得利益。对此,债务人可否主张扣除?

---

[1] 学理上的讨论,参见岳卫:《保险请求权代位制度的新展开》,载《南京大学学报(哲学·人文科学·社会科学)》2016 年第 3 期,第 62—69 页。
[2] 王泽鉴 4,第 293 页。
[3] 程啸:《损益相抵适用的类型化研究》,载《环球法律评论》2017 年第 5 期,第 41 页。

（1）否定说

非违约方为减轻损害而获得的利益不应当从违约方的损害赔偿额中扣除，理由在于：第一，非违约方为减轻损害所获得的利益并非因违约方的违法行为而获得；第二，如果将所获得的利益从损失中扣除，不利于非违约方及时减损。①

（2）区分说

因债权人的行为所获得的利益可否扣除，应视债权人所获利益是否超过其减损义务范围而定。如果所获利益超过了减损义务的范围，则不应扣除。否则，无异于使得债务人从债权人的额外努力中获益，将不公平地减轻债务人的负担。②

例 2.4.19

S 驾驶私家车将 G 的出租车撞毁，G 不得不将车辆送往修理厂修理。其间，G 租用 D 的车继续营业。

例 2.4.20

S 将一批货物出售于 G，因质量不合格，G 解除合同，后 G 从 D 处以较低价格购入同样的货物。

在【例 2.4.19】中，G 租车继续营业的收入，属于减损义务的范围，应当予以扣除。③【例 2.4.20】中两个买卖合同约定的"价差"，则不能从损害赔偿额中扣除，否则会使违约方 S 获得不正当的利益。

五、过失相抵

（一）含义

1. 广义的过失相抵

所谓过失相抵，学理上一般指债权人对于债务不履行的发生、损害的扩大也存在"过失"时，不能向债务人主张全部损害的赔偿，即减轻债务人的损害赔偿责任。这里的债权人"过失"，抽象地指债权人违反了回避给付实现过程中的自身风险的义务。

2. 狭义的过失相抵

我国法上的过失相抵，则仅限于"损失的发生"（592.2）。至于债权人对"损失

---

① 王利明 2，第 685 页。
② Vgl. MüKoBGB/Oetker, 9. Aufl., 2022, BGB § 249 Rn. 273.
③ 王泽鉴 4，第 298 页。

的扩大"存在过失的情形,则另由减损规则(591)来应对。

> **例 2.4.21**
> 租期未满,房客 S 因拖欠房租偷偷搬离。房东 G 一直将房子空置至租期届满,然后索要全部租金。

假定在【例 2.4.21】中剩余的租期很长,债权人 G 就应当积极地寻找新的出租机会。如果损害的扩大是因为债权人未履行减损义务,则不可就扩大的损失主张损害赔偿(591)。

不过,减损规则与过失相抵制度或许并无实质上的差异。

(二)效果

损害赔偿的数额将缩减。

现行法(592.2)采用了"可以"的表述,意味着立法者赋予了裁判者就是否相抵有裁量的权力。

(三)理由

1. 归责思想

过失相抵的正当性在于个人对自己行为的负责。根据平等对待加害人和受害人的思想,应以相同的归责标准来对待二人。①

2. 比例因果关系

过失相抵的正当性在于债权人与债务人各自对债务不履行的发生"贡献"了原因力,即成立比例因果关系。②

(四)前提——债务不履行责任

既然过失相抵规则是有关损害赔偿数额的确定规则,就应当以债务人负担损害赔偿义务为前提。如果这个前提缺失,则不属于过失相抵的问题。

> **例 2.4.22**
> S 对 G 负担移转特定物之所有权和占有的债务。在交付之前,该特定物完全因为 G 的原因而毁损灭失。

在【例 2.4.22】中,由于债务人对于特定物的灭失不存在归责事由,从而无须承担

---

① 罗歇尔德斯,第364页。
② 参见韩世远:《履行障碍法的体系》,法律出版社2006年版,第262页;崔建远,第267页。中国审判理论研究会民事审判理论专业委员会也持相同立场。参见中国审判理论研究会民事审判理论专业委员会编著:《民法典合同编条文理解与司法适用》,法律出版社2020年版,第232页。

债务不履行责任。在此,不存在过失相抵的问题。此外,在受领迟延的情形,由于根本就不构成债务不履行,同样不存在过失相抵规则的适用空间,只需适用受领迟延的制度。

（五）适用范围

1. 适用的领域

在侵权领域,无论是侵权人承担过错责任抑或无过错责任的情形,均有过失相抵规则的适用空间。只不过,《民法典》为此设置了专门的规则（1173）。对于无因管理和不当得利等法定之债,可以准用第592条第2款关于合同领域的过失相抵规则。

2. 任意规范性

在适用于合同领域的情形需要注意,如果订立合同时债务人承接了克服债权人过失之义务,则过失相抵规则无适用余地。①

> **例 2.4.23**
>
> 某汽车的出卖人将安全气囊的安全性作为卖点。买受人购买后,为了检验气囊的安全性,故意开车撞墙,结果气囊未能打开,车毁人伤。面对买受人的损害赔偿请求,出卖人能否以过失相抵抗辩?

在【例2.4.23】中,出卖人对安全气囊性能的承诺意味着无论是何种原因导致的碰撞,出卖人都保证安全气囊会及时打开,其中就包括了买受人故意开车撞墙的情形。因此,出卖人不能作过失相抵的抗辩。

不过,债务人不承接克服债权人之过失才是交易的常态。因此,我国《民法典》第592条第2款作为任意规范依然具有正当性。

六、赔偿额的酌减

（一）概论

赔偿义务人如果因负有赔偿义务致使其生计艰难,陷入困境,可否创设例外规则,由法院在一定条件下减少或免除债务人的赔偿责任?

> **例 2.4.24**
>
> S依靠微薄薪资勉强度日。一日借车到外地就医,在高速公路上因过失撞到前边的豪车,致使车毁人伤,赔偿金额高达1000万元。

---

① （日）道垣内弘人:《债务不履行上的过失相抵——与债务不履行法修改之间的关系》,周江洪译,载渠涛主编:《中日民商法研究》（第十二卷）,法律出版社2013年版,第52页。

(二) 赔偿额酌减的必要

1. 既有的制度保障

（1）程序法

（a）强制执行法

为保障债务人的生计,《查封、扣押、冻结财产规定》第3条和第4条规定,不得对债务人(被执行人)生活必需的动产和不动产进行强制执行。

（b）破产法

根据《深圳经济特区个人破产条例》第2条,在深圳经济特区居住,且参加深圳社会保险连续满三年的自然人,因生产经营、生活消费导致丧失清偿债务能力或者资产不足以清偿全部债务的,可以依照本条例进行破产清算、重整或者和解。

如果将来制定了个人破产法,则对债务人生计的维持也具有相当的保障功能。

（2）实体法

我国《民法典》尚无关于赔偿额酌减的规定。不过,就完全赔偿原则设置酌减的例外规定,成为发展趋势,如《瑞士债务法》第44条第2款以及我国台湾地区"民法"第218条均有明文规定。①

2. 酌减的现实价值

强制执行程序为债务人的基本物质生存条件划定了一个不被侵犯的独立空间,在此范围之外债务人的损害赔偿义务并未消失,一旦债务人再次获得其他财产,仍不能免于对损害赔偿义务的履行。②

在我国尚未全面建立个人破产制度的背景下,确立损害赔偿的酌减制度,具有积极意义。

(三) 赔偿额酌减的要件

1. 赔偿金额影响赔偿义务人的生计

是否影响义务人的生计,导致其陷入穷困,由法院进行衡量。可以确定的是,无须义务人沦落到必须要接受社会救济的地步。当然,如果仅仅临时地陷入金钱给付困难,酌减的理由是不充分的。③

2. 损害非因故意或重大过失所致

瑞士以及我国台湾地区的规范均将赔偿义务人不存在故意或重大过失作为赔偿额酌减的要件,具有一定的合理性,因为恶意之人通常不值得保护。

---

① 王泽鉴4,第344页。
② 王磊:《民法典视野下生计酌减规范的必要性证成》,载《北方法学》2020年第1期,第84页。
③ Vgl. BSK OR I-Kessler, Art. 44, Rn. 17.

不过,新近的发展趋势倾向于放宽主观要件的要求。故意与重大过失均是对赔偿义务人既往行为的评价,而损害赔偿酌减则是面向行为人未来的生活。若将故意或重大过失作为消极要件,不利于行为人的再社会化,也不能充分发挥酌减制度的功能。①

(四) 酌减权的行使

1. 酌减权的行使主体

损害赔偿的酌减权由法院行使,减轻与否、减轻幅度,法院有自由裁量权限。赔偿义务人可申请法院酌减,对酌减的要件负有举证责任。②

2. 酌减的参考因素

法院行使酌减权时,应考虑赔偿权利人的经济状况(包括未来的收入),损害赔偿的种类(过失责任或无过失责任),被侵害的法益(财产上损害或非财产上损害)。③

如果赔偿义务人受到保险的保护,则不得申请酌减。④

---

① 王磊:《民法典视野下生计酌减规范的必要性证成》,载《北方法学》2020 年第 1 期,第 87 页。
② Vgl. BSK OR I-Kessler, Art. 44, Rn. 17.
③ 王泽鉴 4,第 351 页。
④ Vgl. BSK OR I-Kessler, Fn.②, Rn. 18.

第5章　债务不履行责任与违约责任的关系

第 1 节　概述
第 2 节　纯粹的债权—债务构成
第 3 节　纯粹的合同构成
第 4 节　两种理论构成的比较
第 5 节　我国法的定位

第 1 节　概述

既然合同是债的发生原因,合同之债被定位于债的下位概念,违约便应是债务不履行的下位概念。那么,债务不履行制度与违约制度的关系如何呢?

一、涉及的问题领域

合同领域的债务不履行制度或者违约制度涉及合同债权的诸多方面,主要包括:(1)债务不履行的要件;(2)免责事由;(3)损害赔偿的要件、范围;(4)解除与风险负担的关系;(5)瑕疵担保责任的定位;(6)过失相抵;(7)债权人迟延等。上述内容在学理上被统称为合同债权的拘束力问题。所谓合同债权的拘束力,是指合同之债的债务人因为合同债务受到怎样的拘束,或者说债权人可以对债务人主张什么,又不可以主张什么。

二、基本的思路

关于如何处理债务不履行制度与违约制度的关系,可以有两种截然相反的思路。①

(一)一元模式——以债务不履行责任吸收违约责任

如果侧重于法定之债与意定之债的共性,那么合同领域的债务不履行当然适用债法总则中有关债务不履行的规则。该模式的最大特点是,为维系法定之债与意定之债的共性,不考虑债的发生原因为何,仅在抽象层面作制度设计和法解释。这种模式被称为债权—债务构成。潘德克吞民法典采取的便是这样的体例。采用潘德克吞立法体例的立法例,例如德国法、日本法、我国台湾地区"民法"基本都属于这种模式。在这种模式之下,并不需要创设"违约"以及"违约责任"这样的概念。换言之,关于合同债权的拘束力问题,无论是制度设计还是法解释,主要都在债法总则的层面展开。

(二)二元模式——违约责任作为债务不履行制度的特别法

如果侧重于法定之债与意定之债的差异,那么关于合同领域的债务不履行,就不存在被债法总则层面的债务不履行制度吸收的理由,反而应该就合同领域的债务不履行

---

① 解亘:《我国合同拘束力理论的重构》,载《法学研究》2011年第2期,第74—78页。

作全套的制度设计或者法解释;或者干脆放弃作为一般法的债务不履行制度,仅仅设置违约制度,并允许类推适用于法定之债。这种思路最大的特点,是关注意定之债有别于法定之债的特点,强调合同之债是通过合同这种法律行为所创设。这种模式被称为合同构成。对于没有民法典以及民法典中未设置债法总则的立法例来说,这种思路是必然的选择。

围绕着合同之债的债务不履行或者说违约的含义、要件,在比较法上以及在学理上均存在着激烈的对立。为了便于理解,可将其纯化为两种极端的理论构成。

第 2 节　纯粹的债权—债务构成

一、制度设计和法解释的立足点

债权—债务构成在债法总则的层面作制度设计,并作法解释的展开。这种模式不区分债的发生原因,不考虑合同之债的特殊性。为了说明的方便,本书将这种模式推向极致,故而称为纯粹的债权—债务构成,并不代表真就存在这样的立法例。不过,采用潘德克吞模式的立法例大体采用这种理论构成。其特点如下:

二、债权的概念和范围

(一)债权的定义

为了确保抽象度,债权被定义为请求特定人作为或者不作为的权利。这样的定义可以遮蔽债的发生原因。

(二)债务的内容

1. 履行障碍事由

从债的发生到履行完毕,其间存在一定的时间间隔。在这个时间段里,无论是自然界、人类社会还是债权人债务人自身(在生理上或者心理上),一定会发生数不清的事件。其中,大部分事件与债务的履行毫无关联,因而没有意义。但一定也有相当数量的事件会与债务履行相关,或者促成债务的履行,或者阻碍债务的履行。促成债务履行的事由,对债权人和债务人双方都有益,自然不会引发纠纷。真正需要考察的,是阻碍债务履行的事由——例如天气的恶劣、交通阻塞、第三人的阻挠、市场的变化、债务人的疾病甚至内心抵触、债务人的用人不当、债权人的不配合等。不妨将这种事由称作履行障碍事由。

2. 形式化地把握

既然债权被定义为请求特定人作为或者不作为的权利,那么除非债的内容有限定,无论债务人遭遇何种障碍事由,债权人都有权请求其履行。这就意味着在债权—债务构成之下,债的内容可以被形式化地把握。

> **例 2.5.1**
>
> G 与 S 之间存在买卖某品种大米的合同,合同约定 S 应当在合同成立后的第二天中午在 G 的住所地交付该品种的大米 100 公斤。

在【例 2.5.1】中,如果没有特别约定,G 的债权内容为请求 S 于缔约第二天的中午在 G 的住所地移转 100 公斤某品种大米的所有权。

3. 超级债务

既然债务的内容被形式化地把握,债权人便有权请求债务人克服一切障碍事由,以实现给付结果。就【例 2.5.1】而言,G 有权请求 S 排除万难以便在第二天中午实现某品种大米 100 斤的所有权和占有的转移。这就意味着,债务人负担的是超级债务。换言之,所有的履行障碍事由都被初始分配给了债务人。

显然,让债务人负担如此沉重的债务是不合理的。特别是在双务合同之债的情形,会造成债务人负担之给付与债权人负担之对待给付严重失衡。

三、缩减债务内容的装置

为了使得超级债务回归合理,不得不在债之内容之外借用外在的装置来缩减。

(一) 诚实信用原则、禁止权利滥用原则、公平原则

通过上述基本原则,债务范围得以限缩。较为常见的,是利用作为诚实信用原则之子原则之一情势变更原则。所谓情势变更原则,是指当合同订立时所依赖的交易基础发生重大变化,以至于继续维持原有的债务内容会给债务人带来严重的不公平时,允许当事人变更甚至解除合同。

(二) 归责事由

1. 债务人的归责事由(德民 276.1)

即通过债务人的故意或者过失等装置限缩债务的范围。尽管债务人未能按照债务本旨履行,但如果债务人不存在故意或者过失等归责事由,则不必承担债务不履行的责任。

之所以以债务人的归责事由作为损害赔偿责任的要件,第一,是因为从债权的定义中并不能直接推导出不同于原给付义务的损害赔偿义务。第二,也许更为重要的是,相对于债务人负担的原给付,损害赔偿会加重债务人的负担。其背后的思

想是,要令任何人承担损害赔偿的责任,必须要有可归责于他的事由存在。① 这种思想与侵权法中的过错责任主义一脉相通,恰恰体现了潘德克吞模式下思考债权拘束力问题时不考虑债权发生原因的特点。

2. 履行辅助人的归责事由

(1) 概念

所谓履行辅助人,是指债务人为了履行债务而使用之人。履行辅助人是区别于债务人的另一主体,因此法人的机关不属于法人的履行辅助人。

(a) 对债务履行的辅助

这里的债务不限于主给付义务,还包括从给付义务和附随义务。如果不是受债务人之役使而对履行债务提供辅助,便不是履行辅助人。

(b) 债务人使用之人

履行辅助人是债务人基于自己的意思而使用之人。如果是主动来履行他人债务,则构成第三人清偿(524)。法定代理人非债务人使用之人,其履行被代理人债务时也不构成履行辅助人。

(c) 干涉可能性？

在履行债务过程中具有独立地位、不受债务人干涉的人,例如铁路运输企业、航空运输企业、邮政企业等,是否还属于履行辅助人？该问题的意义在于,当这些具有独立地位、履行过程不受债务人干涉之人发生债务不履行时,能否追究债务人的债务不履行责任。

少数观点认为,只有债务人能够干涉其履行过程的人,才属于履行辅助人。② 但主流观点认为,无需干涉可能性要件。其根本理由在于,债务人利用履行辅助人扩张自己的利益空间,就应该承担由此带来的风险。

(d) 履行辅助人的判断

在债务人履约过程中出现的其他主体,是否属于履行辅助人,关键看债务人承接了多大的风险。此处并无统一的判断基准,只能根据个案解释。

例 2.5.2　包价旅游合同中的履行辅助人

G 向组团旅行社 S 订购了包价东南亚七日游。

① 因为航空公司 D_1 的失误,飞机延误了 12 小时,导致行程不得不作调整。

② 因为东南亚地接社 D_2 的疏忽,有一个景点未能游览。

③ 因为当地景点的安全措施不到位,G 受伤。

---

① 在私法上,私主体承担不利益的原因,无非是意思(法律行为)、信赖(表见代理、善意取得等)、特别牺牲(相邻关系、共有、添附)、时间流逝(诉讼时效、取得时效)以及过错。

② 奥田,129 页。

既然是包价旅游,意味着组团社对整个履行过程之债务的承接,因此地接社、旅馆一般多属于组团社的履行辅助人(【例2.5.2】②)。不过,由于公共交通经营者的原因造成旅游者人身损害、财产损失的(【例2.5.2】①),由公共交通经营者承担赔偿责任(旅游法 71.2)。该规范表明,除非有特别约定,公共交通经营者不属于包价旅行社的履行辅助人。至于当地的景点,在通常情况下也不属于组团社的履行辅助人(【例2.5.2】③)。①

(2) 履行辅助人的过错

> **例 2.5.3**
> G、S 之间存在特定物买卖合同,交货地约定在买受人 G 的住所地。出卖人 S 选择服务最优的快递企业 D 寄送,但途中因 D 之司机的疏忽,标的物毁损灭失。

在【例2.5.3】中,债务人 S 在履行辅助人的选任上无可挑剔,很难认为债务人 S 对于标的物的毁损灭失存在过失。履行辅助人 D 在履行过程中存在过失,并不能直接判定为债务人 S 的过错。而如果仅以债务人的归责事由作为损害赔偿责任的要件,会得出债务人无须承担损害赔偿责任的结论,但履行辅助人是债务人役使的,若债务人无须对履行辅助人的过失负责,在价值判断上显然不合理。应对的手法有两种:

(a) 设置特别规则

令债务人对于履行辅助人的故意或者过失负担与自己的故意或者过失同样的责任(德民 278S1、台"民"224)。

(b) 扩张解释债务人的归责事由

将债务人的归责事由解释为债务人的故意、过失,以及"依诚信原则可作相同看待之情形"的主张。而依诚信原则可作同等看待之情形中,最为典型的,便是履行辅助人的故意或者过失。②

(三) 受领迟延

既然债权的定义是请求债务人为特定之作为或者不作为的权利,那么对于需要债权人受领的给付,如果债权人不受领,则债务人就并未实现给付结果。但这样的情形显然不能被评价为债务不履行。而受领迟延制度(详见第 3 部第 1 章第 7 节)就可以将这种情形排除在债务不履行之外。

---

① 解亘:《再论〈合同法〉第 121 条的存废——以履行辅助人责任论为视角》,载《现代法学》2014 年第 6 期,第 35 页。

② 我妻,第 94 页。

四、瑕疵担保责任的定性

> **例 2.5.4**
> G 在 S 画廊看中一幅名贵画作,买回家后才发现是赝品。G 能否要求 S 赔偿差价损失?

(一) 特定物债权的内容

特定物的性质(例如是否为赝品)不属于债权的内容,因为标的物具有什么样的性质是一个事实问题,不受当事人意思的左右。因此,特定物债权的内容是交付该特定物,至于是否为真迹在所不问。这便是对债务内容的形式化把握。

(二) 瑕疵担保责任的定性

在【例 2.5.4】中,既然债务内容是画作所有权的移转,而 S 画廊已经完成了交付,债务不履行的事实便并不存在,G 也就因此不能请求差价的赔偿。然而,这样的结果显然构成了给付失衡。为此,需要专门设置法定的补偿制度。这个补偿制度就是瑕疵担保制度:出卖人就标的物的瑕疵对买主负担担保责任。瑕疵担保责任被定性为法定责任(旧德民 459.1,日民 570)。

五、损害赔偿的范围

对于债务不履行所造成的损害赔偿,只要是与债务不履行的事实有因果关系的损害,一律都需要赔偿(完全赔偿原则),而无须考虑债的发生原因。然而,因果链条无穷无尽,为了避免过重的损害赔偿,应通过相当因果关系来限制赔偿的范围。[①] 至于"相当性"的判断基准,就合同之债而言,以债务不履行时行为人(债务人)知道或者应当知道的事实为依据,评价该行为对于损害的发生是否为"相当的"原因。[②]

六、履行不能时的解除与风险负担的分工

在发生履行不能的情形,合同解除制度与对价风险负担制度各司其职,分工明确。

(一) 履行不能可归责于债务人的情形

债权人可以解除合同,以摆脱对待给付,并可以主张替代性的损害赔偿。

(二) 履行不能不可归责于债务人的情形

债权人只能根据风险负担规则豁免对待给付,但无权解除合同以及主张损害赔偿。

---

① 王洪亮,第 398 页。
② 我妻,第 106 页。

七、实际的立法例

以上是纯粹的债权—债务构成的核心内容。

现实中采用潘德克吞体例的立法大致属于这种构成。之所以说是大致,是因为这些立法例并未对债务内容作彻底的形式化把握。例如,德国法也强调在解释意思表示、法律行为以及合同时应探究真意,而不是拘泥于文字(德民133、157、242,台"民"98等)。其次,在合同之债的领域,这些立法例下的通说和判例都认为,只要有债务不履行的事实,便推定归责事由的存在。不过,尽管如此,也不能因此就认为法官会在确定债务内容的层面不遗余力地探究当事人的真意,债务法现代化前的德国法坚持将瑕疵担保责任定性为法定责任,也是不争的事实。

此外,近年来这些立法例所作的修正也使得其定位更加模糊。例如,2002年经债务法现代化后,德国法已经抛弃了瑕疵担保责任为法定责任的立场(德民433.1S2);日本法在2017年修订后开始强调合同之债的特殊性(日民415.1但)。德国债法的这种不纯粹或许可以用"传统"以及对欧洲一体化要求的回应来解释;至于日本法的这种不纯粹,则主要归因于此次修订中下文所介绍的合同构成理论与传统立场在博弈下的相互妥协。

第3节 纯粹的合同构成

在讨论有关合同债权的拘束力问题时,不是将其作为游离于合同之外的抽象的债权、债务问题看待,而是作为合同的问题来把握。

一、制度设计和法解释的立足点

因为不看重意定之债与法定之债的共性,反而强调合同之债的特殊性,因此,合同构成以实定法上不存在潘德克吞模式的债法总则作为其前提,作涉及合同债权拘束力的制度设计和法解释时,立法者和法解释者的立足点都是合同法总则。

二、对债务内容的实质化把握及其归结

(一)对债务内容的实质化把握

既然合同之债基于合意而发生,那么对合同之债的债务内容的理解就无须为保持与法定之债的共性而采取形式化的把握,而是可以尽可能地探究当事人的真意,去发现债务人究竟承接了什么样的负担。在这种思路下,对债务内容的把握可以不再止步于对当事人明示或者默示之合意的解释,而是可以作补充解释,从而规范性地将所有的履行障碍事由在当事人之间进行分配。在这个意义上,合同不仅仅是实现意思自治的工具,同时也是当事人分配履行障碍事由的工具。

在【例 2.5.1】中,实质化的理解意味着:债务人 S 所负担的债务不再是合同成立第二天中午在 G 的住所地移转 100 公斤某品种大米的所有权,而是仅在特定的气象、交通、治安、卫生甚至健康状况等条件下,负担于合同成立第二天中午在 G 的住所地移转 100 公斤某品种大米所有权的债务。

(二) 实质化把握的归结

1. 履行障碍事由的初始分配

合同之债的债务人仅就其承接的履行障碍事由负担克服的义务。对于其未承接的给付障碍事由,债务人未(能)克服并不构成违约。这就意味着,所有的履行障碍事由都初始地分配给了债权人。其正当性在于:利益之所在,风险之所归。既然债权人将因债务人的履行而获得给付利益,那他就应该承受给付实现过程中存在的风险。债权人可以通过交易,使得债务人承接部分的风险。

2. 合理之债

因为在作法律行为的补充解释时强调债务人的承接,因此,债务人所负担的债务不可能是超级债务,而是经过规范性评价的合理债务。

3. 不可抗力、情势变更的内化

既然合同之债的债务人仅就其承接的履行障碍事由负担克服的义务,那么对于其在缔约时不能预见、不能回避、不能克服的障碍事由(=不可抗力,180.2),以及在缔约时的交易基础已经发生根本的变化、继续履约对债务人严重不公平的情形,债务人根本就不可能承接克服的义务,既然如此,当因不可抗力导致不能履行时,当因情势变更使得继续履行将极不公平时,债务人当然免责。在这个意义上,无论是不可抗力免责规范(590)还是情势变更规范(533)都成为多余。当然,由于实定法对于不可抗力和情势变更规定了不同的法效果,故在追求特定效果时仍有必要区分不可抗力和情势变更。

4. 瑕疵担保责任的定位

既然合同构成下需要对合同之债的债务内容作实质化的把握,那么在涉及特定物给付的债之关系中,除非有特别约定,通常债务人承接的是无瑕疵之物的交付义务。在【例 2.5.4】中,画廊所负担的债务是移转真迹的所有权。既然如此,如果债务人交付之特定物(实际上不再限于特定物,也包括种类物)存在瑕疵,当然构成违约,无须另行设置法定责任。如果关于此种违约存在特别法(例如短期的除斥期间),那该特别法也仅仅是违约责任的特别法,并不新增任何法定责任。

三、违约损害赔偿的归责事由

（一）债务人的归责事由

追究债务人的违约责任时无须其具有归责事由，因而在学理上违约责任被称作无过错责任或者严格责任。无需归责事由的理由如下：

1. 债务无须限缩

在债权—债务构成下，归责事由是限缩超级债务的装置。但在合同构成之下，由于债务内容在一开始的确定阶段就已经得到合理的限缩，所以不再需要归责事由这样的装置来使得债务进一步合理化。

2. 意思自治

承接的债务没有得到履行本身就是可归责的。债务人对于自己承接的债务内容未作履行，根据意思自治的原理就应该承担相应的违约责任。在这个意义上甚至可以说，在合同之债中归责事由这个概念本身就是多余的。

对上述求诸意思自治的观点，或许会产生如下的疑问：合同构成下允许法官对债务内容作补充解释，补充解释所得出的履行障碍事由分配结果其实早已超越了合同当事人的意愿，这里存在概念的偷换。

然而，合同制度既然是一种制度，其中必然包含他律的成分，但这并不影响人们对当事人订立合同之自主性的认可。既然当事人自主选择了合同，那么就可以认为债务内容建立在其意思自治的基础之上。

（二）履行辅助人的归责事由

在交易世界，债务人不亲自履行毋宁说是常态。如果因为债务人役使了履行辅助人就可以对自己承接的债务内容不负担违约责任，那么债权人的地位就会因为债务人是否役使履行辅助人而不同。这一结论显然是不合理的。只要某人的行为可以被评价为履行辅助人的履行行为，那么债务人就应该为其不当的履行负担违约责任。质言之，债务人所承接的履行障碍事由中，当然包含涉及其履行辅助人的履行障碍事由。在【例 2.5.3】中，S 所承接的履行障碍事由中当然包含快递企业 D 的疏忽。为此，在合同构成之下，不再需要将履行辅助人的可归责性等同于债务人的可归责性的特别规范。

（三）履行迟延后的履行不能

按照债权—债务构成，无论是法定之债还是意定之债，只要因可归责于债务人的原因陷入履行迟延，对于之后发生的履行不能，即便债务人没有归责事由也要承担债务不履行责任。这一结论在合同构成之下依然成立，只是表述改为合同之债的债务人对于履行迟延型违约后所发生的履行不能仍应承担违约责任。其理由在于，债务人在订立合同时规范性地承接了履行期限经过后的一切不利后果。

四、损害赔偿的范围

（一）范围

在合同构成下，损害赔偿的范围应当依据当事人的合意——当事人通过合同约定由哪一方当事人保持、放弃多少利益——来确定，即以所能预见的违约可能给债权人带来的损害为限。

（二）预见时点

由于双方当事人在订立合同时已将合同得不到履行的风险分配，所以预见的时点也应当是合同订立之时。

（三）预见的主体

既然是合同的双方当事人在分配风险，所以预见的主体是合同的双方当事人，即以双方共同预见的损害范围为限。

五、合同内容的确定

（一）合同构成下的核心

在合同构成下，一切问题的核心，便是对合同债务之内容的确定。一旦实质的债务内容确定，所有的纷争都可以得到解决。

合同编总则的规范大都可以定性为合同内容的解释规范。

（二）法官的负担

在合同构成下，合同被看作当事人分配履行障碍事由的工具，这是否意味着在实际的纷争中，法官需要就所有可能的履行障碍事由逐一分配给债权人和债务人呢？果真如此，法官将不堪重负。

实际上法官完全不需要所有可能的履行障碍事由逐一分配给债权人和债务人。双方当事人在实际的纷争中争执的往往就是一两项未被债务人克服的履行障碍事由。因此，法官将只需要对债务人是否承接了该履行障碍事由的克服义务作出判断。这项作业，在债权—债务构成下，就是对债务人是否具有归责事由的判定。

（三）确定债务内容时可借助的工具

结果债务与手段债务这一组工具可在一定程度上帮助法官确定合同之债的债务内容。

1. 结果债务的情形

债务人承接了除不可抗力和债权人原因以外的所有履行障碍事由的克服义务。

2. 手段债务的情形

债务人承接了付出一定的注意实施一定行为的义务。

（四）证明责任的分配

在合同构成下,对实质债务的违反将导致债务人的违约责任。然而,这并不意味着违约的事实完全都需要由债权人来证明。债权人在追究债务人的违约责任时如果能证明债务人违反超级债务的事实,债务人就需要证明其未克服的障碍事由并非其通过合同所承接的债务才能免于违约责任。如此分配举证责任的理由在于,具体导致债务人违反超级债务的障碍事由是什么,往往债务人比债权人更清楚。

第4节 两种理论构成的比较

一、殊途

（一）立足点

1. 债权—债务构成

立足于民法典之债编的总则。

2. 合同构成

立足于单行合同法或者无债法总则之民法典的合同法总则。

（二）债务内容的把握

1. 债权—债务构成

在纯粹的债权—债务构成下,债务内容被形式化地把握,导致债务人负担超级债务。

2. 合同构成

对债务内容作实质化的把握,导致债务人负担合理债务。

二、同归

（一）判断标准

债权—债务构成之关键在于对归责事由的判断;而在合同构成之下,关键则在于对债务人承接之履行障碍事由的判断。两者所采取的只能是同一标准——理性人标准。

因此，只要是由同一个法官来判断某项未被克服的履行障碍事由，无论采用何种理论构成，对于是否承担债务不履行责任或者违约责任，结论一定是相同的。

（二）"债务不履行"与"违约"的关系

"债务不履行"与"违约"分属不同的话语体系。与过错责任对应的是"债务不履行"，与严格责任对应的是"违约"。

严格责任下债务人的负担要重于过错责任下债务人的负担的观点，其逻辑推理是：严格责任之下，只要有违约的事实债务人便要承担违约责任；而在过错责任之下，仅有债务不履行的事实还不够，还需要债务人的归责事由，才能追究其债务不履行责任。

上述推理的根本谬误就在于，以债务不履行的事实等同于违约的事实。然而，两者的内涵完全不同。债务不履行中的"债务"是被形式化把握的超级债务，而违约中的"约"是实质化把握下的合理债务，故而两者根本不是一回事。在债权—债务构成下，仅有债务不履行的事实还不足以产生债务不履行责任，还需要经过归责事由这一要件的过滤。而在合同构成下，一旦发生违约的事实，则当然产生违约责任。

既然针对归责事由的判断以及针对债务人承接之履行障碍事由的判断均采取同一基准，那么，"债务不履行"与"违约"的关系应该是：

债务不履行+归责事由=违约

既然如此，合同之债的债务不履行责任与违约责任在要件上完全相同，严格责任其实并不严格！"严格责任"这一表述本身并不恰当，只会引发误解。围绕违约责任究竟该采取何种归责立场的所有争论，均没有意义。

（三）举证负担

在债权—债务构成下，在追究债务人的债务不履行责任时，债权人只需证明债务不履行的事实、损害以及两者间的因果关系；归责事由是推定的，需要由债务人来反证推翻。

在合同构成下，在追究债务人的违约责任时，债权人需要证明的同样是对形式化把握之超级债务的违反、损害以及两者间的因果关系。债务人要想摆脱违约责任，需要证明导致其对形式化把握之债务内容的违反的履行障碍事由并非其所承接的合同债务。而该事实对应的恰恰是归责事由。

两种理论构成下损害赔偿的举证负担之所以相同，那是因为分配的基准相同。如前所述，债权债务构成下之所以将归责事由的证明责任分配给债务人，是基于诚信原则。而合同构成下对合意的补充解释基准同样也是基于诚信原则。

三、差异

两者的差异体现在损害赔偿的数额上。

(一) 债权—债务构成

其以与债务不履行的事实具有相当因果关系的损害为限。

(二) 合同构成

其以合同订立时双方当事人预见或者应当预见的损害为限。

四、两种理论构成的关系

(一) 相向而行

由于两种理论构成的立足点不同,各自对债务内容的把握截然相反:债权—债务构成从超级债务出发,经过归责事由之要件的过滤,确定需要承担债务不履行责任的合理边界;而合同构成以债权人承接一切风险作为出发点,经过对债务人所承接之债务内容的解释,从而确定违约责任的合理边界。

(二) 不可兼容性

如前文所述,两种理论构成的立足点完全不同:债权—债务构成立足于债法总则,合同构成立足于合同法总则,因此两种理论构成互不兼容,本不存在兼容并蓄的可能性。

尽管法律传统、国际条约等因素导致现实中的潘德克吞立法体例并不纯粹,但对于没有民法传统且不受制于国际条约的国家来说,在作制度设计或者法解释时,应当尽可能地维持同一立场,在涉及合同债权之拘束力具体问题上分别选取不同的立场,只会造成体系的矛盾,最终造成法律适用上的灾难。

第5节 我国法的定位

一、我国法的定位

当然属于合同构成,因为没有债法总则,还采取了无过错的归责立场(577)。此外,在瑕疵担保责任的定性问题上,通说持违约责任说。[①] 问题在于,我国法的制度设

---

① 不过,围绕我国法上是否存在物的瑕疵担保责任,学界有争论。参见崔建远:《物的瑕疵担保责任的定性与定位》,载《中国法学》2006年6期,第36—40页;韩世远:《出卖人的物的瑕疵担保责任与我国合同法》,载《中国法学》2007年3期,第177—190页。

计和法解释是否纯粹？

二、检验

（一）债权的定义

《民法典》在总则编中对债权作了如下的定义："权利人请求特定义务人为或者不为一定行为的权利。"（118.2）这个定义是典型的债权—债务构成下对债权的理解。不过，由于我国法的定义规定在《民法典》总则编，因此不得不顾及法定之债与意定之债之间的共性。因此，这样的定义作为债权的普适定义，是恰当的，定义本身并不违反合同构成。然而，对于合同债权，完全可作进一步的限定。

（二）"债务本旨"之表述的不存

我国法自单行的《合同法》以来，从未使用过半文言的"债务本旨"表述，而是使用了更加口语化的表述——"按照约定全面"履行（509.1，合同法60）。在解释"约定"内容时，完全不需要背负上述比较法上有关"本旨"之理解的负担。换言之，对于合同之债，完全可以将"约定"理解为经实质化把握的债务内容。

（三）归责事由

1. 主流观点

通说认为，对于合同之债，我国法采取了二元的归责立场：以严格责任为原则（577），但同时在合同法分则中保留了一些过错责任的例外。① 至于具体是分则中哪些情形采取了过错责任，学界的看法并不统一。

至于为何会保留过错责任的例外，有观点认为，对于手段债务，在判断违约时要考察债务人是否违背了注意义务，而注意义务的违反即是过错。②

2. 本书的立场

（1）过错责任与严格责任不兼容

过错责任的正当性在于实现对超级债务的限缩，而严格责任的理由在于答应的事情没有做到。二者的立足点完全不同，不宜在同一部法律中同时维持两种理念。

（2）过错责任规范的识别基准

如果认为手段债务应当采取过错责任，那么就意味着债权人既要证明违约的事实——债务人未采取一定的手段，还要证明过错——债务人未采取一定的

---

① 例如，郭明瑞、房绍坤：《新合同法原理》，中国人民大学出版社2000年版，第345页；崔建远：《海峡两岸合同责任制度的比较研究——海峡两岸合同法的比较研究之一》，载《清华大学学报（哲学社会科学版）》2000年第2期，第34—35页；谢怀栻等：《合同法原理》，法律出版社2000年版，第288页；朱广新，第556—558页；韩世远，第748页；王利明2，第430—441页。

② 朱广新，第544页。

手段,两个要件指向的竟然是同一事实。以承租人保管义务(714)为例,通常,承租人应当妥善保管租赁物,这是合同内容的一部分。没有保管不善,就是没有履行好约定的债务。认为注意义务的违反即为过错的观点,实际上是受到了侵权法思维的影响。在手段债务中,注意义务的违反就是违约。可见手段债务并非过错责任的识别基准。失去了识别基准,对于社会生活中数不胜数的无名合同,该采用哪一种归责立场就完全是两眼一抹黑了。

(3) 履行辅助人的故意和过失

如果保留部分的过错责任,那么就无法回避该如何评价履行辅助人的故意和过失的问题。我国法上并没有像《德国民法典》第278条那样令履行辅助人的故意和过失发生与债务人的故意和过失同等效果的规则,这将导致新的法律漏洞出现。

(4) 结论

我国法在违约损害赔偿责任的归责事由问题上,采取的只能是无过错的一元论。

(四) 损害赔偿的范围

对于损害赔偿的范围,现行法未采取相当因果关系基准,而是采用了预见规则(584),并以订立合同时的预见为准,在这一点上与合同构成相吻合。不过,对于预见主体,却仅规定了"债务人",而不是"双方当事人"。

(五) 第三人原因造成的履行障碍

1. 《合同法》时代

当事人一方因第三人的原因造成违约的,应当向对方承担违约责任。当事人一方和第三人之间的纠纷,依照法律规定或者按照约定解决(合同法121)。据说该规范的立法宗旨是为了确立债的相对性。①

2. 质疑②

(1) 关于债的相对性

首先,债的相对性也应以债的内容为边界。而在合同构成下,债的内容被实质化把握,债务人仅就其承接的第三人因素负担克服的义务。其次,债的相对性原则存在大量的例外。债权人代位权、债权人撤销权、第三人清偿制度,都是对债之相对性的突破。最后,债权在一定要件下还可以成为侵权行为的加害对象,这也是相对性的例外。

---

① 梁慧星:《梁慧星教授谈合同法》,四川省高级人民法院印,川新出内(98)字第174号,转引自韩世远,第756页。

② 解亘:《论〈合同法〉第121条的存废》,载《清华法学》2012年第5期,第143—152页。

(2) 无法缩减的超级债务

从条文的表述看,债务人需要对一切第三人原因造成的履行障碍负担责任(不可抗力除外)。这违反了对履行障碍之风险原则上由合同双方当事人自己来自主地分配的私法自治原则。司法实践中大量的判例都是照文义来解释,即形式化地把握合同债的内容,造成了债务人根本承受不起的超级债务。制度设计者忽略了一个致命的问题:在合同构成下,不再需要过错这个调节阀来缩减债务内容;然而,对于《合同法》第 121 条造就的超级债务就缺乏了予以缩减的工具。

(3) 限缩解释的不可能性

学界有观点主张应限缩解释《合同法》第 121 条。[①] 然而,债务人应当克服何种程度的来自第三人原因的履行障碍事由,很大程度上取决于对价。

例 2.5.5

G 将爱车停放在 S 停车场。其间,车被手执利器的壮汉 D 砸坏。
① 停车费为 5 元/小时。
② 停车费为 500 元/小时。

在【例 2.5.5】中,停车场 S 需要防范的破坏者范围,显然会随着停车费的价格的上升而扩大。既然取决于对价,那么就不可能找到限缩解释的客观基准。因此,第三人原因造成的给付障碍的分配,最终只能通过个案判断来实现。

3. 《民法典》时代

(1) 变化

《民法典》在移植《合同法》第 121 条时,对规范作了微调:在"应当向对方承担违约责任"中加入了"依法"二字作为限定(593)。起草者显然也认识到了《合同法》第 121 条给债务人造成的过重负担,为此希望通过再增加"依法"这样一道阀门。

(2) 所依之法

在本书看来,第 593 条所依之法只能是违约责任的一般条款(577)。而第 577 条既然是违约责任的一般条款,原本就可以应对所有类型的违约,其中就包括第三人原因造成的给付障碍。这就意味着,在涉及给付障碍涉及第三人原因的情形,完全可以不经过第 593 条,而径直适用第 577 条。因此,第 593 条加入的"依法"二字,在实质上造成了该条文自我架空的结果。

---

① 周江洪:《〈合同法〉第 121 条的理解与适用》,载《清华法学》2012 年第 5 期,第 162—166 页。

（六）无权处分人的违约责任

> **例 2.5.6**
>
> G 看中了 S 家中摆放的古玩，希望 S 将其让与给自己。S 告知 G 该古玩为 D 所有，自己并无处分权限，但 G 并不介意，于是 S 将古玩出卖给 G。事后 D 不予追认，导致 G 不能取得古玩的所有权。G 能否追究 S 的违约责任？

1. 《民法典》的立场

在此情形，买受人可以解除合同并请求出卖人承担违约责任（597.1）。

2. 质疑

通常的买卖关系中，出卖人负担结果债务——转移标的物的所有权。在相对人不知道是无权处分的情形，出卖人通常负担的也应是结果债务。然而，在相对人明知是无处分权的情形，却未必如此。

(1) 无权处分中的债务类型

在此情形，债之关系有三种可能：

(a) 结果债务

无权处分人明示或者默示地承诺要取得处分权或者所有权人的追认。在此情形，未取得处分权或者所有权人的追认，构成违约。

(b) 手段债务

无权处分人负担以一定的强度或者次数、频率劝说所有权人授权或者追认的义务。在此情形，是否构成违约则取决于无权处分人是否劝说以及为此努力到什么程度。

(c) 射幸合同

无权处分人不负担与所有权人追认相关的任何义务，一切听凭所有权人的意愿。在此情形，未取得处分权或者所有权人的追认，并不会构成违约。

(2) 应对

在相对人明知是无权处分的情形，很难说无权处分人负担结果债务是无权处分型交易的常态。因此，第 597 条第 1 款并不具有普适的任意规范资格。实际上，无权处分人与相对人之间的债之关系，根本无须规定，交由双方之间负担行为的解释即可。交易的惯例、无权处分人与权利人的关系等是解释的重要线索。例如，在商事领域的期货买卖中，出卖人通常负担的是结果债务。此外，在处分人无权处分其近亲属财产的情形，出卖人很可能负担的也是结果债务。

综上，在追究无权处分人违约责任时，以违约责任的一般条款（577）作为请求权基础即可，第 597 条第 1 款作为任意规范，其适用范围需要限缩。

(七) 不可抗力

不可抗力被规定为合同之债的免责事由(590)。要构成不可抗力,需同时满足不能预见、不能避免且不能克服三项要件(180.2)。若从合同构成的立场看,债务人显然没有承接克服不可抗力这样的履行障碍事由,因此,如果发生不可抗力,债务人并不构成违约。尽管"免除责任"的说法与不构成违约稍有差异,但结果是一致的。如此看来,规定不可抗力免责并无问题。然而通说却认为,由于我国法在违约责任的归责事由问题上选择了更为严苛的立场,因此,只有发生不可抗力和情势变更的情形,债务人才能安全脱身(免责、解除或变更合同)。① 这样的理解与合同构成相差甚巨。若依合同构成,只要是债务人未承接的履行障碍事由,均不属于债务内容,并不局限于不可抗力这么苛刻的情形。可见,不可抗力规则看上去没有问题,却很容易因不当的法解释起到误导作用。

(八) 金钱债权

依第 579 条,当事人一方未支付价款、报酬、租金、利息,或者不履行其他金钱债务的,对方可以请求其支付。此规定确立了金钱债务不存在履行不能的立场。然而,金钱债务不存在履行不能这一命题仅在债法总则的层面具有正当性,作为合同法的规范则过于僵硬。

> **例 2.5.7**
> S 与 G 订立了买卖二手房的合同,合同约定了首付款、第二期款以及尾款的交付时间。然而,在合同签订后当地出台了限购政策,导致购房人 S 无法获得公积金贷款。

在此例中,如果适用第 579 条,则 S 陷入了履行迟延,需要承担违约责任。然而,也许双方在缔约过程中存在着以公积金贷款支付第二期购房款的默契,那么限购政策就导致了该事例中金钱债务的履行不能。因此,本书认为第 579 条属于债法总则规范,而非合同法规范。

三、结论

我国法在无意识中选择了合同构成,但并不纯粹。尽管在比较法上并不存在纯粹的债权—债务构成,德国法、日本法中都或多或少地混杂了一些合同构成的因素,但这不能成为为我国法辩护的理由。理论构成上的纯化,可以最大限度地避免立法和法解释的失误。《合同法》第 121 条、《民法典》第 597 条第 1 款便是例证。

---

① 孙礼海主编,全国人大法制工作委员会民法室编著:《〈中华人民共和国合同法〉立法资料选》,法律出版社 1999 年版,第 58—59 页;梁慧星:《从过错责任到严格责任——关于合同法草案征求意见稿第 76 条第 1 款》,载《民商法论丛》(第 8 卷),法律出版社 1997 年版,第 7 页;韩世远,第 748—749 页。

第 3 部
债的消灭

第 1 章　清偿

第 1 节　概述
第 2 节　清偿的方法
第 3 节　清偿的抵充
第 4 节　第三人清偿
第 5 节　清偿受领人
第 6 节　清偿的提供
第 7 节　受领迟延

第 1 节 概述

一、清偿的概念

在不同的语境中,"清偿"具有不同的含义。

(一) 债之关系的消灭事由

含义之一是指作为债之关系的消灭事由,侧重于结果。这个意义上的清偿,在需要债权人受领的情形,不仅指债务人的给付行为,还包括了债权人的受领。

(二) 债务人的给付行为

另一种含义则仅指债务人提出给付的行为,侧重于过程。至于该行为最终是否导致债务的消灭,则作为另外一个问题。在这个语境下,就会出现虽然债务人作出清偿但因债权人受领迟延而不发生债权消灭之效果的情况。

(三) 清偿与履行

清偿与履行这两个概念本身的多义性,导致两者之间的关系并不固定,因而探究彼此间的差异并无多大的实际意义。不过,存在一些法定的或者约定俗成的表述,需要注意区别使用。清偿的核心,是债务人主动的给付行为,当然也包括第三人的给付行为。因此,不存在"强制清偿"的说法。而履行这一表述中就不当然包含"主动"的含义,因而有"强制履行"的表述。此外,履行常常与债务不履行作为一组概念,而不存在债务不清偿的表述。

二、清偿的法律属性

(一) 法律属性之争

关于清偿的法律属性,历来有事实行为说、法律行为说、折中说(如果给付行为是法律行为,则清偿为法律行为;如果给付行为是事实行为,则清偿为事实行为)、准法律行为说之争。[1] 然而,批判意见则认为,脱离具体的履行行为抽象地探讨清偿的法律属性没有意义。具体的履行行为既可以是事实行为(例如交易的斡旋),也可以是法律行

---

[1] 相关的德国学说争论,参见赵文杰:《给付概念和不当得利返还》,载《政治与法律》2012 年第 6 期,第 100—105 页。

为(例如打酱油),还可以是准法律行为(例如代债权人向其债务人发出催告)。在具体的履行行为为法律行为或者准法律行为的情形,意思能力、行为能力的欠缺、意思表示的瑕疵是否会影响到清偿的效力,适用或者准用法律行为法的规则来判断即可。

(二) 清偿人的意思——清偿意思

真正有意义的问题是,清偿是否需要清偿人的意思?换言之,没有清偿意思的清偿,是否发生清偿的效果?既然清偿是行为,那么至少清偿人应该具有行为意思,即清偿人的举止并非出于下意识。然而,如果仅仅要求行为意思,可能违背债务人的意愿。

> **例 3.1.1**
>
> S 对 G 负债 1 万元。某日,S 将 1 万元现金交给 G,意图让 G 代为保管。

S 将现金 1 万元交给 G 的行为当然具有行为意思,但 S 并不打算通过这个行为消灭其对 G 负担的债务,因而不能将 S 的现金交付行为理解为对债务的清偿。一个行为要构成清偿,还需要清偿人将其行为与债务的清偿这一目标连接到一起的目的意思,即清偿意思。如果缺乏清偿意思,则债务人的行为不能被评价为清偿。不过,对于不作为债务,则不再以清偿意思为必要。

> **例 3.1.2**
>
> G 是一位即将参加考研的大四学生,为了能安静学习,与隔壁邻居(爵士乐鼓手)S 约定:每天向 S 支付一定的金钱,以换取 S 在晚上不在家练习。有一天,S 喝得不省人事,被人抬回住处。S 是否清偿了债务?

对于不作为债务,如果依然坚持以清偿意思为要件,就意味着债权人还可以要求债务人再履行一次。然而,由于债务人的未作为使债权人的利益已经得到实现,因此对于不作为债务,岂止是清偿意思多余,连行为意思也不需要。

第 2 节 清偿的方法

清偿的方法,涉及何时、何地、如何清偿以及清偿什么这四个方面。

一、清偿的时期

（一）清偿期的意义

应当清偿的时期，在学理上被称为清偿期或者履行期，我国法采用的表述为"履行期限"。然而，清偿期既可能是清偿的截止时点，也可以是清偿的特定期间。仅仅用"履行期限"来表达，并不精确。

1. 期限利益的概念

所谓期限利益，是指期限到来之前民事主体所享受的利益。这里的利益，应限于法律上的利益，即不包括纯粹心理上、社会上、宗教上的利益。

2. 期限利益的放弃

（1）放弃的方法和效果

（a）放弃的方法

期限利益是私利益，其享有者当然可以放弃（德民 271.2、日民 136.2 正、台"民"316）。我国法对此虽未作明文规定，可认为是无须规定之当然法理。放弃期限利益的行为属于有相对人的单方法律行为，期限利益的享有者向对方作放弃的意思表示即可。在现实中，债务人对期限利益的放弃往往与实际的清偿行为合二为一。

（b）放弃的效果

例 3.1.3

S 从 G 处借得 10 万元，约定年底归还。8 月 31 日，S 意外获得一笔收益，于是向 G 表达了其将于第二天提前偿还全部借款的意愿。

（甲）同期限的到来

期限利益的放弃发生与期限到来相同的效果。期限利益被放弃后，债务人若不及时清偿将陷入履行迟延。在【例 3.1.3】中，如果 9 月 1 日 S 未偿还，则需承担迟延损害赔偿责任。反之，若债务人按照债务本旨清偿而债权人不受领，则构成受领迟延。

期限利益的放弃一旦生效，则以期限的存在为前提的法律效果当然地归于消灭。例如，自放弃之时起到期限到来之时为止这段期间的利息债权将不再发生。① 在【例 3.1.3】中，自 9 月 2 日至年底的约定利息之债不会发生。如果 S 最终还是到年底才偿还借款，则 S 需负担 9 月 2 日至年底的迟延损害赔偿债务。

---

① 於保不二雄、奥田昌道编『新版注釈民法(4)』，有斐閣 2015 年、818 頁（金山正信、金山直樹）。

（乙）溯及力

不过,期限利益的放弃通常不具有溯及效果,因为溯及不符合放弃者通常的意愿。

（丙）双务合同中存在两个期限的情形

需要注意的是,在双务合同的情形通常存在两个期限。

例 3.1.4

G 向 S 订购了一套设备,价值 1000 万元,双方约定年底一手交钱一手交货。11 月 30 日 S 提前制造完成,于是告知 G 其将于第二天将设备送到当初约定的交货地点。

在【例 3.1.4】中,S 和 G 的债务处于同时履行抗辩关系,看上去好像只存在一个履行期限——年底,但实际上却存在两个碰巧重合的期限。在此情形,一方就自己的债务放弃期限利益,仅就该期限发生期限利益放弃的效果,并不就另一期限也发生期限利益被放弃的效果。S 放弃己方期限利益仅仅意味着己方的债务提前到期,并不会导致 G 的价金债务提前到期。

（2）对放弃的限制

例 3.1.5

S 应当于本月底向 G 交付海鲜 10 吨,但 S 决定提前 10 天交付。如果 G 提前接收,就不得不提前 10 天启动冷库的制冷装置。

在【例 3.1.5】中,如果原本在月底之前不必清偿的 S(期限利益的享有者)放弃其期限利益,提前履行其债务,将导致相对人 G 遭受额外的电费损失。

对此,我国法的立场是"债权人可以拒绝债务人提前履行债务,但是提前履行不损害债权人利益的除外"(530.1)。这一立场来自《国际商事合同通则》(PICC6.1.5)。"可以拒绝"意味着债权人的拒绝受领不构成受领迟延,进而说明只要债权人拒绝,则债务人所作的期限利益放弃行为不生效力或者无效。问题在于,期限利益的享有者能否以补偿由此给相对人造成之不利益作为代价而作出有效的放弃行为呢？从第 530 条第 1 款的文义看,只要期限利益的放弃会损害相对人的利益,哪怕期限利益的享有者愿意补偿相对人所遭受的不利益,相对人依然可以单方面决定放弃行为的效力。主流观点认为,这是对合同应当信守原则的贯彻。

然而,这一立场过于绝对。其实,只要期限利益的享有者能够充分补偿相对人所遭受的不利益,没有理由赋予相对人如此强悍的决定权。在本书看来,可以将"经债务人补偿,提前清偿不会损害债权人利益"的情形也纳入本条但书"不损害债权人利益"的情形之中。

第 530 条第 1 款最大的问题,在于颠倒了原则与例外。依该规定,原则上债权人有权拒绝债务人的提前清偿。但如下文所述,期限利益通常归属于债务人,而期限利益又是可以放弃的,除非放弃会损害相对人的利益(日民 136.2 但)。这就意味着原则上债务人可以提前清偿。第 530 条第 1 款的规定与期限利益原则上归属于债务人的经验法则就孰为原则孰为例外产生了矛盾,这将直接影响到"损害债权人利益"这一事实的证明负担。正当化第 530 条第 1 款的唯一可能解释是,债务人的提前清偿通常会损害债权人的其他利益,因而债权人原则上有权拒绝债务人的提前清偿。然而,这一推断并没有经验法则的支撑。有鉴于此,在解释论上应当将提前清偿会"损害债权人利益"这一事实的证明责任分配给债权人。

3. 期限利益的归属——原则

问题在于,就债之关系而言,期限利益究竟是债权人的还是债务人的? 在比较法上,期限被推定为为债务人之利益而定(法民 1305-3.1 正、德民 271.2、日民 136.1、台"民"316),即债务人在债务到期之前可以不清偿债务,债权人即使追讨也不会使得债务人陷入履行迟延的状态。尽管我国法对此未作规定,但其为常理,没有理由予以否认。

4. 期限利益的归属——例外[①]

(1) 期限为债权人之利益而定的情形

最为典型的,是无偿保管的情形[②],保管期限就是为了债权人(寄存人)的利益而定。在此情形,债务人不能提前清偿,否则会侵害债权人的期限利益,但债权人却可以放弃该利益,随时请求债务人履行债务。就无偿保管而言,寄存人可以随时领取保管物(899.1)。

(2) 期限同时为债权人和债务人利益而定的情形

(a) 总论

有偿的消费借贷(我国法仅规定了其下位的借款合同)特别是定期存款关系中的期限,就属于典型的期限为债权人和债务人双方利益而定的情形。债权人的期限利益是获得截至履行期限的利息;债务人的利益是在履行期限到来前不必偿还本金。此外,租赁关系中的租赁期限亦是如此:承租人的利益是在期限到来前利用租赁物;而出租人的利益则是在期限到来前享有不断发生的租金债权。在这种双务合同关系中,债权人和债务人围绕同一个期限各自享有利益。

[①] 史尚宽,第 789 页。

[②] 《民法典》第 899 条第 1 款规定:"寄存人可以随时领取保管物。"这其中就包括了约定有保存期限的情形。而有关保管合同的定义规范(888)中并未将支付报酬规定于其中,说明《民法典》合同编第 21 章所规定的保管合同是以无偿保管为原则的。这一点有别于第 22 章的仓储合同。

在期限同时为债权人和债务人利益而定的情形,期限利益能否放弃呢？放弃己方的期限利益将导致期限的提前到来,同时也就意味着对相对人期限利益的剥夺。如果认为第 530 条第 1 款中的"利益"还包括相对人一方的期限利益,则从字面看似乎可以得出在此情形不得放弃己方期限利益的结论。即便认为第 530 条第 1 款中的"利益"不包括相对人一方的期限利益,也不能允许一方通过期限利益的放弃这种单方法律行为剥夺相对人一方的期限利益。

问题在于,在此情形一方能否以充分补偿对方的期限利益作为代价放弃己方的期限利益？这里,同样存在两种可能的立场。其一,即便一方愿意且能够补偿相对人的期限利益损失,只要相对人反对,则其放弃行为无效。其二,如果一方愿意且能够补偿相对人的期限利益,其放弃行为即为有效,没有理由加以限制。后者为日本民法学界的通说①,本书赞同此种立场。对此,或许会有意见担心不加限制地认可期限利益的放弃,有可能会损害到相对方的利益。然而,在相对人特别需要保护的情形,完全可以通过对期限利益本身的认定来实现对相对人的保护。

(b)债务人对期限利益的放弃

> **例 3.1.6**
>
> S 曾向银行 G 借贷 100 万元,双方约定的年利率为 10%,利息按年支付,本金于 5 年期满时偿还。1 年期满时 S 想提前偿还贷款。

债务人可以在充分补偿债权人期限利益损失的前提下,放弃己方的期限利益。就消费借贷之债而言,债权人的期限利益通常是截至履行期限的利息。因此,债务人只要全额支付约定的利息,就可以放弃期限利益,提前清偿。就【例 3.1.6】而言,S 需要偿还 5 年的全部利益 $100 \times 10\% \times 5 = 50$(万元)。然而,如果必须支付全额的利益,债务人提前清偿债务通常就失去了意义。为此,我国法特别规定"借款人提前返还借款的,除当事人另有约定外,应当按照实际借款的期间计算利息"(677)。依此规定,上例中的 S 只需偿还 $100 \times 10\% = 10$(万元)的利息。这一判断建立在贷款人随时可以将提前偿还回来的金钱重新以不低于前一贷款收益的标准重新贷出这一前提之上,这一假设与现实未必相符。为此,有意见主张,该规范并不影响贷款人主张利息损失的适当赔偿。② 这样的解释尽管明显偏离文义,但在价值判断上更具合理性。在本书看来,在立法论上应该允许贷款人主张全部的利息损失,只不过债务人可以借助有关债权人之减损义务的规范(591.1)抗辩从而获得减额。就上例而言,

---

① 於保不二雄、奥田昌道编『新版注释民法(4)』,有斐閣 2015 年、811 頁(金山正信、金山直樹)。
② 黄薇 3,第 725 页。

假定同等放贷条件下银行 G 的资金闲置周期为 1 个月(以月为基准),则提前还贷的 S 应当偿还的利息为 $100\times10\%+100\times10\%/12\approx10.8333$(万元)。

在债权人所享有的期限利益为非金钱利益的情形,债务人往往无法补偿。例如,定期存款之存款人(债权人)的期限利益并不限于获取未来之利息,还包括让银行一直保管其金钱至期满的利益。作为债务人的银行虽然可以补偿存款人的利息损失,但却无法补偿存款人托其保管金钱到特定时期的期限利益。

(c) 债权人对期限利益的放弃

照理,只要充分补偿债务人的期限利益,债权人也有权放弃己方的期限利益。然而,当债务人享有的期限利益为非金钱利益时,债权人往往同样无法补偿该期限利益的损失。例如,在有偿的消费借贷关系中,如果允许贷方(债权人)以放弃到期为止的利息作为代价使得消费借贷之债提前到期,那么借方(债务人)将不得不提前偿还种类物。在此情形,很难想象贷方能在收回放贷的同时还可以补偿借方继续利用消费借贷之种类物这一独特的期限利益。

(3) 履行需在一定期间内完成的情形

在规定履行期间的情形,即履行不得早于 A 时点、但又不能晚于 B 时点的情形,应当推定履行期间的起点为债权人利益而定,终点为债务人利益而定。因此,债务人的提前清偿不能早于 A 时点,债权人的履行请求不能早于 B 时点。

(二) 意定之债的履行期限

关于意定之债的履行期,首先取决于当事人的约定。如果未作约定或者约定不明,则应通过对合意的解释来确定;不能确定,则依交易习惯确定(510);依上述手段均不能确定的,债务人可以随时履行,债权人也可以随时请求履行,但是应当给对方必要的准备时间(511.0.4)。

(三) 法定之债的履行期限

法定之债的履行期限一般自债权债务发生之时到来。

二、清偿地

(一) 概念及意义

1. 概念

清偿地也称为债的履行地,或者给付地,指的是债务人为给付行为的地点,区别于给付结果发生的地点。就合同之债而言,在立法和实务中有所谓合同履行地之表述。然而,严格来说,这样的表述是不准确的。因为双务合同中双方债务的履行地未必为同一场所。
   2. 意义
      （1）实体法上的意义
         （a）债务不履行的判断基准之一
            若债务人未在清偿地为给付行为,则其给付有违债务本旨,可能陷入迟延。
         （b）清偿费用
            清偿地会直接影响到清偿费用的多寡。
      （2）诉讼法上的意义
         在诉讼法上,清偿地是确定诉讼管辖的依据之一。因合同纠纷提起的诉讼,原则上由被告住所地或者合同履行地人民法院管辖(民事诉讼法24)。
（二）清偿地的确定
   1. 合意优先
   2. 没有合意的情形
      （1）意定之债
         （a）通过对合意的解释来确定
         （b）依交易习惯确定(510)
         （c）任意规定
            若依上述手段均不能确定,则适用如下的任意规范(511.0.3)：
            （甲）原则
               若无特别约定或者交易习惯,原则上以债务人所在地为清偿地。这里的"所在地",应解释为住所地,当住所地与居所地、惯常营业地不一致的,以后者为准。
            （乙）例外
               给付货币的,在接受货币一方所在地履行;交付不动产的,在不动产所在地履行。
      （2）法定之债
         关于法定之债的履行地,因为《民法典》中未设置债法总则,现行法未作规定,可类推适用第511条第3项,因为法定之债通常不存在合意,也不存在交易习惯。

三、清偿的内容

（一）清偿的标的

清偿的标的,由作为债之发生原因的合意或者法律规定确定。在意定之债的情形,清偿的标的进一步取决于对法律行为的解释。

（二）特定物的交付

在债务内容为交付特定物的情形,从债之关系发生之时起到交付之时,特定物的性状可能会发生变化。如果要求债务人按照债之关系发生时的性状交付,有时难免强人所难。为此,债务人只需要按照社会通常观念所认可的应交付时刻的性状交付（日民483）。如果是意定之债,则应根据合同的宗旨来确定交付时应当具有的性状。例如,承租人在租期结束时交还的租赁物即便发生了一定程度的老旧耗损,但这样的老旧耗损只要是按照租赁目的使用后租赁物通常应有的性状,那么就应该认为承租人完成了返还租赁物之债务的清偿。

（三）金钱之债的清偿

对于金钱之债的清偿,原则上自然应以法定货币的移转来实现。但在交易世界,多采用转账或者签发票据的方式。随着支付手段的多样化,借助即时通信工具的支付也日益普及。问题在于,应当将给付法定货币之外的方法看作清偿还是看作代物清偿？如果是代物清偿,需要债权人的同意。至少就银行转账而言,无论是人们的观念还是司法实务都认为不需要债权人的同意。因此,银行转账应该被视作清偿本身。

（四）清偿的费用

债务的清偿往往需要费用的支出,例如鉴定费、包装费、运输费等。关于清偿费用的负担,在有合意的情形,自然应按照合意；在没有合意的情形,原则上由债务人负担（511.0.6）。这是因为,清偿是债务人的行为,令其负担符合当事人的意思。[①] 不过,如果是因债权人原因（例如债权人住所地的变动导致履行地变动）所增加的履行费用,应由债权人负担（511.0.6）。

四、清偿的证据

当债权人向债务人主张债权,而债务人作已为（部分）清偿之抗辩时,需要由债务人负担证明已清偿（部分）债务的证明责任。为了减轻债务人的举证负担,有必要赋予其请求债权人交付有关清偿事实之证据的权利。这样的权利,包括如下两种：

（一）收据的交付请求权

清偿人对于受领清偿之人享有交付收据的请求权（德民368、日民486）。至于收据的形式,原则上不存在限定。如果部分清偿被接受,则清偿人也有权请求受领清偿之人提供部分接受的收据。我国法虽然没有规定,但理应持同样的立场。

[①] 平井,181页。

1. 收据与发票的区别

   收据是清偿的证据。发票则是用以显示税务信息的凭证,不具有证明清偿事实的功能。① 实践中,在受领清偿之前就开具发票,或者受领时先交付收据事后再开具发票的情况屡见不鲜。司法实践中的主流观点认为,清偿(主要是支付)价款是主给付义务,而交付发票是从给付义务或附随义务,两者之间不具有对待给付关系,因此不认可债务人的同时履行抗辩。② 这一立场值得肯定。③

2. 清偿与收据交付的关系

   债务人的给付义务与债权人的收据交付义务属于交换关系。交换关系,与同时履行抗辩关系稍有不同。在同时履行抗辩关系中,任何一方不履行己方的债务便无权请求对方履行,此时双方既不构成履行迟延,也不构成受领迟延。而在交换关系中,如果债务人因债权人拒绝提供接受证书而对清偿作出保留,债权人将陷入受领迟延的状态。④

3. 收据的费用

   收据的制作费用和交付费用,由债权人负担。

(二)债权证书的交付请求权

1. 债权证书

   所谓债权证书,是证明债权成立的文书,最为常见的便是借条。不同于有价证券,债权证书与债权本身是可以分离的,对债权证书之占有的移转并不当然导致债权归属的变动,债权证书的灭失也不会导致债权的消灭。只有已全部清偿(包含代物清偿、抵销等)的情形,清偿人才有权请求接受人返还债权证书。若债权证书为第三人所占有,清偿人有权请求该第三人返还。⑤ 若债权证书已经灭失,则清偿人有权请求债权人将该事实记载于收据中。

2. 清偿与交付债权证书的关系

   不同于收据,债权证书的交付与清偿之间不存在交换关系。债务人只有在清偿债务后才可以请求债权人返还债权证书。

---

① 颜峰、赵海勇:《发票对合同主要事实的证明力探析》,载《法律适用》2012 年第 10 期,第 73 页。
② 阳谷宝福邻置业有限公司诉济南齐辉商贸有限责任公司买卖合同纠纷案,最高人民法院(2014)民申字第 1579 号民事裁定书。
③ 至于债务人能否请求开具增值税发票,参见班天可:《增值税中性原则与民事制度》,载《法学研究》2020 年第 4 期,第 113—118 页。
④ 中間試案説明,285 頁。
⑤ 大審院大正六年(1917 年)9 月 6 日判決,大審院民事判決録 23 輯 1311 頁。

第 3 节 清偿的抵充

一、含义

(一) 概念

> **例 3.1.7**
> S 对 G 负担有多笔债务：① 50 万元的货款；② 100 万元的借款；③ 15 万元的租金；④ 每月都在发生的贷款利息。S 的资产不足，就先偿还了 40 万元。

在债务人对同一债权人负担的数笔债务种类相同【例 3.1.7】，债务人的给付不足以清偿全部债务的情形，各笔债务的命运如何？这便是清偿的抵充制度所要解决的问题。

> **例 3.1.8**
> S 租赁 G 的房子居住，从 7 月起连续 4 个月没有交纳房租。每个月的房租是 500 元。到了 10 月底，禁不住 G 的再三催促，S 先交了 700 元。

此外，就同一笔债务存在多个同种类给付的情形(【例 3.1.8】)，当债务人的给付不足以清偿全部债务时，同样存在着该债务中各项给付之命运的问题。在此情形，可类推适用抵充制度。

(二) 基本立场

对于抵充，民法的基本立场是合意优先；无合意时，依清偿时的指定；无指定时，适用法定抵充的规则。

二、合意抵充

(一) 抵充合意的时期

既然合意抵充是清偿人与债权人双方的合意，没有理由不予以尊重。抵充合意的时点不受限制,既可以在清偿之前,也可以在清偿之时,还可以在清偿的效果发生之后。在清偿被受领之后的抵充合意,意味着对指定抵充或者法定抵充的变更。

（二）清偿后的抵充合意

不过,如果在清偿效果发生后、抵充合意前出现了第三人交易,抵充合意有可能会损害该第三人的利益。

> **例 3.1.9**
>
> S对G负担有多笔债务:①50万元的货款;②100万元的借款;③15万元的租金;④每月都在发生的贷款利息。G与S约定,如果不能一次清偿所有债务,则第一次清偿抵充借款之债。1月,S先偿还了40万元。2月,G将50万元的货款债权转让给了T,并完成了对债务人的通知。到了3月,G与S达成了新的抵充合意,约定之前偿还的40万元部分抵充货款债权。

在此例中,如果新的抵充合意具有绝对效力,则意味着货款债权的受让人实际上只受让到10万元债权。因此,抵充变更合意只应具有相对效力,不能对抗在清偿后出现的第三人。①

（三）谁的合意

关于清偿的抵充合意,不仅在债权人与债务人之间可能达成,在由第三人清偿债务的情形,在第三人与债权人之间也可能达成。于是,就可能发生两个合意不一致的情况。在此情形,应当以清偿人与债权人之间的合意优先。毕竟,要发生清偿的效果,需要清偿人的清偿意思。

三、指定抵充

（一）指定的法律属性

指定是需要受领的单方意思表示,属于单方法律行为,故而不得附条件。对于指定没有形式要求,甚至未必需要明示,可通过有相对人之意思表示的解释规则来确定指定的内容。

（二）指定的主体

我国法仅规定了债务人可以指定。这里的债务人,应解释为清偿人才更为准确。

---

① 潮见Ⅱ,18页。

比较法上有的立法例还规定,若清偿人在清偿时未指定,则清偿受领人可以在受领之时指定;对于清偿受领人的指定,清偿人可以立刻提出异议以阻止指定抵充的发生。这时,适用法定抵充的规则(日民488.2)。

(三) 指定的时期

清偿人应当在清偿之时作出指定,清偿之后的指定无效。这是因为,事后的指定将与法定抵充规则直接发生冲突。

四、法定抵充

法定抵充,可看作法秩序对清偿意思的拟制。

(一) 原则(560.2)

1. 已到期的债务优先被抵充

    这是为了保护债务人的期限利益。

2. 均到期的,对债权人缺乏担保或者担保最少的债务优先被抵充

    该规则侧重于对债权人利益的保护。

3. 均无担保或者担保相等的,债务人负担较重的债务优先被抵充

    该规则侧重于对债务人利益的保护。

4. 负担相同的,按照债务到期的先后顺序抵充,无论债务均已到期或者均未到期

    该规则体现了中立的立场。

5. 到期时间相同的,按照债务比例履行

    该规则体现了中立的立场。

不难看出,上述制度建立在对债权人与债务人利益综合平衡的基础之上。

(二) 债权的费用、利息与主债务之间的抵充顺序(561)

1. 合意优先
2. 单方指定的禁止

    实定法未规定对此债务人能否指定,应理解为不允许债务人单方面指定。这种做法在比较法上较为普遍,理由不明。

3. 无合意的情形

    (1) 顺序

      优先抵充费用,利息次之,主债务最后。

（2）理由

（a）费用优先的理由

费用通常都是由债务人自己或者其履行辅助人支付的，如果成为债务，说明是由债权人垫付的，需要优先保障。

（b）利息优先于主债务的理由

据说这样的安排符合债权人通常的期待。① 不过，对于发生在近亲属之间的借贷，有裁判认为，其"属于家庭成员内部具有帮助性质的资金融通"，因此先抵充本金更符合债权人与债务人之间的预期。②

（三）多笔债务存在费用、利息的情形

在多笔债务均存在各自的费用、利息的情形，如何抵充？

> **例 3.1.10**
>
> 假定 G 对 S 享有三笔金钱债权分别为 α_1、β_1、γ_1，各自的利息债权为 α_2、β_2、γ_2，而各自的费用为 α_3、β_3、γ_3。S 与 G 之间不存在抵充的合意，S 向 G 支付了一定数额的金钱。

对此，现行法未作规定。解释论上有三种方案：

1. 方案一

第一种方案，是不区分主债务、利息和费用，将上述所有的债务统一看作性质相同的债务，按照第 560 条的规则来判断上述各笔债务的抵充。

2. 方案二

第二种方案，则是将所有的债务分别归类到费用群、利息群和主债务群，三大群之间依第 561 条的规则确定抵充顺序，即先费用、次利息、最后主债务；各个群内部的债务则适用第 560 条的规则来确定如何抵充（日民 489）。

3. 方案三

第三种方案，是将费用和利息与对应的主债务划入一个债务群，再以各债务群的主债务作为基准适用第 560 条。各债务群内部则适用第 561 条。就【例 3.1.10】而言，将上述 9 笔债权分作 α、β、γ 三组债权群，依第 560 条的规则确定抵充的顺序；再在各组内部依照费用、利息、主债务的顺序抵充。

4. 评价

方案一直接无视费用、利息与主债务之间的性质差异，会与第 561 条的立场发生体系矛盾。故而，方案二或者方案三更可取。

---

① 中間試案説明，288 頁。
② 杜志华与许永强等民间借贷纠纷案，北京市第三中级人民法院（2018）京 03 民终 11364 号民事判决书。

第4节　第三人清偿

一、清偿人概述

谁可以清偿债务？

（一）债务人

（二）被赋予清偿权限的人

1. 从债务人处获得清偿权限的人

主要包括代理人①、履行辅助人、履行承担人②、遗嘱执行人（1145、1147.0.4）。

2. 享有法定的清偿权限的人

主要包括失踪人的财产代管人（43.2）、法定代理人、破产财团管理人（企业破产法 25.1.6）、遗产管理人（1147.0.4）。

3. 第三人

上述两种主体所作的清偿，可以直接视为债务人所作的清偿，其清偿后不会与债务人之间发生追偿或者代位的问题。除此之外还有一种特殊主体，其在一定情形也可以代债务人清偿债务，但这种清偿会发生特殊的效果（后述）。这类主体可被统称为第三人。

(1) 第三人的范围

凡非债务人本人且不属于前述之被赋予了清偿权限之人的主体，只要其代债务人清偿债务，就属于这里的第三人。

(2) 第三人的分类

(a) 按照有无清偿权限区分

可分为对于债务的清偿具有合法利益的第三人和无合法利益的第三人（后述）。

(b) 按照是否受托于债务人区分？

有观点按照第三人是否受托于债务人，将第三人分为受托清偿之第三人和未受托清偿之第三人。③ 然而，本书不赞成这种分类。这是因为，受托清偿

---

① 意定代理的代理人是否拥有清偿权限，需要通过对授权行为的解释来判断。
② 履行承担不同于债务承担，履行承担人仅对债务人负担向债权人履行的义务，对债权人不负担履行义务。
③ 中田，383 页。

之第三人与履行辅助人无法被区分,而两者在效果上却差之千里:第三人瑕疵履行不会构成债务人的债务不履行,而履行辅助人的瑕疵履行却构成债务人的债务不履行。因此,凡是受债务人之托作清偿者,仅构成履行辅助人,而非第三人。

二、第三人对于清偿具有合法利益的情形

(一) 对清偿享有"合法利益"之第三人的范围(合同编通则解释30.1)

对清偿具有"合法利益"之第三人主要包括以下类型:

1. 若不清偿其权利将遭受债权人强制执行的人

指物上保证人、担保财产的受让人、用益物权人。

《合同编通则解释》将保证人也列入其中,具有类似地位的不可分债务人、连带债务人也可归类为对于清偿具有合法利益的第三人,作为《合同编通则解释》第30条第1款第7项中的"其他"第三人。由于这些主体自身就对债权人负担着债务,所以其向债权人清偿时,既可能是出于清偿自身债务的目的,也可能是出于清偿债务人之债务的目的。若属于前者则不构成第三人清偿,若属于后者则构成第三人清偿,看似相差甚巨,但实际上前者的法律效果(519.2、700,不可分债务可类推适用连带债务的规则)与后者的法律效果(524.2)一致,除非可以查明清偿人清偿的是自己的债务或者债务人的债务,应允许清偿人自由选择代位的请求权基础。辨别这类主体清偿的是谁的债务并无实际意义。

2. 后顺位担保权人

这是因为,后顺位担保权人可通过清偿在先顺位担保权所担保之债务消灭在先的担保权,从而因顺位的升进获得对担保物变价时期的掌控。①

3. 对债务人的财产享有合法权益且该权益将因财产被强制执行而丧失之人

主要是担保财产的合法占有人,例如抵押物的承租人。抵押设立后在被抵押物上才发生租赁关系的承租人,因无法对抗抵押权的实现(405 的反对解释),只能通过清偿债务人的债务消灭抵押权,从而确保自己对承租物的租赁地位。

此外,债务人的一般债权人或许也可以列为此类主体(构成司法解释中的"其他"第三人)。债务人的一般债权人可以通过清偿债务人对正打算申请强制执行或者申请破产之债权人所负的债务,从而获得等待债务人财产状况好转的机会。②

4. 债务人的出资人或者设立人、近亲属

此类主体之所以被列为对于清偿具有合法利益的第三人,当是因为其与债务

---

① 我妻,第218页;於保,387页;平井,202页;潮見Ⅱ,98页。
② 中田,416页。

人之间特殊的人际关系而受到保护。需要注意的是,这一立场在比较法上并不具有普遍性。

(二) 第三人有清偿权限的归结

1. 债务人无权反对

即便违反债务人的意思,对于清偿具有合法利益之第三人的清偿依然有效。

2. 债权人负担受领第三人清偿的不真正义务

如果债权人拒绝受领,则构成受领迟延(详见本章第7节)。

3. 对当事人事前禁止、限制第三人清偿之特别约定的部分排除

尽管依第524条但书,当事人事前禁止、限制第三人清偿之特别约定可以排除对于清偿具有合法利益之第三人的清偿权限,然而不应该赋予这样的合意以剥夺在合意之前就已经具有合法利益之第三人的清偿权限。①

三、第三人对于清偿无合法利益的情形

关于对清偿无合法利益之第三人能否清偿,我国法未在一般层面上予以明确,给解释论留下了空间。在解释论上存在两种根本对立的立场。

(一) 否定说

凡对于债务的清偿不具有合法利益者,均不能作出有效的清偿。② 否定说的核心理由是债的相对性。

(二) 肯定说

这里说的肯定说,是指原则上认可不具有合法利益之第三人所作清偿的有效性,但也不排除需要否定的例外情形。

1. 原则

对于债权人来说,只要符合债务本旨,任何人的清偿通常都可以使其得到满足。而对于债务人来说,第三人的清偿通常也不会使其陷入更加不利的状态。因此,原则上没有理由不承认第三人可作有效的清偿,哪怕该第三人对于清偿不具有合法利益。所谓债的相对性,其核心内涵由两个部分组成:第一,唯有债权人才可以向债务人主张债权;第二,债权人只能向债务人主张其债权。在后者中并不应包含仅债务人才拥有清偿资格的含义。因此,债权人受领了对于清偿不具有合法利益之第三人的清偿后,通常不应认可任何一方所作之清偿无效的主张。

---

① 中田,378页。
② 王利明(上),第180页;徐涤宇、张家勇,第572页【张家勇执笔】;合同编通则解释理解与适用,第346页。

【深化】

如果第三人误以为是在清偿自己的债务，该第三人可基于不当得利请求债权人返还所受领之给付。不过，第三人有权事后变更清偿目的，即将所为给付用于清偿债务人的债务。此时，债务人对债权人的给付义务仍然消灭。第三人实际上享有选择权。[①]

2. 例外
  （1）性质上无法由第三人清偿的债务
    例如演出、演讲的债务，以及不作为债务等，由于依赖于债务人的个性，第三人无法作有效的清偿。
  （2）债权人或者债务人事前反对的情形
    在此情形下，围绕第三人的清偿是否有效这一问题，比较法上存在不同的立法例。
    （a）德国法、我国台湾地区"民法"的立场
      如果债务人提出异议，则债权人可以拒绝受领第三人的清偿。当然，债权人也可以受领，此时构成有效的清偿（德民267.2、台"民"311.2）。
    （b）日本法的立场
      当事人（合同之债的双方当事人、单方法律行为之债的行为人）于第三人清偿前作出禁止、限制第三人清偿的意思表示时，第三人不得清偿（日民474.4），哪怕第三人对于清偿具有合法利益。[②]
3. 违背当事人意愿的情形
  虽然当事人在第三人清偿前未作出禁止、限制第三人清偿的意思表示，但第三人的清偿违反了债务人或者债权人的意愿，在此情形下第三人的清偿效力如何？
  （1）违背债务人意愿的情形

> **例 3.1.11**
>
> S 欠 G 100 万元，而 D 欠 S 100 万元。S 原本期待用 D 偿还的钱归还对银行的欠款，否则银行将要强制执行其房产。但 D 却主动替 S 偿还了 S 欠 G 的 100 万元，然后以追偿权抵销了 S 对自己的债权。

    若认为第三人的清偿具有清偿的效力，则债务人 S 将无法避免银行对其房产的强制执行。为此，只要债务人不愿意由第三人清偿的意思在第三人清偿时

[①] Vgl. Medicus/Petersen, Bürgerliches Recht, 27. Aufl., 2019, S. 470.
[②] 中田，378 页。

是明确的,且有可以识别的显而易见的事实①,则不论第三人是否知悉,第三人都不能作有效的清偿,除非债权人不知道第三人的清偿违背了债务人的意思(日民474.2正)。理由如下:首先,第三人清偿后可以向债务人追偿,可能会导致债务人不得不面对第三人过分苛刻的追讨(例如第三人为黑恶势力的情形)。其次,会让债务人对第三人产生情感上的亏欠感。最后,还可能破坏债务人的财产管理计划,打破债务人的特别预期。

只不过,如果债权人不知道第三人的清偿违反债务人之意思,则清偿为有效(日民474.2但)。这是因为,相信清偿有效的债权人通常会在受领时将债权凭证、担保物交还给清偿人。事后若判明清偿无效,债权人便丧失了担保,或者需要取回债权凭证才能向债务人主张债权。

至于判断是否违反债务人意思的时点,应为第三人清偿之时。②

(2) 违背债权人意愿的情形

日本法还规定,第三人的清偿也不能违背债权人的意愿(日民474.3正)。在此情形,债权人拒绝受领不构成受领迟延。之所以如此规定,是基于如下的考虑:第一,在第三人的清偿违背债务人意思的情形,虽然债权人可以不知情抗辩,但毕竟需要负担证明责任,债权人不愿意承担相应的风险。第二,在第三人清偿为有效清偿的情形,债权人需要移交债权凭证和担保物;如果是部分清偿,还存在与第三人的特殊纠葛关系(日民502),而债权人不愿意踏入这样的关系。③

不过,如果债权人明知第三人是受债务人之托而作清偿的情形,不在此限(日民474.3但)。在此情形的第三人属于履行辅助人,本来就拥有清偿的权限。

针对不能对抗出租人之转租关系中之次承租人代承租人就其所拖欠的租金、违约金向出租人所作之清偿,我国法允许出租人拒绝受领(719.1)。此规定便是出于对作为出租人之债权人意愿的尊重。

(三) 本书的立场

1. 原则

仅仅以债的相对性为由一律否定对于清偿不具有合法利益之第三人所作之清偿的有效性,并不具有说服力。至少在不损害债权人和债务人利益的情形(这应该是常态),应认可该第三人之清偿的有效性。若债权人不受领或者不能受领,则构成受领迟延。债权人受领后各方均不能主张清偿无效,债权人对所受领之给付享有给付保持力。

2. 例外

问题在于,何种情形构成例外?从德日的立法差异不难看出,在无合法利益第三人清偿的问题上,德国法偏向于保护债权人;而日本法偏向于保护债务人,但同

---

① 我妻,第219页。
② 奥田,496页;潮见Ⅱ,95页。
③ 中田,380页。

时也在一定程度上兼顾了债权人的利益。总体上日本法更为精细,更值得借鉴。①

不过,在判断是否违背债务人意愿时,应当尽可能采用客观标准,即按照通常的社会观念判断。此外,既然在判断第三人违背债务人意愿情形下所作之清偿的有效性时法秩序已经对债权人的信赖给予了照顾,因此,没有必要像日本法那样进一步允许债权人主张违背其意愿之第三人清偿无效。

四、清偿的效果

(一) 有效的清偿被受领的情形

1. 债权人的债权消灭

问题是如何让债务人知晓债权人的债权已经因第三人的清偿而消灭?如果债务人不知晓,他仍有可能会向债权人清偿。这种情形类似于债权转让,故而可以类推适用债权转让中对抗债务人的要件,即由债权人通知债务人第三人清偿的事实(546.1),或者债务人承诺其已经知晓,否则不能对抗债务人,债务人仍可以作有效的清偿。

2. 第三人享有追偿权

至于清偿后第三人是否可以向债务人追偿,无须作特别的规定,依一般法理判断即可。

由于对于他人债务之清偿具有合法利益的第三人的清偿意味着对混合事务的管理,通常会构成无因管理,因此,第三人的追偿权实为必要费用的偿还请求权(121、979.1)。

第三人的清偿,有可能违背债务人的本意及可推知的意思。在此情形,或不成立适法的无因管理,追偿权的实质则为不当得利的返还请求权或者不适法无因管理的追偿权(980)。②

如果第三人基于赠与目的清偿,则无追偿权。

(二) 无效的清偿被受领的情形

在此情形,第三人可以向债权人主张给付型不当得利的返还(122)。

(三) 债务不履行责任

若第三人的清偿不符合债务本旨(构成有效之部分清偿的情形除外),则不构成有

---

① 也有相反观点认为,比较法上的趋势是无须考虑债权人抑或债务人的意愿。参见陆家豪:《民法典第三人清偿代位制度的解释论》,载《华东政法大学学报》2021年第3期,第31—35页。

② 围绕我国法是否承认不适法无因管理的概念以及第980条的含义,学界存在着争议。一种观点认为其中包含了不适法无因管理,代表文献为金可可:《〈民法典〉无因管理规定的解释论方案》,载《法学》2020年第8期,第50—51页;黄薇4,第1562—1563页。另一种观点则认为我国法没有必要承认不适法无因管理,第980条不过是不当得利归责在无因管理中的体现,参见杨鸿雁:《论我国民法典无因管理的规范模式》,载《法商研究》2023年第4期,第164—167页,第172页;吴训祥:《〈民法典〉979条(无因管理的构成要件与管理人的请求权)评注》,载《法学家》2022年第6期,第171—172页。

效的清偿。债务人仍对债权人负担原有之债务,第三人可以向债权人主张不当得利的返还。即便第三人的瑕疵清偿还进一步侵害了债权人的固有利益,也不应当由债务人来承担债务不履行责任,而应当由该第三人对债权人承担侵权责任。这是因为,这种情形下的债务人不具备归责事由。

五、 清偿代位

(一) 制度的含义及目的

清偿代位,是指清偿人因清偿行为而取得债权人的地位,也称作法定的债权转移。

1. 类型

清偿代位主要有两种类型。

(1) 第三人因清偿而代位

对于清偿具有合法利益的第三人因为清偿他人债务而取代债权人的地位(524.2)。

(2) 与债务人共同负担债务之人因清偿自己的债务而代位

与债务人共同负担债务之人,包括不可分债务人、连带债务人(519.2)、保证人(700)、并存的债务承担人(552、519.2)。

2. 代位的效果

代位意味着清偿人对债务人可以主张原债权人的权利,其中除了原债权外,还包括损害赔偿请求权、保全的权利(债权人代位权、债权人撤销权),以及可能的担保地位;①反之,也不得不面对债务人本可对债权人主张的所有抗辩。在清偿人为担保人且还存在其他担保人的情形,还涉及能否以及如何向其他担保人主张担保权利的问题(合同编通则解释30.3)。

不过,清偿人不享有针对合同的解除权,因为解除权来源于作为债权发生原因之合同上的地位。② 同理,清偿人也不应享有法律行为法上有关意思表示的撤销权以及主张意思表示相对无效的权利。

3. 制度目的

之所以设置这样的制度,其根本目的是鼓励第三人的清偿。这样的制度安排既不会损害债权人的利益,因为债权人的债权已经得到实现;也不会损害债务人的利益,因为债务人原本就对债权人负担债务。

(二) 适用范围

问题在于,是否所有的第三人清偿都会发生清偿代位的效果? 现行法仅仅规定了

---

① 王利明(上),第182页认为,第524条所云之"债权转让给第三人"指的是第三人对债务人追偿的权利,不包括对保证人的权利。然而,如此解释不仅会模糊追偿与代位的界限,而且也抹杀了第524条规定"债权转让给第三人"的意义,因为第三人原本就可以依据委托关系或者无因管理、不当得利制度向债务人追偿。

② 我妻,第228页。

对于清偿具有合法利益之第三人清偿时会发生清偿代位(524.2),对于不具有合法利益之第三人的清偿是否也会发生清偿代位的效果则未予规定。

既然清偿代位意味着债权从原债权人处移转至第三人处,那么只要第三人清偿满足了债权转让中对抗债务人的要件,债务人的利益就不会受到损害,就应该发生清偿代位的效果。因此,在解释论上应类推适用债权转让制度,当原债权人就第三人清偿的通知到达债务人时,以及债务人主动向第三人表明其已知第三人清偿之事实时,发生清偿代位(参见日民500)。

(三)追偿权与原债权的差异

代位取得的原债权与追偿权是两个不同的债权。

1. 债的数额可能不同

例 3.1.12

G 对 S 享有 100 万元金钱债权,年利率为 6%,第三人 D 与 S 约定代为清偿的追偿权利率为 8%,迟延利率为 12%。

(1)追偿:106 万元+追偿利息(8%,约定的清偿期内)+迟延利息(12%,若已发生)

(2)代位:100 万元+以 100 万元为本金的约定利息(6%)

2. 诉讼时效不同

例 3.1.13

G 对 S 的债权去年年底到期。

① 对于清偿具有合法利益的第三人 D 于今年的 4 月 1 日替 S 清偿了全部债务。

② 对于清偿具有合法利益的第三人 D 未与 S 协商便于去年 8 月 31 日提前替 S 清偿了全部债务。

③ 对于清偿具有合法利益的第三人 D 在征得 S 的同意后于去年 8 月 31 日提前替 S 清偿了全部债务。

(1)追偿权的诉讼时效起算点

追偿权的诉讼时效原则上自清偿之时起算。在【例 3.1.13】①中,D 对 S 的追偿权的诉讼时效自今年 4 月 1 日起算。

不过,在第三人提前代债务人清偿的情形(【例 3.1.13】②),若追偿权自清偿之时起算,则意味着追偿权自清偿之时即刻到期,这将导致债务人的期限利益被不当剥夺,不甚妥当。因此,在此情形追偿权的诉讼时效应以原债权到期的次日作为起算点,除非债务人同意第三人提前清偿(【例 3.1.13】③)。

(2) 代位权的时效起算点

既然代位的是原债权人的地位,那么代位之债权就应当遵从原债权的诉讼时效。在上例中,若 D 选择代位,其所享有之债权的诉讼时效自来年 1 月 1 日起算。

3. 担保与抗辩

原债权上可能存在着担保;债务人也可能有针对原债权的抗辩。

(1) 第三人主张代位的情形

第三人可以享受原债权上的担保,但也不得不面对原债权上可能存在的抗辩。

(2) 第三人行使追偿权的情形

既然追偿权是一个全新的债权,第三人自然无法享受原债权上的担保;从逻辑上讲,也不用面对债务人原本可以对债权人主张的抗辩。如此一来,债务人的利益会不会受损呢?

例 3.1.14

因为买卖关系,G 对 S 享有 100 万元的价金债权。物上保证人 D 未与 S 核实就代 S 清偿了 100 万元的债务。事后,得知 G 还未向 S 供货。D 能否向 S 追偿?

(a) 无因管理

D 的行为违背了 S 可推知的意思——同时履行抗辩,不属于适法的无因管理,因此 D 只能在 S "获得的利益范围内"主张必要费用(980)。

(b) 不当得利

从形式上看,D 的行为导致求偿型不当得利的发生,但如果允许 D 主张不当得利的返还,将使得 S 的利益受损——S 本享有抗辩权。为此,应类推适用债权转让中有关抗辩权的规则(548)。① 在 G 通知 S 有第三人清偿之事实前 S 享有对 G 的抗辩可以对第三人 D 主张。

4. 归结

第三人主张的究竟是原债权还是追偿权,有时未必明确。此时,法官有义务释明。若该第三人仍不选择,则构成诉讼请求不具体(民事诉讼法 122.0.3)。

(四) 追偿权与代位之原债权的关系

既然确立清偿人代位的目的是确保追偿权的实现,那么追偿权与原债权处于主从竞合关系,追偿权为主,原债权为从。主从竞合的含义如下:

第一,所代位之原债权的数额以追偿权数额为上限。

---

① 黄茂荣:《债法通则之四 无因管理与不当得利》,厦门大学出版社 2014 年版,第 111 页。

第二，无追偿权则无代位。

在第三人基于赠与目的而为清偿的情形，以及第三人放弃追偿权等情形，第三人不能代位债权人。

第三，破产程序中的例外。

不过，在债务人进入破产程序后，如果追偿权的行使受到限制，而原债权中存在可以优先实现之权利（担保物权、优先权）的，则应例外地允许第三人行使原债权。①

例 3.1.15

G 对 S 享有 100 万元的债权，S 为该债权提供了抵押担保。对于清偿具有合法利益的 D 代 S 清偿了债务后不久，S 进入了破产程序。

由于债务人进入了破产程序，D 的追偿权行使受到限制。此时如果仍坚持追偿权与所代位之原债权之间的主从竞合关系定性，就会得出所代位之原债权的行使也会受到限制的结论。这样的结果很可能出乎清偿人的意料。为此，应例外地允许该第三人突破主从竞合的限制，就在原本之追偿权的范围内获得优先受偿（企业破产法 109、同法 113.1）。

第四，原债权的诉讼时效中断和中止。

原债权的诉讼时效发生中断或者中止时，追偿权的诉讼时效是否也同时中断或者中止？关于这个问题，存在着争议。至少在第三人的权利主张可以被判定为既是在主张原债权也是在主张追偿权的情形，可以认为原债权和追偿权的诉讼时效同时中断。

（五）第三人部分清偿

例 3.1.16

G 对 S 享有 100 万元债权。
① 对于清偿具有合法利益的 D 代替 S 清偿了 60 万元。
② B 为保证人。对于清偿具有合法利益的 D 代替 S 清偿了 60 万元。
③ T 为物上保证人。对于清偿具有合法利益的 D 代替 S 清偿了 60 万元。

对于清偿具有合法利益的第三人仅作部分清偿时，原债权人的债权还会残存。此时，第三人所代位的部分原债权、其追偿权与原债权人的残存债权是何种关系？

1. 代位之部分债权与残存债权的关系

清偿代位制度的目的仅是担保第三人的追偿权，但不能有害于原债权人的利益。司法解释采取的便是这一立场（合同编通则解释 30.2）。在把握代位之债权

---

① 最高裁判所平成二十三年（2011 年）11 月 22 日判决，最高裁判所民事判例集 65 卷 8 号 3165 页。

与残存债权关系时,需要贯彻这一立场。

(1) 原债权上存在担保物权的情形

在原债权上存在担保物权的情形【例 3.1.16】③,第三人因代位而与残存债权人共享担保物权,构成准共有关系(310)。在此情形,残存债权人的利益可能会在两个环节受到影响。

(a) 担保物权的行使环节

首先,如果将残存债权人与代位人在担保物权上的关系理解为准共有关系,则由于任一准共有人均可单独实现担保物权,将导致原债权人丧失对担保物变现时机的控制,这将有可能导致担保物变现金额减少。为此,需要特别的机制,才能确保不损害原债权人的利益。日本法的制度设计(日民 502.1、502.2)值得借鉴:残存债权人可以单独启动担保物权的实现程序;代位人仅在获得残存债权人同意后方可按照所清偿之价额与原债权人共同行使其权利。

(b) 债权的实现环节

既然是准共有关系,那么对于变价担保财产所获得之价金,残存债权人应当与代位人按照比例各自受偿。在此情形,残存债权人的利益其实并未受到损害。比较未有第三人清偿从而债权人单独从担保财产的变价中受偿的情形与第三人部分清偿后与残存债权人按比例受偿的情形,不难发现,对于债权人来说,在第三人部分清偿的情形毕竟债权在实现担保权之前已经部分地"落袋为安",其最终的受偿额不会低于无第三人清偿的情形。因此,本书不赞同日本法那种令残存债权人优先于代位人受偿的过度保护立场(日民 502.3),主张应该回归准共有关系应有的归结,即双方按照债权比例受偿。

(2) 原债权上不存在担保物权的情形

在原债权上不存在担保的情形【例 3.1.16】①以及原债权上仅存在保证的情形【例 3.1.16】②,尽管债务人和保证人的责任财产处于变动之中,但这是残存债权人原本就该面对的风险,因此残存债权人的利益通常并不会受到不利影响,不会发生损害债权人利益的危险。故而只需将第三人所代位之债权与残存债权之间的关系看作平等的债权关系即可。

不过,在合同之债的情形,如果残存债权人因债务人的债务不履行而解除合同,则债务人可以向代位人返还所受领之对待给付,则会损害到残存债权人的利益。为此,应认为此时债务人只能向残存债权人返还(日民 502.4)。

2. 追偿权与原债权人残存债权的关系

第三人的追偿权与债权人的残存债权是毫不相干的两个债权,彼此间应遵从债权平等的原则,相互竞争。债权人仅在残存债权上存在着担保物权或者为优先权的情形享有优先受偿的地位。

第 5 节 清偿受领人

一、清偿的受领人

(一) 原则
1. 债权人
2. 被赋予清偿受领权限的人
   (1) 从债权人处获得受领权限或讨债权限的人
       主要是代理人①、遗嘱执行人(1145、1147.0.4)等,也可以是被债权人单纯赋予了受领权限之人。
   (2) 法定的受领权限人
       主要包括失踪人的财产代管人(43.2)、法定代理人、破产财团管理人(企业破产法 25.1.6)、遗产管理人(1147.0.4)。

(二) 例外——即使对债权人清偿也不发生清偿效果的情形
1. 债权被冻结的情形
    债权被冻结的法律效果是:债权人不再享有处分债权的权限;债务人不得向债权人清偿,被冻结后的清偿不能对抗冻结权人。
2. 债权被质押的情形
    清偿不能对抗质权人。
3. 债权人被宣告破产
    一旦进入破产程序,债务人应向管理人清偿债务(企业破产法 17)。

(三) 向无受领权限人的清偿

> **例 3.1.17**
> S 对 G 负担 1 万元的债务,S 却向毫不相干的第三人 D 清偿了 1 万元。

---

① 意定代理的代理人未必都拥有清偿和受领的权限,只能通过对授权行为的解释来判断。

1. 原则

此时不发生清偿的效力,债权人对债务人的债权不受影响。对于已清偿的给付,清偿人只能向无权限的受领人主张不当得利的返还。

2. 例外

> **例 3.1.18**
>
> D 在 G 家看到一个精美的古瓷器(价值 10 万元),爱不释手,再三央求后,G 勉强同意借给 D 观赏几天。其间,S 拜访 D,在观赏该瓷器时不小心将其打碎。D 要求 S 赔偿,S 便向 D 作了赔偿。拿到钱后,D 便下落不明。于是,G 向 S 索赔。S 可否拒绝?

S 因为过失毁损了 G 的所有物,构成侵权行为,从而对 G 负担损害赔偿的债务。但因为毁损时该财产在 D 的占有之下,故而 S 有理由相信其毁损的是 D 所有之物,从而使得 D 具有了债权人的虚假外观。为了保护债务人的正当信赖,在一定的要件之下,债务人向无受领权限人所作的清偿,将导致债务消灭。关于这一例外,下文详细讲述。

二、债权的表见受领

(一) 含义和理由

1. 含义

向本不是债权人、却具有债权人之外观的人清偿,如果清偿人善意无过失,则该无权限之人受领之时,债务人对债权人的债务归于消灭。

2. 理由

这一现象与表见代理非常相似,背后由同一法理支撑。因此,其实定法依据是对表见代理规则的类推适用。[①]

(二) 要件

1. 受领人呈现出有受领权限的虚假外观

这里的受领人不限于第三人,还包括没有受领权限的债权人本人。

2. 清偿人"有理由相信"受领人具有受领权限

"有理由相信"自然包含清偿人的善意无过失,因为要使真正的债权人承受不利益,清偿人的信赖就必须是正当的。

---

① 孙新宽:《债权表见受领的制度构成》,载《法学》2022 年第 3 期,第 102—103 页。

> **例 3.1.19**
>
> S 对 D 负担一笔金钱债务。D 死亡后,其子 d 单独继承,于是从 S 那里收回了债权。后经公安机关的侦查发现,D 是被 d 杀害的。于是,D 的弟弟 G 认为自己才是真正的继承人,要求 S 向其清偿。

在【例 3.1.19】中,可以认为 S 在向 d 清偿时是善意无过失的,但真正的债权人 G 对于 d 的虚假外观的形成和维持并无归责事由。要构成债权的表见受领,是否还需要债权人的归责事由呢?同样的问题,在表见代理领域一直存在着争议。

在本书看来,支撑表见代理和债权表见受领的,都是以本人或者债权人的归责事由为必要的表见法理。理由在于,仅相对人或者清偿人的信赖,不足以为本人或者债权人承受的不利益提供正当化的依据,还需要令本人或者债权人承受不利益有不得已的理由,即在虚假外观的形成或者维持上存在归责事由。

(三) 效果

1. 债务人对债权人的债务消灭
2. 债权人的救济

   债权人只能对表见受领人主张债权被侵害的损害赔偿,或者不当得利的返还。
3. 清偿人能否请求表见受领人返还?

   清偿人向无受领权限之人所作的清偿,构成非债之清偿。所谓非债之清偿,是指没有债务的人向他人清偿不存在的债务。非债之清偿原则上构成不当得利,清偿人可以请求受领人返还,除非清偿人明知自己不负有债务而作出清偿。问题是在债权表见受领的情形,清偿人能否向表见受领人主张不当得利的返还呢?对此,有两种可能的立场:

   (1) 否定说

   既然构成有效的清偿,且债务因清偿行为而消灭,那么不成立不当得利。

   (2) 肯定说

   债权的表见受领旨在保护债务人,债务人可以放弃这样的保护。

(四) 银行卡的盗刷[①]

1. 银行存款的法律属性

   储户在银行的存款,并非其所有物,在法律属性上其实是储户对银行的债权。人们之所以会将存款与自己所有的动产、不动产等量齐观,是因为银行的特殊性。第一,银行的信用极高;第二,银行有义务保障储户的存取自由(商业银行法 29.1),而且实践中银行往往也能保障储户的存取自由。

[①] 解亘:《隐藏在银行卡盗刷纠纷背后的法理》,载周江洪、陆青、章程主编:《民法判例百选》,法律出版社 2020 年版,第 356—360 页。

2. 银行的交易记录(流水)的法律属性

银行保留的交易记录,不过是其单方面设置的记账簿,完全有可能记错,所指示的未必是真实的存款债权数额。

3. 盗刷纠纷背后的法理

(1) 定性

既然存款只是银行对储户负担的债务,那么银行卡被盗刷就意味着作为债务人的银行错向无受领权限之第三人(盗刷人)作了清偿。

(2) 盗刷的法律效果——原则

既然是向无受领权限之人所作的清偿,原则上不构成有效的清偿,储户的存款债权不受影响。因银行违反了其依据账户管理合同负担的正确记账义务,储户可依《银行卡纠纷规定》第 7 条第 1 款请求银行采取恢复原状之措施,亦即冲正银行账户上的错误本息。同时,储户还可请求银行赔偿其因错误记账而未能支取金钱所产生的可得利益损失。① 仅在满足债权表见受领之全部要件的例外情形,银行对储户的债务才归于消灭。在这个环节,结果只能是全有或全无,即要么存款债权依然存在,要么存款债权消灭,不会存在双方按照比例分担损失的可能。

(3) 盗刷的法律效果——例外

要构成债权的表见受领,必须满足债权表见受领的全部要件。

(a) 银行在清偿时的主观状态

因为 ATM 机几乎不会犯错,所以在盗刷的那一刻,银行一定是善意无过失的。对于盗刷,司法解释的立场是:"发生伪卡盗刷交易或者网络盗刷交易,借记卡持卡人基于借记卡合同法律关系请求发卡行支付被盗刷存款本息并赔偿损失的,人民法院依法予以支持。"(银行卡纠纷规定 7.1)其中暗含了未能识别伪卡构成银行之过错的前提。然而,要求 ATM 具备识别伪卡的功能是不切实际的。

(b) 储户的归责事由

可见,在判断是否构成债权的表见受领时,唯一需要考察的要件是储户的归责事由。

(甲) 银行一方的其他不当

实践中争议的焦点往往不是储户的归责事由,而是银行在其他环节是否存在不当。然而,银行在非清偿环节的不当并非债权表见受领的要件事实。这一事实实际上是用来间接证明作为债权人的储户对于虚假外观的形成、维持是否具有归责事由的。如果银行在其他环节的不当较为严重,或许可以评价为储户没有归责事由,从而否定债权表见受领的成立。例如,"发卡行在与

---

① 凌超羿:《伪卡盗刷的责任分配研究——以法释〔2021〕10 号第 7 条为基础》,载《南大法学》2024 年第 6 期,第 75—91 页。

持卡人订立银行卡合同或者新增网络支付业务时,未完全告知某一网络支付业务持卡人身份识别方式、交易验证方式、交易规则等足以影响持卡人决定是否使用该功能的内容,致使持卡人没有全面准确理解该功能"的,盗刷的损失由发卡人负担(银行卡纠纷规定 9.1 正),就可以在这个脉络上理解。

(乙)举证责任的分配

真正的难题,是如何分配储户归责事由这一要件的举证责任。司法解释的表述隐含了由银行负担举证责任的立场(银行卡纠纷规定 7.3)。实际上,无论是令银行证明储户在密码管理上存在不当,还是令储户来证明银行在安全环节存在不当,都力有未逮。

4. 储户的最佳救济策略

在现行《民事诉讼法》未明确承认诉的预备合并的前提下,储户或许需要分两步走:

(1)确认之诉

首先,应以银行为被告提起确认之诉,确认存款债权,而非损害赔偿之诉。这是因为,若主张损害赔偿,就意味着储户自己已经承认债权消灭了。

(2)给付之诉——损害赔偿

在败诉的情形,储户还可以再根据储蓄合同追究银行在其他环节的违约责任。这时,就有可能出现双方最终按照一定比例分担损失的结果。

这样的操作需要两次诉讼,非常不经济。最好的应对方法是,在提起确认之诉时,附加一个预备的诉请——违约或者侵权的损害赔偿之诉。如此便可在一次诉讼中彻底解决纷争。所幸,最高人民法院已有裁判例认可了诉的预备合并。[①]

第 6 节 清偿的提供

一、清偿提供的意义

除不作为之债以及少数无需受领之债外,在大部分债务的履行过程中,都需要债务人的清偿提供行为和债权人的协助行为相互配合,才能最终实现给付的结果。但如果债务人按照债务的本旨积极实施给付行为,但债权人因各种原因未予以配合,这时由于

---

① 甘肃省国营八一农场与金昌水泥(集团)有限责任公司等股东利益纠纷案,最高人民法院(2019)最高法民再 152 号裁定书。

给付的结果没有实现,债务人就有可能被债权人追究债务不履行的责任。为此,有必要建立一套制度来保护按照债务本旨提供清偿的债务人。这样的制度便是清偿的提供。

所谓清偿的提供,也作"履行的提供""给付的提出",是指对于需要债权人受领或者其他行为的债务,债务人完成了其应完成的给付行为,达到如下的状态:只需要债权人受领便可使得债权债务归于消灭;或只需要债权人实施相应的其他行为,债务人便可继续推进具体的给付行为。债权人的其他行为,既可以是受领之外的协助行为,也可以是债权人就对待给付所为之清偿行为。

> **例 3.1.20**
>
> 顾客 G 与裁缝 S 之间订有订制服装的承揽合同。双方约定:S 完成图样设计后先交 G 确认,经确认后再加工,完成后 S 通知 G 来验收并领取。

S 完成图样交给 G 时就完成了清偿的提供,需要 G 的行为——确认。只不过这时 G 的确认并非受领,并不会导致债的消灭。服装加工完成后通知 G 时,再次完成清偿的提供。这时 G 的验收和领取构成受领,债之关系归于消灭。

二、清偿提供的效果

如下文述,围绕清偿提供与受领迟延是否为两个制度存在着争议,为此,究竟孰为清偿提供的效果,孰为受领迟延的效果,并无定论。但本书主张,尽管清偿提供与受领迟延在绝大多数场合是一体的,但既然不排除两者之间存在时间差的可能(本章第 7 节一(四)),就应当承认彼此间的独立性。因此,清偿提供有其固有的效果。

在本书看来,清偿提供固有的效果为债务不履行的不构成。

(一)不构成债务不履行

既然债务人按照债务本旨实施了给付行为,便不会构成债务不履行。
1. 债务人不承担债务不履行责任——主要是损害赔偿责任;
2. 债权人无权解除;
3. 债权人不能实现担保权。

(二)构成受领迟延的前提

在清偿提供与受领迟延之间存在时间差的情形,唯有债务人作清偿提供,债权人才有可能陷入受领迟延。

三、清偿提供的方法

(一)现实提供

为了清偿债务,债务人原则上应按照债务的本旨完成无须债权人帮助就可以完成的一切事项。既然是按照债务本旨提供,就意味着清偿的场所、时期、内容、数量均要与债务本旨相吻合。

1. 有体物的交付

   (1) 实物的提供

   原则上应提供实物,除非依约定或者交易惯例可以提供仓单、提单。

   (2) 标的物的同一性

   如果提供的与合同约定的标的物不同,不能算作按照本旨作了提供。

例 3.1.21

S 对 G 负担交付某不动产的义务。债务发生时刻为 2019 年 1 月 1 日,约定的交付日为 2020 年 1 月 1 日。S 于 2022 年 1 月 1 日移交该房屋。G 发现该不动产的墙面发生了一定程度的剥落。S 所提供的标的物满足同一性要求吗?

① 假定剥落发生在 2019 年某个时间段

② 假定剥落发生在 2020 年某个时间段

(a) 恶化源于特定物之自然属性的情形

在【例 3.1.21】①中,如果墙面的剥落纯粹是因为墙面涂料的老化,则恶化后的特定物仍具有同一性。

(b) 恶化并非源于特定物的自然属性的情形

若履行期到来前的状态恶化可归因于债务人或者第三人的原因,则不构成清偿的提供。若在履行迟延后标的物发生性状的恶化,则构成债务不履行(【例 3.1.21】②),除非债务人能证明即便不迟延也会恶化。

2. 部分清偿

对于可分的给付,例如金钱及种类物的交付、劳务的提供等,债务人可否作部分的清偿?其法律效果如何?

(1) 原则

部分清偿不符合债之本旨,不构成有效的清偿,债权人可以拒绝(531.1 正)。

(2) 例外

在下列例外情形,部分清偿构成有效的清偿。若被受领,则债务部分消灭。若债权人拒绝受领,将构成受领迟延。

(a) 部分的清偿不损害债权人利益的情形(531.1 但)

如果部分清偿仅仅导致债权人相关费用的增加,例如分次受领导致的费用增加,不属于损害债权人利益的情形。这是因为,第 531 条第 2 款规定,债务人应负担债权人一方增加的费用。

(b) 些微的不足

　　　　依诚信原则,如果给付的标的有些微不足,可视为足额的清偿提供。
　(3) 明显的超额提供

　　　　超额提供原则上构成有效的清偿提供,但超额提供会给债权人带来不利益时除外。

> **例 3.1.22**
>
> 　　G 请求 S 支付其租赁 α 土地的租金,S 却主张说还租赁了 β 土地,一下子提供了两片土地的租金,并声称:如果 G 不全额收下其将不支付 α 土地的租金。

　　考虑到如果超额受领会被认为承认了 β 土地的租赁关系,日本最高法院判定 S 的超额支付不构成有效的清偿提供。①

(二) 言辞(口头)提供

　　如果债权人事先已经拒绝受领或者债务的履行需要债权人的行为配合,那么债务人就没有必要作现实的提供,他只需要完成清偿的准备,并通知债权人,催告其受领(德民295、日民493但)。尽管我国法未予规定,但理应采纳上述方案。

> **例 3.1.23**
>
> 　　G 与 S 签订了二手房买卖合同后不久,房价剧烈上涨,出卖人 G 对 S 表示需要涨价。约定付款过户的当天,G 的态度依然强硬。于是,S 仅仅通过中介向 G 表达了愿意按照原来的约定支付价款的意愿,而没有前往房地产交易大厅。问 S 是否完成了清偿的提供?

　　言辞提供的要件之一,是债务人做好了清偿的准备。在【例 3.1.23】中,债务人仅仅表达了愿意按照合同约定付款的意愿,并不足够,还需要证明当天自己已经完成了清偿的准备——手中有足够可以支配的资金。

(三) 无须提供

　　比较法上还存在无须提供的特殊制度。

　1. 德国法的立场

　　　德国法规定了两种完全无须提供的情形:(1) 对债权人应予之协作行为是按日历确定时间的情形;(2) 某一事件须发生在债权人的协作行为之前,且实施协作行为的适当时间是以自事件发生时起按日历计算的方式确定的情形(德民296)。在这两种情形,债务人连言辞提供都不需要,只要时间经过,将直接发生清偿提供

---

① 最高裁判所昭和三十一年(1956年)11月27日民集判决,最高裁判所民事判例集10卷11号1480页。

的效果。

2. 日本法的立场

日本的判例则认为,如果债权人不受领的意思明确(例如不承认合同的存在),则言辞提供也无须作出。① 不过,即便是在此情形,若债务人的经济状态不足以完成清偿的准备,则仍不构成清偿的提供。

(四) 清偿的提供与种类之债特定的关系

1. 与之债的情形

种类之债的特定即意味着现实的清偿提供,此时两者的要件和效果完全重叠。但反过来,在清偿的提供中适用言辞提供的情形,只需要债务人做好分离的准备并通知债权人,此刻尚未发生种类之债的特定。此外,在无须提供的情形,更谈不上种类之债的特定。

2. 为之债的情形

在为之债的情形,依然可以作清偿的提供,但却不存在种类物特定的问题。

【思考题】

房屋买卖中买卖双方如何完成清偿的提供?

第7节 受领迟延②

一、概述

(一) 债之关系的消灭与受领的关系

债务的履行通常需要债权人的受领才能最终导致债之关系的消灭。当然,也存在债务的履行无需受领的情形,最为典型的,便是不作为债务的履行。此外,在为之债中会存在无需受领的情形,例如特定事务的处理债务。

---

① 最高裁判所昭和三十二年(1957年)6月5日民集大法廷判决,最高裁判所民事判例集11卷6号915页。
② 参见齐晓琨:《解读德国〈民法典〉中的债权人迟延制度》,载《南京大学学报(哲学·人文科学·社会科学)》2010年第2期,第134—147页。

对于需要受领的债务,如果债权人不受领,债权债务原则上便不会消灭。① 为此,需要探讨债权人受领的前提,以及不受领的法律后果。

(二) 受领与接受或领取

对于给付的接受,《民法典》使用了"受领""接受"和"领取"三种表述。

受领(Annahme)与接受或领取(Abnahme)是不同层次的概念。受领是指为导致债务人的给付完成所必要的债权人协助。② 而接受或者领取则是受领的具体样态。《民法典》在表述上未作严格的区分,带有一定的随意性。其中,合同编第一分编中的"受领"具有抽象性,属于前者;而合同编第二分编中的"受领"则属于后者。

正因为如此,债权人接受债务人提供之给付,并不必然发生受领之效果。对给付的接受本身并不意味着债权人认可了所接受之给付符合债务本旨。如果债务人所提供之给付不符合债务本旨,双方间的债之关系并不会消灭。

【深化】 协助义务是附随义务吗?

关键看是谁协助谁。如果是债务人协助债权人,协助属于附随义务,违反协助义务将构成债务不履行。反之,如果是债权人协助债务人,则协助不再属于附随义务,因为附随义务也是真正义务,而这种情形下的协助则属于不真正义务。

(三) 受领迟延的含义

顾名思义,受领迟延指债务人按照债务本旨作了清偿的提供,但债权人却不受领的状态,也称为债权人迟延。这种不受领的状态,既可以债权人的不作为呈现,也可以债权人的作为呈现。后者中的典型情况,是合同之债中的一方当事人尽管没有解除权却作出了解除合同的意思表示。这种不当解除,其实是前文讲述的清偿提供中涉及的债权人事前拒绝受领(本章第6节三(二))的一种情形。

【深化】 合同的不当解除

在双务合同关系中,有时没有法定解除权的一方会单方面作出不当解除的行为,自然不会发生合同被解除的效果。不过,不当解除中既包含了不受领对方给付的意思,也

---

① 例外情形下,债权人不受领债务也会消灭。例如,某些需要在特定时间受领的劳务给付,债务人按照债务本旨提供清偿之后,其对不受领之债权人的债务归于消灭,例如特定时间电影院放映电影的债务。这是因为,特定时间段的劳务无法储存,一旦时间经过,便陷入履行不能。至于对待给付,由于受领迟延将导致对价风险转移,债务人仍可向债权人主张。

② 我妻,第209—210页。

包含了不再履行己方债务的意思。这样的行为究竟构成债务不履行——期前拒绝或履行迟延,还是受领迟延,抑或同时构成两者?

由于受领迟延和债务不履行分别针对的是对待给付和己方的给付,从理论上讲两者互不干扰,分别判断即可。这就意味着:单纯的不当解除导致不当解除方就己方的给付构成债务不履行——期前拒绝或履行迟延,除非其已经清偿完毕;而在相对人完成清偿的言辞提供之时,不当解除方就对待给付陷入受领迟延。不过,由于双务合同中给付和对待给付原则上处于同时履行抗辩关系,而受领迟延并不会发生同时履行抗辩权消灭的效果(参见本节四(六)),因此这种情形下不当解除方不会陷入债务不履行的状态。同理,如果享有先履行抗辩权的一方不当解除合同,也不会发生债务不履行——期前拒绝。此外,在雇佣、劳务乃至劳动合同关系中,雇主、劳务权利人以及用人单位的不当解除合同行为会导致己方对对待给付的受领迟延,并由于特定期间的劳务无法储存且劳务又无法通过提存方式来实现,导致相对方后续的给付不能。不过,由于这里并不存在不当解除方的债务不履行,因而不当解除方仅需承担受领迟延的效果和对待给付风险,但无须承担债务不履行责任。

(四) 受领迟延制度与清偿提供制度的关系

1. 一体两面说

若仅从现象上看,一旦债务人作出清偿的提供,只有两种结果:要么给付被受领,要么债权人受领迟延。在前者的情形,债务消灭,不存在适用清偿的提供与受领迟延相关制度的余地;在后者的情形,清偿的提供本身就意味着受领迟延,两者是一体两面的关系。也正因为如此,哪些是清偿提供的效果,哪些是受领迟延的效果,似乎并无必要区分。甚至清偿的提供是否值得作为一项独立的制度,都受到质疑。

2. 彼此独立说

有观点认为清偿的提供与受领迟延的制度各自有不同的目的:清偿提供制度的目的是为按照债务本旨提供给付的债务人提供防御手段;而受领迟延制度的目的,则是为债务人提供攻击手段。为此,需要区分两者的法律效果。[①]

3. 本书的立场

我国实定法的规定可以印证彼此独立说的立场。我国法并未将受领迟延规定为债务不履行(违约)责任(577)和法定解除(563.1)的消极要件。这表明要免于履行迟延的债务不履行责任,仅需债务人按照债务本旨完成清偿提供,在这个环节尚不涉及债权人的受领迟延。

此外,尽管在绝大多数情形清偿提供与受领迟延一体两面,但不能排除极端的

[①] 平井,176页;潮见Ⅱ,38—39页。

例外情形。

> **例 3.1.24**
>
> 债权人 G 与债务人 S 约定，S 应在下午 3 点前将保存着秘密信息的 U 盘放置到村口老槐树下，G 在 4 点至 5 点之间来取。S 于下午 3 点整将保存着约定信息的 U 盘放到了老槐树下。

在【例 3.1.24】中，从清偿提供到债权人受领中间存在时间差。在下午 3 点债务人 S 完成清偿提供之时，并未发生债权人 G 的受领迟延。这种情形下就更有必要承认清偿提供与受领迟延的彼此独立。

二、受领的法律属性

（一）原则

围绕债权人是否有受领的义务，存在争论。如果有受领的义务，那么受领迟延则将同时构成履行迟延，债权人需要承担相应的债务不履行责任——损害赔偿、解除等。从受领迟延的法律效果（参见本节四）看，尽管受领迟延会给债权人带来种种不利益，但债权人并不负担债务不履行责任。因此，受领不是债权人的义务，仅仅是不真正义务。

（二）例外

1. 基于合意的修正

尽管从对实定法的解释可以得出受领是不真正义务的结论，但当事人完全可以作出不同的约定，将受领约定为真正义务。

2. 特殊类型的债务

尽管受领是不真正义务，但并不妨碍在特殊的债务类型中承认债权人负担有接受、领取的真正义务。德国法就规定了如下几种特殊情形：

（1）买受人、定作人的领取义务

> **例 3.1.25**
>
> 购房人 G 与房地产开发商 S 之间存在商品房买卖合同。工程竣工后 S 通知 G 收房。看到小区的景观尚未完工，G 拒绝收房。S 催告后 G 依然拒绝收房。于是，S 向 G 发出了解除合同的通知。合同解除了吗？

如果买卖合同买受人 G 不负担领取标的物的真正义务，则其拒收不构成债务不履行，债务人 S 自然无权解除。

(a) 德国法的立场

依德国法,买卖关系中买受人、承揽关系中的定作人负有领取出卖物、验收定作物的义务(德民433.2、640.1S1)。这就意味着,在德国法上买卖关系中买受人、承揽关系中的定作人有领取的真正义务。其理由在于:应该确保出卖人在任何时候都能摆脱保管、照料标的物的负担以及涉及所有权的公共性负担(例如税负)。

(b) 本书的立场

出卖人负担的债务是与之债的债务典型,如果买受人负担领取的义务,会有大量的与之债准用此规则,其结果将在相当程度上颠覆受领是不真正义务的大原则,兹事体大。在本书看来,德国法的上述理由并不充分。即便不规定买受人的领取义务,出卖人依然可以通过提存摆脱保管、照料标的物的负担以及涉及所有权的公共性负担。至于增加的履行费用,也完全可以通过受领迟延制度来应对。2017年日本在修改民法(债权关系)时,就没有采纳德国法的立场。当然,实定法的规定并不妨碍判例承认在个别情形可以基于诚信原则例外地认可买受人的领取义务。①

(2) 承租人对租赁物的领取和利用

例 3.1.26

房客G与房东S订立了房屋租赁合同,租期为10年。合同约定的租期开始后,G迟迟不来领取钥匙;或者租赁一段时间后G擅自搬离了租赁场所,并将钥匙寄回给出租人。S能够主张剩余租期的租金吗?S能够将房屋出租给他人吗?S能够自己使用该房屋吗?

(a) 租赁债务的特殊性

只要租赁合同没有被解除,出租人就有义务一直提供,哪怕承租人不受领。这将导致出租人既不能再出租给他人也不能自用,还不能要求承租人支付租金,非常不合理。

(b) 应对方案

应对方案有两种②:

(甲) 方案一

将承租人的领取、利用规定为真正义务。

---

① 最高裁判所昭和四十六(1971年)12月16日判决,最高裁判所民事判例集25卷9号1472页。中田,239—240页。

② 司法实践中多适用所谓违约方解除权制度(580.2)来处理此类纠纷。然而,承租人放弃对租赁物的占有本身并不构成违约,而属于受领迟延。因此,其不支付未实际租赁期间的租金并不当然构成违约。

(乙) 方案二

维持领取、利用不真正义务之立场，同时设置特殊规则：如果不领取和使用是由承租人自身的原因造成的，承租人仍应支付租金（德民 537.1），扣减出租人因此节省的开支以及将租赁物另作他用而取得的租金的价额；如果在此期间出租人又将租赁物租给他人而不能确保承租人的使用，则承租人不负担支付租金的义务（德民 537.2）。

(3) 雇佣和劳务合同

> **例 3.1.27**
> 大学生 S 为学生 G 担任家教。某日，S 按照约定的时间来到 G 的家门口，G 却不在家。

在【例 3.1.27】中，由于未受领 S 的劳务，G 自然不用支付对价；而接受劳务属于不真正义务，因此 G 不受领并未构成债务不履行，其只需承担额外的费用——白跑一趟的交通费。这将导致 S 的时间被浪费。为此，雇员、劳务义务人因债权人受领迟延而未提供劳务的，仍可以主张报酬，而无须事后重新提供劳务（德民 615 正、台"民"487 正）。即并未将领取规定为雇主、劳务权利人的真正义务，但赋予了雇员、劳务义务人报酬请求权。其理由在于，雇员、劳务义务人在约定期间的劳务无法储存。不过，在计算报酬时应当扣减转向他处提供劳务之所得或故意怠于取得之利益（德民 615 但、台"民"487 但）。

我国法未将雇佣合同、劳务合同作为有名合同加以规定，导致了相对于清偿提供和受领迟延之一般法律效果的特别法规范的缺失。不过，从现行法上至少可以推导出德国民法以及我国台湾地区"民法"前述规定之正文部分：既然受领迟延（或清偿的提供）导致对价风险转移，即从作为大原则的由债务人负担转为由债权人负担，而作为债务人的雇员、劳务义务人于被不当解雇后的给付——劳务又因为无法储存的原因而陷入不能，为此作为债权人之雇主、劳务权利人仍须负担支付报酬的义务。不过，司法实践的做法并不统一，较为主流的做法是认可一个低于劳务权利人工资的数额。① 对此，有观点认为这种立场的实定法依据是减损规则（591）。② 然而，不当解除劳务合同导致用工单位的受领迟延，此时用工单位并未陷入债务不履行状态，而减损规则是确定债务不履行或者违约损害赔偿额时才会适用的规范，故而于此无适用的余地。这类判决应径直看作对实定法的续造。

---

① 严立：《劳动合同中的减损义务——以违法解雇中的中间收入扣除为中心》，载《华东政法大学学报》2023 年第 5 期，第 135—136 页。
② 同上文，第 139—141 页。

【深化】 不当解雇情形的中间收入扣减

> **例 3.1.28**
>
> 雇主G不当解除了雇佣合同。受雇人S不服,启动救济程序。经过为期1年的维权,生效判决书判定G无权解除雇佣关系。于是,S向G主张过去1年期间的工资。G则提出抗辩:应当扣减过去1年里S在别处服务所获得的报酬。可否?

照理,在债权人事前拒绝受领的情形,继续性合同的债务人要想令债权人陷入受领迟延的状态,需要持续不断地保持自身随时可以作清偿提供的状态。这期间若债务人到他处服劳务,则不再满足这一要求,将导致债权人不再陷入受领迟延的状态。然而,这一结论过于极端,为此德国法采取了折中立场:"义务人因不服劳务所减省费用,或转向他处服劳务所取得或恶意不为取得之价额,应扣除之。"(德民615S2)依德国法的立场,在【例 3.1.28】中,S虽然可以主张报酬,但其在他处服劳务的收入应当予以扣减。

若将【例 3.1.28】中的雇佣关系改为劳动关系,又将如何呢?比较法上多数国家的判例坚持扣减的立场,并不特别优待劳动者;但也有个别国家的判例出于保护劳动者的政策判断,确立了不扣减劳动者于违法解雇期间之劳动所得的立场。①

三、受领迟延的要件

(一) 债务人完成了清偿的提供

1. 履行具有可能性

履行可能是清偿提供的前提。如果债务已经陷入履行不能的状态,则不再是受领迟延的问题,而应按照履行不能来处理。关于这一点,在履行不能和不能受领的客观状态同时发生的情形容易发生争议。

> **例 3.1.29**
>
> 买卖海鲜的双方约定在买方的仓库交货。履行期到来的当天,突如其来的地震不仅导致买受人G的仓库坍塌,而且出卖人S的仓库里的海鲜也因海啸而全部被冲走。

(1) 若按照履行不能应对

既然履行不能,又不可归责于债权人,因此对价风险由债务人S负担。

---

① 严立:《劳动合同中的减损义务——以违法解雇中的中间收入扣除为中心》,载《华东政法大学学报》2023年第5期,第139—141页。

（2）若按照受领迟延应对

对价风险由债权人 G 负担。

（3）本书的立场

在逻辑上此时不存在竞合的可能性。这是因为,受领迟延的前提是债务人按照债务本旨提出给付。在上述情形,债务人因不可抗力陷入"不能履行"的状态,并未完成给付的提出,因而不可能同时又满足受领迟延的要件。因此,在【例 3.1.29】中,仅仅发生履行不能,而未发生受领迟延。

2. 债务人按照债务本旨提供了给付

需要注意的是,尽管在债务人提出的给付不符合债务本旨时,债权人拒绝接受或者领取不会构成受领迟延,但却有可能构成对减损义务这一不真正义务的违反,从而不能就扩大的损失请求赔偿(591.2)。

（二）债权人不受领

1. 归责事由

《民法典》上对于拒绝受领均以"无正当理由"作为其限定语(570.1.1、589.1、837、957),为此有观点认为,不可抗力构成正当理由。① 然而,这样的限定语是多余的,受领迟延不以债权人的归责事由为必要,有正当理由的拒绝受领依然构成受领迟延。不能因为债权人没有归责事由就令债务人陷入履行迟延、增加履行费用、继续承担对价风险。这是因为,受领迟延不同于债务不履行,前者所产生的不利益远小于后者,并不需要归责事由作为正当化的依据。

2. 类型

受领迟延包括拒绝受领、不能受领两种形态。既然受领迟延的成立不以债权人的归责事由为必要,因此这种分类仅仅是对现象的表述,并不具有规范意义。

四、受领迟延的效果

关于清偿提供与受领迟延的关系,本书持彼此独立说的立场。因此,本书认为,清偿提供与受领迟延有各自固有的法律效果。清偿提供只发生债务人不陷入债务不履行状态的效果;而受领迟延的效果如下:

（一）增加费用的偿还请求权

债务人完成清偿的提供债权人却不受领的,因为债务并未消灭,所以可能会出现额外的费用,主要包括运输费、报关费等。这些增加的费用由债权人负担(589.1)。由于这些增加的费用通常是由债务人垫付的,事后债务人可请求债权人返还。

---

① 杨代雄,第 555 页【叶锋执笔】。

（二）保存标的物的注意义务减轻①

负担特定物交付义务的债务人，应当以善良管理人之注意保存标的物（日民400），但发生债权人迟延后该保存义务得以减轻，债务人仅在重大过失的情形，才对所掌管之标的物的毁损灭失负担损害赔偿责任（德民300.1、日民413.1）。我国法未予以明确，但宜采同样的解释立场。

（三）对价风险的转移

在对待给付关系中，因不可归责于债权人和债务人的原因导致履行不能时，原则上由债务人负担对待给付风险（学理上称之为对待给付风险的债务人主义），这是由两给付之间的牵连关系所决定的。但受领迟延后对价风险发生转移，即因不可归责于双方的原因发生履行不能时，对价给付风险由债权人负担（日民413之2.2、日民536.2）。我国法未在合同编通则的层面设置对待给付风险的一般规则和风险转移规则，但可分别通过对涉及买卖合同的第605条和第608条的扩张解释得出相同的结论。

（四）提存权的发生

在给付的标的可以提存的情形，受领迟延将使得债务人获得提存的权利。如前所述，现行法将"无正当理由拒绝受领"作为提存的事由之一（570.1.1），但这里应扩张解释为受领迟延，以便能包含有正当理由的不能受领或者拒绝受领。

（五）受领迟延后的履行不能

> **例 3.1.30**
>
> 承运人S为托运人G运送货物，按期送到G的住所地，但G却不在家。于是，S只好将货物拉回自己的仓库。谁料，该批货物在仓库里意外灭失。
> ① 灭失的原因，是突发的地震；
> ② 灭失的原因，是S严重疏忽导致的火灾。

1. 履行不能不可归责于债务人的情形（【例3.1.30】①）

   此时，债权人不能追究债务人的债务不履行责任；对价风险发生转移（605）②，债务人可以主张对待给付。当然，因履行不能给债务人带来的利益应当返还给债权人。

2. 履行不能可归责于债务人的情形（【例3.1.30】②）

   尽管发生受领迟延后债务人保存标的物的注意义务减轻，但如果违反了经减

---

① 张广兴，第193页；王洪亮，第331—332页。
② 《民法典》上关于受领迟延导致对价风险转移的规则，虽然只规定在买卖合同中（605），但该规则本应属于合同编通则的规范。

轻的保存义务,债务人依然要承担债务不履行责任。

(六) 同时履行抗辩权丧失?

> **例 3.1.31**
> G 与 S 订立了买卖某古董的合同,约定的价格为 100 万元,在买受人 G 的住所地交货。到履行日,出卖人 S 将古董送到 G 的住所,G 却不肯接受。于是,S 提起诉讼,诉讼请求为继续履行。法院该如何判决?

在双务合同的情形,受领迟延是否会导致同时履行抗辩权的消灭?对此,存在截然相反的立场。

1. 消灭说

既然债权人陷入受领迟延,就不应该允许其主张同时履行抗辩权。在【例 3.1.31】中,既然同时履行抗辩权消灭,法院应当判决 G(被告)在某某日内向 S(原告)支付 100 万元。

2. 不消灭说

仅仅因为债权人受领迟延就令同时履行抗辩权消灭,对债权人过于不利。

3. 我国法的立场

我国法立场并不清晰。虽然司法解释规定"人民法院应当在原告履行自己的债务后对被告采取执行行为"(合同编通则解释 31.2 前),但由于此条解释中的"履行",既有可能指单纯的清偿提供,也可能指清偿提供加债权人受领,因此并不能从此项解释中得出结论。

在司法实践中,如果原告方负担的是金钱债务,法院的执行部门往往会要求原告将钱款汇入法院的账户,然后再采取强制执行措施。法院的这种做法实际上给自己赋予了提存机关的职能。其背后也隐含了不消灭说的立场,即只有当原告完成了事实上的提存而非在仅发生受领迟延时,被告的同时履行抗辩权或者先履行抗辩权才归于消灭。

第 2 章　抵销

第 1 节　抵销的含义和机能
第 2 节　当事人之间的关系
第 3 节　抵销的基本效果
第 4 节　与第三人的关系
第 5 节　合意抵销

第 1 节 抵销的含义和机能

一、抵销的含义

（一）种类

1. 法定抵销

　　两人互负相同种类的债务时，通过一方的意思表示，双方得以免去最大对等数额的债务。从这个定义看，抵销权是形成权。法定抵销是一种处分行为，单方面处分双方债权的行为。

2. 合意抵销

　　互负债务的当事人，通过合意使得双方的债务中最大对等部分消灭。

　　合意抵销的意义在于，在不能进行法定抵销的情形，通过合意实现抵销的效果。既然是合意，就可以按照合同的一般原理来解决。以下重点讲述作为形成权行使的法定抵销。

（二）用语

> **例 3.2.1**
>
> 　　G 对 S 享有 100 万元债权，S 对 G 享有 80 万元债权。G 提出抵销。

1. 主（自）动债权

　　提出抵销一方拥有的债权。在【例 3.2.1】中 G 对 S 的 100 万元债权便是主动债权。

2. 被（受）动债权

　　被抵销的债权。在【例 3.2.1】中 S 对 G 享有的 80 万元债权便是被动债权。

3. 反对债权

　　在相对人请求清偿自己的被动债权时，另一方当事人通过抵销来对抗的主动债权，称为反对债权。在【例 3.2.1】中，如果 G 请求 S 履行债务，S 提出抵销，则 S 对 G 的债权称为反对债权。

二、抵销的功能

（一）当事人之间的功能

1. 简易的决算（清账）

   双方可以在等额的范围内不用再实际履行，不仅简便，而且可以节约履行的费用。

2. 确保公平的机能

> **例 3.2.2**
>
> G 与 S 互负 10 万元的金钱债务。G 的资产非常充裕，而 S 却债务缠身，资不抵债，而且信誉度不高。

在一方当事人的责任财产不足以清偿其债务的情形，如果不允许抵销，则有资力的对方当事人必须履行自己的债务，却无法指望对方向自己作充分的履行，有失公允。抵销可以确保这种情形下双方的公平。

（二）与第三人的关系——担保的功能

1. 与通常的强制执行相比

   （1）通常的强制执行的情形

   债权人平等是指地位的平等，因此只有获得执行依据的债权人才能通过强制执行获得清偿。

   （2）允许抵销的情形

   抵销权人实际上可以获得优先的清偿。

2. 担保机能

   如果允许抵销，则当主动债权得不到清偿时，主动债权的债权人可以从被动债权那里优先地得到清偿。

第 2 节 当事人之间的关系

一、抵销的积极要件——抵销适状

（一）何谓抵销适状

1. 含义

   主动债权和被动债权必须处于适合于抵销的状态。

2. 要件

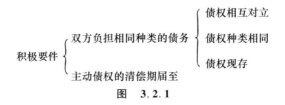

图 3.2.1

（二）双方负担有相同种类的债务

1. 相互对立的债权存在

不存在相互对立的债权的情形，原则上不允许抵销。但是有例外。

例 3.2.3
G 与 S 相互拥有可以抵销的债权，但 S 将其债权转让给了 D。

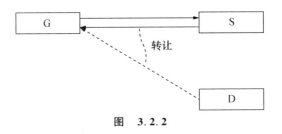

图 3.2.2

在 S 转让债权之前，G 原本可以抵销。G 的地位不会因为债务人转让其债权而受到减损。面对 D 的追讨，G 可以以抵销对抗。当然，G 也可以主动抵销。

例 3.2.4
物上保证人或者抵押物的第三取得人 G 对抵押权人 S 享有债权，他可否用该债权抵销抵押权人对被担保债务的债务人 D 的债权？

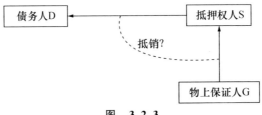

图 3.2.3

在【例 3.2.4】中,两个债权并不相互对立。然而,G 的抵销相当于其作为第三人代债务人 D 清偿,而 G 属于对于清偿具有合法利益的第三人,有清偿的权限(524 正)。因此,没有理由否定 G 所作抵销的效力(德民 1142)。

不过,在 S 无资力的情形,G 的抵销意味着其可以优先于 S 的其他债权人受偿。这是否有违债权人之间的平等,或许会有争议。但在 S 另外对 G 享有已经处于抵销适状之债权的情形,若允许 G 以其对 S 的债权抵销 S 对 D 的债权,会危害到 S 对抵销的期待。① 因此,在此情形,应否定 G 所作之抵销的效力。

例 3.2.5

S 对 G 负债 100 万元,B 是 S 的保证人。碰巧 G 对 S 也负债 70 万元。针对 G 的追讨,B 可否以 S 对 G 的债权来对抗 G?

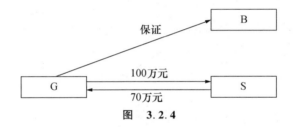

图 3.2.4

保证人 B 不可以代债务人 S 抵销,否则构成对债务人 S 之财产管理的不当介入。但保证人 B 可以在债务人 S 能够抵销的范围内对 G 作抗辩——拒绝履行保证债务(702)。

2. 债权的种类相同

如果允许不同种给付之间的抵销,会出现双务合同的一方当事人以抵销来逃避债务的履行。

例 3.2.6

G 与 S 约定以 370 万元的价格购买 G 所有的房屋。但是由于行情看涨,G 不愿意出卖自己的房屋了,于是对 S 提出以自己对 S 的 370 万元价金债权来抵销自己移转房屋所有权的债务。

3. 债权现存

(1) 原则

在作抵销之意思表示时,双方相互对立的债权必须现存。即使曾经达到抵

---

① 中田,466 页。

销适状,只要在抵销的意思表示作出前一方的债权因清偿等事由而消灭,便无法抵销。

例 3.2.7

银行 G 对 S 拥有 50 万元的贷款债权,S 在 G 处有 50 万元存款。S 的另一债权人 D 因自己的 50 万元债权得不到清偿,冻结了 S 的存款债权,并从法院获得了支付命令。碰巧 D 也对 G 负债 50 万元,D 便对 G 作出用存款债权抵销其债务的意思表示。G 却认为,在 D 冻结存款债权之前,G 与 S 相互的债权已处于抵销适状,所以对 S 作了抵销的意思表示。

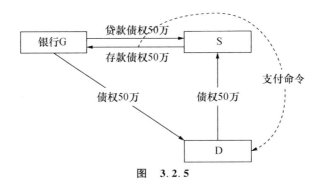

图 3.2.5

D 的抵销在先,G 的抵销在后。若依逻辑,在 G 作抵销时,被动债权已不现存。在此情形,G 还能够抵销吗?对此,存在两种不同的立场:

(a) 以达到抵销适状的先后为准

既然已处于抵销适状,就应当保护主动债权人对于抵销的期待。

(b) 以抵销的先后为准①

若相互对立的同种债权仅处于抵销适状,抵销并不会自动发生,还需要抵销权人作抵销的意思表示。

(c) 我国法的立场

此问题涉及抵销是否有溯及力的根本立场。《民法典》对此并未表态,但司法解释似乎采取了否定的立场(详见本章第 3 节二(二))。这就意味着不保护主动债权人对可以通过抵销回收其债权的合理期待,而是以抵销的先后为准。

---

① 最高裁判所昭和五十四年(1979 年)7 月 10 日判决,最高裁判所民事判例集 33 卷 5 号 533 页。

（2）例外——诉讼时效完成的债权

例 3.2.8

一年前，G 曾经借给 S10 万元创业，一年后，为了感谢 G，在向 G 供货时 S 一直不好意思催货款(10 万元)。又过了两年多，S 终于忍不住了，要求 G 还款。G 提出抵销，不答应还钱。S 再抗辩称 G 的债权已经过了诉讼时效。

(a) 时效期间届满之债权的债权人可否抵销？
（甲）肯定说

由于在主动债权的时效完成前两债权已经处于抵销适状，因此其债权人 G 可以抵销。这是基于这样的考虑：在处于抵销适状的情形，主动债权的债权人通常不会担心其债权会罹于诉讼时效，所以才未采取中断措施。主动债权的债权人的这种信赖是合理的，值得保护。

当然，在主动债权的诉讼时效完成后被动债权才发生的情形，由于在主动债权诉讼时效完成前不存在可以抵销的信赖，主动债权的债权人应当采取中断时效的措施却怠于采取，其不值得保护，因此，主动债权的时效完成后主动债权的债权人不得抵销。

（乙）否定说

第一，此时若允许抵销会损害债务人的利益，违背诉讼时效的制度目的。第二，抵销不应具有溯及力。①

（丙）最高人民法院的立场

在合同编通则解释出台之前，既有支持否定说的判决②，也有支持肯定说的判决③，立场处于摇摆之中。但合同编通则解释明确地选择了否定说的立场(合同编通则解释 58S1)。

（丁）本书的立场

评判诉讼时效期间已届满之债权能否作为主动债权来抵销被动债权，取决于对诉讼时效制度之宗旨的理解。关于诉讼时效制度的宗旨，历来存在着保护债务人说和保护非债务人说的对立。保护债务人说认为，诉讼时效制度的目的是令躺在权利上睡觉之债权人权利降等（在债务人处产生抗辩权），从而保护债务人。而保护非债务人说则认为，不负担债务之人在经过较长期间后会因证据的湮灭而无法证明其不负担债务，诉讼时效是为使

---

① 王利明：《罹于时效的主动债权可否抵销？》，载《现代法学》2023 年第 1 期，第 3—16 页。
② 成都制药一厂与四川鼎鑫置业有限责任公司合资、合作开发房地产合同纠纷案，最高人民法院(2017)最高法民申 854 号民事裁定书。
③ 厦门源昌房地产开发有限公司与海南悦信集团有限公司委托合同纠纷案，最高人民法院(2018)最高法民再 51 号民事判决书。

其免遭不利益而给予保护的制度，换言之是将非债务人从保存证据的负担之中解放出来的制度。若依保护非债务人说，如果诉讼时效期间已经届满"债权人"依然可以抵销，的确有可能令自以为已经从保留抗辩证据的负担中解放出来的"债务人"措手不及，由此可以推导出否定说的结论。反之，如果依保护债务人说，在抵销适状的情形，并不能将债权人不采取中断诉讼时效措施的态度评价为躺在权利上睡觉的怠惰，由此则可以推导出肯定说的结论。于是问题就变成：在涉及诉讼时效的纠纷中，究竟是非债务人居多，还是真正的债务人居多？本书认为，恐怕还是真正的债务人居多。如果这一判断能够成立，那么否定说的立场就失去了说服力。

(b) 时效届满之债权的债务人可否抵销？

当然可以，因为这是债务人在放弃自己的时效利益，没有理由不予认可（合同编通则解释 58S2）。

（三）债务的清偿期届至

1. 主动债权的清偿期届至

由于期限利益通常被推定为归属于债务人，如果在主动债权的清偿期届至前就允许抵销，则意味着对主动债权之债务人的期限利益的剥夺。不过，在期限利益归属于主动债权之债权人的情形，主动债权的清偿期则不必届至，主动债权人可以放弃自己的期限利益。当然，这种情况在抵销中较为少见。

2. 被动债权的清偿期不必届至

被动债权的债务人，即主动债权的债权人可以放弃自己在被动债权上的期限利益。而在期限构成被动债权之债权人利益的情形，则需要被动债权的清偿期届至。

二、抵销的消极要件

1. 禁止抵销的特约
   (1) 当事人间的效力——有效
   (2) 对第三人的对抗
       禁止抵销的特约不得对抗善意第三人。例如，不知情的保证人仍可以在债务人原本能够抵销之债务的范围内抗辩。
2. 不实际履行就没有意义的债务

例 3.2.9

G 和 S 的庄稼都到了收割期，由于收割机不够用，G 与 S 约定，先由 S 帮助 G 收割两天，然后再由 G 帮助 S 收割两天。由于第三人出高价请 S 帮助收割，于是，在该收割的那一天，S 突然向 G 提出抵销。

如果允许抵销,G 的债权就失去了意义。

3. 带有抗辩权的债权

不得抵销有抗辩权与之对抗的债权(德民 390),否则等于抹杀了抗辩权。我国法虽然未作规定,但在解释论上理应作相同理解。

> **例 3.2.10**
> G 向 S 贷款 50 万元,B 是一般保证人。碰巧 G 对 B 负担 40 万元的债务,于是,G 便向 B 作抵销的表示,以 G 对 B 的 50 万元保证债权抵销 B 对 G 的 40 万元债权。

在【例 3.2.10】中,G 无权抵销,因为一般保证人有先诉抗辩权(687)。

> **例 3.2.11**
> G 曾向 S 出借 100 万元,已经到期。G 与 S 另订有买卖合同,约定 G 向 S 购买稻米一批,金额为 90 万元。该合同的履行期已过,但双方尚未履行。G 以 100 万元融资款债权与 S 对 G 的价金债权抵销。

在【例 3.2.11】中,若可以抵销,则 S 的同时履行抗辩权将被抹杀。

4. 性质上不得抵销的债务

所谓性质上不得抵销的债权,是指债权人需要现实地获得给付的债权。这样的债权不得作为被动债权被抵销。性质上不得抵销的债权主要包括如下情形:

(1) 提供劳务的债务;
(2) 依法应当支付的抚恤金债务;
(3) 支付基本养老保险金、失业保险金、最低生活保障金等保障债权人基本生活的债务。

5. 由侵权行为所生之债权

(1) 原则

由侵权行为所生之债权,原则上可以抵销。

(2) 例外

(a) 司法解释的立场(合同编通则解释 57)

(甲) 被动债权为人身损害赔偿之债的情形

> **例 3.2.12**
> S 对 G 负担 5 万元债务。G 眼看回收无望,出于激愤将 S 打成骨折。S 花费医疗费、误工费等共计 4 万元。

G 无权抵销。理由在于,因侵权所生之人身损害需要现实的填补。

（乙）被动债权为故意或重大过失侵权所生之财产损失赔偿之债的情形

在此情形若允许该债权作为被动债权被抵销,会诱发侵权行为。

（b）其他的例外

在本书看来,在双方债权都是基于侵权行为所生之债的情形,如果一方遭受的是财产损失,而另一方遭受的是人身损害,则人身损害的债权不能作为被动债权被抵销,而财产损失的债权可以作为被动债权被抵销。这是因为,相较于财产损失,人身损害更需要现实的填补。这一点,从上述司法解释区别对待人身损害和财产损失的立场中也不难看出。

三、抵销的方法

（一）意思表示（568.2）

不仅需要双方债权处于抵销适状,还需要向相对人作出意思表示。

抵销的发生遵从单方法律行为生效的规则。对话方式的抵销,于相对人知道其内容时生效（137.1）;隔地的抵销,于通知到达相对人之时生效（137.2）。

（二）可以抵销的最后时点

1. 学理上的抵销时期

在学理上,只要满足抵销的积极要件且不存在抵销的消极要件,债权人均可抵销。不过,在诉讼中抵销应受到程序法的限制。在采三审制的国家和地区,一般在二审（事实审）言辞辩论终结前诉讼当事人均可抵销。鉴于我国采取两审终审制且不区分法律审和事实审的诉讼制度,可以抵销的最后时点应该为二审言辞辩论终结的时刻。

2. 我国司法实践的立场

长期以来,我国司法实践中较为常见的做法却是:只要进入诉讼阶段就不允许作抵销的抗辩。表面上的理由是:会造成一个案件审理两个截然不同的法律关系,增加审理难度;当事人可借此规避管辖,特别是在作为抗辩的主动债权所涉争议有管辖协议或者应当适用专属管辖规定的情形。不便公开的实质理由却可能是应对审限压力。① 在审理过程中被告如果提出抵销,则法庭需要围绕抵销适状的要件事实展开举证、质证和法庭辩论,造成诉讼时间的延长。

3. 司法解释的立场

司法解释虽未正面规定可以抵销的最后时点,但通过认可针对抵销的诉讼时效抗辩（合同编通则解释58S1）,间接纠正了过往司法实践的错误做法,因为若不允许在诉讼中抵销,就没有必要实体审理诉讼时效的抗辩是否成立了。

---

① 合同编通则解释理解与适用,第608页。

（三）禁止设定条件和期限(568.2S3)

1. 条件的附款

抵销权是形成权,如果允许附条件会使相对人的地位处于不安定状态。

2. 期限的附款

之所以禁止对抵销附期限,可以有两个理由。

（1）单方法律行为

法定抵销权是形成权,可以单方面决定相对人的利益状态。不允许附期限,可以确保相对人不至于处于过分不确定的利益状态。

（2）抵销的溯及力

如果抵销具有溯及力,那么附期限将失去意义。

第3节 抵销的基本效果

一、基本效果

双方的债权在最大对等数额范围内消灭。

二、溯及力的有无

（一）两种立场

关于抵销是否有溯及力,在理论上存在两种截然相反的立场。

1. 肯定说

肯定说认为,一方作出法定抵销时双方的债权并不以抵销之时的债权数额作为对象,而是在抵销适状之时的最大对等额上消灭。[1] 这也是比较法上的主流立场(德民389,日民506.2,台民335.1)。

2. 否定说

否定说认为,一方作出抵销时双方债权仅在抵销发生之时的最大对等额上消灭,并不会溯及到抵销适状之时。承认法定抵销的溯及力是德国法错误继受罗马

---

[1] 王利明,第228页;崔建远、陈进,第312页;韩世远,第710页;王洪亮,第180页。

法的结果,①否定法定抵销的溯及力是近年来国际条约中出现的趋势(PECL13.106,PICC8.5.3,DCFR3.6.107)。

3. 两种立场在法律效果上的主要差异

(1) 双方之间

差异主要体现在是否发生履行迟延以及是否发生自抵销适状之时至抵销发生时的利息、迟延损害赔偿金上。

> **例 3.2.13**
>
> G 是承租人,因拖欠房租长达半年之久,被出租人 S 经催告后解除了租赁合同。收到解除通知后,G 以其对 S 的金钱债权(在预定的租金交付期之前到期)全额抵销出租人 S 的租金债权。

在【例 3.2.13】中,如果承认抵销的溯及力,则承租人就不存在迟延交付租金的行为,出租人对租赁合同的解除无效。反之,如果不承认抵销的溯及力,那么承租人的抵销行为并不能消除之前的履行迟延,承租人 S 有权解除租赁合同。

> **例 3.2.14**
>
> G 对 S 拥有 100 万元的 1 年期债权,约定年利率为 8%,去年年底到期。S 对 G 拥有 100 万元的无息债权,约定去年年底到期。G 于今年 7 月 1 日提出抵销。

在【例 3.2.14】中,如果承认抵销的溯及力,则 G 对 S 的债权溯及到去年年底消灭,自然不会发生之后的利息。反之,如果不承认抵销的溯及力,则 G 对 S 的债权在 7 月 1 日消灭,去年年底至今年 7 月 1 日为止的利息仍会发生。

(2) 抵销权人与第三人之间

差异主要体现在抵销能否发生对抗具有竞争关系之第三人的效果上。

> **例 3.2.15**
>
> S 与银行 G 互负金钱债务 100 万元,均已经到期。S 的另一债权人 D 发现 S 在银行 G 有存款后,便通过法院保全了该存款债权,并最终获得了法院的支付命令。接到保全通知的 G 立刻向 S 发出抵销的意思表示。

如果承认抵销的溯及力,则抵销的效果溯及到保全生效之前,因此保全人最

---

① 廖军:《论抵销的形式及其效力》,载《法律科学》2004 年第 3 期,第 59—62 页;张保华:《抵销溯及力质疑》,载《环球法律评论》2019 年第 2 期,第 106—109 页;杨勇:《法定抵销溯及力的反思与限缩》,载《华东政法大学学报》2023 年第 6 期,第 179—184 页。

终什么也没有保全到。反之，如果不承认抵销的溯及力，则由于保全先于抵销，所以抵销无效。由此可以看出，是否赋予抵销以溯及力，直接触及抵销制度的核心——究竟应赋予法定抵销多大的担保功能。

【深化】 溯及的程度

例 3.2.16

G 是承租人，因拖欠房租长达半年之久，被出租人 S 经催告后解除了租赁合同。收到解除通知后，G 以其对 S 的金钱债权抵销出租人 S 的租金债权。在此情形，租赁合同是否恢复？

即便承认抵销的溯及力，还存在一个溯及程度的问题。如果抵销具有完全的溯及力，租金债权将因为抵销效果溯及到抵销适状之时而消灭。果真如此，承租人（抵销权人）G 便不构成迟延了。照此推理，出租人 S 便无权解除。这就意味着解除的效力会受到解除后的抵销左右，使得法律关系处于不确定状态。为此，日本判例认为，抵销的意思表示只能影响债本身，不能影响到之前的解除行为。① 当然，如果出租人明知承租人有反对债权而故意以债务不履行为由解除，则不应认可解除的效果。②

（二）我国法的立场

1. 早期立场

依 2000 年 9 月最高人民法院、中国人民银行发布的《关于依法规范人民法院执行和金融机构协助执行的通知》第 3 条，对人民法院依法冻结、扣划被执行人在金融机构的存款，金融机构应当立即予以办理，在接到协助执行通知书后，不得再扣划应当协助执行的款项用以收贷收息；不得为被执行人隐匿、转移存款。"扣划用以收贷收息"就是法定抵销。因此，债权一旦被冻结，一律不得再作为被动债权被抵销。这种立场完全无视主动债权人对抵销的合理期待，不足取。

2. 《民法典》之前最高人民法院的立场

最高人民法院在（2017）最高法民申 1392 号民事裁定书中表达了不同的立场：虽然根据执行裁定书，神龙峡公司对铭嘉公司负有的借款债务中的 4500 万元被保全，但是一方面该情形不属于不得抵销的债务，另一方面这属于程序上的措施，不影响债务的真实存在。故，神龙峡公司对铭嘉公司的债务适于抵销。③ 从该案可

---

① 最高裁判所昭和三十二年（1957）年 3 月 8 日判决，最高裁判所民事判例集 11 卷 3 号 513 页。
② 潮见プラ，428 页。
③ 哈尔滨银行股份有限公司重庆分行诉重庆神龙峡旅游开发有限公司债权人代位权纠纷案，最高人民法院（2017）最高法民申 1392 号民事裁定书。

以推测出,最高人民法院以抵销适状时刻与冻结生效时刻的先后作为判断基准。

《破产法规定二》第42条第1款明文否定了破产程序中法定抵销的溯及力,而最高人民法院在《九民纪要》中却明确地支持抵销的溯及力(九民纪要43)。

3. 现行司法解释的立场

抵销的"通知到达对方时双方互负的包括主债务、利息、违约金或者损害赔偿金等债务在同等数额内消灭"(合同编通则解释55)。若抵销具有溯及力,那么自抵销适状到抵销生效时的利息、迟延损害赔偿金就不会发生,自然谈不上在同等数额内消灭了。《合同编通则解释》似乎以委婉的表述表达了对否定说的支持。

(三) 评价

肯定说和否定说立场对立,一种立场的优点自然也是另一种立场的缺点。

1. 当事人的预期

(1) 肯定说的理由

肯定说的最主要理由,便是溯及既往符合当事人的预期。一旦处于抵销适状,当事人一般都会认为相互的债权债务已经在最大对等额上冲销,至少具有可以确定地冲销的预期。为了保护这种期待,就需要承认抵销的溯及力。

(2) 否定说的理由

然而,在否定说看来,彼此拥有债权的当事人虽然既不担心追讨不到也不着急清偿,但不见得就会认为债权已经相互冲销。① 如果要保护当事人的上述预期,岂不是应该赋予抵销适状时自动抵销的效果?但肯定说依然坚持需要抵销权人行使抵销权才发生抵销的效果。此外,由于主动债权与被动债权常常不是同时到期,双方当事人的预期时点也就不一致。这就意味着双方对发生自动冲销的预期时点并不相同。

(3) 本书的立场

虽然当事人未必具有自动冲销的预期,但至少具有可以确定地冲销的预期,即不担心债务人不清偿或者不能清偿债务的合理预期。否定说不能保护抵销权人的这种合理预期(详见本章第4节)。

2. 法律行为的溯及既往

否定说的一个重要理由,是法律行为原则上不具有溯及力,抵销权的行使这种单方法律行为亦不例外。② 但这个理由的说服力不够。因为法律行为在例外情形可以溯及既往,例如撤销权的行使。既然如此,赋予法定抵销溯及力也未尝不可。

3. 自抵销适状之时至抵销时的利息、迟延损害赔偿金

在仅仅涉及债权人和债务人的情形,是否溯及既往,主要涉及利息和迟延损害赔偿金的问题。

---

① 廖军:《论抵销的形式及其效力》,载《法律科学》2004年第3期,第60—61页。
② 张保华:《抵销溯及力质疑》,载《环球法律评论》2019年第2期,第102页。

(1) 抵销的对象

抵销的对象中是否包含自抵销适状时起至抵销时的利息或者迟延损害赔偿金？

如果采肯定说，则因为债权溯及到抵销适状之时已经消灭而不会发生利息或者迟延损害赔偿金，因此，抵销的对象中自然不包含这部分不会发生的利息或者迟延损害赔偿金。反之，如果采否定说，会发生自抵销适状时起至抵销时的利息或者迟延损害赔偿金。此时，就涉及意思表示的解释问题，即抵销的对象中是否包含这部分利息或者迟延损害赔偿金。

肯定说可以避免这个麻烦，但否定说也许在一定程度上反映当事人的预期，即当事人将利息或者迟延损害赔偿金包含在抵销的对象之中也是可能的，特别是涉及本金债权和利息债权会自动发生更改的活期账户债权的情形。

(2) 利息或者迟延损害赔偿金的计算

如果两个债权的利率不同，则肯定说和否定说又有各自的烦恼。否定说不可避免地需要计算自抵销适状之时至抵销时的利息或者迟延损害赔偿金；肯定说虽然通常不需要考虑自抵销适状之时至抵销时的利息或者迟延损害赔偿金，但如果利息之前就已经支付，则还是需要计算并扣减乃至退还。

> **例 3.2.17**
>
> G 对 S 拥有 100 万元的 1 年期债权，约定年利率为 8%，去年年底到期。S 对 G 拥有 100 万元的应收账款，约定去年年底到期，迟延利率为 15%。G 于今年 7 月 1 日提出抵销，但在这之前，S 已经支付利息 7.5 万元。

在【例 3.2.17】中，截至去年年底抵销适状之时，G 对 S 的债权 = 本金 100 万元 + 利息 8 万元；S 对 G 的债权 = 应收账款 100 万元。截至今年 7 月 1 日，G 对 S 的债权 = 本金 100 万元 + 利息 12 万元；S 对 G 的债权 = 应收账款 100 万元 + 利息 7.5 万元。由于抵销的溯及力，抵销适状后的利息和迟延损害赔偿金都不会发生，因此，在计算双方最终的债权债务时还需要计算并扣减已经支付的利息。

4. 对抵销时点的操纵

在肯定说看来，如果抵销具有溯及力，抵销权人通过操纵抵销的时点为自己牟利的企图将不再有意义。① 然而，否定说或许会认为，操纵抵销时点本身本来就是抵销权人维护自身利益的合法手段，不应受到否定评价。

5. 本书的立场

比较法对罗马法的不忠实继受，并不当然意味着普遍承认抵销溯及力的立法选择就是一个完完全全的错误。肯定说的确存在难以自圆其说之处，但否定说也

---

① 潮见 II, 248 页。

会在一定程度上背离抵销权人的合理预期,有矫枉过正之嫌。既然抵销的溯及力源于处于抵销适状之主动债权人的合理期待,那么围绕抵销溯及力的制度设计和法解释就应当与主动债权人的合理期待相契合。虽然主动债权人不应奢望抵销适状的发生会直接导致主动债权与被动债权在最大对等数额上自动消灭,但其不必在意来自诉讼时效之威胁。此外,主动债权人可以相信,被动债权在最大对等数额范围内对主动债权构成相当程度的担保,例如主动债权人在最大对等数额范围内不必担心债务人破产。可见,主动债权人的期待不是有或者无的问题,而一定涉及类型和程度。然而,问题却被溯及力的有无这一全有或全无的刚性概念所遮蔽。

实际上,上述司法解释仅仅表明了抵销适状时主动债权与被动债权不会在最大对等数额上发生自动消灭的效果,并未明文规定法定抵销的效果溯及至抵销适状之时。《企业破产法》便允许在破产申请受理前对债务人负有债务的债权人向管理人主张抵销(企业破产法 40 柱)。可见,并不能断言我国法采取了彻底的不承认抵销溯及力的立场。

三、抵销的抵充

在被动债权或者主动债权有数笔的情形,主动债权的债权人所作的法定抵销,会发生何种效果?

(一) 主动债权的数额不足以消灭全部被动债权的情形

> **例 3.2.18**
>
> G 对 S 享有两笔债权(主动债权),分别为 δ(55 万元,6 月 1 日到期)、ε(65 万元,7 月 1 日到期);S 对 G 拥有数笔债权(被动债权),分别为 α(50 万元)、β(60 万元)和 γ(70 万元),三笔债权的到期时间、利率以及担保情况各不相同。G 于 7 月 1 日对 S 作出抵销的意思表示。关于哪几笔债权被抵销以及抵销的程度,双方不能达成一致意见。

在此例中,G 所作的抵销会导致双方哪些债权在什么程度上消灭呢?

1. 存在合意的情形

如果当事人就具体抵充哪几笔债权存在合意,自然依其合意。

2. 无合意的情形

问题是双方不存在合意的情形,将如何?这种情形与清偿的抵充类似,能否类推适用抵充的规则呢?

有观点主张全面类推适用清偿抵充的规则(560.2)。[①] 司法解释采取的也是这种立场(合同编通则解释 56)。

---

① 朱广新、谢鸿飞,第 227 页【申海恩执笔】。

然而,如果承认抵销的溯及力,则问题就没有如此简单了。抵销的溯及力来自债权人与债务人的合理期待,而双方的合理期待是随着抵销适状逐个到来而逐次产生的。因此,在双方不能达成一致时,必须考虑相对人对抵销适状的合理期待。完全类推适用抵充规则,会与抵销的溯及效果相悖。

(1) 抵销人指定的可能性

在一方或者双方有数笔债权的情形,是否允许抵销人在抵销之时单方面指定?就【例3.2.18】而言,G能否指定用哪一笔债权去抵销S的哪一笔债权?在债务人用数笔给付清偿数笔债务的情形,债务人当然有权决定用哪一笔给付清偿哪一笔或者哪几笔债务。然而,抵销却有所不同。抵销具有双重的属性,即既具有清偿债务的属性,也具有回收债权的属性。在这种情况下,由于数笔债权的利率可能各不相同(如【例3.2.19】),如果允许抵销人单方面指定,将会损害相对人的利益。为此,德国法规定,若被抵销方及时表达异议,则抵销人的指定丧失效力(德民396)。而日本法则更为干脆,不认可指定的效力(日民512)。

如果抵销的相对人对于抵销的指定不持异议,没有理由不认可指定的效力。不过,考虑到双方债权债务关系的稳定性,抵销相对人应当及时提出异议,此时指定丧失效力。

(2) 抵销的顺序

如果抵销人未作指定,或者指定后相对人及时表达了异议,将会怎样呢?对此,比较法上有两种方案。

(a) 准用清偿抵充制度的方案

德国法的做法是,准用清偿抵充的规则(德民396)。

(b) 以抵销适状的先后确定的方案

较之全面类推抵充制度的德国法,日本法的立场(日民512、512之2)更为精细。为了保护相对人的合理期待,日本法规定,在双方没有合意的情形应当以抵销适状的先后来确定所抵销之债权债务的数额(日民512.1)。

由于抵销适状的判定以主动债权的到期时间为准,在【例3.2.18】中发生抵销适状的主动债权依次为 δ(55万元,6月1日到期)、ϵ(65万元,7月1日到期)。

不过,即便按照抵销适状的先后来确定所抵销之债权债务的数额,依然还会存在在先到期的某笔主动债权具体抵销哪几笔被动债权的问题。这时,则需要类推适用抵充的规则(日民512.2)。就【例3.2.18】而言,先应以 δ 来抵销,不足部分再由 ϵ 来抵销。由于 δ 和 ϵ 之和也不足以抵销G所负担的全部债务,因此被动债权的抵销顺序以及各笔债务内部之本金、利息和费用的抵销顺序,依抵充规则来确定。

（二）主动债权有数笔且足以消灭全部被动债权的情形

例 3.2.19

G 对 S 拥有数笔债权，分别为 α(50 万元，5 月 1 日到期，迟延利率为 10%)、β(60 万元，6 月 1 日到期，迟延利率为 8%)和 γ(70 万元，7 月 1 日到期，迟延利率为 6%)。S 对 G 享有的债权为 δ(30 万元)、ε(40 万元)、ζ(60 万元)，各笔债权的利率、担保和到期时间各不相同。G 于 8 月 1 日对 S 作出抵销的意思表示。

此种情形本不构成抵充的问题，但在不承认抵销溯及力的立场之下，由于抵销的效果发生时刻一律以抵销之意思表示到达相对人之时为准，最终的结果具有唯一性。反之，在承认抵销溯及力的情形，依然会涉及抵销次序的问题，因为不同的抵销次序会直接影响到剩余的主动债权数额。此种情形下，上述（一）的做法依然可以成立（日民512.3）。就【例 3.2.19】而言，既然不存在合意，首先应该按照抵销适状的顺序来决定。主动债权的抵销顺序依次为 α、β 和 γ，被动债权的抵销顺序则按照抵充的基准来确定。

第 4 节　与第三人的关系

法定抵销与第三人的关系主要涉及两大问题。其一，是与相对人之债权人的关系（相对人破产的情形和相对人的债权人冻结被动债权的情形）；其二，是与被动债权受让人以及被动债权之质权人的关系（债权转让或者债权质押与抵销的关系）。这两大问题在本质上都是处于竞争关系中的抵销权人与第三人孰能胜出的问题。

一、与相对人之债权人的关系

（一）相对人破产的情形

例 3.2.20

G 以 100 万元的价格向 S 出售了钢材，同时从 S 那里购买了价值 60 万元的煤炭。可是，双方还没有来得及结账，S 的资金调配出现了故障，S 不能偿还其对银行 D 的 300 万元贷款，被宣告破产。

1. 原则

在债务人进入破产程序后,除了受担保物权担保的债权以及其他具有优先地位的债权外,原则上债务人不能对特定债权人作个别清偿(企业破产法 16),债务人的所有债权人只能在破产程序中平等地按比例受偿(企业破产法 113.2)。

2. 作为例外的抵销

(1) 抵销优先

债权人在破产申请受理前对债务人负有债务的,可以向管理人主张抵销(企业破产法 40 柱正),即不必在破产程序中按照比例受偿。这是对债权人于抵销适状之后对于能够相互抵销所产生之合理期待的保护。

至于该规范可否被理解为对抵销溯及力的认可,不无疑问。在解释论上有两种可能。一种是认可这种抵销的溯及力。关于抵销溯及力的司法解释规则(合同编通则解释 55)在此便没有适用的余地。因此,自抵销适状至破产申请受理时的利息、迟延损害赔偿金不再发生。另一种可能的解释则是不承认这种抵销的溯及力,自抵销适状至破产申请受理时的利息、迟延损害赔偿金也成为抵销的对象。

(2) 不得抵销的例外(企业破产法 40)

在以下情形,特定的债权人不值得优待。

(a) 债务人的债务人在破产申请受理后取得他人对债务人的债权的;

(b) 债权人已知债务人有不能清偿到期债务或者破产申请的事实,对债务人负担债务的;但是,债权人因为法律规定或者有破产申请一年前所发生的原因而负担债务的除外;

(c) 债务人的债务人已知债务人有不能清偿到期债务或者破产申请的事实,对债务人取得债权的;但是,债务人的债务人因为法律规定或者有破产申请一年前所发生的原因而取得债权的除外。

(二) 相对人的债权人冻结被动债权的情形

1. 被动债权被冻结后才取得主动债权的情形

> **例 3.2.21**
>
> 假定在【例 3.2.20】中 S 并没有破产,但银行 D 冻结了 S 对 G 公司的 60 万元煤炭的买卖价金债权。之后,G 才将价值 100 万元的钢铁卖给了 S,对 S 取得了 100 万元的价金债权。

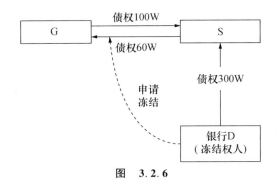

图 3.2.6

在此情形,无论是否承认抵销的溯及力,G 均不得抵销。冻结权人 D 的利益,不能被冻结发生以后才取得反对债权之人 G 通过抵销剥夺。

2. 被动债权被冻结前取得主动债权的情形

(1) 不承认抵销溯及力的情形

既然抵销不具有溯及力,说明法秩序不保护抵销权人自抵销适状之时起产生的随时可以抵销的期待。因此,在判断抵销权人与冻结权人的关系时,只需要判断冻结生效的时刻与抵销发生的时刻的先后顺序。在这种情况下,为了防止来自第三人的竞争,抵销权人需要在达到抵销适状后立刻抵销。

(2) 承认抵销溯及力的情形

如果承认抵销的溯及力,情况较为复杂。需要区分不同情形:

(a) 主动债权先于被动债权到期的情形

主动债权先于被动债权到期的情形具体又包括三种类型:

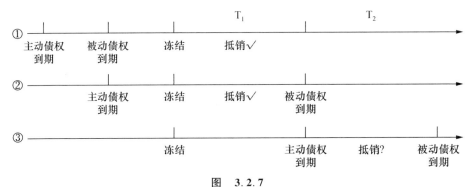

图 3.2.7
横轴代表时间,T 代表抵销的时刻

(甲) 情形①

被动债权到期后被冻结,接到冻结通知后债权人作抵销的意思表示。抵销适状的时刻(主动债权到期时)早于冻结生效时刻,被冻结的债权在冻结之前已经消灭。

(乙)情形②

被动债权到期前即被冻结,接到冻结通知后、被动债权到期前债权人作抵销的意思表示。抵销适状早于冻结生效时刻,被冻结的债权在冻结之前已经消灭。

(丙)情形③

冻结生效时主动债权尚未到期,抵销的意思表示发生在主动债权到期后、被动债权到期前。尽管冻结的时点早于抵销适状,但由于被动债权未到期,冻结人并不能追讨。由于抵销具有溯及力,溯及到抵销适状之时,被冻结的债权在冻结之前已经消灭。

(b)主动债权晚于被动债权到期的情形

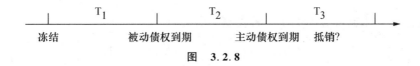

图 3.2.8

在接到冻结通知后的 T_1、T_2 时刻,由于主动债权尚未到期,债权人只能等到 T_3 时刻才能抵销。被冻结债权(被动债权)到期后,该债权的债务人能否拒不清偿,一直等到主动债权到期后在 T_3 时刻抵销?

(甲)不可抵销说

若依逻辑,不可以抵销。冻结权人在抵销适状之前就已经可以行使权利了,主动债权的债权人(被冻结债权的债务人)拒不清偿到期债务,拖延到抵销适状,有违诚信。

(乙)可以抵销说

日本最高法院认为可以抵销,理由是:银行与储户之间的债权哪个先到期具有偶然性。①

二、与债权受让人、质权人的关系

(一)与债权受让人的关系

债权人与债务人互负相同种类的债务,债权人将债权转让并完成通知后,债务人还能否抵销?

---

① 最高裁判所昭和四十五年(1970年)6月24日判决,最高裁判所民事判例集24卷6号587页。

例 3.2.22

G 与 S 互负债权债务。G 将其债权转让给了 D。面对 D 的追讨,S 能否以自己对 G 的债权作为主动债权抵销受让人获得的债权?

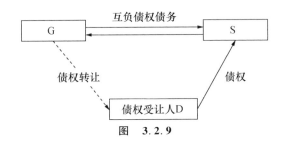

图 3.2.9

这种情形具体也可分为如下三种类型:

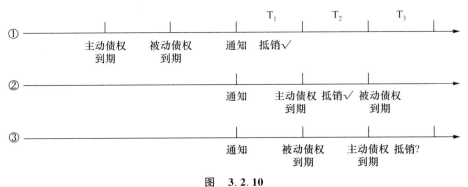

图 3.2.10

横轴代表时间,T 代表抵销的时刻①

1. 主被动债权到期后债权转让的通知到达,接到通知的债务人作抵销(【图 3.2.10】①)

由于在债权转让的通知到达之前已发生抵销适状,债务人的地位不能因其无法控制的债权转让而受到减损,为此,应允许债务人抵销(549.0.1)。这里发生了承认抵销溯及力的例外。

2. 债权转让的通知到达时主被动债权均未到期,但主动债权先于被动债权到期,债务人于主动债权到期后被动债权到期前抵销(【图 3.2.10】②)

在此种情形,尽管抵销适状发生在债权转让的通知到达之后,但抵销时被动债权(被转让债权)尚未到期,受让人无法主张该债权,因此仍是抵销胜出。第 549 条第 1 项并未要求通知到达债务人处时债务人的债权到期,只要求其早于受让债权到期,便是出于上述的考虑。

---

① 该图式出自山本敬三『債権総論(上)』课堂讲义(未正式出版)。

3. 不满足第 549 条第 1 项的情形
（1）原则

不满足第 549 条第 1 项所规定的情形债务人不能抵销。例如在(【例 3.2.10】③)中,通知到达债务人处时尚未发生抵销适状,而且被动债权的清偿期先到来。此时债务人不主动清偿自己的已到期债务,却要熬到自己的债权到期再作抵销,有违诚信。如果通知时主动债权尚不存在,债务人(主动债权的债权人)同样不存在值得保护的期待。

（2）例外

然而,不排除特殊情形下债务人对于可以抵销具有正当的期待。

> **例 3.2.23**
>
> G 与 S 的买卖合同约定,S 应当在 4 月 1 日付款,G 于收到货款一个月内交货。G 于 3 月将对 S 的价金债权转让给了 D。5 月,因 G 交付的货物有缺陷给 S 造成了损失。

【例 3.2.23】中,价金债务人 S 的债权(损害赔偿请求权)与 G 转让给 D 的价金债权基于同一合同产生,彼此间具有关联性,债务人对抵销存在正当的期待。为此,现行法例外地允许债务人抵销(549.0.2)。存在争议的是,该规则能否扩张到其他存在关联性的债权之间,而不限于基于同一合同所产生之债的情形。有力说认为,只要存在着关联性,就应通过类推适用允许债务人抵销。不仅在双务合同解除后的返还和损害赔偿之债之间,在合同无效后的相互返还之债之间也存在着关联性;此外在双务关系①之间,以及在为同一目的而订立的数个合同和构成整体的系列交易中的债之间,也有可能存在这样的关联性。② 其背后的法理,无非是当事人的合理期待值得保护。

（二）与债权质权人的关系

债权人与债务人互负相同种类的债务,债权人将债权质押给第三人后,债务人能否抵销?

在担保的债权到期未能实现的情形,债权质的实现方式不是变价,而是直接向债务人追讨(担保制度解释 61.2)。这一效果与债权转让的效果非常接近。为此,可以类推适用第 549 条。

---

① 例如,无偿委托的受托人向委托人转交处理委托事务所得财产的债务(927),与委托人支付受托人垫付费用的债务(921)之间的关系;以及无因管理人向受益人移交管理事务所得财产的义务(983S2)与受益人向无因管理人支付必要费用,适当补偿无因管理人因管理事务所受损失的债务(979.1)之间的关系。

② 刘骏:《关联债权抵销的适用条件与体系效应——从〈民法典〉第 549 条第 2 项切入》,载《法学》2022 年第 6 期,第 102—104 页。

例 3.2.24

G 与 S 互负金钱债务。G 将其对 S 的应收账款债权质押给了 G_1,以担保 G_1 对 S_1 的债权。面对 G_1 的追讨,S 能否以自己对 G 的债权作为主动债权抵销 G 为 G_1 设定质权负担的债权?

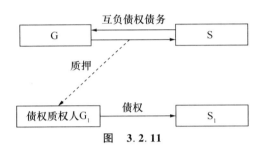

图 3.2.11

应收账款债权的质押虽自办理出质登记时设立(445.1),但要想对抗应收账款的债务人,应当通知债务人。故在类推适用第 549 条时,应以质押通知到达的时刻而非以出质登记的时刻作为判断基准。

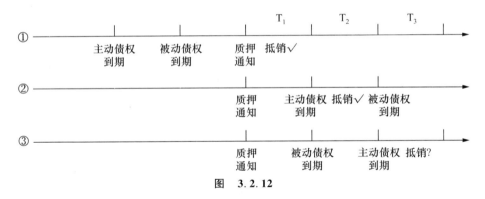

图 3.2.12

1. 主被动债权到期后完成质押通知,之后债务人作抵销(①)

抵销适状早于质押通知,因此抵销胜出(类推适用 549.0.1)。实际上,最高人民法院也是以质押通知与抵销适状的先后作为判断基准的。[①]

2. 发出质押通知时主被动债权均未到期,但主动债权先于被动债权到期,债务人于主动债权到期后被动债权到期前抵销(②)

在此情形,尽管抵销适状晚于质押通知,但截至抵销之时被动债权(被质押债权)尚未到期,质权人只有待其到期后才能行使质权,因此仍是抵销胜出。

---

① 中国农业银行股份有限公司上海市分行与上海金源国际经贸发展有限公司等应收账款质权纠纷再审案,最高人民法院(2012)民申字第 1019 号民事裁定书。

3. 其他情形

在其他的情形(③以及质押登记时主动债权尚未发生的情形),债务人无权抵销,除非主动债权与被质押的应收账款债权基于同一合同。

第5节　合意抵销

一、意义

互负债权债务的当事人可能因为双方的债务未达到抵销适状——最为常见的是主动债权尚未到期的情形,而无法作法定抵销。这时,合意抵销的意义便凸显出来。当事人可能出于简便结算的目的,或者出于担保的目的,通过合意实现抵销的效果。

二、类型

1. 狭义的合意抵销

  (1) 含义

   (a) 双方之间的合意抵销

    互负同种类债权债务的当事人通过合意,直接使得双方的债权债务在等额的范围内归于消灭。

   (b) 多方之间的合意抵销

> **例 3.2.25**
>
> C 对 A、A 对 B、B 对 C 分别负担 70 万元、80 万元和 90 万元的债务。
>
>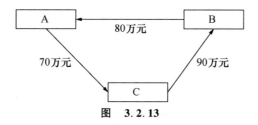
>
> 图 3.2.13

如果不通过债权转让的方式实现互负债权债务的状态,要想简便结算,只能通过三方合意抵销,使得多方之间的债权债务在等额内归于消灭。在

【例 3.2.25】中,三方合意抵销的结果是:A 对 B 负担 10 万元债务,B 对 C 负担 20 万元债务。

(2) 与更改的区别

互负债权债务的双方当事人通过对双方之债的更改,也可以使其均归于消灭。但不同之处在于,更改产生新债,新债与旧债之间的同一性被切断;而合意抵销后如果还有残余的债权,该债权与原债权之间仍保持同一性,这就意味着债权人可以继续享受原债权上的担保,但也必须承受原债权上的抗辩。

此外,更改未必严格要求双方对等数额之债务的消灭,但合意抵销毕竟也是抵销,需要数额上的对等消灭。

当然,合意导致双方债务在等额范围内消灭的情形究竟为合意抵销还是更改,需结合合意的解释来确定,详见本书第 3 部第 3 章第 4 节。

(3) 与合意免除的区别

如果以债务的同种类作为抵销的前提,则不同种类之债之间的合意消灭便不属于合意抵销,或许可以命名为合意免除。

2. 抵销预约

双方可以采用预约的形式约定:在一定的事实发生时,一方可以行使预约完结权①,发生合意抵销的效果。

3. 附停止条件的抵销契约

互负债权债务的双方还可以通过附停止条件的抵销合意来实现债务在对等范围内消灭的效果。

4. 准法定抵销

互负债权债务的双方可以通过合意,人为地创设出抵销适状,再作法定抵销。人为创设抵销适状的方法,最主要的是约定当一定的事实发生时相对人的期限利益丧失,从而使得主动债权的期限提前到来。

【深化】 日本银行交易契约书中剥夺债务人期限利益的特别条款

在日本,到银行开户的客户,一般需要在有诸如下列条款的合同格式文本上签字:
"第 M 条

Ⅰ 如果就我发生了下列事由,则即使贵银行不作通知催告,我对贵银行的一切债务也当然丧失期限利益,我必须立即清偿债务:

③ 就我或者保证人的存款以及其他对贵银行的债权,临时扣押、保全扣押、扣押的命令、通知发出之时;

---

① 预约完结权是约定的形成权,根据约定可以由预约的一方当事人享有,也可以由双方享有。享有预约完结权的一方作出完结的意思表示,则预约升格为本约。

……

第 N 条

I 因为期限的到来、期限利益的丧失…等其他事由,我不得不履行对贵银行的债务时,贵银行可随时以该债务与我的存款及其他对贵银行的债权相抵销,而不论该债权的期限是否到来。"

1. 银行的意图

之所以以扣押命令发出之时为准,是因为按照日本的民事执行法,扣押的效力于扣押命令(我国民事诉讼法上称为"通知")送达时发生。这样一来,相对人丧失主动债权的期限利益总是早于扣押生效,抵销也就永远优先于扣押,使得银行在与客户的其他债权人的争斗中永远处于不败之地。

2. 条款的对外效力

这种条款的效力能否及于第三人(客户的其他债权人)?

(1) 否定说

持批判立场的理由包括:

(a) 缺乏合同的相对性以及公示;

(b) 危害到其他债权人的利益;

(c) 造就无法扣押的财产,架空强制执行制度。

(2) 肯定说

这是日本最高法院的立场①,理由如下:

(a) 抵销预约是银行交易的常识

这样的约定不需要公示,即可对抗第三人。

(b) 抵销对于银行业务的重要性

以储户的存款作为担保是银行交易的重要担保手段。

---

① 最高裁判所昭和四十五年(1970年)6月24日判决,最高裁判所民事判例集24卷6号587页。

第3章　债的其他消灭原因

第 1 节　提存
第 2 节　代物清偿与以物抵债
第 3 节　为清偿之给付
第 4 节　更改
第 5 节　免除
第 6 节　混同

第 1 节 提 存

一、概述

（一）清偿提存的目的和规范体系

1. 清偿提存的目的

因债权人风险范围内的原因导致债务无法清偿时，提存赋予债务人消灭债务的可能性。

2. 清偿提存的定义

债务人为债权人的利益，将给付的标的物交给提存机关保管，以此消灭债务的行为。①

3. 提存的规范体系和类型

（1）提存的规范体系

（a）《民法典》中关于提存的要件和效力（570—574）的规定。

（b）司法部 1995 年颁布的《提存公证规则》。

（2）提存的类型

（a）清偿提存

以清偿为目的，提存后发生债之关系消灭的效力的提存（557.1.3）。

（b）担保提存

以担保之目的而为的提存（390 及以下类似条文）。

本书下文仅讲解清偿提存。

（二）清偿提存的性质

1. 比较法

从比较法来看，因提存机关通常具备公法性质，因此提存具备公法和私法的双重性质。

（1）德国法

德国的提存机关为地方法院，因此提存的性质是具有公法性质的保管

---

① 中田，439、440 頁。

关系。①

(2) 日本法

日本法规定,在金钱或有价证券提存时,提存机关为司法局;其他物品提存时,提存机关为司法部长指定的仓库或银行。学说认为,提存是为第三人利益的保管合同。不过,由于提存机关是具有公法属性的司法局,因此提存官员的行为是行政处分行为。②

2. 我国法

提存机关为公证机构。

公证机构与当事人之间发生纠纷,当事人可以提起民事诉讼(公证法 43)。可见,公证机构不是行政诉讼的主体。在这个意义上,提存在性质上不具公法属性。③ 在我国法中,提存是一种纯私法性质的为第三人利益的保管合同,并且私法赋予其消灭债权的效果。

二、提存的要件

提存需要符合提存的实质要件。

(一) 提存人

尽管实定法所规定的提存主体为债务人(529、557.1.3、570—572),但围绕其他主体是否具有提存资格,存在争议。

1. 最狭义的观点

在解释论上唯有债务人有提存资格。④

2. 稍宽松的观点

除了债务人外,对于清偿拥有合法利益的第三人也有提存资格。⑤

3. 最宽松的观点

凡是能够清偿债务的人,均可以提存。⑥ 本书赞同这一立场。即便是对于清偿无合法利益的第三人,只要可以作有效的清偿,没有理由不赋予其提存的权限。

(二) 提存事由

根据第 570 条和《提存公证规则》第 5 条、第 6 条,提存的事由可作如下分类:

---

① 罗歇尔德斯,第 152 页。
② 中田,440、441 頁。
③ 相反,也有观点认为我国法上的提存亦为公法上的保管关系。参见张谷:《论提存》,载《清华法学》(第二辑),清华大学出版社 2003 年版,第 188 页。
④ 韩世远,第 720 页。不过,即便是最狭义的观点,估计也不会否认债务人之外被赋予了清偿权限的人(例如履行辅助人、破产管理人等)也有权提存。
⑤ 王利明:《合同法新问题研究》,中国社会科学出版社 2003 年版,第 582—583 页;张谷,同注③,第 197 页。
⑥ 余延满:《合同法原论》,武汉大学出版社 1999 年版,第 509 页;潮见 II,77 頁。

1. 债权人拒绝受领
    (1) 正当理由?
       现行法上将可以提存的拒绝受领限定为"无正当理由"的情形,然而,这样的限定不具有正当性。换言之,即便有正当理由,也不能阻挡清偿人的提存。
    (2) 受领迟延的必要性?
       债权人拒绝受领本身并不会使其自动陷入受领迟延的状态。只有在债务人作了现实的清偿提供或者口头提供之时,债权人才会陷入受领迟延。在债权人拒绝受领的情形,债务人在提存之前是否还需要债权人陷入受领迟延的状态,即是否需要债务人作现实的清偿提供或者口头提供? 对此,德国法明确予以肯定(德民372)。在2017年债法修改之前,日本法对此未予以明确,从而导致学说上的纷争。2017年的债法修改明确将清偿的提供追加为提存之要件(日民494. 1.1)。我国的通说也将清偿的提供作为债权人拒绝受领情形下清偿人提存的要件。① 这一立场从《提存公证规则》第5条中也可以找到依据。
    (3) 履行期到来前的拒绝受领
       如果债权人在履行期到来之前便表示将拒绝受领,则清偿人能否提前提存? 通说认为,提存会给债权人带来一定的不利益,例如风险的转移、提存费用的负担;履行期到来前原本债务人需要负担保管义务等。为此,即便债权人在履行期到来前拒绝受领,提存仍需要等到履行期的到来。②
2. 债权人下落不明的情形(570.1.2)
    需要注意的是,尽管债权人下落不明,但当另有确定的有受偿权限之人时,清偿人应首先向该主体清偿,如受领辅助人以及债权人被宣告失踪情形的财产代管人。
3. 债权人死亡未确定继承人、遗产管理人,或者丧失民事行为能力未确定监护人的情形(570.1.3)
    在债权人死亡未确定继承人、遗产管理人的情形,债权的承继人未确定,其他的受领权限人也未确定。在债权人丧失民事行为能力未确定监护人的情形,债权人虽然是确定的,但不存在具有受领权限之人。在此情形下,债务人无法作清偿的提供,可以在债务到期时直接提存。
4. 债权人不在债务履行地又不能到履行地受领、债权人地址不清(提存公证规则5.0.2、5.0.3)
    非因债务人的原因导致债权人不在债务履行地又不能到履行地受领的情形,以及履行地在债权人的住所地或者居所地但因债权人的原因导致地址不明的情形,债务人不必作清偿的提供,可以在债务到期时直接提存。

---

① 崔建远,第198页;韩世远,第718页。
② 张谷:《论提存》,载《清华法学》(第二辑),清华大学出版社2003年版,第192页;韩世远,第718页。

5. 法律规定的其他情形(570.1.4)

从第 570 条第 1 款第 4 项的规定可知,法秩序为了保护债权人的利益,对于提存事由采取了法定主义的立场。问题在于,现有的规定是否足够周延。例如,债权人是谁有可能难以查明。

例 3.3.1

债务人发布的悬赏广告内容为:谁先发现遗迹便奖励谁 1000 元。结果有数人报告是自己首先发现的,但债务人难以判断究竟谁是第一个发现者。

在这样的情形中,一律不允许债务人提存未必合理。如果债务人付出了合理的努力仍无法判别债权人是谁,应类推适用第 570 条第 1 款第 3 项的规定,允许清偿人提存。

例 3.3.2

债权人 G 将债权多次转让,但从未通知过债务人 S。S 仅知道债权已经转让,但无从辨别谁取得了债权。

关于债权的多重转让中各受让人之间的优劣顺序存在明确的规则(768),此例中的债务人识别谁是债权人并不困难,因此如果不存在法定的提存事由,债务人无权提存。

6. 约定提存

当事人可以约定提存的事由,在发生约定的情况时,债务人可以提存(提存公证规则 6)。

(三) 提存标的

清偿人所提存的标的物应合乎债之本旨,且须适合提存。

1. 提存的标的物与债之本旨相符

既然提存是债的消灭原因,那么,提存物必须符合债之本旨。

例 3.3.3

甲向乙购买一颗 AAA 级别钻石,但履行期届满后,甲拒绝受领,陷入迟延。乙提存时应当提供合同约定的 AAA 级别钻石。

是否允许债务人作部分提存?

> **例 3.3.4**
> 甲向乙借款 100 万元,到期还款时,乙失踪下落不明。因为资金不够,甲能否先提存 60 万元?

有学说认为,部分提存原则上不发生提存的效力。但如果提存数额仅少量不足时,在提存额的范围内发生提存的效力。[①] 本书的立场是,将部分提存和部分清偿作相同处理,即在允许部分清偿的情形就应当允许部分提存。

2. 标的物适合提存

(1) 标的物具备提存可能性

(a) 提存费用不过高

(b) 没有毁损或灭失的危险

给付标的不具备提存可能性时,债务人可以拍卖或变卖标的物,提存所得价款(570.2)。债务人此种拍卖或变卖标的物的行为也被称作"自助卖却"。"自助卖却"的前提包括:存在提存的原因;标的物有毁坏之危险或保管费用过高。

(2) 我国实证法列举的标的物

根据《提存公证规则》第 7 条的规定,可以提存的标的物类型相对较少,其规定如下:"下列标的物可以提存:(一) 货币;(二) 有价证券、票据、提单、权利证书;(三) 贵重物品;(四) 担保物(金)或其替代物;(五) 其他适宜提存的标的物。"从该规定中看不出不动产是否可以成为提存标的,但《提存公证规则》中涉及不动产(提存公证规则 15,22.4),由此可知至少在制度上允许不动产的提存。

三、提存的程序(提存方法)

除了实质要件外,提存需要符合程序要求。

(一) 提存的当事人

提存涉及三方当事人,即提存人、提存机关和债权人。根据《提存公证规则》,我国的提存机关为公证处。

(二) 提存的标的物

(三) 提存的方式及费用

1. 提存的方式

提存人申请提存须提交公证申请表,并提交申请人的身份证明文件、履行的依

[①] 韩世远,第 721 页。

据、提存标的物种类、质量、数量、价值的明细表、发生提存原因的证据等材料(提存公证规则 9)。公证处应在收到申请之日起三日内作出受理或不予受理的决定。不予受理的,公证处应当告知申请人对不予受理不服的复议程序(提存公证规则 10)。

2. 提存的费用

提存费用包括:提存公证费、公告费、邮电费、保管费、评估鉴定费、代管费、拍卖变卖费、保险费,以及为保管、处理、运输提存标的物所支出的其他费用(提存公证规则 25.2)。提存受领人未支付提存费用前,公证处有权留置价值相当的提存标的物(提存公证规则 25.3)。提存的费用由债权人承担(573S3)。

(四) 提存的成立

提存自提存人交付提存机关时成立,需注意的是,提存成立并不意味着立即发生提存的效力。

四、提存的效力

(一) 债权性效力

1. 风险移转

标的物提存后,毁损、灭失的风险由债权人负担,即自债务人提存之时对价风险发生转移(573S1)。然而,在债权人陷入受领迟延的时刻,对价风险已经转移(605)。为此,只能将第 573 条第 1 句中的风险转移作限缩解释,即在非因受领迟延而提存的情形,自提存之时风险发生转移。① 具体而言,当是指债权人下落不明的情形,以及债权人死亡未确定继承人、遗产管理人,或者丧失民事行为能力未确定监护人的情形。

2. 债权人的领取权

提存之后,债权人得请求领取提存物。该权利自提存之日 5 年内不行使而消灭,提存物扣除提存费用后归国家所有(574.2)。

3. 清偿人的给付拒绝权和取回权

(1) 给付拒绝权

清偿人可以要求提存机关拒绝债权人领取提存物(574 但)。债务人的给付拒绝权本质上是一时的抗辩权。② 债务人行使给付拒绝权,则提存不发生消灭债之关系的效力,因为行使拒绝权意味着债务没有履行完毕,债权人也没有取得提存物的占有。在存在给付拒绝权的情况下,债务人不会产生迟延责任。

清偿人行使给付拒绝权的要件如下:

---

① 韩世远,第 727 页。
② BeckOGK/Ulrici, 1.4.2022, BGB § 379 Rn. 24.

（a）债权人对债务人负有到期债务；
　　（b）债权人未履行或提供担保。
　（2）清偿人的取回权
　　围绕提存之后清偿人是否原则上享有取回权，存在不同的立场。
　　（a）否定说
　　　　一种观点认为，债务人原则上无取回权，仅在《提存公证规则》第26条和《民法典》第574条第2款第2句规定的三种情况下才有权取回。①
　　　（甲）债务人取得法院生效文书；
　　　（乙）债权人书面放弃受领权；
　　　（丙）债权人未履行对债务人的到期债务。
　　（b）肯定说
　　　　另一种观点则认为，债务人随时可以取回，理由在于：既然提存是为第三人利益的保管合同，那么作为合同当事人的债务人也保留了保管物返还请求权。②
　（3）取回的效果（提存公证规则26.3）
　　清偿人一旦取回提存物，视为未提存。取回前已经发生的提存费用由提存人承担。提存人未支付提存费用前，公证处有权留置价值相当的提存标的。
4. 债务人的债务消灭
　　在债务人无给付拒绝权或取回权的情形，自提存发生之日起，债务人的债务即归于消灭。相应地，自提存之日起，债权人无权请求债务人支付利息。
5. 债务人的通知义务
　　提存后，债务人应当及时通知债权人或者债权人的继承人、遗产管理人、监护人、财产代管人（572）。
6. 提存机关的保管义务
　　提存机关负有妥当保管提存物的义务（提存公证规则19）。因提存机关过失致提存物损害的，债权人可以请求提存机关作损害的赔偿（提存公证规则27.2、27.4）。

（二）物权性效力

1. 货币所有权移转于提存机关
　　在提存物为货币的情形，基于货币"占有即所有"的特点，提存机关取得所有权。
2. 对其他提存物，提存机关取得直接占有
　　在提存物不是货币的情形，提存机关为直接占有人。至于间接占有，首先发生

---

① 王洪亮，第187页。
② 参见韩世远，第728页。

在提存人与提存机关之间；随后，在债权人向提存机关承诺接受提存之时，无承诺的情形则在请求领取之时，发生指示交付的效果，债权人取得所有权，成为间接占有人。

3. 孳息归属于债权人

提存之后，孳息归属于债权人（573S.2）。

第 2 节　代物清偿与以物抵债

例 3.3.5

S 拖欠 G 货款 100 万元未能及时清偿。于是，双方商定以 S 所有的房屋抵债。
① S 已经将房屋过户到 G 的名下。
② S 尚未将房屋过户到 G 的名下。
问：G 对 S 是否还享有债权？如果是，享有的债权内容是什么？S 可否任意选择给付？

一、代物清偿

（一）含义

1. 概念

在比较法上，代物清偿是债的消灭事由之一，指债务人在取得债权人同意的前提下，提供他种给付来替代其所负担的给付时，该给付行为与清偿具有相同的效力，从而导致债的消灭（德民 364.1、日民 482）。

在【例 3.3.5】①中，G 同意以异于原给付（100 万元金钱）之内容（S 名下的特定不动产）作为替代，且已经完成了过户登记，所以 G 对 S 的债权便归于消灭。

2. 清算义务的有无

稍有疑问的是，替代给付的价值与原给付的价值通常未必一致，这时是否需要在清算的基础上多退少补呢？既然债权人与债务人愿意以替代给付的提供来替代原给付，那么原则上就不存在清算的余地。只不过，在原债务到期前代物清偿的，将被视为让与担保，因而发生清算义务（合同编通则解释 28.3）。此外，代物清偿构成对债权人之债权人的诈害行为时，将成为债权人撤销权的对象（合同编通则解释 43）。

3. 瑕疵给付的情形

若债务人提供的替代给付存在权利或者物理瑕疵,需要负担与就原给付作瑕疵履行情形相同的责任(德民 365)。

(二) 定性

关于代物清偿的本质,存在不同的理解。

1. 要物合同说

既然代物清偿是债的消灭原因,那么就需要债务人实际提供了约定的替代给付,并且被债权人受领,才算代物清偿。因此,代物清偿合同属于要物合同。故【例 3.3.5】①属于代物清偿,而【例 3.3.5】②不属于。在【例 3.3.5】②中,G 不能请求过户,只能请求原来的给付。代物清偿之合意的价值在于使得债务人提供的替代给付可以发生与提供原来之给付相同的效果。

然而,要物合同说存在种种的不足。首先,若采用这种立场,就意味着代物清偿不是被当作一个过程来把握的,而是仅仅作为一个结果来把握:在债务人尚未**提供**替代物的阶段,债权人只能请求原来的给付,因为以原给付为内容的债尚未消灭;一旦代物清偿生效则原债权通过这样一个不需要履行的合同而被消灭。要物合同通常是债的发生原因,在这里却成了债权关系消灭的一个环节。其次,要物合同通常是一种无偿合同,而代物清偿却是有偿的——作为债务人提供替代给付的代价,债权人无法再主张原来的给付。最后,若采要物合同说,则在提供替代给付之前合意并不生效。这样的结论显然有违当事人的意思。这种合意理应会发生某种私法上的效果。

2. 诺成合同说①

代物清偿是诺成合同,其并没有即刻让债务人负担新债,产生的只是一个给予债务人替代权的任意之债,债务人可以自由选择行使与否。在【例 3.3.5】②的情形,S 可以在原给付内容与新给付内容之间自由选择,但 G 只能请求原给付。

如果采取这种学说,代物清偿的合意本身便不再是债的消灭原因。

二、以物抵债

以物抵债原本既不是一个法律概念,也不是一个学理概念。顾名思义,以物抵债大体指债权人与债务人或第三人商定以债务标的之外的物(当然可以扩展为他种给付)来清偿债务。但最高人民法院在多部司法解释中的使用,使其变成了一个法律概念。较之于具有相对固定含义的代物清偿,我国法上的以物抵债具有更宽泛的含义。以物抵债与代物清偿的关系取决于观察者对两者所作的界定。

---

① 肖俊:《代物清偿中的合意基础与清偿效果研究》,载《中外法学》2015 年第 1 期,第 56—58 页。

(一) 以物抵债的类型

1. 以合意相对于债务履行期限的先后为基准

可以区分为履行期届满前的以物抵债和履行期届满后的以物抵债。

> **例 3.3.6**
>
> 甲从乙处融资500万元,为了担保双方同时签订买卖合同,约定若甲到期不能偿还本息,就将融资款视为购房款,到时甲需要将其房产过户给乙。

对于履行期届满前的以物抵债,有观点认为构成担保。然而,这种观点是不成立的。这是因为,如果构成债务不履行,债权人原本就有权强制执行债务人的责任财产,这样的约定既没有强化债权人的地位,也没有增加可供执行的责任财产。要通过以物抵债实现担保功能,还需要让与担保或者预告登记等制度的配合。

2. 以本约或预约的基准

可以区分为以物抵债本约和以物抵债预约。

所谓以物抵债预约,是指债权人与债务人或第三人就债务将来得不到履行时债务人以替代给付予以清偿的合意。具体的方法有两种:一种是赋予债权人预约完结权,在债务得不到履行时,债权人行使预约完结权;另一种是将以物抵债合意设计成附停止条件的合意。

在实践中,债权人与债务人常常会在发生债权债务关系的合同中同时作出以物抵债的预约(如【例3.3.6】)。

(二) 法院的立场

1. 早期

> **例 3.3.7**
>
> 丙公司拖欠乙公司3000余万元,双方商定以一价值基本相当的土地使用权抵债。土地使用权始终未过户,而乙公司拖欠成都市武侯区国土局征地费用2100余万元。武侯区国土局向法院起诉,请求代位行使乙公司对丙公司之土地使用权的过户请求权。
>
> 最高人民法院认为,在新债未履行前,原债务并不消灭,当新债务履行后,原债务同时消灭。债权人可以行使代位权,向次债务人请求2100余万元。[1]

---

[1] 成都市国土资源局武侯分局与招商(蛇口)成都房地产开发有限责任公司、成都港招实业开发有限责任公司、海南民丰科技实业开发总公司债权人代位权纠纷案,最高人民法院(2011)民提字第210号民事判决书,载《最高人民法院公报》2012年第6期。严格来说,该判决的表述并不严谨。既然是要物合同,就无须考虑过程。所以在仅达成代物清偿合意的阶段,要物合同本身尚未成立,既不存在"履行"之说也不存在新债务旧债务之说。

从该判决中可看到,对于履行期届满后的以物抵债,最高人民法院早期采取的是要物合同说的立场:
(1) 在替代给付提供之前,原债务不消灭;
(2) 债权人不能依据代物清偿的合意请求替代给付。

2. 司法解释的立场
(1) 债务履行期限届满前的以物抵债合意(合同编通则解释28)

对于债务履行期限届满前的以物抵债合意可进一步区分不同情形。

(a) 约定到期未清偿时债权人可以对抵债财产拍卖、变卖、折价以实现债权的情形

该约定有效。不过,这并不意味着债权人可以请求他种给付。在履行期限届满前的以物抵债协议属于要物合同,即仅当债务人或第三人提供替代给付时原有的债务消灭。

这样的以物抵债合意发生在债权人与第三人之间时才有意义,发生在债权人与债务人之间时,并不会改变双方原有的法律地位,因为债权人原本就可以强制执行债务人的责任财产。

(b) 约定到期未清偿时抵债财产归债权人所有的情形

该约定无效,哪怕抵债财产已经移转至债权人名下。

之所以不认可履行期届满前以物抵债的诺成性效力和更改效力,估计是担心债务人遭受心理压迫,造成给付不均衡的结果。不过,这样的认知未必妥当。履行期届满前后债务人所遭受的心理压迫未必会有多大的变化。债务人遭受心理压迫最大的时刻往往在债务发生之前。债务发生前的问题,由法律行为法(特别是显失公平制度)来应对即可,无须再制定特别法。

(c) 抵债财产尚未转移至债权人名下的情形

债权人无权从该财产上优先受偿。

(d) 抵债财产已经移转至债权人名下的情形

视为让与担保,债权人可按照实现担保物权的方式从抵债财产上优先受偿。

(2) 债务履行期限届满后的以物抵债合意(合同编通则解释27)

该协议自当事人意思表示一致时生效;债务人或第三人履行以物抵债协议,则相应地原债务同时消灭;若债务人或第三人不自愿履行,则在经债权人催告的合理期间经过时,债权人对于原给付和他种给付享有选择权。这就意味着履行期限届满后的以物抵债合意属于诺成性合同。稍有疑问的是,达成以物抵债合意之后,债务人若提供原给付标的,是否构成清偿的提供,并不明确。

(3) 以物抵债与代物清偿的关系

不难看出,司法解释中的以物抵债制度与传统民法上的代物清偿并不对应。

三、本书的立场

（一）当事人可能的意思

在债权人与债务人商定用另一种给付替代原来之给付的情形，无论当事人将其合意命名为何，双方的真实意图都存在着多种可能性：

1. 原债权即刻消灭

　　选项 A：以物抵债合意构成更改，仅凭合意就导致旧债消灭，并形成新债；债权人只能请求替代给付，债务人也只能提供替代给付。

2. 原债权并不即刻消灭

　　（1）选项 B：债权人可以在原给付与替代给付中任意选择一种请求，债务人只能提供原给付。

　　（2）选项 C（任意之债，详见第 1 部第 4 章第 2 节四）：债务人可以在原给付与替代给付中任意选择一种提供，而债权人仅能请求原给付。此选项即采诺成合同说之代物清偿。

　　（3）选项 D（学理上称为新债清偿，或者间接给付）：债权人只能先请求替代给付，债务人也只能先提供替代给付，但原债务在替代给付得到履行前并不消灭，在替代给付发生债务不履行时，才能重新主张原来的给付（德民 364.2）。

（二）解释规则

在债法领域，通常没有理由不尊重当事人的意思自治。既然以物抵债的合意存在多种可能性，那么在实际的纠纷中法官要做的，就不是将某种选项强加给当事人，即用固定的概念去削足适履，而应探究当事人的真意。学说和立法者的使命，便是发现交易的常态，将其确立为解释规则，以减轻法官作意思表示解释时的负担。司法解释中的相关规则应定性为任意规范；当可以确定当事人具有不同的意思时，应遵从其意思。

1. 交易常态

　　相较于更改，诺成性的合意更符合交易常态。因此，较之选项 A，选项 B、C、D 更符合交易常态。

2. 价值判断

　　此外，考虑到以物抵债在客观上有利于债权人，在确立解释规则时还应适当向债务人作利益上的倾斜。在选项 B、C、D 中，选项 C 给债务人造成的负担最轻。

3. 结论

　　综上可知，理想的解释方案是选项 C——任意之债。这是本书不同于司法解释的立场。

（三）替代给付存在瑕疵的情形

仅从形式上看，以物抵债或者代物清偿似乎都是债务人无偿地向债权人负担了债务。果真如此,那么当替代给付的履行存在瑕疵时,本应类推适用无偿合同的规则(662)。然而,以物抵债也罢,代物清偿也罢,在本质上都是有偿合同,因为替代给付与债权的消灭之间存在着经济上的对价关系。因此,替代给付存在瑕疵时,债权人可以追究债务人的债务不履行(违约责任),具体包括补正、损害赔偿、解除以及减价。

第 3 节　为清偿之给付

一、概念

另一种与代物清偿容易产生混淆的债之消灭方式,是为清偿之给付。所谓为清偿之给付,是指债权人受领了不合原定债之本旨的给付,经清偿人与债权人之间的合意,借助债权人取得之该给付的变价而生之利益,发生债务清偿的效力。① 亦称为间接给付。

> **例 3.3.8**
> 　　S 对 G 负担给付 100 斤大米的债务,G 接收了 S 交付的 130 斤小米,双方约定由 G 兑换成大米,以此来满足 G 的债权。

> **例 3.3.9**
> 　　S 对 G 负担 10 万元金钱债务,G 接收了 S 签发的一张金额为 10 万元的票据,双方约定由 G 将票据变现,以此来满足债权人的债权。

二、与代物清偿的区别

(一) 合意的发生时点

1. 代物清偿

以他种给付替代原给付的合意,发生在给付之前。

2. 为清偿之给付

以他种给付替代原给付的合意,既可以发生在债权人受领他种给付之前,也可以发生在受领之后。

---

① 史尚宽,第 819 页;王洪亮,第 170 页。

（二）原债的消灭时点

1. 代物清偿

原债的消灭时点取决于对代物清偿的理解。但不管怎样，在债权人受领他种给付之时，原债归于消灭。

2. 为清偿之给付

原债的消灭，要等到债权人变价他种给付并能够获得足够利益之时。在上述两个事例中，债权人接收小米之时、双方达成合意之时，原债并不消灭。只有等到债权人以 130 斤小米兑换到不少于 100 斤大米时，原债才消灭。

（三）瑕疵担保①

> **例 3.3.10**
>
> S 对 G 负担 100 万元金钱债务，双方约定 S 提供一幅清代中期的书画抵债。收到书画的 G 托人鉴定后发觉，该书画系民国时期的赝品。

1. 代物清偿

由于在代物清偿的情形他种给付直接替代了原给付，因此，他种给付存在瑕疵时，发生瑕疵担保责任。

> **例 3.3.11**
>
> S 对 G 负担 10 万元金钱债务，G 接收了 S 的一幅书画，双方约定由 G 将该书画变现，以此来满足债权人的债权。经人鉴定，该书画系民国时期的赝品。

2. 为清偿之给付

在为清偿而给付的情形，债权人的利益能否实现取决于变价。在变价问题上债权人与清偿人之间存在类似于委托的关系，在这种关系中，委托人对于受托人并不负担瑕疵担保责任。就【例 3.3.11】而言，即便"委托人"S 提供的书画是赝品，也无所谓。关键看该书画的变现数额能否满足债权人。

三、效果②

（一）债权人的地位

1. 变价权利

债权人通过其与清偿人之间的合意被赋予了将所受领之物予以变价的权利。

---

① 王洪亮，第 171 页。
② 王千维：《论为清偿之给付》，载《政大法学评论》第 121 期（2011 年）。

对于债权人的变价行为,债务人无权干涉。

2. 变价义务

债权人应当先就他种给付予以变价。在变价之前,其无权请求债务人履行原定债务。唯有变价后债权不能获得足额实现时,债权人才可就不足部分向债务人请求履行原定债务。

为清偿之给付只是为债权人额外创设了实现债权的另一途径,除非有特别约定,并未赋予原债额外的期限利益。因此,如果非因债权人的原因导致未能在原债履行期内变价,则债务人仍陷入履行迟延。

(二) 债务人的地位

1. 原有的抗辩

为清偿之给付只是为债权人额外创设了实现债权的另一途径,债权人并不因此而取得其他利益。除非有特别约定,债务人对债权人的抗辩并不丧失。

2. 变价前的抗辩

在债权人变价之前,债务人有权拒绝履行原定债务。

第 4 节 更改

一、更改的概念及意义

更改,是指当事人通过合意,以取代旧债的方式形成新债的合同。亦称为债务更替、债务更新。更改可以是对债权人的更新,对债务人的更新,还可以是对债务内容的更新。

例 3.3.12

G、S 之间围绕工程建设存在复杂的纠葛,经过友好协商,双方达成了结欠协议:S 对 G 负担 100 万元的金钱债务,承诺于某年某月某日前清偿完毕。

例 3.3.13

因为双方的不小心,G、S 在各自驾驶汽车时发生了碰撞。结果 S 的车受损较大;而 G 的车受损不大,但是 G 被撞伤。经过双方相互的让步,最终商定 S 赔偿 G1000 元医药费,彼此不再追究对方责任。

（一）概念的辨析

1. 更改与代物清偿

　　代物清偿仅仅是消灭债的合意，而更改却同时产生新债。

2. 对内容的更改与债之内容的变更

　　因债务内容的更改所消灭的旧债与成立的新债之间不存在同一性，因此旧债上的从权利、抗辩均与新债无关。而债之内容的变更，则依然维持着债的同一性，因此其上的从权利、抗辩依然存在。

3. 对债权人的更改与债权转让

　　对债权人的更改与债权转让有些类似，都是由新债权人取代原来的债权人，但两者之间同样存在显著的差异，即更改后债务人负担的债务与原债务之间不具有同一性，这就导致新债权人无法享受原债权上的担保。

4. 对债务人的更改与免责的债务承担（详见第5部）

　　对债务人的更改与免责的债务承担有些类似，都是由新债务人取代原来的债务人，但两者之间存在显著的差异，即更改后债权人所享有的债权与旧债权之间不具有同一性，而债务承担中债权人享有的债权与原债权具有同一性。这就导致，在债务承担中承担人可以主张原债务人的抗辩（抵销除外，德民417.1、瑞债179.1-2、台"民"303.1），但更改后的新债务人却无法主张。

（二）更改的意义

　　在罗马法时代，债具有强烈的人身属性（称为法锁），因而法秩序不承认债权转让、债务承担，于是当事人只能依靠更改（债权人的更改和债务人的更改）来实现债主体的变动。然而自近代以来，债的人身属性仅在例外情形才被承认，债权转让、债务承担均为自由。此外，由于更改的效果过于剧烈，在大多数情形，并不符合变更债之内容之当事人的本意，因此，更改的意义经历了一个逐渐式微的过程。尽管如此，社会生活中常见的结欠协议、和解协议往往都可以定性为更改。此外，活期账户的债权变动也属于更改。随着交易的复杂化，更改的意义或许重新显现。商事领域的交互计算便是一例。

　　尽管实定法未将更改列为债的消灭原因，但没有理由不尊重当事人的自治。是否存在更改，需要通过对合同的解释来确认。

二、更改的要件

（一）旧债的存在

（二）更改的合意

1. 更改的效果意思

　　正因为债的更改与债之内容的变更、债权转让、免责的债务承担在外形上非常相像而效果相差甚大,因此,在判断是否构成更改时,需要格外谨慎。问题是该如何判断更改的效果意思? 早期的学理强调以债之要素的变化作为判断基准。[①] 日本法就曾明文规定,当事人订立变更债务要素的契约时,债务因更改而消灭(明治民 513.1)。然而,何为债务的要素,并不存在固定的判断基准;且这样的规定反而过于僵化了:当事人即便就债务的某项重要事项作出不同的合意安排,也未见得就打算割裂变更后之债务与原债务之间的同一性。为此,2017 年的日本债法修改抛弃了"债务要素"的表述,转而强调取代原债务的效果意思(日民 513)。更改的效果意思,是指通过成立新债以取代旧债的效果意思。是否具有这样的效果意思,关键看当事人有无维持新债与旧债之同一性的意思。

2. 更改的主体

(1) 对内容的更替

由债权人与债务人达成更改的合意。

(2) 对债务人的更替

由债权人与新债务人达成更改的合意,无须旧债务人参与。这与第三人清偿无须债务人同意是基于同一道理。[②] 不过,应类推免除的规则(575 但),赋予旧债务人在合理期间内拒绝的权利。

(3) 对债权人的更替

因为消灭旧债涉及原债权人的利益,而对新债权人负担新债涉及债务人的利益,为此,对债权人进行更改,需要债务人与新旧债权人三方之间的合意。

三、更改的效果

(一) 旧债消灭、成立新债

由于新债与旧债之间不存在同一性,为此,旧债上的从权利以及抗辩均随旧债而消灭。

(二) 更改合意无效或者其意思表示被撤销的情形

由于更改中效果意思包含了两层内容,即消灭旧债和成立新债,那么在更改合意无效或者其意思表示被撤销的情形,旧债的命运将如何呢? 原则上旧债恢复。但如果债权人有免除旧债的意思,则旧债不恢复。[③]

(三) 新债的债务不履行

在新债发生债务不履行时,债权人无权解除更改合同。这是因为,更改合同是以合同形式成立新债务的处分行为,而非以新债务的履行为目的的合同。[④]

---

① 史尚宽,第 827 页;韩世远,第 587 页。
② 史尚宽,第 829 页。
③ 潮见Ⅱ,334 頁。
④ 我妻,第 324 頁;於保,430 頁;奥田,610 頁。

第 5 节　免除

一、免除的性质及特征

（一）定义

免除指债权人对债务人所为使其债务消灭的单方意思表示。

（二）性质之争

免除的性质有单方行为说和合同说两种。

1. 合同说

    《德国民法典》第 397 条 1 款规定："如债权人通过合同对债务人免除其债务，债之关系消灭。"

2. 单方行为说

    《日本民法典》认为免除是单方行为，债权人得单方抛弃其债权。

3. 我国学说

    我国学界有力说倾向于合同说。理由如下：

    （1）债权关系以个人间高度信任为前提，债权的抛弃会导致债务人受益，而债务人可能仍希望履行债务，因此应当考虑债务人的意愿；

    （2）债权并非皆可抛弃。[①]

4. 我国立法

    我国《民法典》第 575 条采单方行为说，但赋予了债务人拒绝权。

5. 本书观点

    如果仅仅为了保护债务人的意志而采合同说，过于流于形式。采单方行为说加债务人拒绝权足以保护债务人的意志。此外，采合同说必须将债务人的沉默拟制为承诺，此种做法是否妥当，存在疑问。

（三）特征

1. 免除为单方、需受领的法律行为

    债权人需具备行为能力；未成年人作免除时，须经法定代理人同意。

[①] 参见张谷：《论债务免除的性质》，载《法律科学》2003 年第 2 期，第 81—83 页。

2. 免除为处分行为
3. 免除为无因行为

在免除行为之外,债权人和债务人之间须存在负担行为,该行为构成免除的原因,例如赠与合同或和解合同。

> **例 3.3.14**
> S 向 G 借款 100 元。G 为了向 S 示好,向 S 表示,这 100 元的债权他不要了。

其中,负担行为为赠与,处分行为为免除。免除无因性是指,即使赠与不生效,免除仍然有效。债务人须依据不当得利,向债权人返还债权。

免除的特殊性在于,负担行为和处分行为经常同时作出。如果负担行为存在效力瑕疵,免除不因此无效,债权人需要通过不当得利重新取得债权。

二、免除的方法

免除应由债权人向债务人以意思表示为之,其要件如下:

(一)免除人须有处分权

一般而言,有权处分债权的是债权人。

(二)免除须向债务人以意思表示的方式为之

(三)免除的客体是债权

1. 必须是独立的债权。
    (1)独立债权

    独立债权即与基础关系相互独立,能单独处分的债权。可免除的债权必须是独立的主债权或从债权。

> **例 3.3.15**
> 买卖合同中的价金债权;或者请求出卖人说明标的物品质的债权。

   (2)非独立债权

    非独立债权即与基础关系不能分离的债权。

> **例 3.3.16**
> 委托工人刷墙的合同中,工人负有不得损害其他家具的义务。

该债务不得免除,否则的话,该合同中不存在附随义务,工人即使因重大过失或故意造成损害也不构成违约,不会导致损害赔偿。这就与第 506 条相冲突了。

2. 债权必须现实存在

免除的债权可以是将来债权,包括广义将来债权和狭义将来债权。①

3. 法定不得免除的债权

在某些特殊情况下,为了保护债权人或第三人的利益,法律限制债权人免除。此种类型的债权在劳动法和公司法中较多,例如抚养费债权、股东的出资义务。

不得免除的债权主要指不能预先免除;在债权产生后,债权人可以自由处分。② 不得预先免除的理由在于避免债权人受到强势债务人的盘剥。而在债权产生以后,不存在被盘剥的风险。

三、免除的效果

1. 免除发生债务消灭的效力

债权人免除部分债务的,则发生部分债务消灭的效力。

2. 债权人的从权利也消灭。
3. 免除仅发生消灭单个债权的效力

债权人如欲消灭整个合同之债,须通过废止合同的方式为之。

第 6 节　混同

一、混同的定义

混同,即指债权和债务同归一人,债权原则上消灭的法律事实。

二、混同的原因

混同因债权或债务的继受而发生。

债权或债务的继受可分为概括继受与特定继受。

---

① BeckOGK/Wolber, 1.7.2022, BGB § 397 Rn. 33.
② a.a.O.

概括继受指取得他人的整体财产。概括继受是发生混同的主要原因。概括继受的情况包括继承、公司合并等。

特定继受指取得单个债权或承担单个债务。

三、混同的效果

（一）原则

混同消灭债权（557.1.5）。

（二）例外

1. 涉及第三人利益或债权人利益时

此种情况在证券化之债权和担保中尤为常见。

在票据关系中，汇票通过背书转让给出票人，虽发生混同之事实，但票据权利并不因之而消灭。

在担保中，担保人通过清偿取得了债权，此时如果发生混同，则担保消灭。但如果担保人在担保物上设定了多个担保，为了维持其担保顺位，例外地不发生混同的效果。

> **例 3.3.17**
> S 用自己的房产为 G_1 设定了第一顺位的抵押，以担保 G_1 对 S 的债权。后 S 在该房产上为 G_2 设定了第二顺位抵押。S 清偿了对 G_1 的债务以后，取得了 G_1 的债权。

此时，如果发生混同，则债权消灭，S 的抵押权基于从属性消灭。此时采抵押权顺位升进主义，G_2 成为第一顺位的抵押权人，对于 S 而言，即使其清偿了对 G_1 的债务，也只是改善了 G_2 的地位。因此为了保护 S 的利益，此时不发生混同的效力。

2. 债权、债务归属于同一人但需分别对待的情形

此种情况常见于限定继承和信托中。在限定继承中，继承人仅在取得遗产的范围内对被继承人的债务承担责任。如果继承人作为债权人或者债务人，因继承取得了债务或者债权，虽发生混同之事实，但继承人因继承而取得的被继承人对自己的债权属于遗产，而继承人对被继承人的债权属于其固有财产。如果发生混同的效果，则意味着继承人优先于其他遗产债权人获得了清偿，一旦遗产不足以清偿其他债务，继承人可以放弃继承，这有违公平。相反，在概括继承中，由于继承人要对被继承人债务承担完全的责任，因此即使混同，也不会影响其他遗产债权人的利益。

第4部
债的保全

第1章 概述

一、含义

所谓债的保全,原本是指通过确保债务人之责任财产以稳固债权人之债权的制度。责任财产,是指为了全体债权人的利益而存在的共同担保,即债务人的可以用来清偿债权人的全部财产。不过,在具体的立法例中,债的保全有可能被赋予了简易的债权回收使命。

二、手段

保全债的手段有两种。

1. 债权人代位权

> **例 4.1.1**
>
> G 对 S 拥有 100 万元的债权已经到期。D 之前将其不动产出卖给 S,S 早就支付了价金,但双方尚未完成不动产的过户。S 所剩财产不足以清偿其对 G 的 100 万元债务。

> **例 4.1.2**
>
> G 对 S 拥有 100 万元的债权已经到期,S 手中的财产不足以清偿,而 S 对 D 拥有相当的债权,且已经到期,但 S 却怠于向 D 请求履行,导致 G 的债权无法得到满足。

在上述两个事例中,债务人怠于行使自己的权利,导致债权人的债权实现受到影响。为了提升债权人回收其债权的可能性,法秩序允许债权人在一定要件下代债务人行使其权利,以应对债务人不维持其责任财产的消极状态。这便是债权人代位权制度(535)。

2. 债权人撤销权

> **例 4.1.3**
>
> 债务人 S 为了躲避债权人 G 可能的追讨,将其重要的财产(例如不动产)赠与或者以很低的价格卖给 D,导致 G 的债权难以得到满足。

> **例 4.1.4**
>
> 债务人 S 为朋友之债提供物上保证,将其不动产抵押给了 D,导致债权人 G 对 S 的债权难以得到满足。

为了提升债权人回收其债权的可能性,法秩序在一定之要件下赋予债权人 G

可以撤销债务人 S 所实施之危害债权人债权的法律行为(学理上称为"诈害行为")的权利,以应对债务人与相对人之间减少责任财产的积极行为。这便是债权人撤销权制度(538、539)。

三、正当性

原本在未征得本人同意的情况下,任何人均不得介入对本人财产的管理;否则,构成对私域自治的侵害。然而,无论是债权人代位权的行使还是债权人撤销权的行使,均突破了债的相对性,还构成了对债务人之财产管理自主性的干涉。不过,在债务人没有保持能够满足债权人之责任财产的情形,为保全责任财产,例外地允许债权人介入其财产管理,在价值判断上是可以被接受的。

当然,为防止过分介入债务人的财产管理,需要在具体的要件上作恰当的设计。制度的细节,将在下文中讲述。

实际上,当债权的实现因为债务人不维持责任财产的消极状态或者减少责任财产的积极行为而陷入危险境地时,债权人还可以利用强制执行制度来实现其债权。但如果一国的强制执行制度不够完备,则需要通过其他制度来补强。债的保全制度肇始于法国民法,就是因为法国法上的强制执行制度不够发达。不过,日本和我国均具有相对完善的强制执行制度,却仍引入了债之保全制度,使得债权人的地位得到进一步的稳固。

第 2 章　债权人代位权

第 1 节　债权人代位权的功能
第 2 节　债权人行使代位权的要件
第 3 节　债权人代位权的行使及效果

第 1 节　债权人代位权的功能

围绕债权人代位权的功能,学理上存在着相互对立的立场。

一、责任财产保全说

(一) 含义

债权人代位权的制度目的,是维持债务人的责任财产。由于责任财产构成对全体债权人之债权的担保,因此债权人代位权制度的目的是为稳固全体债权人的债权而保全债务人之责任财产。既然如此,债权人代债务人主张权利后所获得的财产首先应该回归债务人的责任财产(俗称为"入库",即进入债务人责任财产这一仓库)。其后,各个债权人再利用债权回收手段从责任财产中受偿。在后一环节,由于债权平等,各债权人彼此间处于竞争关系。

(二) 问题点

1. 调查债权总额的困难

责任财产保全说以债务人现有的财产不足以清偿全体债权人之债权作为前提。然而,由于没有类似于破产债权申报的制度,债权人实际上根本不可能调查清楚债务人所负担的全部债务。

针对这一批判,责任财产保全说或许作如下的反驳:债权人无须掌握债务人所负担的全部债务,只要能够证明其自身的债权得不到满足即可。因为如果特定债权人的债权都有实现不了的危险,那么全体债权人的债权自然更是岌岌可危。

2. 激励不足

入库规则对债权人行使代位权的激励不足。由于其他债权人可与行使了债权人代位权之债权人竞争行使代位权的成果,在客观上会挫伤行使代位权之债权人的积极性,这样的制度设计只会降低代位制度的利用频率。不仅如此,如果采取入库说,债权人在行使了债权人代位权后仍然需要申请强制执行。从历史渊源来看,最初法国法创建债权人代位制度的目的,就是弥补其强制执行制度的不足。可见,采取入库说的债权人代位权制度,实在不是一种有效率的制度。

3. 提存的缺位

为了提升对债权人的激励,或许可以对于入库作适当的变通,即允许相对人向提存机关提存。对行使债权人代位权的债权人来说,相对于入库,提存的好处在于可以杜绝债务人向其他债权人作任意的清偿。然而,现行法上并不存在这样的提存事由(570.1)。

4. 债权的回收难以避免

此外,即便坚持入库的立场,债权人依然可通过法定抵销规避财产的入库要求。

> **例 4.2.1**
>
> 债权人 G 代位债务人 S 行使了 S 对 D 的债权,从 D 处受偿 100 万元。由于不承认债权人代位的回收功能,G 对 S 负担 100 万元的债务。G 可以自己的债权与 S 对自己的债权作抵销。结果,G 还是能变相地回收其债权。

不过,如果坚持债权人不能直接回收债权的立场,或许可以认为 G 将对 D 之给付的受领构成对 S 的侵权行为,而基于侵权行为之债权原则上不能作为抵销的被动债权。然而,这样的立场过于勉强。

二、简易的①债权回收功能说

(一) 含义

既然责任财产保全说存在种种问题,自然就存在另一种立场:尽管债权人代位权被定位为债的保全制度,但实际上应该承认其回收债权的功能。即允许债权人通过行使代位权直接受领相对人的清偿②,发生债权人对债务人的债权以及债务人对相对人的债权在等额范围内同时归于消灭的效果。学界主流的观点承认借助抵销制度实现回收功能的可行性。③ 然而,若果真借助于抵销,则需要债权人作抵销的意思表示。但是,在债权人代位权制度中并不需要债权人额外作抵销之意思表示。因此,在债权人代位权之债权回收功能的背后,其实是自动抵销的逻辑:债权人受领相对人的给付后便对债务人负担了移交所受领之给付的债务,该债务与债务人所负担的债务因为法律规定而自动抵销,不再需要额外的抵销意思表示。④

---

① 之所以称其为"简易的"债权回收功能,是较之通常的强制执行而言的。如果按照通常的强制执行程序,债权人先要取得其对债务人的执行依据(生效判决、可执行的债权文书、仲裁裁决等),还要冻结债务人的权利,相对复杂。

② 在操作层面这意味着允许债权人提出向自己清偿的诉讼请求,如果判决债权人胜诉,判决主文中应当载明相对人向债权人清偿。当然,如果债权人在代位权诉讼中请求相对人向债务人清偿债务,法院自然要受到处分权主义的拘束。

③ 梁慧星:《读条文 学民法》,人民法院出版社 2014 年版,第 156 页;韩世远,第 449 页。

④ 龙俊:《民法典中的债之保全体系》,载《比较法研究》2020 年第 4 期,第 126 页;韩世远:《债权人代位权的解释论问题》,载《法律适用》2021 年第 1 期,第 41 页。另有观点主张,债权人受领债务人相对人的给付属于新债清偿。参见金印:《债权人代位权行使的法律效果——以〈民法典〉第 537 条的体系适用为中心》,载《法学》2021 年第 7 期,第 92—93 页。然而,若依新债清偿构成,无论相对人提供的给付数额多寡,自债权人受领之时债权人对债务人的债权均归于消灭。可是,我国《民法典》第 537 条却规定债权人对债务人、债务人对相对人的债权仅在"相应的"范围内消灭。

依此立场,行使债权人代位权时债权人无须调查债务人所负担的债务总额,通常只须以自己的债权与债务人的现有财产作比较。当债务人现有财产总额低于债权人债权数额(陷入无资力状态)时,债权人代位债务人行使其权利便得以正当化。

(二) 评价

承认债权人代位权的债权回收功能,可以解决责任财产保全说面临的问题。此外,由于形成权不能成为强制执行的对象,却可以成为债权代位权的对象,将债权人代位权定性为债权回收制度,还可以很好地弥补强制执行制度的这一漏洞。

需要注意的是,主张债权人代位权制度具有简易的债权回收功能的主张,并不意味着完全否认债权人代位权的责任财产保全功能。尽管在现实中债权人主张债权人代位权时其债权与债务人对相对人的债权往往都是金钱债权,但从逻辑上讲,债权人的债权与债务人对相对人的债权属于不同种类的情形才是原则,两者种类相同属于例外情形。因此,即便是承认债权人代位权制度具有简易的债权回收功能的主张,也应该将这种功能定位为保全制度的例外情形,换言之,第537条第1句所规定的债权回收效果其实是例外情形,通常情形下相对人只应向债务人清偿,即应遵循入库的规则。

> **例 4.2.2**
>
> S对G负担的交付1000吨无烟煤的债务已经到期。D对S负担的交付5000吨白砂糖的债务也已经到期,但S怠于主张,导致S无力清偿期对G的债务。

如果G代位行使S对D的债权的结果,允许G受领D清偿的5000吨白砂糖,G也无法以1000吨无烟煤的债权来抵销S对其享有的交付5000吨白砂糖的债权。因此,应当判令D向S而非G清偿。

考虑到被保全债权的给付与所代位之权利不属于同一种类的情形更为常见,毋宁说债权人代位权原则上仅具有责任财产保全功能,但在例外情形尚具有简易的债权回收功能。

此外,承认债权人代位权的简易债权回收功能,也不意味着债权人就享有优先受偿的地位(详见本章第3节四(二)1(3)(a))。

三、特定债权保全说

这里所说的特定债权,是指其实现不直接依赖于债务人之责任财产的债权。

> **例 4.2.3**
>
> S 是通信领域的跨国公司,在中国拥有一项基础专利权。S 许可国内厂商 G 实施该专利。G 开始生产不久,就发现 D 也在大量生产经营含有该专利的产品,给 G 的经营带来了极大困难。而 S 对此却熟视无睹。由于债权的相对性,G 不能对 D 主张自己的许可权受到了侵害。

为了保全特定的债权——许可权,对 G 来说最好的救济办法,就是代位行使 S 对 D 的停止侵害请求权和损害赔偿请求权。而这一目标的实现,与 S 是否有足够的责任财产无关。

为此,就有了第三种立场:债权人代位权除了具有责任财产保全功能、简易的债权回收功能外,还兼具保全特定债权的功能。既然如此,保全行为就未必一定限于对债务人的责任财产的维护。

四、我国法的定位

表面上看,我国法似乎采取的是简易的债权回收功能说(537S1)。[①] 然而,如上文所述,简易的债权回收功能说显然不能应对不适合由债权人直接受领给付的权利。因此,尽管没有现行法上的明文规定,我国法也不可能否认债权人代位权的责任财产保全功能。更准确的理解应该是,我国法上的债权人代位权制度在原则上应被定位为责任财产保全制度,仅在例外情形承认其具有简易的债权回收功能。换言之,第 537 条第 1 句不过是有关债权人代位权制度之法律效果的例外规定,对其适用范围应作限缩解释。至于我国法是否承认对特定债权的保全功能,则取决于对第 535 条的解释。对此,本书持肯定立场(详见本章第 2 节二(二)2)。

第 2 节 债权人行使代位权的要件

一、债权人一方的要件

(一) 被保全债权

1. 被保全债权的存在

如果被保全债权已经消灭,自然不存在保全或者回收的必要。问题是仅发生

[①] 国内主流观点均采这种立场,例如黄薇 3,第 261 页;王利明(上),第 208 页;徐涤宇、张家勇,第 590 页【伍治良执笔】。

时效抗辩的情形呢?

> **例 4.2.4**
>
> G 对 S 享有之金钱债权的诉讼时效已经届满,G 还能否代位 S 向 S 的债务人主张债权?

对于诉讼时效届满的法律效果,我国法采取的是抗辩权发生说(192.1),诉讼时效的届满并不会导致债权消灭。在此情形,债权人依然可以行使债权人代位权;而参加诉讼的债务人则可以作时效利益的抗辩。不过,债务人的相对人却无权代债务人作时效利益的抗辩,因为债权人代位行使的是债务人对相对人的权利,相对人只能向债权人主张其对债务人的抗辩。

2. 被保全债权的存在时期

问题是在债权人对债务人的债权(被保全债权)发生之后才发生债务人对相对人之债权的情形,债权人可否行使代位权?

> **例 4.2.5**
>
> 从 2022 年 4 月起,建筑公司 S 一直拖欠钢铁公司 G 的 100 万元货款。2023 年 1 月,S 承揽了学校 D 的食堂工程,施工费为 75 万元。

这个问题的答案取决于对债权人代位权功能的理解。如果坚持责任财产保全说的立场,那么在【例 4.2.5】中即使债务人 S 之债权的成立晚于债权人 G 的债权,只要是保全责任财产所必要,就可以允许债权人代位行使。① 若站在相反的立场上,答案就不那么确定了。允许代位固然有利于债权的回收,但债权人在债权成立时并不存在这样的期待。是否应当保护这种额外的利益,或许可以有不同的立场。

(二)被保全债权的履行期到来

1. 原则——必须到来

在履行期到来之前,债务人的财产状态可能一直处于变化之中,难以判断履行期到来时债务人的责任财产是否足以清偿债务。这时允许代位构成对债务人之财产管理自主性的过分干涉。

2. 例外——代位保存(536)

在若不代位行使则债务人的利益将难以实现的情形,例外地允许债权人提前代位。这种代位在学理上被称为"代位保存"。

---

① 日本判例便持这种立场,例如最高裁判所昭和三十三年(1958 年)7 月 15 日判决,法律新闻 111 号 9 页。

(1) "权利将难以实现"的涵义

所谓"权利将难以实现",主要指两种情形①:

(a) 债务人之权利的诉讼时效、除斥期间即将届满

此时,代位保存行为指针对时效即将届满情形的时效中断措施,和针对除斥期间即将届满情形的权利主张行为。

(b) 债务人未及时申报破产债权

在相对人进入破产程序的情形,若债务人不在债权申报期内申报债权,其债权事实上将愈发难以得到回收。为此,此时应允许债权尚未到期之债权人代位债务人向破产管理人申报其债权,并赋予其在债权确认诉讼中的诉讼担当人资格。

实务中的难点在于:究竟距离期满多近才算"不及时",难有基准。从逻辑上讲,不到最后一秒,都不能说债务人未及时申报破产债权。可行的操作是:不限制债权人代位债务人申报债权的时期,若债务人在申报期内作了申报,则债权人的代位行为丧失效力。

(2) 被保全债权到期后的代位保存

现行法仅规定了被保全债权到期前的代位保存。那么,在被保全债权到期后,债权人能否作代位保存呢?

例 4.2.6

G 对 S 的债权早已到期,但因为疏忽之前未及时提起诉讼以代位行使债务人 S 对次债务人 D 的债权。待到 S 对 D 的债权诉讼时效届满的最后一天,G 意识到已来不及提起诉讼,于是代 S 直接向 D 发出了向自己履行的催告。

既然债权人于其债权到期前就可以实施代位保存行为,那么举轻以明重,被保全债权到期后债权人当然也可以实施代位保存行为。在【例 4.2.6】中,S 对 D 之债权的诉讼时效因 G 的代位催告而发生中断。

二、债务人一方的要件

(一) "债务人怠于行使其债权或者与该债权有关的从权利"

1. 代位的客体

(1) 债权

已失效的司法解释曾将可以代位的权利限定为金钱债权(合同法解释一13),但从《合同编通则解释》第 33 条不加"具有金钱给付内容"的限定看,可以

---

① 杨巍:《〈民法典〉债权人的代位权解释论研究》,载《江西社会科学》2020 年第 12 期,第 164—165 页。

认为现行法已经放弃了将可代位的权利限定于金钱债权的立场。真正的问题是，被保全债权的给付是否应当与代位债权属于相同种类？这是因为，如果债权种类不相同，将面临如何实现回收功能的困境。

(a) 被保全债权与代位债权不相同的情形

如前文所述，债权人代位权之债权回收功能的运作逻辑，是债权人因受领而使对债务人负担的债务与债务人的债务自动抵销。如果债务人的债务与相对人的债务不指向同一种类给付，就不可能抵销。在这种情形，债权人代位权制度就不具有债权回收功能，代位只发生入库的效果，再由债权人启动强制执行程序。

在代位权利为金钱债权而债权人的债权为非金钱债权的情形，债权人若想通过债权人代位权制度获得简易的债权回收效果，就只能先通过行使解除权将相对人的债务均转化为损害赔偿之债，当然前提是其有权解除。

(b) 被保全债权与代位债权种类相同的情形

例 4.2.7

G 曾向 S 购买某品牌某型号水泥 1000 吨，而 S 曾向 D 订购过 900 吨相同品牌及型号的水泥。债权到期后 G 要求 S 履行债务，但 S 却不要求 D 交货。假定 S 并无其他财产足以替代履行。

例 4.2.8

D 将自己的房产卖给 S，S 又转卖给 G。G 要求 S 移转房产的所有权，S 却并不急于从 D 处过户。假定 S 并无其他财产足以替代履行。

在被保全债权与代位债权种类相同的情形，原则上债权人可以通过债权人代位权制度实现债权的回收。在【例 4.2.7】中，债权人 G 可以通过行使债权人代位权受领相对人 D 的清偿，从而顺利回收其对债务人 S 的交付 900 吨某品牌某型号水泥的债权。问题是，如果债务人的债务与其相对人的债务均为同一不动产权利的移转(【例 4.2.8】)，能否通过债权人代位权的形式实现债权的回收呢？若可以，则意味着不动产所有权会直接从债务人之相对人的名下变动到债权人名下，事实上导致中间省略登记的效果。对此，有观点认为，由于我国法对于不动产的物权变动采取的是登记生效主义立场，如果中间人同意不登记到其名下，那么中间被省略登记者就不是物权人，省略掉中间环节的登记并不会歪曲物权变动的真实情况，没有理由否定中间省略登记的效

力,因而应允许债权人直接取得不动产的相关权利。① 然而,这样的结果会导致中间被省略登记者不必缴纳本应缴纳的不动产交易契税,违反了实质课税的原则,导致税收的流失。故本书认为,在此情形应先将不动产登记到债务人名下,即应采取入库的立场。

(2)"与该债权有关的从权利"

可以代位的权利中除了债务人的债权外,还包括"与该债权有关的从权利"。这一表述虽不甚清晰,但显然有别于"债权的从权利"。《民法典各分编草案》(一审稿)第 324 条曾将代位权的客体范围从《合同法》时代的"具有金钱给付内容的到期债权"一举扩张到"债务人的权利",但《民法典》最终却将范围定格为稍稍保守的"与该债权有关的从权利"。可见,"与该债权有关的从权利"范围应当介于"债权的从权利"与债务人的"权利"之间。

(a)最小的范围

指利息债权、保证债权、担保物权、优先权(例如,建设工程价款优先权)以及基于其他从属性的合同债权(孳息债权、从物所有权的移转请求权等)。

(b)可能存在争议的客体

如果从保全债权乃至回收债权的目标看,上述客体范围可能仍然偏窄。

(甲)有关诉讼时效的抗辩权

即债务人对相对人所负担之债务的诉讼时效届满,但债务人却怠于主张时效的抗辩。然而,有关时效的抗辩权明显超出了"与该债权有关的从权利"的边界:第一,这里涉及的根本不是债务人的债权,而是债务;第二,时效抗辩本身也不是从权利。主张债权人代位债务人援用时效利益的立法论同样不能成立。时效利益的援用毕竟不同于代位保存:后者涉及的是对债务人所享有之债权的保存,不涉及债务人的良心问题;而前者则涉及的却是债务人所负担的诉讼时效已经届满的债务,是否援用时效利益取决于债务人的良心。此外,从程序法的角度看,债权人代位权赋予了债权人以主动出击的方式介入债务人财产管理的权限,而时效利益的援用却属于抗辩权的行使,债权人根本无法利用债权人撤销权的机制"主动出击"。

(乙)相对无效的主张

例 4.2.9

G 的债务人 S 对其相对人 D 所负担的债务源自双方基于通谋虚伪表示缔结的合同。

---

① 龙俊:《民法典中的债之保全体系》,载《比较法研究》2020 年第 4 期,第 127 页。

法律行为的相对无效不同于绝对无效,只有特定的人才有资格主张。如果认为这样的相对无效主张权也属于"与该债权有关的从权利",则应允许债权人代位。不过,也可以不通过代位来行使,而直接将债务人的债权人解释为具有利害关系的主张权人。

(丙)与该债权有关的形成权

围绕"与该债权有关的从权利"中是否包括债权基础关系中的意思表示撤销权、合同解除权等形成权,存在争议。[1]

即便采肯定说立场,也不排除合同的履行有时更有利于债务人责任财产的增加。因此,应当允许债务人或者相对人作这样的抗辩。[2]

(丁)受益的意思表示

例 4.2.10
D 与 B 订立了为 S 利益的合同。S 的债权人 G 能否代位 S 表示接受?

利益第三人之合同中的第三人,自接受时成为权利人。若允许债权人代位债务人作受益的通知,显然有利于其债权的实现。然而,这种准法律行为的实施很难被纳入"与债权相关的从权利"范畴。

(戊)债权人代位权、债权人撤销权

围绕债权人代位权和债权人撤销权能否被代位,历来存在争议。持反对意见的理由是,如果允许代位,则意味着可以无限地代位。就我国法而言,由于这两种权利不属于"与债权相关的从权利",所以至少在解释论上不能成为代位的客体。

(己)诉讼法上的权利

例如提出执行异议、提起执行异议之诉的权利等。这些权利的代位行使虽然有利于债务人责任财产的保全,但因不属于"与债权相关的从权利"而同样不能被代位行使。

(3)除外的权利——专属于债务人的权利(535.1 但)

具有一身专属性的权利,不能被他人代位行使。包括但不限于:

(a)抚养费、赡养费或者扶养费请求权;

(b)人身损害赔偿请求权;

(c)劳动报酬请求权,但是超过债务人及其所扶养家属的生活必需费用的部

---

[1] 肯定立场,参见龙俊:《民法典中的债之保全体系》,载《比较法研究》2020 年第 4 期,第 125 页;否定立场,参见韩世远:《债权人代位权的解释论问题》,载《法律适用》2021 年第 1 期,第 32—33 页。最高人民法院回避了该问题,参见合同编通则解释理解与适用,第 384—385 页。

[2] 合同编通则解释理解与适用,第 385 页。

分除外;

(d) 请求支付基本养老保险金、失业保险金、最低生活保障金等保障当事人基本生活的权利(合同编通则解释 34)。

以上这些债权都具有一身专属性,需要被现实地给付给债务人,才能实现债权的目的。

此外,由于精神损害赔偿请求权具有强烈的人身属性,其也应排除在代位对象之外[①],在解释论上可以适用司法解释的兜底规定(合同编通则解释 34.0.5)。至于遗产的给付请求权,一般认为其财产属性鲜明,而人身属性稀薄,可以成为代位行使的对象。存在争议的是遗产分割请求权是否为专属于债务人的权利。这是因为,遗产分割请求权兼具财产属性和人身属性的特征,而人身属性较为明显。若依第 535 条的文义,代位行使的对象应当限于"债权或者与该债权有关的从权利",而遗产分割请求权在性质上既不是债权也不是"与债权相关的从权利",不应属于可以代位行使的对象。不过,由于申请执行人可代位提起析产诉讼(查封、扣押、冻结财产规定 12.3),因此最高人民法院的倾向性意见认为,共有财产的分割请求权也可以被代位行使。[②]

2. 怠于行使权利

债权人代位权的行使,意味着对债务人财产管理的干涉。使得这种干涉得以正当化的理由之一,便是债务人怠于行使其权利。

所谓"怠于行使权利",是指"债务人不履行其对债权人的到期债务,又不以诉讼或者仲裁方式向相对人主张其享有的债权或者与该债权有关的从权利"(合同编通则解释 33)。如果债务人已在行使权利,便不满足"怠于行使"权利的要件。在此情形,若允许其债权人再代位,通常构成对债务人的财产管理的不当干涉。但问题在于,债务人行使不力的情形当如何?例如,因为举证不力导致一审败诉。担心债务人会最终败诉的债权人能否申请作为第三人参加诉讼?对此,现行法未予以明确,在立法论上有探讨的必要。

之所以对债务人行使权利的方式作如此苛刻的限定,是为了防止债务人与相对人串通,捏造债务人已经向相对人主张权利的事实。[③]

需要注意的是,如果债务人客观上无法或难以行使权利,就不能被评价为"怠于行使"权利。

[①] 有争议的是,精神损害赔偿请求权何时丧失一身专属性,成为普通债权。关于这一点,目前无论是法律还是司法解释均未予以明确。在学理上一般认为,当被害人死亡、个人破产以及该债权的具体数额也确定之时,精神损害赔偿请求权丧失一身专属性。
[②] 合同编通则解释理解与适用,第 392 页。
[③] 同上书,第 376 页。

> **例 4.2.11**
>
> G 为 A 公司的法定代表人，A 公司与 D 公司于 2010 年合资共同成立了 S 公司，由刘某担任 S 公司的法定代表人。然而，刘某空有法定代表人的虚名，S 公司的公司事务和财务资料、证照等一直由 D 公司法定代表人孙某实际控制。运行不到 1 年，S 公司的股东 A 公司与 D 公司便陷入股东僵局，双方共同委托会计师事务所审计。审计报告显示：S 公司账面上已无任何资金，亏损严重；且曾向 D 公司支付过巨额的购买原材料的预付款，至今未收到任何原材料。S 公司欠 G 个人借款若干，但若 G 直接起诉 S 公司显然达不到诉讼的目的，于是便想通过债权人代位权制度起诉 D 公司。

在【例 4.2.11】中，S 之所以没有以诉讼方式向 D 主张债权，是因为不具有现实可能性，故而恐怕不能被评价为"怠于行使"权利。

【深化】 代位执行

如果债务人已经取得了对相对人的执行依据（包括生效的判决书、裁定书、决定书、调解书、支付令、执行证书、仲裁裁决书），却怠于申请执行，同样有可能影响到其债权人的债权实现。然而，此时债权人行使债权人代位权将面临一事不再理的程序法障碍。在此情形，债权人可以利用代位执行制度，即债权人可以通过法院执行债务人的对外到期债权（民事诉讼法解释 499）。在无他人参与分配的情形，债务人的相对人直接向该债权人清偿，可以获得与行使债权人代位权情形一样的优先受偿的效果。

（二）"影响债权人的到期债权实现"

1. 原则 = 无资力

何谓"影响债权人的到期债权实现"？学界倾向于将其解释为债务人陷入"无资力"的状态。然而，"无资力"本身并非一个确定的法律概念。至于其含义，存在两种可能的理解。

(1) 债务超过

即当债务人所负担的债务总额超过其资产总额时，即陷入无资力状态。至于这里的资产，一般认为不包括商誉。①

(2) 支付不能

即便尚未到债务超过的程度，只要客观上不能清偿，即可认为陷入无资力状态。例如，虽然资产总额超过负债总额，但却因为信用问题发生资金调配障碍而

---

① 中田，302 页。

导致无法清偿。

(3) 本书的立场

其一,由于通常无法查明债务人的债权和债务总额,因此,债务超过这一基准未必具有实用性。其二,对于着手保全的债权人而言,他关心的是在债务人怠于行使债权或与该债权有关之从权利的情形,债务人还能否足额清偿其对自己的债务。因此,以支付不能作为基准更为合理。采用这一基准的另一长处在于:即便债务人发生了债务超过,未必就不能清偿其对代位权人的债务(例如可以通过借贷来充实清偿能力);在支付可能的情形,没有理由允许债权人对债务人财产管理的介入。

至于支付不能的判断,则可参照不安抗辩权的行使要件(527)。[①]

(4) 无资力的时间基准

(a) 原则

从债权人提起代位权诉讼到二审言辞辩论终结这段时间内,债务人的财产有可能一直处于变动状态。即便在代位权诉讼提起之时债务人无资力,但如果二审言辞辩论终结之时债务人的资力恢复,则没有理由仍然允许债权人干涉债务人的财产管理。不过,如果债权人能够成功地证明起诉时债务人已陷入无资力的状态,到二审言辞辩论终结时债务人的资力恢复当属例外情形,因此,理应由债务人或相对人来证明二审言辞辩论终结时债务人的资力恢复。

(b) 例外——代位保存的情形

在代位保存的情形(见下文),由于代位的行为与保存结果的发生之间不存在时间差,因此,判断无资力的时间基准只能是代位行使保存行为的时刻。

2. 例外

在需要保全之债权的实现不依赖于债务人责任财产的情形,以"无资力"作为基准并没有意义。在此情形,无须再以"无资力"为必要,只要按照常理判断债务人的怠于行使是否会直接影响到债权人的债权实现。这一结论在解释论上完全可以成立,因为实定法上"影响债权人的债权实现"这一要件的表述本身就具有包容性。

[①] 合同编通则解释理解与适用,第 382 页。

（1）登记请求权的保全

例 4.2.12

D将其不动产出卖给S，在尚未完成过户之时，S又将该不动产出卖给了G。由于S迟迟不要求D配合过户，G也无法完成过户登记。

如前所述，由于不应承认中间省略登记，G对S的登记请求权的实现存在一个障碍，那就是S尚未取得标的不动产的登记名义。为此，应该允许G代位S请求D履行向S的过户义务。

（2）共有物买卖中的价金债权的保全

例 4.2.13

被继承人T生前为将其所有的土地出卖给他人S，与S签订了不动产买卖合同。其后不久，T死亡，由其两个子女G、D共同承继了转移土地所有权的义务。其中，一个继承人G对土地受让人S请求支付土地价金时，受让人S以另一继承人D拒绝履行过户登记义务为由，拒绝支付购地款。

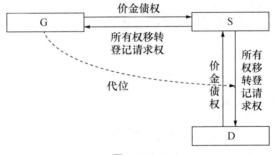

图 4.2.1

日本的判例①认为，被继承人生前将土地出卖，对买受人负担了转移所有权登记名义的义务，共同继承人承继该义务后若不作登记名义的变更，买受人可以拒绝支付价金。因此，当其中一位继承人拒绝履行登记义务时，买受人也可以拒绝另外一位愿意移转登记名义之继承人的价金债权请求。在此情形，继承人为保全自己对买受人的价金债权，不问债务人有无资力，都可行使其对拒绝履行登记义务之继承人的所有权转移登记请求权。

将此观点抽象化，就可得出如下结论：

如果被保全债权与代位行使的债权两者之间处于后者可以确保前者的实现

---

① 最高裁判所昭和五十年（1975年）3月6日判决，最高裁判所民事判例集29卷3号203页。

这样一种关系,那么债权人代位权的行使便不以债务人的无资力为要件。

(3) 租赁权的保全

> **例 4.2.14**
>
> G 租赁 S 享有土地使用权的土地,为期 10 年。G 在该土地上建有房屋。租赁期内房屋因为地震灭失。第三人 D 乘机强占了该土地,在该片土地上搭建了工棚。又过了一年多后,G 才发觉此事。

由于已经丧失占有长达 1 年以上,承租人 G 无法凭借占有诉权恢复占有(462.2)。但是,出租人(土地使用权人)S 对侵害的第三人始终拥有排除妨害请求权。在 S 不履行其作为出租人的债务——令承租人 G 使用租赁物的债务——的情形,为了保全该债权,此时,唯一的救济办法就是代位行使 S 的排除妨害请求权。在这种情形,要稳固债权人的债权并无必要保全债务人的责任财产,所以以无资力为要件没有意义。

第 3 节 债权人代位权的行使及效果

一、债权人代位权的行使方式

债权人行使代位权的方式因所代位之对象的不同而不同。

(一) 代位请求权的情形

1. 方式

代位请求权的,必须通过诉讼方式(535.1)。从立法论的角度看,对诉讼的强制并不具有合理性。如果相对人并无异议,其实完全没有必要额外地制造诉讼成本,增加当事人和法院的讼累。

2. 诉请清偿的方向

(1) 原则

既然债权人代位权的制度目的原则上是为全体债权人的利益而维持债务人的责任财产,因此债权人原则上只能诉请债务人的相对人向债务人清偿债务。如果经释明后债权人依然坚持诉请债务人的相对人向自己清偿债务,法院只能驳回其诉讼请求。

（2）例外

在例外地允许债权人通过债权人代位权制度回收其债权的情形，应当允许债权人诉请债务人的相对人向自己清偿。当然，如果在此种情形债权人仍诉请债务人的相对人向债务人清偿，法院没有理由不予以尊重。

3. 着手代位的效果

在诉讼代位的情形，所谓着手，指债权人提起债权人代位之诉的行为。

(1) 对债务人处分权等的影响

问题在于，代位权诉讼程序一旦启动，债务人还能否向相对人主张其债权？能否处分自己的债权？关于这一点，现行法未作规定。解释论上有两种可能的立场。

(a) 处分权丧失说

一旦债权人开始行使债权人代位权，则债务人丧失追讨、处分的权限，相对人也不能向债务人履行。① 在允许债权人通过代位权诉讼实现债权简易回收的情形，如果债务人的处分权不受限制，债权人的目标将会落空。②

(b) 处分权不受影响说

2017 年修改后的日本法既允许债务人自己追讨、作其他处分，也允许被代位权利的相对人向债务人履行（日民 423 之 5）。其理由在于：其一，无论是债务人追讨或者转让权利还是受领相对人的清偿，都有利于责任财产的维持。这与债权人代位权的制度宗旨相吻合。若不允许，则构成对债务人财产管理的过度干涉。如果债务人放弃权利，债权人自可以利用债权人撤销权应对。其二，既然债之保全制度与强制执行制度并存，就应当弱化代位权行使的效力，以实现制度上的平衡。③

(c) 本书的立场

应当通过对合同编通则解释第 41 条中的"正当理由"的解释作类型化的处理。

（甲）在允许债权人通过代位权诉讼回收债权的情形

为了保障回收功能的充分性，应当限制债务人的处分权，即债务人无权转让或者减免其对相对人的债权。不过，对于超过债权人代位请求数额的债权部分，不应当限制债务人的处分行为。债务人对于超过债权人代位请求数额的债权部分，不仅可以自己追讨（合同编通则解释 39S1）、受偿，甚至可以减免或者延长相对人的履行期限。至于在生效判决判定债权人代位权成立后相对人向债务人所作之清偿是否有效，在现行法上没有明确的规定。

---

① 大審院昭和十四年（1939 年）5 月 16 日判决，大審院民事判例集 18 卷 577 頁；最高裁判所昭和四十八年（1973 年）4 月 24 日判决，最高裁判所民事判例集 27 卷 3 号 596 頁；我妻，第 152 頁。

② 韩世远，第 448 頁。

③ 中間試案說明，157 頁；潮見 I，695 頁；中田裕康、大村敦志、沖野真已『講義債権法改正』商事法務 2017 年，111 頁以下（沖野）。

鉴于我国法在债权人代位权诉讼构造上将债务人列为第三人(合同编通则解释37.1),生效判决的既判力及于债务人,故而可以认为相对人已无权向债务人清偿。

(乙)在保全责任财产的情形

应采处分权不受影响说,这样还可以为相对人节省诉讼成本提供机会:相对人可以不顾及代位权诉讼的结果,径直向债务人清偿。在此情形,正在进行中的代位权诉讼因权利发生抗辩而导致债权人的诉讼请求被驳回;若代位权诉讼的判决已经生效,相对人可以通过执行异议之诉获得救济。不过,由于行使代位权的目的在于保全债务人的责任财产,因此即便债务人的追讨和处分权不受影响,也不意味着债务人可以无正当理由减免相对人的债务或者延长相对人的履行期限。

(2)时效的中断

既然代位的是债务人的权利,那么自代位权诉讼提起之时,债务人对相对人的债权发生时效中断的效果。

(二)代位保存(536)

如果目标是代位保存,则还需要根据保存行为是否存在特定要求作如下区分:

1. 对于诉讼时效、除斥期间即将届满的权利

所有的保存行为都可代位实施,既可采取诉讼方式,也可作具有保存效果的催告。

2. 相对人陷入破产程序的情形

在此情形,债权人可以代位债务人向破产管理人申报债权。

二、代位行使的范围

(一)无限定说

债权人可以代位行使的权利不以自己之债权不能受偿之部分为限。如果认为制度目的是为了全体债权人的利益,就不应当限定于债权人的权利范围内。

(二)限定说

债权人只能在其到期债权不能受偿之部分的限度内行使代位权。我国法采取的也是这一立场(535.2)。这种立场恰好与我国法认可债权人代位权的简易债权回收功能的立场相一致。

不过,肯定简易债权回收功能的立场并不排斥债权人代位权原则上仅具有责任财产保全功能的结论。因此,应将第535条第2款的适用范围限缩于被保全债权与代位权利的给付种类相同且不会规避税收制度的情形。在其他情形,债权人代位权不具有简易债权回收功能。

三、诉讼当事人及抗辩

（一）诉讼的当事人

1. 原告

原告自然是债权人。如果有两个以上的债权人对同一相对人提起代位权诉讼，可以合并审理（合同编通则解释37.2）。

2. 被告

被代位权利的相对人（合同编通则解释37.1）。

3. 债务人的地位

为了确保判决的既判力能够及于债务人，应追加债务人作为第三人（合同编通则解释37.1）。若债务人已死亡，则应将其遗产管理人列为第三人（1147.0.4）。既然债务人也被纳入诉讼程序，既判力当然及于债务人。

（二）抗辩

1. 相对人固有的抗辩

相对人原本可以对债务人主张的抗辩，不会因为他人的代位而受到任何影响（535.3），相对人可以向债权人主张。此外，相对人还可以主张自己对债权人的抗辩，即债权人代位权的要件不满足。

2. 债务人对债权人的抗辩

如果参加诉讼的债务人放弃其对债权人的抗辩，相对人不得代为主张，因为债权人代位的是债务人对相对人的权利，相对人原本就应当履行其义务。

四、代位成立的效果

（一）行使代位权的必要费用

一旦代位成立，债权人行使代位权的必要费用由债务人负担（535.2）。

1. 费用的含义

在债权人胜诉的情形，诉讼费、鉴定费通常由败诉方负担，必要费用中应当不包括这些费用。必要费用主要指调查取证费、律师费、差旅费等。

2. 正当性

照理，行使权利的必要费用应当由权利人自己负担。之所以将此必要费用转嫁给债务人负担，是因为债权人行使的是债务人的权利。必要费用的偿还请求权在性质上属于无因管理中的费用偿还请求权。[1]

在适用入库规则的情形，由于代位权行使维持了债务人的责任财产，有利于全

---

[1] 近江，145页。

体债权人,此必要费用在性质上属于一种共益费用,因此有观点认为支出这笔费用的债权人应当优先于债务人的其他债权人在债务人的责任财产中受偿。① 然而,除了债务人破产的情形,我国法上并不存在承认这种优先权的实定法依据。

(二) 代位权诉讼的情形

一旦代位权诉讼的生效判决确定代位成立,发生如下的效果:

1. 允许简易债权回收的情形(537S1)

(1) 产生相对人向债权人履行义务的执行依据

鉴于我国法上的债权人代位权诉讼制度将债务人列为第三人(合同编通则解释37.1),因而生效判决的既判力及于债务人。在代位权诉讼的生效判决确定代位成立后,相对人只能向债权人清偿,若向债务人清偿,将构成无效之清偿。

如果有两个或者两个以上债权人以债务人的同一相对人为被告提起代位权诉讼而被合并审理的,债务人对相对人享有的债权不足以清偿其对两个或者两个以上债权人负担的债务的,各债权人可以按照各自债权的比例受领相对人的履行(合同编通则解释37.2)。

(2) 债权人与债务人、债务人与相对人之间相应的权利义务

一旦债权人受领了相对人的清偿,则债权人与债务人、债务人与相对人之间相应的权利义务归于消灭。

不过,在债权人受领之前,债权人与债务人、债务人与相对人之间相应的权利义务并不会消灭。在此阶段,债务人和相对人就生效判决所认可的给付内容对债权人负担不真正的连带债务,换言之,在此情形如果债务人向债权人作出全额的清偿,则债权人将不再能要求相对人向其清偿。

(3) 代位权人与其他债权人的关系

依现行法的规定,债务人对相对人的债权或者与该债权有关的从权利被采取保全、执行措施,或者债务人破产的,依照相关法律的规定处理(537S2)。然而,这不过是注意规定,债权人与其他债权人之间的关系并不当然属于债权人代位权制度的内容。②

(a) 债务人未进入破产程序的情形

在代位成立且相对人尚未向债权人清偿的情形,较之债务人的其他债权人,代位权人能否优先获得清偿?关于这一点,主流观点认为,债权人代位本身并不包含查封、冻结、扣押的效果,那么代位权人并不具有优先受偿的地位,其与债务人的其他普通债权人处于平等地位;代位权人仍须申请强制执行。③

---

① 韩世远,第452页。
② 金印:《债权人代位权行使的法律效果——以〈民法典〉第537条的体系适用为中心》,载《法学》2021年第7期,第93页。
③ 黄薇3,第263页;同上文,第93—96页。

(b) 债务人进入破产程序的情形

照理,债务人的相对人向债权人清偿后,债权人与债务人、债务人与相对人之间相应的权利义务归于消灭。然而,如果相对人向债权人的清偿发生在债务人破产的申请被受理前6个月内,则该清偿构成偏颇性清偿,管理人有权请求撤销清偿行为(537S2、企业破产法32)。

2. 仅承认责任财产保全功能的情形

尽管第537条第1句未对适用范围作限定,但如前文(参见本部第2章第2节二)所述,在债权人的债权与被保全的权利属于不同种类的情形以及两者都是不动产登记请求权的情形,不适用第537条第1句。在此情形仅仅产生请求相对人向债务人履行义务的执行依据。待相对人向债务人履行后,债权人方可基于被保全债权的执行依据申请对已归属于债务人的给付采取强制执行措施。在无特别规则的情况下,代位债权人并不具有优先于其他债权人的地位。

3. 承认特定债权保全功能的情形

在此种情形,债权人行使债权的障碍消失。

(三) 代位保存的情形

1. 不经诉讼之代位保存的情形

此种情形,债权人一旦着手,就会自动发生权利得到保存的效果:债务人对第三人之债权的诉讼时效发生中断,债务人的破产债权得以申报。

2. 经诉讼之代位保存的情形

如果在债务人之债权的诉讼时效即将届满时,债权人采取了诉讼的方式来保存,该诉讼将会进行下去。依实定法,此种情形下债权人只能请求相对人向债务人履行(536)。若债权人胜诉,也只能获得相对人向债务人清偿的判决主文。

不过,如果在一审判决前债权人对债务人的债权到期,依然坚持入库的做法未免过于僵化。在此情形,应允许债权人变更诉讼请求,请求债务人向自己履行,即允许债权人将代位保存变更为普通的代位权诉讼。

第 3 章　债权人撤销权

第 1 节　总论
第 2 节　债权人行使撤销权的要件
第 3 节　债权人撤销权的行使
第 4 节　行使债权人撤销权的效果

第 1 节　总论

一、债权人撤销权的功能

依《民法典》第 538 条、第 539 条的规定,债权人撤销权制度的目标是要消除"影响债权人的债权实现"的诈害行为。从中可以解读出下文所述的制度功能。

（一）责任财产的保全功能

债权人撤销权制度的首要目的,自然是通过对债务人诈害行为的撤销,使得逸散的债务人财产得以恢复,以便其清偿对债权人的债务;其结果不仅有利于行使撤销权的特定债权人,也有利于全体债权人。最高人民法院通过指导案例 118 号也明确表明了这一立场。

（二）简易的债权回收功能

需要追问的是,债权人撤销权制度是否进一步具有例外的简易债权回收功能？换言之,是否允许撤销权人优先于债务人的其他债权人获得受偿？在历史上,平等主义曾经是主流,但如今比较法上的主流立场却是优先主义。① 在债权人撤销权制度上对我国法影响最大的日本法,在近期的债法改革中一方面维持着平等主义的基本立场（日民 424 之 6）,另一方面在债权人的债权和撤销形成的债权均为金钱债权的情形,也将允许债权人优先回收的判例立场予以明文化（日民 424 之 9.1）。

从现有的制度设计看,我国法采取的是平等主义的立场,并不承认简易的债权回收功能（详见本章第 4 节二）。然而,至少在债权人的债权和撤销形成的债权均为金钱债权的情形,回归优先主义的主张有相当的说服力,因为惟其如此方可构成对债权人行使债权人撤销权的激励。至于如何在实体法和程序法的层面具体地实现这一目标,是民法和民诉法学界需要解决的课题。②

（三）特定债权的保全功能

债权人可能对债务人享有不依赖于债务人责任财产的特定债权,但债务人实施的诈害行为依然有可能影响债权人实现债权。

---

① 高旭:《优先主义理念下债权人撤销权的制度重构:以程序法为中心》,载《南大法学》2023 年第 4 期,第 115—121 页。
② 同上文,第 121—132 页是从程序法角度所作的尝试。

> **例 4.3.1**
>
> G 租赁 S 享有建设用地使用权的土地,租期为 10 年。G 在该土地上建有房屋。租赁期内房屋因地震灭失。第三人 D 乘机强占该土地,在土地上搭建了工棚。又过了一年多后此事才被 G 察觉。但这时 S 却与 D 达成了和解协议,S 承诺不驱赶 D。

在【例 4.3.1】中,由于占有恢复请求权的除斥期间(462.2)已经过,G 要想取得对租赁土地的占有,只能基于租赁合同请求 S 提供土地(再由 S 基于建设用地使用权排除 D 的无权占有),但该债权的实现并不依赖于 S 的责任财产。有观点认为,既然债权人撤销权的制度目的是为了全体债权人的利益保全债务人的责任财产,那么这种不依赖于债务人责任财产的特定债权,就不属于债权人撤销权所保全的对象。① 然而,只要回到第 538 条和第 539 条的规范本身就不难看出,对"影响债权人的债权实现"之诈害行为的消除并不当然地局限于对债务人责任财产的保全。在此情形,也应赋予债权人以债权人撤销权。此时债权人撤销权制度的目的不是保全债务人的责任财产,而仅仅是保全特定债权人的特定债权。

二、与恶意串通制度的关系

我国法在民法总则中规定有恶意串通制度,即"行为人与相对人恶意串通,损害他人合法权益的民事法律行为无效"(154)。这一制度与债权人撤销权制度的功能接近。那么,两者的关系如何呢?

(一) 制度差异

1. 主观要件

恶意串通需要行为人与相对人之间存在共通的致害故意;而债权人撤销权制度则如下文所述区分有偿无偿两种情形,对于后者不要求相对人的明知,仅对于前者需要相对人的明知。

2. 适用范围

从文义看,恶意串通制度的适用范围显然要宽于债权人撤销权制度。但有观点认为,恶意串通制度的真正意义在于可以保护债权人不依赖于债务人责任财产的特定债权。②

3. 除斥期间

恶意串通制度中法律行为无效的主张在时间上不受限制,而债权人撤销权制度则明确规定了除斥期间(541)。不过,有力说认为,需要对恶意串通制度作类型

---

① 中国审判理论研究会民事审判理论专业委员会编著:《民法典合同编条文理解与司法适用》,法律出版社 2020 年版,第 140—178 页。

② 茅少伟:《恶意串通、债权人撤销权及合同无效的法律后果——最高人民法院指导案例 33 号的实体法评释》,载《当代法学》2018 年第 2 期,第 24 页。

化的处理。如果损害的是公共利益,效果上为绝对无效;如果损害的是私人利益,则效果上为相对无效,应比照债权人撤销权制度中的除斥期间限制无效主张。①

(二) 本书的立场

恶意串通制度本就缺乏与民法体系的兼容性,在立法论上应予以废止。因此,在解释论上应尽量限缩其适用范围。对于可以适用债权人撤销权制度的诈害行为,应排除恶意串通制度的适用。

三、与破产法的关系

破产法上有所谓破产撤销权制度,即对于破产人在破产前的特定期间内所实施的有害于债权人的行为,破产管理人有权撤销(企业破产法 31)。

(一) 共同之处

两者都有保全责任财产的功能,而且在诈害行为的类型上也高度重叠。

(二) 区别

1. 制度目的的差异

   破产撤销权的目的是通过撤销恢复逸散的责任财产,从而确保债权人的平等受偿。债权人撤销权的目的也是恢复逸散的责任财产,在这一点上与破产撤销权一致。不过,债权人撤销权制度并不确保债权人平等受偿。

2. 适用的时间范围不同

   破产撤销权适用于破产人在破产申请被受理前 1 年内所实施的有害于债权人的行为;而债权人撤销权则在行使期间上受到长期和短期两种除斥期间的限制。

四、债权人撤销权的性质论②

围绕债权人撤销权的性质,主要有如下几种学说:

(一) 形成诉权说

1. 含义

   债权人撤销权诉讼的目的,是通过撤销债务人与相对人之间的诈害行为,使因诈害行为而逸散的债务人财产回归。因此,债权人撤销权属于形成诉权。

   依形成诉权说,债权人撤销权诉讼的被告是实施诈害行为之人。如果诈害行为是双方法律行为,则被告为债务人与相对人;如果诈害行为是单方法律行为,则被告为债务人。如果涉及转得人,则以债务人、相对人和转得人为共同被告。

---

① 王利明 1,第 665 页。
② 中文文献,可参见韩世远,第 454—458 页;龙俊:《民法典中的债之保全体系》,载《比较法研究》2020 年第 4 期,第 127—130 页。

关于行使债权人撤销权的效果,我国法仅规定了可以请求"撤销债务人的行为"(538、539),并未明确规定债权人有权请求相对人向债务人或者其自己返还,因此在解释论层面将我国法上的债权人撤销权定性为形成诉权,最为贴切。司法解释的表述——"债权人在撤销权诉讼中同时请求债务人的相对人向债务人承担返还财产、折价补偿、履行到期债务等法律后果的,人民法院依法予以支持"(合同编通则解释46.1)也足以印证这一立场,因为若采下文所述之请求权说或者折中说,债权人在撤销权诉讼中自无"同时请求"的必要。

2. 问题

既然撤销导致财产移转的基础丧失,相对人或者转得人负担返还财产的义务,那么如果相对人或者转得人不主动履行该义务,债权人仍需要通过强制执行制度或者借助债权人代位权制度,才能使得逸散的财产回归债务人,费时费力。可见,形成诉权说无法终局地解决诈害行为所造成的责任财产逸散。

(二) 请求权说

1. 含义

既然债权人关心的仅仅是逸散的财产能否回归,就没有必要非得使诈害行为归于无效,债权人通过行使债权人撤销权可以获得请求相对人或者转得人返还逸散财产的地位即可。因此,将债权人撤销权定性为请求权便足够。此外,将债权人撤销权定性为请求权,还可以最大限度地维护交易安全——不破坏诈害行为的效力。

为此,应当仅以相对人或者转得人作为被告,撤销诉讼的既判力仅仅及于债权人与相对人或者转得人。

2. 问题

这种观点一方面不否定诈害行为的效力,另一方面却允许从相对人处取回逸散的财产,在逻辑上难以成立。此外,如果诈害行为已实施但财产尚未转移,考虑到债务人随时有可能依据诈害行为移转财产,这样的状态非常不稳定,此时真正需要的恰恰是撤销诈害行为,请求权说无从应对这种状况。

(三) 折中说

债权人撤销权诉讼兼具形成之诉和给付之诉的性质。如果仅有诈害行为,未有财产的转移,则仅仅发生撤销诈害行为的效果;如果财产已经逸散,则不仅发生撤销诈害行为的效果,同时还直接产生债权人对相对人或者转得人的返还财产请求权。这种立场较为理想,支持者最多。然而,遗憾的是在我国法上找不到最为直接的实定法依据。

至于债权人撤销权诉讼的被告,则依侧重点的不同而存在不同的观点。侧重于撤销的立场主张以债务人与相对人为共同被告,而侧重于请求的立场则主张以相对人或者转得人为被告。①

（四）责任说

该说主张,逸散的财产没有必要恢复到债务人名下,只需要使其具备可以被强制执行的资格,即负担责任的状态即可。相对人或者转得人对于已归属于自己的财产必须容忍债权人的强制执行。相对人或者转得人的地位类似于物上保证人的地位。

在我国,也有少数说在解释论层面持这种立场。具体的解释方法是将第 542 条中的"自始没有法律约束力"解释为责任效果无效,而非法律行为无效。② 这种解释过于偏离法条的文义,不为司法实践所采纳。

第 2 节 债权人行使撤销权的要件

一、债权人一方的要件——被保全债权

（一）以责任财产作为担保的债权

第 538 条对于被保全的债权未作任何限定。不过,既然债权人撤销权制度的目的主要是保全债务人的责任财产,因此,债权人撤销权制度所保全的债权,主要应是以债务人责任财产作为担保的债权。

1. 金钱债权

（1）原则

金钱债权是以责任财产作为担保的债权,当然可以作为被债权人撤销权保全的债权。

（2）被特别担保的金钱债权

（a）有人保的债权

> **例 4.3.2**
>
> G 曾经向 S 提供了一笔 50 万元的贷款,由 B 提供保证。后来 S 的经营状况恶化,而 S 却免除了 D 的 30 万元债务。

---

① 我妻,第 156 页。
② 参见云晋升:《论债权人撤销权行使的法律效果——以〈民法典〉第 542 条为中心的分析》,载《社会科学》2022 年第 3 期,第 110—112 页。

一般认为,在有人保——保证的情形,由于人保不在债务人责任财产的评估对象之列①,加之人保的不可靠性,所以债权人依然可以行使债权人撤销权。在本书看来,这种观点过于绝对。在人保足以担保的情形,是否还有必要允许债权人行使债权人撤销权,不无疑问。

(b) 有物保的债权

> **例 4.3.3**
>
> G 曾经向 S 提供了一笔 300 万元的贷款,当时,S 以自己的不动产提供抵押担保。后来 S 的经营状况恶化,而 S 却免除了 D 的 300 万元债务。
> ① 不动产价值 600 万元
> ② 不动产价值 200 万元

在物保可以确保债权全额回收的情形(【例 4.3.3】①),没有必要认可债权人撤销权的行使。在物保不能全额确保债权回收的情形(【例 4.3.3】②),不能回收的部分只能从债务人的责任财产中回收,因此有必要允许债权人行使债权人撤销权。

(3) 债权数额的确定性

债权人行使债权人撤销权时,其债权数额是否应当确定?

> **例 4.3.4**
>
> 应由 S 负全责的交通事故导致 G 受伤。事后 S 却将自己唯一的不动产赠送给了 D。

G 的损害赔偿债权数额尚未确定,在该时点其能否行使债权人撤销权呢?考虑到"撤销权的行使范围以债权人的债权为限"(540),可以得出债权人的债权数额应当确定的结论。② 不过,本书认为,虽然债权的数额不能确定,但如果有证据证明诈害行为影响到"债权人的债权实现",且债权人行使撤销权的范围不会超过债权的数额,便没有理由不允许债权人行使债权人撤销权。在上例中,虽然损害赔偿额不确定,但当有证据表明其至少不低于某个数额时,那么只要在这个数额内行使债权人撤销权就不存在问题。③

2. 附条件、附期限的债权

如果构成债权人对债务人所享有债权之发生原因的法律行为附条件或者附期限,或者债权的行使以不确定事实的发生作为前提(简称为"附条件、附期限的债

---

① 我妻,第 163 页。
② 王洪亮:《〈民法典〉第 538 条(撤销债务人无偿行为)评注》,载《南京大学学报(哲学·人文科学·社会科学)》2021 年第 6 期,第 139 页。
③ 史尚宽,第 480 页亦认为债权的数额范围无须确定。

权"),这样的债权还能成为被债权人撤销权保全的对象吗？尽管有观点认为是否附条件、附期限不影响债权人撤销权的行使①，但恐怕还要作类型化的区分。②

(1) 附生效条件的债权

在条件成就之前债权是否发生、是否能够主张尚不确定，此时若允许债权人干涉债务人的财产管理将有失公允。

(2) 附生效期限的债权

不同于附生效条件的债权，尽管附生效期限的债权在期限到来之前不具有现实性，但因期限终将到来，为此，应当允许债权人在满足其他要件的情况下行使债权人撤销权。

(3) 附解除条件或附终期的债权

在条件成就前、期限到来前债权人享有有效的债权，故而没有理由剥夺债权人的债权人撤销权。

3. 非金钱债权？

非金钱债权在转化为损害赔偿债权之前，其实现不依赖于债务人的责任财产。待该债权因债务不履行而转化为损害赔偿债权（金钱债权）后，方可成为被保全之债权。

4. 可以通过强制执行实现

对于不能通过诉讼乃至强制执行实现的债权，债权人不能通过行使债权人撤销权来保全（日民 424.4）。例如，已经被债务人援用了时效利益的债权、存在不起诉合意的债权、存在不强制执行之合意的债权，就不属于可以通过债权人撤销权保全的对象。

(二) 不依赖债务人责任财产的债权

如前所述，非金钱债权在转化为损害赔偿债权之前，其实现不依赖于债务人的责任财产。当债务人与相对人实施的诈害行为影响该债权的实现时，如果债权人执着于原给付的实现而不选择替代性损害赔偿，就应当允许其行使债权人撤销权。可见，非金钱债权也可以成为被"保全"的对象。

(三) 被保全债权的发生时期

1. 原则

被保全债权原则上限于发生于诈害行为之前的。这是因为，债权保全制度保护的应该是债权人有所预期的债务人责任财产。③ 债务人减少其责任财产的行为

---

① 崔建远，第 134 页。
② 王利明 2，第 132 页。
③ 大審院大正十二年（1923 年）7 月 10 日判决，大審院民事判例集 2 卷 537 页；史尚宽，第 480 页；中田，287 页。

对于之后才发生的债权而言不可能构成诈害行为①,从而不可能"影响债权人的债权实现"。

2. 例外

然而,机械地理解该规则会导致不合理的结果。

例 4.3.5

S 欠 G 贷款若干,约定的迟延利息年利率为 10%。借款到期后,为了逃债,S 将其重要的财产(例如不动产)赠与或者以很低的价格卖给了 D,导致 G 的本金债权和利息债权均难以得到满足。

在【例 4.3.5】中,会有相当一部分的迟延利息发生在诈害行为之后。如果不允许债权人为保全这部分债权而行使债权人撤销权,甚不合理。实际上,在债权发生原因出现的时点,债权人就对于可以自债务人之责任财产受偿产生了一定的期待。为此,2017 年修订的日本法将债权人撤销权中的债权扩展为"基于诈害行为之前的原因"发生的债权(日民 424.3)。对于我国法上的"债权人债权",也宜作这样的解释。

(四) 诈害行为发生后受让的债权

诈害行为发生后债权被转让的,债权的受让人能否行使债权人撤销权呢?

1. 肯定说

肯定说认为,债权在转让前后同一性不会发生变化,因此如果原债权人曾经可以行使债权人撤销权,那么受让人也可以行使债权人撤销权。②

2. 否定说(本书的立场)

由于在债权转让中原债权人并不对债权的实现承担瑕疵担保责任,换言之,受让人需要自行承担债权不能得到足额清偿的风险,受让债权时受让人理应自行调查债务人的履行能力,因此不应当允许受让人就受让前的诈害行为行使债权人撤销权。

(五) 债权的履行期

对比债权人代位权的规定(535.1)可知,在债权人撤销权制度中,并不要求被保全之债权的履行期到来。这是因为,无论履行期是否到来,债权人因诈害行为所遭受的不利益都是一样的。不过,有力说认为,若债权的履行期远未到来,债务人的行为有可能不构成诈害行为。③ 原因在于,在随后较长的时期内债务人的责任财产完全有可能再次充盈。

---

① 韩世远,第 462 页;王洪亮,第 149 页;杨巍,第 226 页。
② 史尚宽,第 480 页。
③ 内田,364 页。

二、债务人一方的要件

（一）诈害行为

债权人撤销权针对的是债务人实施的诈害行为。一般而言，只要影响到被保全债权实现的行为，原则上都可能构成诈害行为。照此逻辑，对于诈害行为为何，并不需要通过立法具体列举。日本法采取的便是这种立法模式（日民424）。在抽象论层面，诈害行为主要包括如下类型。

1. 导致责任财产减少的行为

导致责任财产减少的行为，可以是任何法律行为（例如协议离婚中的财产分割行为、遗产分割行为），甚至包括准法律行为（例如对无权代理的追认、债权转让的通知等）。

> **例 4.3.6**
>
> G 对 S 享有 100 万元的金钱债权。
> ① S 将仅剩的 120 万元财产中的一半赠与给了 D。
> ② S 为 D 对他人的高额借贷提供了担保。

除了直接减少责任财产的行为（【例 4.3.6】①）外，对外提供担保的行为（【例 4.3.6】②）在实质上也造成了责任财产的减少，可归类于此种类型。

2. 导致债权人受偿比例下降的行为

> **例 4.3.7**
>
> G 对 S 享有 100 万元的金钱债权。S 将剩余的 100 万元财产中的 80 万元用来清偿了其对另一债权人 G_1 的 80 万元债务。

在责任财产不足以清偿全部债务的情形，向特定债权人的清偿（偏颇清偿）并不会导致责任财产的减少，但因债务人向特定债权人的清偿，导致其他债权人的受偿比率下降。

3. 导致担保能力下降的行为

> **例 4.3.8**
>
> G 对 S 享有 100 万元的金钱债权。
> ① S 将仅剩的一套房产以市价（100 万元）变现。
> ② S 从他人处大额借款。

将不动产等不易逸散的财产变现、大额的借贷虽然在总量层面没有改变债务人的责任财产,但客观上却会导致特定债权人的债权难以实现,因为金钱更容易流失、隐藏。

4. 导致特定债权的实现受到影响的行为

债务人的行为虽然没有减少其责任财产,但却可能导致债权人不依赖于债务人责任财产的特定债权难以实现。

例 4.3.9

G_1 与 S 缔结了买卖不动产的合同。过户前,S 却将该不动产以不合理的低价出卖给 G_2,并完成了过户。

在【例 4.3.9】中,债权人对债务人享有的移转特定物所有权之债权本身的实现,并不依赖于债务人的责任财产。如果将债权人撤销权制度的功能局限于债务人责任财产的保全,则不依赖于债务人责任财产之债权的债权人要行使债权人撤销权,必须在该债权转化为损害赔偿债权之后。① 这种立场不仅僵化,也不符合实定法的表述。我国法既未将被保全债权限定为金钱债权,也没有明确将诈害行为与债务人之责任财产的多寡关联在一起,而是仅仅强调诈害行为"影响债权人的债权实现"。为更有效地保障这种不依赖于债务人责任财产的债权的实现,应例外地允许债权人直接行使债权人撤销权,不必等到其债权转化为金钱债权。

5. 诈害行为与自由竞争的关系

例 4.3.10

G_1 与 S 缔结了买卖不动产的合同。过户前,S 却将该不动产以市场价出卖给 G_2,并完成了过户。

债务人 S 将同一标的物处分给他人的一物二卖行为,在客观上会影响债权人 G_1 之特定债权——请求 S 向其移转标的不动产之所有权——的实现。然而,该行为不构成诈害行为。原因在于,第二次买卖的行为通常具有妥当性——属于自由竞争的范畴,这就意味着在此情形第一次买卖中的特定债权原本就不值得通过牺牲第二笔买卖之买受人的利益来保护。

---

① 最高裁判所昭和三十六年(1961 年)7 月 17 日大法廷判决,最高裁判所民事判例集 15 卷 7 号 1875 页。

(二) 我国法上的诈害行为

我国法并未采用统一的"诈害行为"或者类似的表述,而是采用列举法(538、539),并根据有偿、无偿作了区分。在这种立法模式下判断是否构成诈害行为时,不仅要求行为符合法定的类型,还要判断在效果上该行为是否会"影响债权人的债权实现"。这种立法模式所面临的问题,是在解释论上没有太大的解释空间。

1. "影响债权人的债权实现"

(1) 含义

"影响债权人的债权实现"的情形,不限于债务超过,还包括其他客观的"支付不能"(参见本部第2章第2节二(二))。例如,延长到期债权的履行期限并不会在总量上改变责任财产的多寡,却会导致该债权无法按照原定时间收回,增加了不能回收的风险,从而影响了债权人的债权实现。

(2) 基准时

在从债务人的行为发生之时起到撤销权诉讼的事实审的言辞辩论终结的这段期间内,债务人的责任财产可能一直处于变动之中。究竟该以哪个时点来判断"影响债权人的债权实现"呢？学理上认为,不仅需要行为时债务人陷入无资力状态,而且还需要在事实审的言辞辩论终结时债务人仍处于无资力状态。① 如果仅以事实审的言辞辩论终结之时作为基准时,有可能会伤害到债务人及相对人对行为正当性的信赖,这是因为在行为时债务人与相对人判断该行为不会导致债务人陷入无资力状态所以才放心实施,结果却出乎意料地被撤销。反之,如果仅以行为时作为基准时,到事实审的言辞辩论终结时可能责任财产有所恢复,已经不"影响债权人的债权实现",撤销将构成对债务人财产管理的过度干涉。②

2. 行为的法定性

由于采取了列举法,我国法上的诈害行为必须属于法定的类型。

(1) 无偿行为(538)

(a) 放弃其债权、放弃债权担保、无偿转让财产等行为

这三种行为都属于无偿行为。对于无偿的理解,不宜过于绝对。对价在比例上低到可以忽略的程度的有偿行为,例如以低于市价90%的价格转让财产,应归类为无偿行为。

第538条中的"等"字表明了本条所列行为的非限定性,为类型的扩张预留了一定的空间。③

---

① 我妻,第165页;奥田,295页。
② 朱广新(下),第454页。
③ 不过,诉讼时效届满后债务人对时效利益的放弃,不应成为可撤销的对象。这是因为,是否援用时效利益,涉及债务人的良心,他人不能干涉。这一点不同于债权人代位权制度中债权人代债务人中断诉讼时效的行为。在后者的情形,债权人之所以可以代为采取中断时效的措施,恰恰是在保存债务人的债权,完全不涉及债务人的良心。

> **例 4.3.11**
>
> 债权人 G 的债务人 S 将自己所有的财产以市价出售给 D,但同时与 D 约定,价金支付给与其并无债权债务关系的 A。

表面上看债务人 S 与相对人 D 实施的并非无偿行为,但由于约定价金支付给与其并无债权债务关系的 A,实际上相当于借助与 D 订立的为第三人利益合同实现了将对价无偿赠予 A 的效果。这种情形可以包含在第 538 条的"等"中。如果满足债权人撤销权的其他要件,应允许债权人撤销将价金支付给 A 的约定。①

(甲)放弃优先的担保顺位与放弃债权担保

(乙)共有财产分割中的放弃

较为常见的情形,是按份共有人在与其他按份共有人分割共有财产时,分得少于其共有份额的财产。此外,还包括遗产分割时对应继承财产的部分放弃或者全部放弃。这些情形与无偿转让财产高度类似,可以归入第 538 条的"等"中。

存在争议的,是协议离婚时对夫妻共有财产的少分,这种行为中都伴随有明显的身份行为特征。司法实践中对于协议离婚时的诈害行为,普遍②采取仅部分撤销的应对办法,即仅撤销协议中的财产分割部分合意。

(丙)放弃继承

继承人因放弃继承权致其不能履行法定义务的,放弃继承权的行为无效(继承编解释一 32)。"法定义务"是一个不确定的概念,实务中多认为指赡养、抚养、扶养义务。③ 如果认为通常的债务不属于"法定义务",则当债务人放弃继承"影响债权人的债权实现"时,就不得不面对诈害行为是否包含债务人的放弃继承行为这一难题。

否定说或许会认为,不同于遗产的分割,继承的放弃具有一定的身份行为色彩;而且遗产并不属于作为债务人之继承人的责任财产,放弃继承并不会导致其责任财产的减少,因此放弃继承不属于实定法所罗列的具体诈害

---

① 王洪亮:《〈民法典〉第 538 条(撤销债务人无偿行为)评注》,载《南京大学学报(哲学·人文科学·社会科学)》2021 年第 6 期,第 143 页。

② 例如,王国庆等与王学奎债权人撤销权纠纷案,北京市高级人民法院(2022)京民申 735 号民事裁定书;朱英与高琦、张勇债权人撤销权案,上海市高级人民法院(2017)沪民申 933 号民事裁定书;樊荣侠、王淑红等债权人撤销权纠纷案,江苏省高级人民法院(2021)苏民申 1594 号民事裁定书等。

③ 最高人民法院民事审判第一庭编著:《最高人民法院民法典继承编司法解释(一)理解与适用》,人民法院出版社 2022 年版,第 321 页。

行为。最高人民法院倾向于否定说。①

而肯定说则会认为,由于在被继承人死亡的那一刻,遗产便已经归全体继承人所共有,自然已经进入了作为债务人之继承人的责任财产。因此,同共有物分割中的放弃一样,对继承的放弃可归入"无偿转让财产"的诈害行为。

本书赞同肯定说,追加的理由如下:第一,放弃继承在本质上属于财产行为;第二,放弃继承与遗产分割中的放弃在效果上几乎没有差别,区别对待两者有违形式正义的要求。

【深化】 无效的诈害行为

> **例 4.3.12**
> 为了躲债,债务人 S 与 D 伪造买卖合同,将其不动产过户到了 D 的名下。S 的债权人 G 如何才能获得救济?

基于通谋虚伪表示而为之买卖合同与无偿转让有着本质的区别,它本身就是无效的。但在效果上两者却非常接近,均导致责任财产的减少。问题在于,这种情形能否类推适用债权人撤销权制度?这里涉及无效之法律行为还能否被撤销这一更为基础的问题。围绕此点素有争论,肯定说似为主流。② 在此情形,唯有允许债权人以相对人为被告行使债权人撤销权,才能使得逸散的不动产回到债务人名下。

本书亦赞成主流观点,追加如下理由:不涉及公共秩序的无效均属于相对无效,在行为人不作无效主张的情况下,债权人通过行使债权人撤销权方可保全债务人的责任财产。需要讨论的是,这种观点在我国法上的实定法依据究竟是第 538 条还是第 539 条。考虑到基于通谋虚伪表示的交易并非真正的交易,不存在对价,本质上类似于无偿行为,故而可以第 538 条的"等"来包含。

不过,该问题亦可作为无效之法律行为的主张权人之范围的问题来把握,因债权人具有实质上之利害关系,可将其纳入有权主张无效之主体范围,并在此基础上行使债权人代位权,代位债务人行使不当得利的返还请求权。质言之,债权人既可以行使债权人撤销权,也可以直接主张诈害行为的无效。

在特殊情形,债权人有可能唯有行使债权人撤销权才有实益。

---

① 最高人民法院民事审判第一庭编著:《最高人民法院民法典继承编司法解释(一)理解与适用》,人民法院出版社 2022 年版,第 321 页。
② 我妻,见 159 页;王泽鉴:《无效法律行为之撤销》,载《民法学说与判例研究》(重排合订版),北京大学出版社 2015 年版,第 284—290 页。

> **例 4.3.13**
>
> S 对 G 负担金钱债务若干。为了躲债，S 与 D_1 订立虚假买卖合同，合同内容为 S 以六折价格出售其不动产。双方完成过户后 D_1 又将不动产转卖给 D_2。假定 D_2 对于 S 与 D_1 之间的通谋虚伪表示导致意思表示无效一事善意无过失，但明知 S 与 D_1 之间的交易属于诈害行为。

债权人 G 仅仅主张通谋虚伪表示的无效，并不能对抗善意无过失的转得人 D_2。[①] 惟有行使债权人撤销权，逸散的不动产才能回归债务人的名下。

(b) 恶意延长到期债权的履行期限

对已到期债权之履行期限的延长，虽不直接改变债务人之责任财产的多寡，但仍有可能损害债权人的利益。这是因为，履行期限的延后会加大债权实现的不确定性。那么债务人恶意延长尚未到期之债权的履行期限，是否构成诈害行为呢？如果履行期限近在眼前，完全有可能"影响债权人的债权实现"。在此情形，该行为构成诈害行为。但如果履行期限并非近在眼前，则难以判断进一步的延长是否会"影响债权人的债权实现"，因而在此情形不宜认定对履行期限的延长构成诈害行为。

(2) 明显不合理的对价的交易(539)

此类诈害行为的特点是对价的失衡。因此，转让以外的具有这种特征的其他交易行为，例如对价明显不合理的互易财产、以物抵债、出租或者承租财产、知识产权许可使用等行为，也可能构成第 539 条意义上的诈害行为(合同编通则解释 43)。

关于何谓明显不合理的对价，需要以交易当地一般经营者的判断，并参考交易时交易地的市场交易价或者物价部门指导价予以认定(合同编通则解释 42.1)。其中，"明显不合理的低价"一般指转让价格达不到交易时交易地的指导价或者市场交易价 70%；"明显不合理的高价"一般指转让价格高于当地指导价或者市场交易价 30%(合同编通则解释 42.2)。

需要注意的是，上述 70%、30% 的数值基准只在通常的市场行情下才具有正当性。如果交易量明显偏低，市场价格会在一定程度上失真。判断对价是否合理时，还需要考虑交易的急迫性(债务人急于清偿债务而交易)、支付的条件(例如支付全款的情形就比分期付款以及需要通过程序烦琐且具有不确定性之贷款来支付的情形更值得优待)等才能得出妥当的判断。此外，在债务人与相对人存在亲属关系、关联关系等情形的，也不受上述基准的限制(合同编通则解释

[①] 我国法对于通谋虚伪之意思表示的无效并未规定其不能对抗善意第三人，只能通过善意取得制度(311)以及对虚构债权之保理规则(763)的类推适用来应对。

42.3），因为在此情形交易价格很有可能受到关联关系左右。需要注意的是，该规则仅具一般法的地位，并不能排斥商事法对关联交易的控制。

（3）为他人的债务提供担保（539）

主要包括负担保证债务、连带债务的情形以及提供物上保证的情形等。由于我国法采取了担保功能主义的立场（388.1），其他非典型的担保也可归入其中。

立法者之所以将为他人的债务提供担保规定在第 539 条而不是第 538 条，并不是因为它一定是有偿行为，而是需要在相对人的主观要件上维持与有偿行为的统一。毕竟，担保的提供并不必然导致作为担保提供者之债务人的责任财产减少，在债务人的主观恶性上与有偿行为接近。在这两种情形，为保护相对人的利益均需要另外设置相对人主观状态的要件。因此，无论是有偿担保还是无偿担保，均统一适用第 539 条。

（三）我国法无法涵盖的典型诈害行为

由于我国法对于诈害行为采取列举法，其他情形只能通过对所列举之诈害行为作扩张解释来涵盖。例如【例 4.3.1】中的和解协议或许就可以通过作这样的扩张解释来应对。此外，债务人向其他债权人提前清偿履行期限劣后且未到期之债务的行为，可以类比恶意延长到期债权之履行期限的行为。然而，扩张解释的范围毕竟有限。至少下列可能影响债权人之债权实现的债务人行为，就无法成为撤销的对象。为此，在立法论上应废弃列举法，改用"诈害行为"这一抽象表述。

1. 不动产的市价变现

不动产的市价变现虽然不会减少债务人的责任财产，但由于金钱的易散失性和易隐藏性，不可否认在特定情形这种行为会危及债权人的债权实现。

2. 大额的借款

同理，大额的借款虽然会增加债务人的现金流，但由于金钱的易散失性和易隐藏性，往往只会留下债务。在特定情形这种行为也会危及债权人的债权实现。

3. 偏颇清偿

对于偏颇清偿行为，最高人民法院的判决否定了适用债权人撤销权的可能。[①] 有观点主张，应区分债务人为企业法人的情形和债务人为自然人或者非法人组织的情形；对于前者，在破产法的保障之外，债权人不能通过行使债权人撤销权获得平等受偿的地位；但对于债务人为自然人或者非法人组织的情形，由于对其债权人不存在破产法上的保护，应允许债权人针对债务人的偏颇行为行使债权人撤销权。[②] 然而，我国法仅在第 538 条中以"等"字为无偿处分行为预留了扩张解释的空间，而偏颇清偿既不属于无偿处分行为也不属于第 539 条限定列举的行为。因而这种观点只能在立法论上成立。

---

① 林秀瑾与周莉莉、陈少昌债权人撤销权纠纷案，最高人民法院（2015）民申字第 2174 号民事裁定书。
② 陈韵希：《论民事实体法秩序下偏颇行为的撤销》，载《法学家》2018 年第 3 期，第 133—136 页。

【深化】 经生效裁判文书、调解书确认的诈害行为

> **例 4.3.14**
> 为了躲债，债务人 S 与 D 伪造证据，到法院作虚假诉讼。
> ① 双方在法院达成和解，取得了法院制作的调解书，内容为 S 以其房屋抵偿其对 D 的负债。
> ② 法院作出确认判决，判决 S 名下的房产归 D 所有。

如果债务人与相对人之间的诈害行为经过了法院生效裁判文书、调解书的确认，债权人无法通过债权人撤销权制度撤销生效的裁判文书。在此情形，债权人该如何实现救济？

首先，债权人不能作为案外人申请再审。能够申请再审的案外人，是遗漏的共同诉讼当事人，其因生效判决对其产生的法律利害关系，可以申请法院裁定再审。然而，这里的债权人并非案外人。

其次，债权人也无法通过执行异议或者执行异议之诉获得救济，这是因为执行异议之诉针对的是强制执行，然而，这种裁判文书并不需要执行。

最后，唯一的可能是借助第三人撤销之诉。在此情形，债权人要提起第三人撤销之诉，只能作为无独立请求权之第三人。要成为无独立请求权之第三人，需案件的处理结果与其有法律上的利害关系，却"因不能归责于本人的事由未参加诉讼"（民事诉讼法 59.3）。对此，《九民纪要》表达了肯定的立场（九民纪要 120.1.2）。严格来说，第三人撤销之诉撤销的应该是生效的裁判文书，而非诈害行为本身。因此，债权人只能在第三人撤销之诉中撤销生效判决，然后再另行提起债权人撤销之诉。

（四）债务人的主观状态

由于采取了类型化的立法模式，现行法对于债务人的主观状态未作统一的规定，而是根据类型设置了不同的要件。

1. 放弃其债权、放弃债权担保、无偿转让财产等方式无偿处分财产权益的行为

  这类行为直接导致责任财产的减少，显著影响了债权人的债权实现。为此，法秩序不要求债务人或相对人知道或者应当知道这种行为会影响债权人的债权实现（538）。

2. 明显不合理对价的转让、受让以及为他人提供担保的行为

  这类行为同样直接导致责任财产的减少，明显影响了债权人的债权实现。法秩序同样不要求债务人知道或者应当知道这种行为会影响债权人的债权实现（539）。只不过，由于这种行为所带来的影响在程度上较之于前一种行为稍轻，所以对相对人的主观状态提出了要求（见本节三）。

3. 延长到期债权履行期的行为

对于已到期债权之履行期的延长并不会直接导致债务人责任财产的减少，未必会影响到债权人之债权实现。为此，法秩序对于债务人的主观状态提出了较高的要求，即要达到"恶意"的程度（538）。这里的"恶意"，并无特别的含义，仅指知道该行为的后果是会影响债权人的债权实现。

三、相对人或者转得人一方的要件

（一）相对人的主观要件

1. 债务人实施无偿行为的情形

即使相对人不知道该无偿行为会影响到债权人债权的实现，也可以撤销（538）。当无偿行为"影响到债权的实现"时，相较于通过债务人的无偿行为而受益的相对人，债权人的利益更值得保护。

2. 债务人低价转让、高价收买、提供担保的情形

在此情形，行使债权人撤销权需要相对人知道或者应当知道该行为影响到债权人的债权实现（539），但并未要求达到与债务人串通的程度。知道或者应当知道的判断，以诈害行为作出之时作为基准时。

（二）存在转得人的情形

例 4.3.15

债务人 S 为了躲避债权人 G 可能的追讨，将其唯一的不动产以市价的五折出售给 D，导致 G 的债权难以实现。

① D 随即又将该不动产按照市价的六折转售给了 A。

② D 随即又将该不动产按照市价转售给了 A。

在探讨存在转得人之情形时，需要区分两种类型。

1. 相对人无偿或以不合理的低价转让财产或者为他人提供担保的情形（【例 4.3.15】①）

在此情形，债权人究竟仅可以撤销债务人与相对人之间的诈害行为，抑或还可以一并撤销相对人与转得人之间的交易或者担保，不无疑问。考虑到我国法在债权人撤销权制度上采取绝对效果说的立场，允许债权人选择一并撤销更可以维护价值判断的一致性，不过需要转得人、担保权人知道或者应当知道相对人与其之间的诈害行为会影响债权人的债权实现，但不需要转得人明知债务人与相对人之间的行为也构成诈害行为。

2. 转得人以市价获得财产的情形（【例 4.3.15】②）

由于转得人以市价获得财产，其与相对人之间的交易并不存在对价上的问题，

似乎不应被撤销。然而,如果转得人在转得时明知债务人所实施的行为构成诈害行为,其交易利益便不再值得保护。因此,即便采取绝对效果说,允许债权人行使债权人撤销权也未尝不可。

第 3 节　债权人撤销权的行使

一、行使的方式

1. 必须向法院请求
2. 诉讼主体
   (1) 不存在转得人的情形
       债权人撤销权的诉讼究竟以谁为被告,取决于对债权人撤销权的定性(参见本章第 1 节三)。我国法规定以债务人和相对人为共同被告(合同编通则解释 44.1)。这从另一侧面说明我国法采取的是形成诉权说。
   (2) 存在转得人的情形
       在相对人以无偿或以不合理的低价向转得人转让财产或者向转得人提供担保的情形,债权人可一并撤销债务人与相对人之间的诈害行为以及相对人与转得人之间的交易或者担保,也可仅撤销债务人与相对人之间的诈害行为。若一并撤销,债权人在行使债权人撤销权时应当以债务人、相对人和转得人作为共同被告。这一安排可以与我国法在债权人撤销权的法律效果上一贯采取的绝对效果立场保持一致。①

二、行使的范围

(一) 总论

撤销权的行使范围以(行使债权人撤销权之)债权人、即撤销权人的债权为限(540S1)。

1. 性质

   如果对债权人撤销权的性质采形成诉权说,本条规范意味着对法律行为的部

---

① 不过,在存在转得人的情形,仅以转得人作为被告也是一种可能的选项,日本法采取的便是这种立场(日民 424 之 7.1.2)。尤其是在相对人与转得人之间的行为不构成诈害行为的情形,没有理由撤销相对人与转得人之间的交易。如此一来,债权人撤销诉讼的既判力仅及于债权人与转得人。如果债权人撤销权得到认可,则撤销的效果仅及于转得人,在债务人与相对人之间诈害行为依然有效。

分撤销。这一效果与法律行为法中撤销的效果——全有全无——形成鲜明的对比。

2. 宗旨

这一规定似乎表明,我国法上的债权人撤销权制度旨在保全个别债权人的债权,而不是为了保全债务人的责任财产。若是为了保全债务人的责任财产,就不应该将撤销权的行使范围限定在撤销权人之债权额的范围内。

第540条第1句确与债权人撤销权制度的立法宗旨存在一定的龃龉。其立法目的或许可以作如下的理解:之所以将撤销权的行使范围限定在撤销权人的债权额以内,仅仅是因为债权人无法查明债务人所负担的债务总额。该规定并不必然意味着对债权人撤销权的制度目的——为了全体债权人的利益维持债务人的责任财产——的否定。

3. 撤销权人之债权额的含义

撤销权人的债权额并非总是固定的,有可能存在可以与原债权并存的迟延损害请求权。日本的判例认为,作为撤销范围上限的撤销权人债权额中,还应包括迟延损害。[①] 这一解释符合债权人撤销权的制度宗旨。

(二)标的可分的情形

例 4.3.16

G对S拥有80万元的债权,S却故意将自己手里的资金100万元中的55万元赠与给了D。

在标的可分的情形,只需要在影响债权人债权实现的限度内,即80-(100-55)=35万元的范围内行使债权人撤销权。

(三)标的不可分的情形

例 4.3.17

G对S拥有80万元的债权,S将自己唯一的价值100万元的房产赠给了D。

在因诈害行为而逸散的财产不可分且价值超出了债权人债权数额的情形,该如何应对?可能的应对方案如下:

1. 部分撤销、价额偿还

第一种可能的应对方案,是坚持第540条第1句的文义,债权人只能作部分撤

[①] 最高裁判所昭和三十五年(1960年)4月26日判决,最高裁判所民事判例集14卷6号1046页;最高裁判所平成八年(1996年)2月8日判决,判例时报1563号112页。

销;既然是部分撤销,而标的物又不可分,那么相对人或者转得人无须返还标的物原物,只需就撤销的部分作价额偿还。

2. 全部撤销、返还原物

第二种可能的方案,则是允许债权人作全部的撤销,令相对人或者转得人返还原物。司法解释采取的便是这一立场(合同编通则解释 45.1 后)。这一立场最大限度地发挥了债权人撤销权的功能,值得赞同。不过,在原物难以返还的情形(如果【例 4.3.17】中的房产已经灭失),仍应作部分撤销、以价额偿还。

三、行使的时期

(一) 除斥期间

为了尽快地确定法律关系,实定法为债权人撤销权的行使设置了如下的除斥期间(541):

1. 自债权人知道或应当知道撤销事由之日起 1 年
2. 自债务人的行为发生之日起 5 年

或许会有人认为,既然有除斥期间的限制,那么债权人撤销权在性质上一定是形成诉权。然而,这个说法过于绝对。其实,对请求权也未尝不可以规定除斥期间。[1]

(二) 被保全债权的诉讼时效已届满的情形

在此情形,相对人能否援用债务人的时效利益,现行法未予明确。如果重视时效利益的专属性,则可得出是否援用时效利益只能由债务人决定的结论。然而,在保证中,保证人就可以主张债务人对债权人的时效抗辩(701)。从体系性的角度考虑,本书对相对人是否能援用债务人的时效利益持肯定立场。

第 4 节 行使债权人撤销权的效果

一、撤销的对象

依实定法的规定,我国法上的诈害行为被限定为法律行为。若采形成诉权说或折中说,会涉及撤销的对象究竟是负担行为还是处分行为的问题。通常,很难想象负担行为构成诈害行为而处分行为却不构成的情形。此外,亦存在仅有负担行为的情形(例

---

[1] 耿林:《论除斥期间》,载《中外法学》2016 年第 3 期,第 621—623 页。

如为他人提供保证)和仅有处分行为的情形(例如财产权的放弃)。因此,只要构成诈害行为,均属于被撤销的对象。

二、撤销的效果

围绕债权人行使债权人撤销权的效果,存在多种可能的选项,最为极端的是绝对效果说和相对效果说。

(一) 可能的立场

1. 绝对效果说

撤销的效果导致诈害行为绝对地归于消灭。

2. 相对效果说

撤销的效果仅导致诈害行为在作为诉讼当事人的债权人与相对人之间归于消灭,但在债务人与相对人之间依然有效。相对于债务人的其他债权人,亦为有效。

(二) 评价

1. 绝对效果说的优势

符合普通人尤其是债权人的认知。

2. 绝对效果说的弊端

(1) 对债务人与相对人意思自治的伤害

对于债权人来说,只要逸散的财产能够回归到债务人处即可,并没有必要令诈害行为在债务人与相对人之间也归于无效。

(2) 讼累①

绝对效果说在债权人撤销权的性质问题上采形成诉权说。如此一来,债权人撤销权的诉讼并不能产生针对相对人的执行依据。如果相对人不主动履行,债权人将不得不再次诉讼。

(3) 缺乏对撤销权人优先受偿的保障

绝对效果说意味着债务人的诈害行为对于债务人的其他债权人来说也因撤销而归于消灭,于是其他债权人便也可以通过申请强制执行或者行使债权人代位权来与撤销权人争夺逸散的财产,这样的结果显然不利于激励债权人行使债权人撤销权。

3. 相对效果说的优势

(1) 对交易安全的维护

债务人与相对人之间的行为仅仅在债权人与相对人之间被撤销,在债务人的眼中依然有效。如此一来,在诉讼环节债权人只需要将相对人列为被告,无须

---

① 云晋升:《论债权人撤销权行使的法律效果——以〈民法典〉第542条为中心的分析》,载《社会科学》2022年第3期,第108—109页。

惊动债务人,也可以最大限度地在债权保全制度与交易安全之间维持平衡。
      (2) 对撤销权人的激励
          如果撤销仅具有相对效果,对于其他债权人来说,债务人与相对人所实施的导致财产逸散的行为并不会归于无效,因此,在相对人主动返还逸散财产之前,其他债权人既无权强制执行该返还请求权,也无权行使债权人代位权。这样的安排显然有利于激励债权人行使债权人撤销权。
    4. 相对效果说的弊端
      (1) 三方关系复杂化
          相对效果说使得三方之间的财产关系变得复杂。相对人因为债权人行使撤销权不得不将所得财产返还给债务人,但其与债务人之间的基础行为仍然有效,这样一来相对人还需要另行追究债务人的瑕疵担保责任。
      (2) 不动产的登记回转难以解释
          在涉及需要登记的财产,相对效果说无法解释为什么在债务人与相对人的交易依然有效的情况下财产又会重新登记到债务人的名下。
      (3) 既判力的难题
          相对效果说难以解决撤销判决对其他债权人的既判力问题。如果其他债权人针对同一行为也可以行使债权人撤销权,相对人将不得不面临反复的诉累。

  (三) 我国法的立场

  估计是考虑到了相对效果说的上述缺点,我国法采取了绝对效果说的立场——"债务人影响债权人的债权实现的行为被撤销的,自始没有法律约束力"(542)。此外,我国法要求债权人在提起债权人撤销权诉讼时必须以债务人与相对人为共同被告(合同编通则解释44.1),这一规定也可以印证我国法采取绝对效果说的立场。

三、 费用的负担

  债权人行使撤销权的必要费用(主要指债权人行使撤销权所支付的合理的律师代理费、差旅费等费用(合同编通则解释45.2)),由债务人负担(540S2)。其理由同债权人代位权中的必要费用转嫁(本部第2章第3节四(一))。至于债务人能否就该笔必要费用向其相对人作全部或者部分的追偿,可类推适用缔约过失制度(157)来应对,因为债权人行使债权人撤销权的结果,类似于构成合同之意思表示被撤销的结果。
  由于债权人撤销权的行使不会直接发生行使债权人撤销权之债权人优先受偿的效果,其结果只会有利于全体债权人,因此这笔必要费用具有共益费用的属性,应允许该债权人优先获得受偿。

四、 逸散财产的返还

  在债权人撤销权诉讼中债权人胜诉的情形,逸散的财产如何返还?

(一) 需要思考的问题

1. 返还的执行依据

　　诈害行为一旦被撤销,财产的移转便丧失了基础,于是会发生不当得利。若采取处分行为有因说的立场,还会发生不当得利返还请求权与物权上之占有返还请求权的竞合。问题在于,在撤销诉讼的效果中是否当然包含有关不当得利返还请求权或者物权上之占有返还请求权的执行依据?换言之,若债权人在债权人撤销之诉中获得胜诉判决,其是否可就逸散财产的返还直接申请强制执行?

2. 受偿主体

　　逸散的财产返还给谁?行使了债权人撤销权的债权人能否直接受偿?如果不能,他该如何实现自己的债权?在涉及转得人的情形,如果债务人与相对人之间、相对人与转得人之间的诈害行为均被撤销,逸散的财产又该如何返还?

3. 被执行人

　　无论是债权人撤销之诉中当然包含执行依据,还是债权人另行提出了返还请求,在债权人胜诉但相对人却不履行返还义务的情形,债权人应以谁为被执行人?

(二) 返还的执行依据

围绕返还的执行依据,存在着不同的理解。

1. 包含执行依据说①

　　债权人撤销权之诉的效果中当然包括财产返还的执行依据。与此观点对应的,只能是请求权说或者折中说【本章第 1 节四(三)】。

　　在本书看来,尽管上述立场具有一定的正当性,但在现实的层面难以操作。其一,难以想象在作为原告的债权人仅仅提出撤销诈害行为之诉请的情形,法官会在胜诉判决的主文中主动增加命令相对人返还逸散财产的判项。在现阶段,折中说恐怕尚未成为大多数法官的共识。其二,在判决主文中不包含命令相对人返还逸散财产之判项的情形,执行法官会采取强制执行的措施更是难以想象。

2. 纯粹的形成之诉说

　　债权人撤销权属于形成诉权,仅仅发生撤销法律行为的效果而不直接发生行使请求权的效果。② 本书在解释论上也持这一立场。这是因为,无论从第 538 条、第 539 条还是第 542 条的表述中,均看不出返还请求权的内容。此外,在司法实践中也很难想象,在债权人仅仅提起债权人撤销权之诉的情形法院会在判决主文中命令相对人返还逸散的财产。不过,相应地也没有理由不允许债权人在债权人撤销权诉讼中一并提出请求返还财产的给付之诉。在此情形,若债权人获得胜诉判决,可请求相对人向债务人返还逸散的财产。司法解释也间接地表明了这一立场:

---

① 韩世远,第 472 页。
② 龙俊:《民法典中的债之保全体系》,载《比较法研究》2020 年第 4 期,第 127—130 页。

"债权人在撤销权诉讼中同时请求债务人的相对人向债务人承担返还财产、折价补偿、履行到期债务等法律后果的,人民法院依法予以支持。"(合同编通则解释46.1)对该条规定作反向解释可知,如果债权人仅提起债权人撤销权诉讼而未同时请求相对人向债务人返还,那么在债权人胜诉的情形仅发生形成判决的效果,法院不能主动判令相对人向债务人返还逸散的财产。

(三)受偿主体

1. 包含执行依据说

主流观点不认可债权人撤销权具有简易的债权回收功能,因此,即便债权人行使债权人撤销权获得胜诉判决,返还的受偿主体也只能是债务人。仅有少数观点主张,对于金钱的返还应类推适用第537条允许行使债权人撤销权之债权人请求直接受领的观点。①

2. 纯粹的形成之诉说

如果采纯粹的形成之诉说,对于逸散的财产债权人并无直接的请求相对人向自己甚至债务人返还的请求权。既然如此,债权人并不能通过债权人撤销权诉讼直接实现债权的回收。

(1) 回收债权的路径

(a) 通常的路径

债权人可以在撤销权诉讼中同时提出向债务人返还的诉请,在取得胜诉判决后再借助债权人代位权制度或者强制执行制度。

(b) 债权人撤销之诉和债权人代位之诉的一并提起?

在债权人的债权已到期的情形,债权人能否一并提起债权人撤销权之诉和债权人代位权之诉?《民法典》草案曾允许债权人同时"以自己的名义代位行使债务人在其行为被撤销后对相对人所享有的权利",但此方案最终未被采纳。一并提起本身在程序法上或许没有障碍,但在实体法层面代位的诉讼请求能否得到支持却值得玩味。

有观点以两者的制度目的和要件不同为由否定这种做法的正当性。② 然而,允许债权人一并提起并不代表法院就应当按照债权人撤销权的要件来判定债权人代位权。只要严格按照债权人代位权的要件判断就不会有问题。真正需要思考的,是债权人代位权制度中"债务人怠于行使其权利"的要件。如果债权人撤销权之诉与债权人代位权之诉的胜诉判决同时生效,就剥夺了债务人在其诈害行为被撤销后自行管理其财产的机会,因此债务人根本就没有机会陷入怠于行使其权利的状态。因此,如果严格按照逻辑推演,在债权人代位权的诉请与债权人撤销权的诉请同时提起的情形,不应认可债权人的代位

---

① 杨巍,第232页。
② 王利明:《债权人代位权与撤销权同时行使之质疑》,载《法学评论》2019年第2期,第1—8页。

请求。①

不过,考虑到债务人积极实施了诈害行为的事实,在判断是否应认可债权人代位权的行使时,适度降低债权人干涉债务人之财产管理的门槛,在价值判断上未必没有正当性。

(2)存在的问题及应对

(a)存在的问题

如果按照纯粹的形成之诉说,因为有其他债权人的竞争,行使了债权人撤销权的债权人有可能无法回收自己的债权。如此安排势必会导致债权人利用债权人撤销权制度的激励不足。

(b)指导案例118号的应对

最高人民法院通过指导案例118号,以对相对人课加通知义务的方法,适度向保护债权人利益的方向倾斜:"受让人未通知债权人,自行向债务人返还财产,债务人将返还的财产立即转移,致使债权人丧失申请法院采取查封、冻结等措施的机会,撤销权诉讼目的无法实现的,不能认定生效判决已经得到有效履行。债权人申请对受让人执行生效判决确定的财产返还义务的,人民法院应予支持。"

3. 被执行人

在债权人胜诉但相对人却不主动履行返还义务的情形,债权人以债务人和相对人作为被执行人(指导案例118号)。

4. 存在转得人的情形

在债务人与相对人之间、相对人与转得人之间的诈害行为均被撤销的情形,逸散的财产又该如何返还?是按照顺序返还,即先由转得人返还给相对人,然后再由相对人返还给债务人;抑或直接由转得人返还给债务人?对此,我国法未作规定。

如果严格遵循债的相对性,那么逸散的财产应当次第返还。然而,如下文所述,在撤销之后的返还关系上,相对人对债务人不享有同时履行抗辩权。同理,转得人也不应对相对人享有同时履行抗辩权。因此,判令转得人直接向债务人返还,并不会过分地损害转得人的利益。转得人依然可以向相对人主张对待给付的返还。是故,为确保债权人撤销权制度的高效性,应判令转得人直接向债务人返还逸散的财产。

如果应由转得人直接向债务人返还,则需要考虑转得人的救济问题,因为转得人向相对人提供了对待给付。

---

① 王利明:《债权人代位权与撤销权同时行使之质疑》,载《法学评论》2019年第2期,第5页;宋史超:《论债权人撤销权判决的实现路径——以指导案例118号为中心》,载《政治与法律》2021年第1期,第160页。

五、 相对人和转得人的救济

在采取绝对效果说的前提下,债权人撤销权的行使导致债务人与相对人之间、相对人与转得人之间的法律行为也归于无效,在此情形,相对人和转得人的利益该如何保护呢?

(一) 相对人的救济

1. 对待给付的返还请求权

(1) 返还的基础

既然债务人与相对人之间的诈害行为被撤销,债务人便丧失了保持所受领之对待给付的法律根据,相对人当然对债务人享有给付型不当得利(对待给付)的返还请求权。

> **例 4.3.18**
>
> 债务人 S 为了躲避债权人 G 可能的追讨,用其价值 1000 万元的别墅与 D 价值 300 万元的公寓交换。然后 S 又将该公寓出售了。G 行使债权人撤销权撤销了 S 与 D 之间的互易合同。

D 原本有权要求 S 返还公寓的所有权;虽已经履行不能,D 尚有权要求 S 作价值返还。

(2) 救济的程度

通常,合同双方当事人之间的给付型不当得利债权构成同时履行抗辩关系。但在债权人撤销权诉讼中,若允许相对人作同时履行的抗辩,将会严重降低债权人撤销权制度的实际效果。考虑到相对人的要保护性较低,在价值判断上不应允许相对人作同时履行的抗辩,即自债权人请求之时起相对人陷入履行迟延。①

如果债权人胜诉,相对人可另行向债务人主张不当得利的返还。如果采取折中说,认为撤销权诉讼的生效判决中包含有返还财产的执行依据,其中也应包含相对人请求返还对待给付的执行依据。因此,当债权人申请强制执行,而债务人的责任财产不足以清偿全部债务时,相对人可以直接申请按照其债权在全部参与分配债权的总数额中所占比例受偿(民事诉讼法解释 508)。

2. 债权的恢复

如果诈害行为是消灭债务的法律行为,例如免除或者以不合理的价格以物抵债,则诈害行为被撤销,相对人对债务人的债权于相对人返还受领给付之时自动恢复(日民 425 之 3)。

---

① 潮见 I,836 页;中田,327 页。

（二）转得人的救济

如果涉及转得人，其地位与不涉及转得人时之相对人的地位相同，故可比照上文应对。

不过，如果未来我国法在转得人以市价转得逸散财产时明知债务人所实施的行为构成诈害行为的情形允许债权人行使撤销权，考虑到转得人的主观恶性较低，应适当保护其利益。日本法的做法或许可以作为参考。

1. 转得人的权利

既然转得人有义务向债务人返还所得财产，那么就应该允许其行使相对人对债务人的对待给付返还请求权（日民425之4.0.1）。如果诈害行为是消灭债务人之债务的法律行为——例如不合理对价的以物抵债，则在转得人先行返还财产后转得人应可以主张恢复相对人对债务人的债权（日民425之4.0.2）。

2. 转得人的权利范围

转得人的上述权利，以其为从其前手取得财产所支出之对待给付的价额或者通过从前手取得财产而消灭之债权的数额为限（日民425之4柱）。

第5部
债之关系的变动

第1章 概述

第 1 节 类型和概念区分
第 2 节 主体变动的两种视角

第 1 节 类型和概念区分

一、债之关系变动的类型

债之关系的变动可以分为内容的变动和主体的变动。

（一）内容变动

债的内容变动指不改变债之同一性,不改变债之关系的当事人,仅改变债之关系的内容。

（二）主体变动

债的主体变动指在不改变债之同一性的前提下,变动债权人或债务人。具体而言,包括债权转让、债务承担和合同地位的概括承担。

本部分仅论述主体的变动。

二、债的变更与债的更改

（一）债的更改的定义

债的更改是指以新的债权替代旧的债权,是债的消灭事由之一。①

（二）债的变更与债的更改的联系和区别

1. 联系

与债之主体的变动类似,债的更改也可以导致当事人的变更。从比较法来看,日民第 513 条第 2 项、第 3 项规定了债的更改中当事人的变更。我国《民法典》没有规定债的更改,但是基于意思自治的基本原理,同样允许当事人以更改的方式变动债务人或债权人。

2. 区别

但是,与债之主体的变动相比,债的更改破坏了债的同一性,消灭了旧债,产生了新债。因此,在构成要件和法律效果上均有不同。

（1）构成要件的区别

债的更改的构成要件和法律效果详见本书第 3 部第 3 章第 4 节。以下仅论

---

① 韩世远,第 586 页;王洪亮,第 193 页。

述两种制度的区别。
　　(a) 债务人的变动
　　　　通过更改方式变动债务人,需要债权人与新债务人达成合意。即使原债务人反对,也不影响更改合意的效力。《日本民法典》第 514 条第 1 款规定更改合意自通知原债务人时生效,其理由在于更改方式变动债务人的功能与免责的债务承担类似。① 我国《民法典》没有规定更改的生效时间。
　　(b) 债权人的变动
　　　　通过更改的方式变动债权人,需要原债权人、新债权人和债务人三方达成更改的合意。
(2) 法律效果的区别
　　债的更改产生了新债。这就意味着原债的担保、抗辩均消灭;时效重新起算。而债的变更不产生新债。

第 2 节　主体变动的两种视角

围绕债之关系的主体能否在不影响债之同一性的前提下变动,一直以来存在两种不同的视角。

一、禁止变动说:债权是法锁

(一) 基本思想
债之关系是特定人与特定人之间的法律关系,是法锁,因此主体变动会改变债的同一性,成立新债。因此债之关系的主体不能变动。

(二) 代表观点
罗马法、19 世纪德国历史法学派。

(三) 问题
债的主体变动,尤其是债权人的变动是经济生活中所必需的。

(四) 如何应对?
通过其他制度达到与债权转让相同的主体变动的效果,例如,债的更改,并在更改

---

① 中田,493 页。

后重新为该债设定担保。

【深化】

  罗马法上实现债权人的变动的工具有三,其一为债的更改,其二为"自己事务的代理"①,其三为扩用之诉②。其中最为重要的,是通过扩用之诉移转债权的情况。③ 因为,债的更改需要债务人的配合;而用"自己事务的代理",对于"债权受让人"而言,存在两方面的不利:债权出让人有权撤回授权,并且出让人或受让人任何一方死亡,授权也消灭。④

  在 19 世纪上半叶,德国法学家米伦布鲁赫⑤以罗马法为依据,认为债权不得转让。⑥ 在其看来,债权转让仅仅是债权行使权的转让,债权受让人以诉讼代理人的身份行使债权。⑦ 债权转让仅通过自己事务的代理即可实现。⑧ 债权人的通知(Denuntiation)与扩用之诉的功能仅为补充作用,以加强债权受让人的法律地位并使其可以继续转让债权。⑨

  19 世纪下半叶,温德沙伊德认为真正导致罗马法上债权无法移转的原因是欠缺相应的移转形式。⑩ 温德沙伊德通过扩用之诉实现了债权的转让。扩用之诉并非是受让人取得的、作为出让人代理人而享有的诉,而是独立的诉。⑪ 通过扩用之诉的移转,债权受让人成为诉讼上债权的所有者。但此时,债权转让并未完全实现,唯有债权出让人的诉权被否定以后,才真正完成了债权转让。而通知的作用正在于此。⑫ 由此,在当时

---

  ① "债权受让人"作为"债权出让人"的代理人向债务人主张权利。
  ② 将让与人享有的诉讼类推而授予受让人。受让人基于该诉讼起诉时,不再是代理人,而是以自己的权利为基础。
  ③ 对于罗马法中债权转让的构造,可参见〔德〕马克斯·卡泽尔、罗尔夫·克努特尔:《罗马私法》,田士永译,法律出版社 2018 年版,第 576 页以下。
  ④ 〔意〕彼德罗·彭梵得:《罗马法教科书》,黄风译,中国政法大学出版社 1992 年版,第 315 页。为了克服这两个问题,在 2 世纪中期的帝国法中,又出现了通过扩用之诉移转债权的情况,C. 4.10.1.
  ⑤ 米伦布鲁赫本身不属于历史法学派,但其研究在某些方面与历史法学派相同的特点。Vgl. Klaus Luig, Zur Geschichte der Zessio, 1966, S. 47.
  ⑥ Vgl. Mühlenbruch, Die Lehre von der Cession der Forderungsrechte: nach den Grundsätzen des römischen Rechts, 3. Aufl., 1836, S. 21.
  ⑦ Vgl. Mühlenbruch, a. a. O., S. 222.
  ⑧ 米伦布鲁赫认为通过扩用之诉并没有在债权受让人与债务人之间产生新的法律关系。Vgl. Mühlenbruch, Fn. ⑥, S. 177. HKK/Hattenhauer, 2007, § 398-413, Rn. 21.
  ⑨ 对此参见 Klaus Luig, Fn. ⑤, S. 51-55; Klaus Lodigkeit, Die Entwicklung des Abtretungsverbotes von Forderungen bis zum § 354a HGB, LIT, 2004, S. 51.
  ⑩ Windscheid, Die Actio des römischen Civilrechts, vom Standpunkte des heutigen Rechts, 1856, S. 164;但是,随后温德沙伊德在《潘德克吞法教材》中改变了观点。罗马法上债权之所以不得让与,是因为债权人的变更改变了债权的内容,换言之,债权因其本质不得让与。但是,此种理由并不成立。温德沙伊德驳斥了当时通说认为债权因其概念而不得让与的观点。尽管债权人的变更改变了给付的内容,但是,此改变并不属于债权的本质改变。如果替代给付的损害赔偿之债没有改变债权的本质,那么当事人的改变同样没有改变债权的本质。Vgl. Windscheid, Lehrbuch des Pandektenrechts, Band II, Aufl. 9, 1906, § 329 S. 364, Fn. 10; Klaus Luig, Fn. ⑤, S. 82.
  ⑪ Vgl. Windscheid, Die Actio des römischen Civilrechts, vom Standpunkte des heutigen Rechts, S. 134.
  ⑫ Vgl. Windscheid, Fn. ⑪, 1856, S. 140 ff.

的债权转让人变动的通说(行使理论)的基础上,可以更进一步认为诉权的移转也使得诉权受让人取得了债权。①

二、允许变动说:债权作为财产权

(一) 基本理念

债权之上存在所有权,债权作为无体物具有所有权属性。②

(二) 代表观点

自然法和自然法指导下的 1804 年的《法国民法典》与 1811 年的《奥地利普通民法典》。

(三) 具体构成

债权人的变动和所有权人的变动无异,不论是格劳秀斯还是普芬道夫均未对债权转让作特别说明。③ 此种扩张所有权概念的做法影响了随后的自然主义法学立法。其中最为典型的是《法国民法典》第 529 条,其规定债权为动产,这就意味着法国法中同样采了扩大的所有权概念。基于此种理解,《法国民法典》第 1689 条以下在买卖合同中规定了债权转让。仅规定债权买卖是因为债权转让在当时的主要形式是债权买卖。④

三、禁止变动说和允许变动说的影响

(一) 两种视角的区别

对于债是否可以移转而不丧失同一性存在不同的理解。

---

① Vgl. Windscheid, Die Actio des römischen Civilrechts, vom Standpunkte des heutigen Rechts, S. 134; Klaus Luig, Zur Geschichte der Zession, 1966, S. 93.

② Vgl. HKK/Hattenhauer, 2007, § 398-413, Rn. 18.

③ 格劳秀斯将财产权分为对物权与对人权,二者的让与统一适用财产权的让与规则。参见〔荷〕胡果·格劳秀斯:《格劳秀斯私法导论》,张淞纶译,法律出版社 2015 年版,第 53 页。普芬道夫在其《自然法与万民法》第 4 编第 4 章第 1 节中认为,所有(dominion)是人与人之间的关系,而非物本身物理上的实体性。同章第 2 节中认为,财产权或所有的内容是归属。由此,就可以理解为何普芬道夫在同编第 5 章第 3 节中认为,物的实体性与能否成为所有的客体是不同的。See Pufendorf, De Jure Naturae et Gentium Libri Octo, translated by C. H. Oldfather and W. A. Oldfather, At The Clarendon Press and Humphrey Milford, 1934, Book 4, Chapter 4, 1, Book 4, Chapter 4, 2, Book 4, Chapter 5, 3. 基于第 4 编第 5 章第 3 节的论述,Bruno Huwiler 认为,普芬道夫并未将物权(Sachenrecht)限于有体物,在普芬道夫法学理论中,物权与财产权相同,也包括债权。Vgl. Bruno Huwiler, Der Begriff der Zession in der Gesetzgebung seit dem Vernunftrecht, Schulthess Polygraphischer Verlag, 1975, S. 43. 因此,物权移转的规则也适用于债权转让。基于对所有概念的理解,普芬道夫认为,物权的移转仅需要当事人之间达成合意,占有的移转并非必须。See Pufendorf, De JURE NATURAE ET GENTIUM LIBRI OCTO, translated by C. H. Oldfather and W. A. Oldfather, AT THE CLARENDON PRESS and HUMPHREY MILFORD, 1934, Book 4, Chapter 9, 4, 5.

④ Zweigert/Kötz, Einführung in die Rechtsvergleichung auf dem Gebiete des Privatrechts, Bd Ⅱ. 2. Auflage, 1984, S. 149.

1. 禁止变动说

债是特定当事人之间的法律关系,故而不能移转,只能通过"迂回"的方式,实现债权转让的效果。

2. 允许变动说

债的移转则如同物权的移转一样,只是权利主体的变动,不会导致债同一性的改变。

(二) 对现代法的影响

现代民法虽然认可了债主体的变动,并且更加倾向于采财产权构成的学说;但是,不论是债权转让规则在《民法典》中的体系位置,还是下文即将讲述的债权转让的通知等制度,均受到了债是法锁观念的影响。① 因此,在把握债的变更时,应当注意研究视角。当然,通常情况下,不论基于哪个视角,结论上并无二致,只是理论构成的不同。②

---

① 例如,Klaus Luig 认为,共同法中债权转让的理论是罗马法思想胜利的产物。Vgl. Klaus Luig, Zur Geschichte der Zessio, 1966, S. 116 ff.

② 当然,两种理论在解释禁止债权转让的约定发生何种效力时存在差别。参见本部第 2 章第 3 节。

第 2 章　债权转让

第 1 节　债权转让的构造和规范体系
第 2 节　债权转让成立的一般构成要件
第 3 节　债权转让成立的特殊构成要件(债权可转让性)
第 4 节　债权转让对第三人的对抗要件
第 5 节　债权转让的法律效果
第 6 节　债权转让中对债务人的保护
第 7 节　债权的法定让与

第 1 节　债权转让的构造和规范体系

一、债权转让的构造

（一）定义和类型

1. 定义

所谓债权转让（又称债权让与），是指在维持债权同一性（Identität）与存续性（Kontinuität）的前提下，以法律行为的方式变更权利的主体。[①]

债权转让涉及三方主体。(a) 债权出让人：将自己的债权转让给他人的人（以下用 G_1 表示）。(b) 债权受让人：受让债权，成为新债权人的人（以下用 G_2 表示）。(c) 债务人：须履行债务的人（以下用 S 表示）。

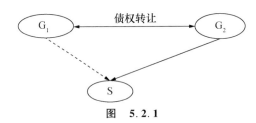

图 5.2.1

2. 类型

有学说区分债权移转和债权转让。

（1）债权转让

仅指依当事人意思发生的债权人变动，债权转让是债权移转的情形之一。[②]

（2）债权移转

债权移转是债权转让的上位概念，包括基于当事人意思发生的意定转让、基于法律规定发生的债权移转、基于裁判的债权移转。

（3）本书观点

上述区分在规范适用层面意义不大。理由在于，法定移转最为典型的情况是担保人承担担保责任以后，债权人的债权移转给担保人。例如，第 700 条规

[①] 崔建远、韩世远、于敏：《债法》，清华大学出版社 2010 年版，第 124 页；Nörr/Scheyhing/Pöggeler, Sukzession: Forderung, Vertragsübernahme, Schuldübernahme, 2. Aufl., 1999, S. 1.

[②] 王洪亮，第 450 页。

定,保证人履行保证责任以后,享有债权人的债权。第 545 条以下关于债权转让的规定,以意定债权转让为原型,其规则原则上可类推适用于法定债权转让。①

(二) 转让债权之法律行为的构造和债权转让的构造

与物权的变动相同,转让债权的行为同样可以区分为负担行为与处分行为两个层面。第 545 条以下从处分行为层面对债权转让进行了规定。而与债权转让的负担行为层面相关的规则散见于合同编分则中。

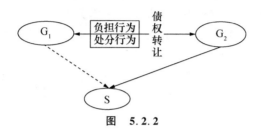

图 5.2.2

1. 负担行为
   (1) 定义
   所谓债权转让的负担行为,是指当事人订立的以转让债权为主给付义务的法律行为。该负担行为效果是使得一方当事人负有移转债权的义务,而不发生移转债权的效果。债权转让构成对该义务的履行。如果债权出让人拒绝转让债权,债权受让人可以基于负担行为诉请履行。
   (2) 类型
   该负担行为可以分为双方法律行为和单方法律行为,尤以双方法律行为为原则。在转让债权的行为中,典型的双方负担行为如债权买卖合同、债权赠与合同和无追索权的保理合同。典型的单方负担行为如遗赠债权。
   (3) 作用
   (a) 构成债权转让的原因,债权受让人基于负担行为而保有债权。
   (b) 使得债权的出让人负有转让债权的主给付义务。
   (c) 使得债权的出让人负有通知债务人、移转债权相关凭证等从给付义务或附随义务。

> 例 5.2.1
> G_1 将自己的债权转让给 G_2,但 G_1 随后与 S 达成了和解协议。G_2 请求 G_1 承担违约责任,依据为何?

---

① 罗歇尔德斯,第 406 页。

第 761 条规定了保理合同是一种应收账款债权人将现有的或者将有的应收账款债权转让给保理人,保理人提供资金融通、应收账款管理或者催收、应收账款债务人付款担保等服务的合同。根据该条,债权人负有将应收账款债权转让给保理人的义务。第 765 条规定了债权人在债权转让以后,负有不得变更基础关系的附随义务。

2. 处分行为

第 545 条以下规定了作为处分行为的债权转让。该处分行为的内容是债权出让人与受让人达成准物权合意,将债权移转给受让人。

由于债权转让是处分行为,因此,和物权行为一样,存在独立性和无因性的问题。

(1) 独立性

本书认为债权转让是处分行为中的准物权行为,这也就意味着债权转让和作为原因行为的债权转让合同相互独立,是两个法律行为,二者的构成要件也相互独立。

> **例 5.2.2**
>
> 2021 年 1 月 1 日 G_1 以 80 元的价格,向 G_2 出售自己价值 100 元的债权。在该合同中,双方约定:G_2 2021 年 3 月 1 日付款;付款以后,G_1 将债权转让给 G_2。经查,G_1 在 2021 年 2 月 15 日因病成为限制行为能力人。
>
> 债权转让的负担行为是 2021 年 1 月 1 日订立的债权买卖合同,该合同已经生效。
>
> 债权转让的处分行为是 2021 年 3 月 1 日达成的债权转让合意,但是该行为因 G_1 欠缺行为能力而存在效力瑕疵。

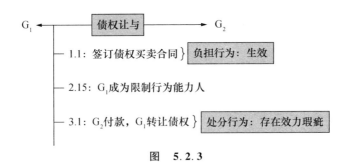

图 5.2.3

【深化】 我国关于债权转让性质的学说之争

自 1999 年《合同法》第 79 条规定了债权自由转让后,逐渐形成了事实行为说、处分行为说与合同说三种观点,三种观点各有其依据和支持者,未能形成通说。

1. 事实行为说。该说认为债权转让为债权转让的负担行为的效果,是事实行为。① 该事实行为也是债权转让负担行为的履行行为。

2. 合同说。该说认为不需要区分债权转让和债权转让基础关系,债权转让和买卖合同、赠与合同相同,是一种合同关系。但是,由于我国不采物权行为理论,该合同既为当事人设置了义务,也处分了权利。②

3. 处分行为说。即目前的有力说,其认为债权转让是债权出让人与受让人之间达成的关于处分债权的合意,是准物权行为。该说的论证理由一方面是对德国法与日本法的学说的借鉴;另一方面《合同法》第79条以下所采表述,说明了债权转让是一个法律行为,此为处分行为说实定法上的依据。③

4. 本书观点的理由

（1）承认债权转让独立性的理论前提——我国是否承认物权行为?

我国传统学说倾向于不承认物权行为,认为我国物权变动采债权形式主义。④ 其理由大致有二:其一,《民法通则》第72条规定,"财产所有权从财产交付时起转移",因此,我国法没有采如法国法的债权意思主义,单纯的债权合意不引起物权变动的效果;其二,物权变动不需要另外的合意,仅须债权合意即可。这一点尤其体现在我国《合同法》第51条规定的无权处分他人之物的合同效力待定。传统学说认为该合同中包含了物权变动的合意。⑤

新近学说则更倾向于接受物权行为独立性,其理由大致有三。其一,我国采债物二分的立法体系,债权行为不发生变动物权的效果;其二,基于对《合同法》第135条、《物权法》第9条、第23条的解释并不能认为我国不采物权行为;其三,实现法律关系的精确化,承认物权行为独立性在解释合同与履行相分离的情况、合同履行过程中出现的效力瑕疵等问题、买卖种类物和未来物的物权变动等问题上更具解释力。⑥

本书采新近学说。

（2）处分行为说的优点

本书采债权转让是处分行为的观点,主张债权转让是一个独立的准物权行为。其理由如下:

（a）实证法之变迁

《民法典》删除了《合同法》第51条无权处分他人之物的合同效力待定的规

---

① 该说的代表文献,可参见崔建远:《债权:借鉴与发展》(修订版),中国人民大学出版社2014年版,第99页;崔建远、韩世远、于敏:《债法》,清华大学出版社2010年版,第124页。同采此说的,有杨明刚:《合同转让论》,中国人民大学出版社2006年版,第21页。
② 该说的代表为王利明,参见王利明2,第194页。
③ 该说的代表为韩世远,参见韩世远,第595—598页。
④ 仅参见梁慧星、陈华彬:《物权法》(第七版),法律出版社2020年版,第88页。
⑤ 仅参见崔建远:《无权处分辨——合同法第51条规定的解释与适用》,载《法学研究》2003年第1期,第7页。
⑥ 朱庆育:《民法总论》(第二版),北京大学出版社2016年版,第170—173页。

则。这就意味着是否有处分权与债权合同效力无关,而仅事关物权行为效力。因此,我国学说逐渐转向接受物权行为的独立性。此种转向同样应当体现在债权转让的理论构成中。

(b) 债权转让的特殊性

即使不接受物权行为理论,在债权转让中,仍有采处分行为说的必要。因为与物权变动不同,债权是无体物,不存在交付的问题,无法通过交付控制债权移转的时间点。我国传统学说认为债权自转让合意达成之时移转。① 如果认为第545条以下规定的债权转让不是法律行为,而是事实行为或者债权行为的一部分,那么债权转让变动的时间点将完全不受当事人的控制。

> **例 5.2.3**
>
> G_1 向 G_2 以 80 元的价格出售价值 100 元的债权,如果按事实行为说或合同行为说,则 $G_1 G_2$ 达成债权买卖合同以后,不论 G_2 是否支付了 80 元的价款,债权都直接移转给 G_2。那么 G_1 处于十分不利的地位。在有体物的买卖中,G_1 可以通过交付制度避免此种不利。

(c) 事实行为说和合同说的不足

事实行为说和合同说为了解决上述问题,必须认为在债权转让的负担行为中,当事人可以约定债权转让的时间。例如,在【例 5.2.3】中,当事人可以约定,G_2 支付价款以后,债权才发生移转。按此种观点,那么当事人之间的合意中不仅包含了负担行为的合意,也包含移转债权的合意。至于是否需要把这种合意称为独立的准物权行为,不过是言辞之争。

(2) 无因性

与物权行为理论相同,在认为债权转让是独立的法律行为以后,进一步需要思考的是,债权转让的无因性问题。

(a) 我国通说

我国的三种学说(事实行为说、合同说和处分行为说)均不认可债权转让的无因性。事实行为说和合同说不区分负担行为与处分行为,也就没有无因性的问题。而以韩世远教授为代表的处分行为说虽认可债权转让为法律行为,但为有因行为。

其理由有二:

第一,我国民法体系总体采有因原则。在物权法领域,我国学说通说不认

---

① 韩世远,第 619 页。

可物权行为无因性,作为物权变动基础的债权行为无效,物权行为同样无效。

第二,票据法上采债权转让无因性是商事交易的特殊规则,不适用于民法交易。并且可对票据法中的规定做反面解释,认为民法一般法中采有因原则。①

(b) 本书观点

债权转让的有因性与无因性之争绝非理论之争,两者在四个现实问题的处理上存在差异。

(甲) 现实问题

① 在债权转让之负担行为存在瑕疵,债权转让无瑕疵的情况下,债权出让人是否仍享有债权?

② 债权转让之负担行为存在瑕疵,债权转让也因此自始不发生效力,故而债权仍在出让人处;还是债权出让人需通过不当得利主张债权受让人返还债权?

③ 如果债权转让之负担行为存在瑕疵,但是债权转让已经通知了债务人,此时债务人是否有权向债权受让人为有效的清偿?虽经通知,但债务人明知债权转让负担行为存在瑕疵,此时能否依据通知向债权受让人为有效的清偿?

④ 债务人能否主张债权转让负担行为存在瑕疵,拒绝给付?②

①②是债权转让和物权变动共有的问题,在物权行为的有因性与无因性之争中,同样涉及负担行为瑕疵、物权行为有效的情况下,谁是真正的所有权人的问题。③④则是债权转让独有的问题,与物权变动仅涉及出让人与买受人不同,债权不仅仅是财产权,而且是债权人与债务人之间的法律关系,债权转让不可避免地涉及债务人。

我国的学说只解决了前两个问题,而未能解决后两个问题。事实上,后两个问题才是债权转让无因性真正需要解决的问题。

(乙) 应对

针对后两个问题,本书在后续论述中进一步展开论证。此处仅表明本书立场。从交易安全保护角度出发,本书认为采无因性更为合理。基于无因性,上述四个问题应做如下处理:

① 债权转让负担行为存在瑕疵,但债权转让无瑕疵,则受让人仍取得债权。

② 债权转让负担行为存在瑕疵,债权转让人必须通过不当得利请求受让人返还债权。

---

① 韩世远,第 599 页以下。
② Vgl. BSK OR I-GIRSBERGER/HERMANN, Art. 164.

在这两个问题上之所以采无因性,是因为如果采有因性,在债权转让负担行为存在瑕疵的情形,若债权受让人已经履行完支付价款的义务,其地位过于恶化。此时受让人必须依据不当得利请求债权出让人返还支付的价款,且受让人不享有任何权利。在这一点上,债权受让人的地位比物权变动中受让人的地位更为恶化,因为物权受让人至少还保留了占有。

例 5.2.4

2021 年 1 月 1 日 G_1 以 80 元的价格,向 G_2 出售自己对 S 享有的价值 100 元的债权。随后 G_1 发现自己误写了价格,其希望以 90 元的价格出售该债权,G_1 遂以重大误解(错误)为由,主张撤销债权买卖合同。

此时,如果采债权转让有因性,那么债权转让的处分行为与负担行为同命运,债权转让无效,债权自始未移转。G_1 仍然是债权人。此时 G_2 只能向 G_1 主张价款的不当得利返还。如果 G_1 拒绝履行,G_2 必须向法院起诉。

如果采债权转让无因性,债权转让处分行为的效力与负担行为无关,G_2 仍然取得债权。G_1 和 G_2 互负不当得利返还义务,如果 G_1 不愿履行,G_2 可以主张同时履行抗辩权。

③ 如果债权转让负担行为存在瑕疵,但是债权转让已经通知债务人,那么债务人可以基于通知,直接向转让人的通知中所载明的受让人履行,即使债务人明知债权转让的负担行为存在瑕疵亦是如此。

④ 采无因性以后,债权转让的处分行为与负担行为互不干涉,债务人也不得主张债权转让负担行为中产生的抗辩。

例 5.2.5

2021 年 1 月 1 日 G_1 以 80 元的价格,向 G_2 出售自己对 S 享有的价值 100 元的债权,2 月 1 日,G_1 通知了债务人 S,该债权已经移转给 G_2。3 月 1 日,G_1 发现自己误写了价格,其希望以 90 元的价格出售该债权。G_2 仍然向 S 主张债权。

根据无因性,S 不得主张 G_1 的撤销权,并且能够根据通知向 G_2 为有效的清偿。(具体论证过程参见下文)

二、债权转让的规范体系

(一) 债权转让的体系位置

我国《民法典》与德日等大陆法系立法例相同,均将债权转让规定在合同编总则或者债法总则中。这一点体现了本部第 1 章第 2 节中提到的第 1 种视角。

【深化】

有学说认为,此种立法模式在体系上存在一定的错误。从体系上看,债权转让被规定在了债法总则部分,而债权质权被规定在了物权法部分。尽管在灭失风险、侵害可能性、变动模式方面,债权与物权存在重要区别[1],但拉伦茨仍认为,此种体系存在构建上的错误,导致了实质上的不确定:债权不仅仅是给付关系,而且同样是财产的组成部分,是法律交易中可处分的客体,或者说,完整的财产法不仅应当规定物权法中的归属,同样应当规定其他财产权的归属,特别是债权。[2] 因此,债权转让本身不应当是债权总则的内容,而应当适用物权变动的规则。在现有的体系下,债权的财产性容易被人忽视。

(二) 我国债权转让规范的实然体系和规范适用

1. 规范体系

《民法典》第 545 条以下在合同编总则中规定了一般的债权转让,是债权转让处分行为层面的规范。

需要重点指出的是,此次《民法典》制定过程中,《民法典》合同编分则中新设了保理合同一章(761—769)。保理合同本身虽然是债权转让负担行为层面的规范,但是,《民法典》保理合同一章中的规则同样包括了债权转让处分行为层面的规范。

《民法典》合同编第 16 章保理合同中有三类规范:

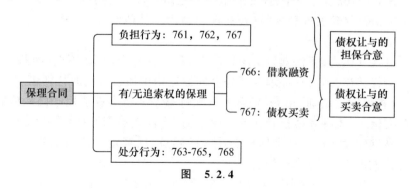

图 5.2.4

---

[1] 海因里希·朗格(Heinrich Lange)基于上述三个方面,认为《德国民法典》将债权转让规定在债法总则中存在正当性。唯有物权存在灭失的风险,唯有物权得受第三人侵害(债权仅在特定条件才得受第三人直接侵害),且基于明确性的需求,物权变动需要公示,相反,债权变动则采合意原则,无需外观。Vgl. Heinrich Lange, Zum System des deutschen Vermögensrechts, AcP 1941, 290, 303. 而朗格也进一步指出,债权与物权的区分,源于债权是无体物。

[2] Vgl. Karl Larenz, Lehrbuch des Schuldrechts, Bd Ⅰ, 1987, S. 571.

(1) 保理中的负担行为

第761条、第762条和第767条规定的是保理交易的负担行为,即保理合同的要素,以及基于保理合同产生的请求权。

(2) 保理中的担保合意

第766条规定的有追索权保理本质上是一种借款融资,保理人以应收账款作为保理融资款返还的担保,构成债权转让的担保合意(原因行为)。第767条规定的无追索权保理本质上是一种债权买卖,构成债权转让的买卖合意(原因行为)。

(3) 保理中的处分行为

《民法典》第763—765条和第768条规定的是债权转让规则。因此,我国目前关于债权转让处分行为的规范由两部分组成:第545—550条和第763—765条和第768条。

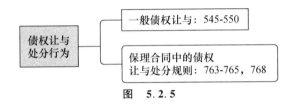

图 5.2.5

2. 规范适用范围

(1) 问题

保理合同的规则适用于应收账款债权转让(761),那么,《民法典》第763—765条和第768条能否(类推)适用于其他债权转让的情况?尤其是关于多重应收账款债权保理的处理规则(768)能否适用于其他债权转让?

(2) 争议

有观点认为《民法典》第768条仅适用于保理合同,而不能(类推)适用于一般的债权转让,理由是保理合同是合同编通则中债权转让的特别法。[①]

《担保制度解释》第66条第1款则将第768条类推适用于同一应收账款债权存在保理、质押和债权转让的情况。而《合同编通则解释》第50条第1款没有明确多重债权转让时各个债权受让人的顺位,仅规定了作出处分行为时间较晚的受让人也可以善意取得债权。

本书认为,《民法典》第764—765条和第768条是债权转让处分行为层面的规则,可以(类推)适用于其他的债权转让。但是,由于《合同编通则解释》的规则削弱了通知的对抗效力,该规则于法理不符(详见下文),因此,需要限缩解释其适用范围。在金钱债权转让的情况下,《民法典》第768条排除《合同编通则

---

① 周江洪,第329页。

解释》第 50 条第 1 款第 2 句第 2 分句的适用;在非金钱债权转让的情况下,通知的对抗效力受到该司法解释的限制,如果顺位在后的善意债权受让人已经受领给付,那么已经通知的债权受让人不能请求该受让人基于不当得利返还受领的给付。理由如下:

(a) 文义和体系解释

就文义和体系来看,《民法典》第 764—765 条和第 768 条的适用范围似乎限于保理债权转让,而非一般性的合同编通则规定。但事实上,不论是保理还是一般的债权转让,都面临诸如通知主体等问题。只不过实践中这些问题在保理中较为普遍,司法审判焦点也多集中于保理案件,因而《民法典》将债权转让的优先顺位规则规定于此。

(b) 立法技术维度

从法典立法技术的角度来看,《民法典》不是完全按照提取公因式的方式从抽象到具体安排规则,而是将保理业务中的常见问题汇总到在一处,按论题式的方法进行立法编纂。这种立法技术的优势在于便于找法,使与保理业务相关的规则均汇总到《民法典》保理合同部分,但同时也以失去规则的普遍性为代价。因此,在这种立法模式下,不能过于拘泥于规范在法典中的外部体系位置。

(c) 立法过程与说明

以《民法典》第 768 条为例,从立法过程和立法说明来看,2018 年 8 月提请全国人大常委会审议的《民法典各分编(草案)》"一审稿"的第 336 条就有与现行法第 768 条类似的规定。但由于对债权转让采登记确定优先顺位的反对意见较大,故 2019 年 4 月的"二审稿"开始删除该规定,但同时新增保理合同(即二审稿 552 之一以下),并于第 552 之六规定了债权转让的登记、通知等优先顺位规则。

就全国人大法工委的说明来看,其同样并未严格区分保理债权转让和一般的债权转让。保理中处分行为的规则起到了补充一般债权转让规则的作用。[①]

(d) 司法解释的观点佐证

司法解释也在一定程度上佐证了这一观点。《担保制度解释》第 66 条第 1 款将第 768 条类推适用于应收账款债权的多重让与中。尽管这一观点仍然存在一定的不彻底性,但司法裁判者也确实意识到了应收账款债权因何种负担行为转让,不是决定谁能取得债权的关键因素。因此,第 768 条可以类推适用于其他任何原因导致的应收账款债权转让。

---

① 黄薇 3,第 928 页。

三、债权转让的核心问题

债权转让中有两个核心问题。

(一) 如何保护债务人

1. 债权转让对债务人的生效时刻
2. 债务人可享有的抗辩

> **例 5.2.6**
>
> 2月1日,G_1 把自己对 S 的债权转让给 G_2,G_2 是否立即可以要求 S 付款？S 能否向 G_2 主张,自己对 G_1 享有抵销权等权利？

(二) 债权转让对第三人发生效力的时刻

典型问题是债权出让人一权二转或者债权出让人将债权转让给他人后,又为他人设定债权质权时,如何处理。

> **例 5.2.7**
>
> G_1 于1月1日将自己对 S 的100万元的债权转让给 G_2,2月1日 G_1 又转让给 G_3。两次债权转让是否都成立？G_2 和 G_3 谁是债权人？

> **例 5.2.8**
>
> G_1 于1月1日将自己对 S 的100万元的债权转让给 G_2,2月1日 G_1 又以该债权为 G_3 设定质权。G_2 和 G_3 谁能最终取得债务人的给付？

第 2 节 债权转让成立的一般构成要件

一、债权转让合意

(一) 债权转让合意的内容

即当事人之间达成的关于债权归属变动给受让人的合意。

（二）性质

其性质为准物权合意,与变动物权的物权合意相似。需要注意的是,债权转让合意必须与债权转让负担行为的合意(债权转让的原因行为)相区分。[①]

（三）合意的成立与生效

1. 成立

债权转让合意的成立仅须债权出让人与受让人意思表示合致即可。

2. 生效

（1）无需其他形式

债权转让合意无须债务人同意。通常而言,该合意与债权转让的负担行为会出现在一个合同文本中,但债权转让的合意无须书面形式。由于债权是无体物,不存在交付的可能,因此合意成立即生效,在债权出让人和受让人之间发生债权移转的效果。

（2）无生效阻却要件

由于债权转让合意是法律行为,因此适用法律行为效力瑕疵的一般规则。例如,债权转让合意可能因为欺诈、胁迫被撤销(148、149)。

二、债权出让人有处分权

由于债权转让合意是处分行为,因此债权出让人必须对债权有处分权,否则构成无权处分,债权转让效力待定。

债权出让人无权处分时,债权是无体物,故而不适用善意取得的规定(311)。[②]

三、债权的存在

（一）含义

被转让的债权必须存在。

（二）债权不存在的法律后果

1. 原则:无效

债权不存在,债权转让无效。债权受让人基于债权转让的负担行为,向债权出让人主张违约责任。

需要重点指出的是,将来债权虽然在处分行为作出时尚未产生,但处分行为仍然有效。

---

① 庄加园:《〈合同法〉第79条(债权让与)评注》,载《法学家》2017年第3期,第159页,边码9。
② 梁慧星、陈华彬:《物权法》(第七版),法律出版社2020年版,第246页。

(1) 将来债权的类型
  (a) 广义的将来债权
      产生债权的基础关系已经存在,但债权尚未产生。典型如附条件、附期限的债权。

> **例 5.2.9**
> 如长期租赁合同中尚未到期的租金债权。此种租金债权由于期限尚未届满,因此尚未发生。但产生债权的租赁合同已经生效。

  (b) 狭义的将来债权
      即不存在基础关系的、将来可能发生的债权。典型如高速公路的收费权。也有观点认为,狭义将来债权是指不具备特定性的、未发生的债权。

(2) 将来债权转让有效的理由
  (a) 概念上的考量
      债权是无体物,其归属变动不依赖任何现实的因素,这一点不同于物权的变动依赖交付或登记。因此,变动债权的处分行为仅需当事人合意即可。
  (b) 经济上的考量
      由于经济发展的需要,债权成为重要的融资手段,将来债权的转让可以大大促进经济流通,当事人通过此种方式可以提前安排未来的经济生活。[①] 此乃允许将来债权转让的实质价值判断。

(3) 将来债权转让有效的理论构成
  (a) 理论前提
      将来债权转让有效性的理论前提是区分处分行为的构成要件和权利的取得。
  (b) 不同的时点
      对于将来债权而言,处分行为构成要件在达成转让的合意时就已经达成。但是发生权利取得效果的时点是债权产生时。如果债权最终没有产生,那么债权转让无效。
  (c) 相应的效力
      在处分行为具备对抗要件以后,债权出让人就丧失了处分权,如果债权出让人在之后一权二转,构成无权处分。[②]
      如果具备对抗要件,那么将来债权现实发生时,债权受让人直接成为债权人。

---

① 有关将来债权可让与性、将来债权处分行为效力的理论发展,参见 v. Tuhr, DJZ 1904, 426 ff。
② Vgl. MüKoBGB/Roth/Kieninger, 8. Aufl., 2019, BGB § 398 Rn. 78.

【深化】

我国学说区分广义将来债权和狭义将来债权,赋予债权转让不同的效力。①

对广义将来债权,由于存在基础关系,受让人在处分行为成立时已经取得了对债权将来发生的期待权,因此,债权现实发生时,受让人直接成为债权人。(直接取得说)

对狭义将来债权,由于不存在基础关系,债权现实发生时,先由债权出让人取得债权,然后债权转让处分行为生效,经过"逻辑上的一秒",再由债权受让人取得债权。(辗转取得说)

(4) 将来债权转让的主要适用情况

(a) 将来债权的保理

保理的标的物可以是债权出让人"将有的应收账款"债权(761)。

(b) 集合债权转让担保

债权出让人将自己在一段时间内已经有的和可能发生的债权,一并转让给受让人,以担保其债务。

例 5.2.10

G 是一家超市。2022 年 7 月,为了向银行 B 借款。G 和 B 达成集合债权转让担保协议,把自己 2022 年 8 月一个月内产生的营业债权转让给 B,用以担保借款。

2. 例外

在债务人与债权出让人虚构债权的情形,债权转让有效(763)。

(1) 构成要件

(a) 保理合同中的债权转让

《民法典》第 763 条的适用范围,是保理合同中的应收账款债权转让。但就规范属性来看,该条是处分行为性质的规范,因此可以类推适用于一切债权转让。

例 5.2.11

G_1 和 S 为了从银行获得贷款,虚构了 S 向 G_1 购买 2 万元油漆的买卖合同。G_1 随后与 G_2 签订债权买卖合同,将该 2 万元的债权卖与 G_2。

---

① 朱晓喆:《资产证券化中的权利转让与"将来债权"让与——评"平安凯迪资产支持专项计划"执行异议案》,载《财经法学》2019 年第 4 期,第 142 页。

此时，虽然 G_1 和 G_2 之间签订的不是保理合同，但由于转让的是虚构的债权，如果因为债权不真实，而认为 G_2 只能向 G_1 主张买卖合同的违约责任，这不尽合理。因为，此种情况下，G_2 的地位和通过保理合同取得债权时完全一致，因此，可以类推适用第 763 条。

（b）债务人与债权出让人虚构债权

根据全国人大法工委的说明，"虚构债权"包括两种常见形态：债权人与债务人双方以通谋虚伪意思表示的方式创设债权真实的外观（双方通谋型）和债务人向债权受让人确认债权真实（债务人单方确认型）。①

（甲）双方通谋型

债务人与债权人通谋虚构债权构成第 146 条意义上的通谋虚伪表示。② 我国学说认为，通谋虚伪行为是指双方当事人共同作出与真实意思不一的行为。③ 而第 763 条中所谓的"虚构债权"，正是此种表面行为。如果没有第 763 条，那么，在债权转让以后，由于债务人抗辩的延续性，债务人仍得向保理人主张债权无效。④ 第 763 条的规定构成了通谋虚伪无效的例外，此时，债务人不得主张无效。

> **例 5.2.12**
>
> G 与 S 伪造合同、发货单、对账函或者虚开发票等形式虚构应收账款，然后用以获取保理融资。⑤

需要注意的是，尽管第 763 条规定的是债务人和债权人虚构债权，但实践中很少发生债务人与债权人通谋虚构债权的情况。实践中常见的是债务人单方确认型。

（乙）债务人单方确认型

就我国目前的司法实践来看，第 763 条的主要适用领域是债务人向保理人确认债权的真实性。此时，未必是债务人与债权人以通谋虚伪的方式虚构债权，因为通谋行为要求当事人间就意思表示不生效达成合意，而实践中，债务人和债权人之间的合意程度可能未必有这么强。常见的情形是仅债务人单方向保理人确认债权真实，以此创设了债权真实的外观。就目前的司法实践来看，主要包括债务人出具的确认函、付款承诺书等情形，但单

---

① 黄薇 3，第 928 页。
② 朱晓喆、刘剑峰：《虚假应收账款保理交易中保理人的信赖保护》，载《人民司法》2021 年第 4 期，第 13 页。
③ 朱庆育：《民法总论》（第二版），北京大学出版社 2016 年版，第 261 页。
④ 有关一般通谋虚伪行为是否需要设置"不得对抗善意第三人"的规则，学界素有争议。最新的研究参见施鸿鹏：《通谋虚伪表示基础上对抗规则的教义学展开》，载《东方法学》2022 年第 1 期，第 158 页以下。
⑤ 改编自最高人民法院（2019）民申字第 1533 号民事裁定书。

纯在债权转让通知书(回执)上签字,不足以引发保理人的信赖。

原因在于,此时债务人创设了债权存在的外观。之所以第763条规定保理人能信赖此种外观,是因为债权是无体物,保理人在受让债权时为了确定债权是否真实,是否负有抗辩,需要询问债务人;保理人作出是否受让债权的决定也非常依赖债务人的回答。因此,为了便于债权融资,减轻保理人的审查义务,①第763条规定了债务人的信赖责任,其不得对抗保理人。

(c) 保理人的善意

(甲)要求善意的理由

第763条规定的是债务人的信赖责任,因此,保理人必须信赖债务人引起的外观,也即保理人善意。这一点也可以从第763条但书反面推论得出。

(乙)善意的标准

根据全国人大法工委的说明,第763条中的"明知"指保理人非因重大过失而不知债权是虚构的。一方面,有债务人确认的情况下,保理人的审核义务较轻;另一方面,保理人也不能完全不对债权进行审核,在保理人完全可以通过成本较低的审核措施就能够发现债权不存在的情况下,就有理由认为保理人对债权不存在是明知。②

(d) 因果关系

保理人须因善意信赖债务人创设的外观,作出受让债权的意思表示。

(2) 例外的例外

即保理人恶意的情形(763但)。第763条是对外观责任的规定,因此,如果保理人明知或因重大过失而不知债权不真实时,债务人仍得主张债权不真实。

图 5.2.6

---

① 黄薇3,第914页。
② 黄薇3,第914页;类似观点参见朱晓喆、刘剑峰:《虚假应收账款保理交易中保理人的信赖保护》,载《人民司法》2021年第4期,第16页。

四、债权符合确定性和特定性的要求

(一) 确定性

1. 含义

债权人在转让多个债权时,就每个债权单独成立处分行为。

> **例 5.2.13**
>
> G_1 将自己对 S 的 3 个债权转让给 G_2,双方需要作出 3 个债权转让的合意。

2. 理由

处分行为要求对每一个标的物单独作出处分,以明确权利的绝对归属;与之相应,如果一个处分行为对应多个标的物,则无法实现将各标的物归属于特定主体的效果。① 这是逻辑必然。

(二) 特定性

1. 含义

根据当事人之间的合意,能够区分被转让的债权和其他债权。② 此即被转让的债权特定或者可特定。

2. 理由

(1) 法律的安定性

(2) 当事人的可计划性(债权人须对自己的债权做出明确的安排)

以上两点理由与物权变动中要求处分行为特定性的理由相同。对于债权转让而言,较为特殊的是第三点理由。

(3) 债务人保护

在债权转让中,特定化还起到保护债务人的作用。③ 债权转让后,债务人应当知道自己须向谁、履行多少债务。④ 否则有错误清偿之风险。

3. 判断标准

(1) 法院观点

基于债权的要素判断,例如交易对手、交易标的及所生债权性质等。⑤

---

① BeckOGK/Lieder, 1.11.2021, BGB § 398 Rn. 113, 113.1.
② Vgl. Looschelders1, S. 450.
③ 相反意见参见 BeckOGK/ Lieder, Fn.①, Rn. 118.
④ Vgl. MüKoBGB/Roth/Kieninger, 8. Aufl., 2019, BGB § 398 Rn. 66.
⑤ 卡得万利商业保理(上海)有限公司诉福建省佳兴农业有限公司等借款合同纠纷案,(2015)沪一中民六(商)终字第 640 号民事判决书。

(2) 学说观点

从债务人的视角判断被转让的债权是否明确。包括债权的标的和范围。①

4. 将来债权转让和集合债权转让中特定性的特殊问题

(1) 将来债权转让

在转让广义或狭义的将来债权时,特定化的时间点不是在处分行为成立时,而是在债权实际产生时。只要债权在产生时可以特定,就符合特定性的要求,而无须在处分行为成立时就对债权作出精确的描述。

一般而言,只需要明确产生债权的法律关系或者产生债权的基础事实、被转让债权的数额等即可。②

(2) 集合债权转让

(a) 问题点

集合债权转让中,当事人仅成立一个负担行为,但转让多个债权。对此,必须明确该负担行为所指向的每个债权。③ 集合债权和将来债权也可能结合在一起转让。典型如当事人约定,"自×年×月×日起至×年×月×日止基于××原因产生的债权一并转让"。④

(b) 判断标准

最高人民法院提出了所谓"合理识别"的标准(担保制度解释53)。但司法实践对于什么是合理识别,标准不明。司法实践认定符合特定性要求的,如当事人约定转让的是"自该专项计划设立之日上月起至 2020 年 6 月 12 日止上网电费收费权"。司法实践认定不符合特定要求的,如当事人约定"转让其 POS 机上形成的所有应收账款及其收款权利"这样的情形。⑤

(甲) 学说

我国学说采充分性标准,认为至少须明确转让财产的类型和数量,也即明确债务人(或特定基础合同)和数量即可。即使约定以全部的债权作为处分的客体,无须描述基础合同的履行情况、履行期限等,处分行为也有效,但转让范围取决于登记。⑥

(乙) 本书观点

就价值判断层面来说,《民法典》的动产和权利担保体系的重构方向是尽量强化债权的融资功能。在这个价值判断下,应当尽可能放宽对债权特

---

① Vgl. MüKoBGB/ Roth/ Kieninger, 8. Aufl. , 2019, BGB § 398, Rn. 66.
② Vgl. MüKoBGB/Roth/Kieninger, Fn. ①, Rn. 80. 中田, 455 页以下参照。
③ MüKoBGB/Roth/Kieninger, Fn. ①, Rn. 70.
④ 朱晓喆:《资产证券化中的权利转让与"将来债权"让与——评"平安凯迪资产支持专项计划"执行异议案》,载《财经法学》2019 年第 4 期,第 144 页。
⑤ 卡得万利商业保理(上海)有限公司诉福建省佳兴农业有限公司等借款合同纠纷案,(2015)沪一中民六(商)终字第 640 号民事判决书。
⑥ 谢鸿飞:《担保财产的概括描述及其充分性》,载《法学》2021 年第 11 期,第 99、109、112 页。

定性的要求。此外，与其他集合动产担保相比，集合债权的处分中还需要考虑保护债务人的价值。

就理论构成层面来说，第一，集合债权转让的特定性兼顾上述两种价值判断。第二，如果当事人约定以"全部"债权作为处分行为的对象，就交易安全的保护来看，将这一问题委以登记自然毫无问题。我国学说在这一点上是正确的。第三，集合债权转让的特定性还须考虑债务人能否清楚向谁履行。这一点只需要在债权产生时明确即可，因此，即使在存在登记的情况下，集合债权转让的特定性仍然要求对于基础关系作出一定的描述。例如，双方当事人约定"甲将自己对乙现在和将来享有的 40 万元的债权转让给丙"，并作登记，此种约定仍然不符合特定性的要求。

5. 违反特定性的法律效果

（1）债权转让处分行为不生效

（2）无效行为的转化

学说认为，在第三人提供集合债权转让担保时，如果集合债权转让因为不符合特定性而无效，此时可认为当事人的真意是第三人以自己的全部财产为债务人提供保证，将无效的集合债权转让担保合同转化为保证合同。①

第 3 节 债权转让成立的特殊构成要件（债权可转让性）

尽管债权转让自由已经是一般性的原理，但实定法仍然规定了三种不得转让的债权（545）。

一、依合同性质不得转让的债权

（一）含义

所谓依合同性质不得转让的债权，是指向原债权人以外的人履行会改变其内容的债权。② 债权转让不改变债的同一性，如果转让以后导致内容变化，自然不属于债权转让。

（二）法律效果

未经债务人同意，债权转让不生效。经过债务人同意，债权转让虽然仍然不生效，

---

① 谢鸿飞：《担保财产的概括描述及其充分性》，载《法学》2021 年第 11 期，第 99、109、114 页。
② Medicus/Lorenz, S. 362.

但因为债务人的同意,构成债的更改,此时原债权消灭,发生新债。①

（三）类型

1. 人身约束型债权或高度人身性债权

债权人的人身与债权的内容有重要关系。② 常见情形包括：

（1）亲属法上的请求权

例如,配偶的扶养请求权(1059.2)。

（2）不可替代的给付

例如,请画家绘制肖像的债权。③

（3）预约债权

因为负有义务订立本约的当事人之所以会愿意与债权人订立本约,大多是信任该债权人的资信状况。④

（4）先买权

理由同上述预约债权。

2. 从权利

我国学说原则上否定了从权利独立转让的可能性,理由是从权利与基础关系紧密相连,⑤应当随由基础关系产生的主权利一并移转(554)。

本书认为,从权利能否独立于主权利转让,需要针对个案判断是否有独立转让的价值。⑥

（1）非独立的形成权

如果该形成权与债权密不可分,那么不得独立转让。典型如选择之债中的选择权。该权利之目的在于确定债权的给付内容,应当随主债权一并移转。但是,与产生债权的合同相关的形成权,通说认为可以独立转让。例如解除权。⑦ 理由在于此类权利与合同本身的关联更为密切,无须随着债权的转让而转让,债权人转让主债权后,也可以保留该形成权。

（2）根据所有权或其他绝对权所发生的物权请求权⑧

物权请求权,如原物返还请求权或者不作为请求权⑨,与物权关系密切,不得独立转让。

---

① 庄加园:《〈合同法〉第 79 条(债权让与)评注》,载《法学家》2017 年第 3 期,第 164 页,边码 29。
② 同上文,边码 29 以下。
③ 罗歇尔德斯,第 147 页。
④ 庄加园,同注①,第 164 页,边码 30。
⑤ 庄加园,同注①,第 164 页,边码 37。
⑥ Vgl. MüKoBGB/Roth/Kieninger, 8. Aufl., 2019, BGB § 399 Rn. 18.
⑦ Vgl. MüKoBGB/Roth/ Kieninger, Fn. ⑥, Rn. 20.
⑧ 庄加园,同注①,第 166 页,边码 39。
⑨ MüKoBGB/Roth/Kieninger, Fn. ⑥, Rn. 22.

(3) 抵押权等担保性权利

担保性权利在我国法中具有严格的从属性,必须随主债权转让而转让。

3. 基于基础关系不可转让的债权

虽然债权人的变动不会改变债权的内容,但债务人对于向谁清偿存在需要保护的利益的债权。① 常见类型如下:

(1) 雇佣人根据雇佣合同请求雇员提供劳务的请求权。

(2) 委托人根据委托合同请求受托人履行委托事务的权利。

(3) 承租人根据租赁合同请求出租人提供房屋的权利。

上述三类合同中债务人与债权人之间均存在一定的信赖关系。

二、依法律规定不得转让的债权

(一) 含义

法律作出特别规定,排除了债权的可转让性。

(二) 目的

基于社会政策考量、出于保护社会弱势群体的需要,禁止债权转让。② 例如,禁止扣押的债权。法院在扣押被执行人财产时,须"保留被执行人及其所扶养家属的生活必需费用"(民事诉讼法254.1S2)。为了保障被执行人的基本生活,该债权不得扣押与执行。此类债权也不得转让,以避免社会弱者将自己全部可能获得的财产转让给他人,继而影响自己与所扶养家属的正常生活。

三、当事人约定不得转让的债权

(一) 禁止特约的含义

即债权人与债务人之间达成的债权不得转让的约定。

(二) 常见形式

在实务中,当事人往往并不会完全排除债权转让,例如,当事人极少在合同中约定"债权不得转让"等条款。当事人经常采用的禁止特约形式,往往与债务人的同意结合在一起,常见的条款如"未经债务人同意,不得转让债权"。③ 多数法院认为,此种形式同样构成禁止特约。

---

① 庄加园:《〈合同法〉第 79 条(债权让与)评注》,载《法学家》2017 年第 3 期,第 164 页,边码 31。
② 庄加园,同注①,第 167 页,边码 42。
③ 北京涿鹿通宜建材有限公司与北京市青年路混凝土有限公司买卖合同纠纷案,北京市昌平区人民法院(2008)昌民初字第 03816 号民事判决书;"徐甲与徐乙、胡××、张××、第三人孙××民间借贷纠纷案",浙江省高级人民法院(2011)浙商外提字第 1 号民事判决书等。

【深化】

(一)《民法典》之前的效力之争

1. 区分受让人善恶意说

《合同法》第 79 条第 2 项规定"按照当事人约定不得转让"。由于该条立法规定的效果过宽,学说试图限制其效力。当时的通说认为应当区分受让人是否是恶意(区分善意说)。

(1) 在债权受让人善意的情况下,禁止特约不得对抗受让人。理由是受让人善意取得债权。①

(2) 在债权受让人恶意的情况下,对禁止特约的效力有债权效果说(恶意抗辩说)和物权效果说两种观点。

(a) 债权效果说(恶意抗辩说)

该说认为,债务人对恶意债权受让人享有抗辩权,得主张债权转让行为无效。该说为之前学界的通说。如债务人不行使恶意抗辩权,则债权转让合同有效。

(b) 物权效果说

该说认为,违反禁止特约的债权转让直接不生效力。物权效果说为日本的判例及学界通说,我国民法得继受之。

两说的区别仅在于诉讼程序中受让人恶意要件的举证分配上。

(3) 区分说的实质理由。

此种区分缓和了禁止特约对债权转让的不利影响,兼顾了财产流通性、意思自治、交易安全。

2. 区分禁止特约的内容说②

区分善意说忽视了《合同法》第 79 条第 2 项的文义,该文义并未区分受让人的主观状态,并且在扩大债权流通性方面仍力有未逮。因此,《民法典》前的新近学说试图区分当事人在禁止特约的不同内容中体现的利益状况,区分不同情况中禁止特约的效力。

(1) 如果当事人约定"禁止债权转让",那么债务人或因此享有法定利益之外的经济利益,例如,对债权人的熟稔程度等。对于债务人与债权人作出的此种选择,在现行法下应当予以尊重,对此,适用绝对无效的法律效果。

(2) 如果当事人约定"该合同债权非经债务人同意不得转让",债权转让人违反约定转让债权,那么,该债权转让仅对债务人不生效力。

(二) 禁止特约效力的理论基础

为何当事人之间的合意可以影响债权的可转让性,对此有四种解释的理论。

---

① 韩世远,第 605 页。
② 冯洁语:《论禁止债权让与特约效力的教义学构造》,载《清华法学》2017 年第 4 期,第 140 页。

1. 权利内容理论

该说认为,当事人约定债权不得转让的禁止特约本质是当事人通过禁止特约作出了对权利内容之决定(Rechtsinhaltbestimmung)。这并非对处分权的限制,而是创设了一个自始不具转让性的债权。① 据此,禁止特约当然可以使得债权转让绝对无效。

2. 禁止理论

该说认为,禁止特约是对债权人处分权的限制,此种限制保护特定主体的利益(债务人的利益),因此,与预告登记对物权人处分权限制相同,违反禁止特约的债权转让相对不生效力。②

3. 协力理论

该说改变了债权人可自由处分债权的观点,认为债权同一性与其主体无关,债权转让无须债务人参与的观点并不成立,即使未改变债权同一性,债权归属的变动同样影响债务人。③ 因此,债权转让需要债务人的同意。乍看之下,这与现代民法的规定不符。该说则认为,现代民法允许债权人单方处分债权,是因为在债权转让情形下推定债务人授权债权人处分债权,而禁止特约推翻此种推定,债务人通过明示意思表示,否定了对债权人单方处分债权的授权。④ 根据该说,附禁止特约的债权在转让时需要债务人的协助,即债务人授权处分。那么,欠缺此种授权的债权转让也自然无效。

4. 修正的权利内容理论

该说认为,禁止特约本质上是对债权内容的规定。⑤ 但是,应当考虑到当事人的意思,并据此考虑禁止特约的不同功能,赋予其不同的法律效果。根据债务人利益的不同,区分三种情况。

(1)债务人的利益是完全排除债权转让,其表现形式为排除约定或缓和地排除约定。违反此类禁止特约的债权转让无效。

(2)债务人的利益是参与债权转让,特别是参与新债权人的选定,其表现形式主要为债权转让取决于债务人同意的转让限制。违反此类禁止特约的债权转让待定地绝对不生效。

(3)债务人的利益是避免多重请求,避免错误给付,其表现形式为债权转让取决于通知、特定形式和不包含选择利益的同意的转让限制。在此种情形下,违反禁止

---

① Vgl. Ermann/H. P. Westermann, 2004, BGB § 399, Rn. 1.
② Enneccerus/Lehmann, Recht der Schuldverhältnisse: ein Lehrbuch, 1958, S. 314.
③ Vgl. Wolfgang Thiele, Die Zustimmungen in der Lehre vom Rechtsgeschäft, 1966, S. 231.
④ Vgl. Christian Berger, Rechtsgeschäftliche Verfügungsbeschränkungen, 1998, S. 245.
⑤ Vgl. E. Wagner, Vertragliche Abtretungsverbote im System zivilrechtlicher Verfügungshindernisse, 1994, S. 497.

特约的债权转让相对不生效。①

(三)《民法典》中禁止特约的效力
第 545 条第 2 款区分了金钱债权与非金钱债权。
1. 金钱债权
(1) 效力
　　禁止特约仅具备债权效力。违反禁止特约的债权转让有效。即使受让人明知禁止特约存在,也可以取得债权。
(2) 理由
　　金钱债权具备高度的流通性,通常而言,债务人向谁履行不改变债权的内容。②
2. 非金钱债权
(1) 效力
　　不得对抗善意受让人。对此作反面推论可得,债务人可以以存在禁止特约为由对抗恶意受让人。有疑问的是,债务人可以对抗恶意债权受让人的确切含义是什么?此时存在两种解释可能。
　　(a) 物权效力
　　　　债权受让人恶意,债权转让不生效。
　　(b) 相对不生效
　　　　债权受让人恶意,债权转让仍然有效,但仅对债务人不生效,债务人仍然可以向原债权人为有效的清偿。
　　本书认为,采相对不生效更为合理,原因在于其充分保护了债务人的利益,并且维持了债权的流通性。③
(2) 立法理由
　　非金钱债权流通性较弱,债务人不变更债权人的利益值得保护。
(3) 善意的证明
　　即明知或因重大过失而不知。如果在特定交易领域内,禁止特约普遍存在,那么受让人未经调查就受让债权,构成因重大过失而不知。④
(4) 采该说的理由
　　该说将受让人的善意与善意取得中的善意等同视之。

---

① Vgl. E. Wagner, Vertragliche Abtretungsverbote im System zivilrechtlicher Verfügungshindernisse, 1994, S. 475-476.
② 黄薇 2,第 288 页。
③ 对此基本的主张参见冯洁语:《禁止债权让与特约:比较法的经验与启示》,载《法商研究》2018 年第 5 期,第 188—191 页。
④ 最高裁判所昭和四十八年(1973 年)7 月 19 日判决,最高裁判所民事判例集 27 卷 7 号 823 页。

第4节 债权转让对第三人的对抗要件

一、成立要件和对抗要件具备后的效果

(一) 成立要件具备后的效果

债权转让具备成立要件以后,债权在出让人和受让人之间发生移转;但不涉及债权受让人和债务人、债权受让人和与该债权相关的其他权利人的关系。

> **例 5.2.14**
> 1月2日,G_1 将自己对 S 的债权转让给 G_2。1月3日,G_1 将该债权又转让给 G_3,并且通知了 S。

债权转让在1月2日成立,G_2 成为了债权人。假设1月3日 S 向 G_1 清偿,债权转让尚未影响债务人,因此 S 向 G_1 清偿构成有效的清偿,债权因此消灭。但由于债权转让已经成立,G_2 是新的债权人,G_1 受领构成不当得利,需要向 G_2 返还。G_2 尚不能请求 S 履行,该问题涉及债务人保护。G_2、G_3 之间的关系应当通过对抗要件被满足的先后来判断,而非债权转让的成立。

(二) 对抗要件具备后的效果

1. 对抗的含义

   在债权多重处分的情况下,债权归属何人。

2. 对抗的范围

   在登记人、通知的债权受让人、其他受让人或其他权利人(如质权人、扣押债权人)之间的问题是确定谁是真正的债权人,而不涉及债务人。债务人与受让人之间则是受让人能否主张债权的问题,是债务人保护的问题。

> **例 5.2.15**
> G_1 于1月1日将自己的债权转让给 G_2,2月1日转让给 G_3,3月1日转让给 G_4。

此时,三个债权转让均成立,但谁取得债权?这是对抗要件要解决的问题。

二、对抗模式的选择

（一）可能的模式

1. 处分行为成立模式

按照债权转让的物权合意达成时间先后的顺序,而非按照通知到达债务人的时点,确定谁是债权受让人。① 德国法即采此种模式。此种模式不区分债权转让的成立要件与对抗要件,在一权二转的情况下,第一次债权转让一经成立,受让人即取得债权,可对抗后续的受让人或者原债权人的扣押债权人。

2. 对抗要件模式

债权转让通知债务人或登记以后,债权受让人才得以对抗其他受让人。② 日本法即采此种模式。该模式区分债权转让的成立要件与对抗要件。在一权二转的情况下,只有具备对抗要件的债权受让人才能取得债权。

例 5.2.16

G_1 1月1日将自己对 S 的 100 万元的债权转让给 G_2,2月1日又转让给 G_3。3月1日 G_1 通知了 S:该债权转让给了 G_3。

按照处分行为成立模式,G_1 和 G_2 的债权转让成立在先,G_2 是债权人。按照通知对抗模式,G_3 具备对抗要件,得对抗 G_2,继而取得债权。

（二）《民法典》以前的传统立场——处分行为成立模式

《民法典》颁布以前,我国《合同法》没有规定债权转让在什么情况下可以对抗第三人,因此学说上争议较大,处分行为成立模式是学界通说。其理由如下：

1. 无特殊规则

《合同法》没有对债权转让对第三人的效力作特别规定,那么应当按照法律行为生效的一般理论确定债权转让的生效时间。③

2. 通知并非公示要件

债权转让通知不能起到公示的作用；④并且即使认为通知是公示要件,通知主义也存在不足。《合同法》上债权转让通知的规范目的在于保护债务人,在债权多重转让中采通知主义,可能不利于保护债务人,因为假如债务人明确知晓前一转让

---

① 韩世远,第 619 页。
② 韩海光、崔建远：《论债权让与和对抗要件》,载《政治与法律》2003 年第 6 期,第 61 页；李永锋、李昊：《债权让与中的优先规则与债务人保护》,载《法学研究》2007 年第 1 期,第 49 页。
③ 韩世远,第 619 页。
④ 其木提：《债权让与通知的效力——最高人民法院（2004）民二终字第 212 号民事判决评释》,载《交大法学》2010 年第 1 卷,第 254 页。

事实并对前一受让人为清偿,会因为后一转让被通知而沦为无效的清偿。①

(三)《民法典》以后的立场——对抗要件模式

《民法典》出台以后,多重债权转让采何种观点存在争议。

1. 处分行为成立模式

我国少数说认为,即使在《民法典》出台以后,多重债权转让仍按照债权转让的物权合意达成时间先后顺序确定债权的归属。第768条仅适用于保理合同。②

该说的问题在于无法解释当保理和一般性的债权让与并存时如何处理。如采成立时间顺序,保理债权转让和一般债权让与之间根据时间顺序确定债权归属,那么会架空第768条,保理人办理登记的意义会变得非常小。

2. 对抗要件模式

我国多数说认为第768条重构了多重保理合同中债权转让的对外效力规则,明确了债权转让对抗要件的顺序。该条可以(类推)适用于其他多重转让的场合。③ 司法实践同采此说(担保制度解释66.1)。当然,对于第768条第4分句的适用范围,采对抗要件模式的学说之间也有存在争议,详见本节之三。

由此,我国债权转让中需要区分债权转让的成立和对抗两种要件。债权转让成立未必发生对抗效力。

(1) 登记为最优先

有多个登记时,根据登记顺序判断。登记优先于通知。

(2) 通知次之

在无登记的情况下,以通知为优先。但是,根据《合同编通则解释》第50条第1款最后分句,通知的对抗效力受限于债权的善意取得。

(3) 分割债权

无登记和通知时,各债权受让人按融资款比例或服务费划分债权。

三、多重债权转让中债权受让人之间的对抗问题

债权受让人与第三人的对抗问题主要发生在多重债权转让中。

例 5.2.17

G_1 对 S 有 100 万元的债权,3月1日,G_1 将该债权转让给 G_2,4月1日,G_1 又将该债权转让给 G_3。G_2 和 G_3 谁取得债权?

---

① 徐涤宇:《〈合同法〉第80条(债权让与通知)评注》,载《法学家》2019年第1期,第177页。
② 方新军:《债权多重让与的体系解释》,载《法学研究》2023年第4期,第223页。
③ 李宇:《保理法的再体系化》,载《法学研究》2022年第6期,第106页;朱虎:《债权转让中的受让人地位保障:民法典规则的体系整合》,载《法学家》2020年第4期,第24页;朱晓喆、冯洁语:《保理合同中应收账款多重转让的优先顺序——以〈民法典〉第768条为中心》,载《法学评论》2022年第1期,第177页。

针对这一问题,第768条区分了登记、通知和无对抗要件三种情况。

(一) 具备对抗要件的情况:登记或通知

1. 登记绝对优先原则

  登记的债权转让最优先(768)。第768条规定登记优先,这一规则的适用不考虑受让人善意、恶意的主观状态,即使在其他受让人通知债务人后,进行登记的债权受让人(保理人)明知在先的通知,仍得优先于通知的债权受让人。①

2. 通知作为较弱的对抗要件

  在所有债权转让都没有登记的情况下,先通知债务人的受让人优先。通知的先后根据到达债务人的时间判断。具体而言,根据《合同编通则解释》第50条第2款,判断哪个通知优先,不能仅依据债务人认可的通知时间或通知记载的时间,而是必须结合通知的方式等因素进行综合判断。当事人采用邮寄、通讯电子系统等方式发出通知的,人民法院应当以邮戳时间或者通讯电子系统记载的时间等作为认定通知到达时间的依据。

> **例 5.2.18**
>
> G 1月1日将自己对S的100万元的债权转让给 G_2,2月1日转让给 G_3,并且通知了S,3月1日转让给 G_4,并完成了登记。

  三次债权转让分别在1月1日、2月1日、3月1日成立。但谁是债权人,取决于对抗要件。由于 G_4 取得了最强的对抗要件,因此 G_4 是新的债权人。

  相反,如果 G_4 没有登记,那么根据对抗法理,已经通知了债务人的 G_3 取得了对抗要件,因此是新的债权人。但是,由于通知的对抗效力较弱,无法排除 G_4 或 G_2 在善意的情况通过受领给付,善意取得债权的可能性(合同编通则解释50.1)。此时如果债务人已经向 G_4 或 G_2 履行,那么 G_3 不得要求其返还。

  《合同编通则解释》第50条第1款最后分句的构成要件包括:(1) 所转让的债权是非金钱债权;(2) 债权受让人是后顺位的受让人;(3) 该债权受让人对于债权已经转让的事实不知且尽到了调查义务(善意);(4) 债务人已经向该受让人清偿;(5) 真正的债权人只进行了通知,而没有办理登记。法律效果为后顺位的债权受让人可以保有给付,无须依据不当得利返还。

【深化】

  《合同编通则解释》第50条第2句第2分句规定善意债权受让人受领后优先于先

---

① 朱虎:《债权转让中的受让人地位保障:民法典规则的体系整合》,载《法学家》2020年第4期,第24页。

通知的受让人。就此而言，本条不是有关债权让与对抗要件的规定，从中无法得出否定通知是对抗要件或肯定通知是对抗要件的结论。因为本条的适用前提是善意债权受让人已经受领，所以在均未受领的情况下，仍须根据第 768 条确定债权的归属。本条想要表达的是，通知作为对抗要件，无法排除善意的债权受让人有取得债权标的物的可能性。从价值判断来说，如果善意的受让人已经取得了债务标的物，那么与其让该受领的受让人向真正的债权人返还，还不如让真正的债权人向错误清偿的债务人主张债权或要求一权多转的债权出让人承担违约责任。从法教义学的构成来看，这一做法欠缺理论支持，不论按何种学说，均没有理由让后顺位的债权受让人保有给付。如果按照其文义适用，那么，该司法解释不仅会架空第 768 条规定的通知作为对抗要件，而且会影响债权转让作为处分行为的定性。因此，必须对《合同编通则解释》第 50 条第 1 款第 3 分句进行目的性限缩。第一，该司法解释的观点仅适用于后顺位的善意债权受让人受领给付，不适用于先顺位的、未通知的债权受让人受领给付。第二，该司法解释的规范目的是保护善意后顺位的债权受让人。此处的善意不仅指后顺位的债权受让人不知，而且债权受让人必须尽到向债务人调查的义务；否则不构成善意。

（二）不具备对抗要件或对抗要件顺序不明时的情况：按比例分配

第 768 条第 4 分句规定应收账款发生多重转让时，既未登记也未通知的，数个保理人（受让人）"按照保理融资款或者服务报酬的比例取得应收账款"。

1. 适用范围

（1）均不具备对抗要件

就第 768 条文义而言，其当然适用于均不具备对抗要件的情况，即"既未登记也未通知"。

（2）类推适用

与"既未登记也未通知"类似的还包括如下两种情形：其一，根据第 200 条以下对期间的规定，数个通知可能在同一时间（同一日或同一小时）到达债务人，因而可能出现数个受让人同时符合通知要件的情况；其二，数个债权转让通知均不能确定通知生效时间，或不能证明通知生效时间的先后。

类推适用的理由在于：第 768 条适用的前提是数个权利在同一位阶上竞存。在对抗要件不明时无法查明权利的优先顺位，只能将各权利视作处于同一位阶。

2. 处理方案

（1）区分适用说

（a）基本内容

该说区分担保性债权转让和一般债权转让，第 768 条第 4 分句仅适用于担保性的债权转让，在一般债权转让中应当限缩其适用范围。在一般债权转让中，先申请扣押的债权受让人优先。未登记且未通知的债权受让人不得对抗扣押的债权受让人。①

> **例 5.2.19**
>
> G_1 于 1 月 1 日将自己的债权转让给 G_2，2 月 1 日转让给 G_3，3 月 1 日转让给 G_4，三次债权转让均未登记与通知债务人。
>
> 按该说，先申请扣押的债权人优先。

(b) 理由

第一，按比例分割的规则与一般民法原理不符，因为某一标的上的权利同时归属于数人，原则上是不成立的。

第二，按比例分割的思路源自第 414 条第 1 款第 3 项规定的未登记抵押权竞合后按照债权比例清偿。但债权转让不限于担保，因此不能扩大适用于一切债权转让。

第三，按比例分割相当于数个债权受让人共有债权，这在经济上不效率。②

(2) 统一适用说（本书立场）

(a) 基本内容

不区分担保性债权转让和一般债权转让，统一适用第 768 条第 4 分句，由全体债权受让人共有该债权，其份额比例为保理融资款或者服务报酬的比例。③上述【例 5.2.19】中，按该说，G_2、G_3 和 G_4 共有该债权。

(b) 理由

第一，贯彻债权人平等原则；

第二，共有状态未必没有效率，不愿意共有的债权受让人可以将其份额转让给其他债权受让人；

第三，债权共有没有增加债务人的负担。

四、债权受让人和其他权利人（债权质权人、扣押债权人等）的对抗问题

(一) 问题

第 768 条规定的是多重保理债权转让中的对抗。但实践中，债权受让人与其他权利人之间也会存在谁优谁劣的对抗问题。

---

① 朱虎：《债权转让中的受让人地位保障：民法典规则的体系整合》，载《法学家》2020 年第 4 期，第 23 页。
② 同上文，第 23—24 页。
③ 朱晓喆、冯洁语：《保理合同中应收账款多重转让的优先顺序——以〈民法典〉第 768 条为中心》，载《法学评论》2022 年第 1 期，第 178 页以下。

1. 与质权人

债权出让人可能将债权先后转让或设质。

> **例 5.2.20**
> G_1 对 S 享有 100 万元的债权,2 月 1 日,G_1 将该债权转让给 G_2,3 月 1 日,G_1 又用该债权为 G_3 设定质权。4 月 1 日,该债权到期,G_2、G_3 均主张收取该债权。

2. 与债权扣押人

债权出让人的债权可能受到其债权人的扣押。

> **例 5.2.21**
> G_1 对 S 享有 100 万元的债权,2 月 1 日,G_1 将该债权转让给 G_2,3 月 1 日,G_1 的债权人 G_3 申请扣押该债权。G_2 能否主张自己是债权人,提出执行异议?

(二) 应对

1. 与质权人

通说认为类推适用第 768 条。《担保制度解释》第 66 条第 1 款明确表示如果同一应收账款债权存在保理、质押和债权转让,按照第 768 条确定优先顺序。

2. 与扣押债权人

(1) 本书观点:类推适用第 768 条

扣押债权人和债权受让人之间根据查封令送达债务人的时间和债权受让人对抗要件具备的时间确定先后顺位。由于扣押债权人扣押债权是基于法院文书,因此此种情况下,登记不具备绝对优先效力。

> **例 5.2.22**
> G_1 对 S 享有 100 万元的债权,2 月 1 日,G_1 将该债权转让给 G_2,3 月 1 日,G_1 的债权人 G_3 申请扣押该债权,法院当日向 S 送达查封令。如果 3 月 1 日以前,G_2 已经取得了登记或通知了 S,则 G_2 可以提出执行异议。反之,则不能。

(2) 理由

债权扣押执行程序的本质是债权收取权的法定移转[①],债权转让是债权的意定移转,二者具备类似性,可类推适用第 768 条。从《民事强制执行法(草案)》第 151 条、第 153 条的规定来看,查封令和履行令分别起到了剥夺债权人收取权的功能和授权扣押人向债务人主张权利的功能。二者与债权转让中通知对

---

① 庄加园:《初探债权执行程序的理论基础——执行名义欠缺的质疑与收取诉讼的构造尝试》,载《现代法学》2017 年第 3 期,第 142 页。

债务人的效力类似。债权转让中,如果受让人具备了对抗要件,那么其终局性地取得债权。这意味着受让人可以提出执行异议。因此,查封令送达债务人的时间必须早于债权受让人具备对抗要件的时间。

五、基本结论

(一) 债权多重转让时的处理规则(768)

1. 登记绝对优先

登记的债权受让人优先于未登记的债权受让人,不论该未登记的债权受让人是否已经通知以及登记的债权受让人是否恶意。登记的债权受让人之间何人取得债权取决于登记的顺序。

2. 通知次之

在没有登记的情况下,先通知债务人的债权受让人取得债权。

3. 均未登记或通知;或虽然通知,但通知顺序不明或通知同时到达的情形

债权受让人按比例共有债权。

(二) 债权转让和债权质权、债权扣押竞合时的处理规则

1. 受让人与质权人之间

同上述规则。

2. 受让人与扣押人之间

根据受让人对抗要件具备的时间和查封令送达债务人的时间判断谁优先,排除第768条第1分句的类推适用。

第5节 债权转让的法律效果

一、债权主体变更

(一) 债权转让成立的效果

债权转让成立以后,债权移转给债权受让人。但此时,受让人仍不得对抗其他的债权受让人或原债权人的扣押债权人。

(二) 债权转让对抗要件具备的效果

受让人确定地取得债权。

（三）债务人保护

即使对抗要件具备以后，通知债务人以前，受让人仍不得向债务人主张债权。债务人仍可向原债权人为有效的清偿（详见下文）。

二、担保权移转

（一）从属性担保权

债权转让的同时，担保债权人的担保权一并移转。这是担保物权从属性的当然之理。第547条第1款的作用仅在于确定了这一点。从权利的移转不受登记或占有的限制（547.2）。

（二）独立担保

让与担保等独立担保，不因从属性而直接随债权一并移转。让与担保作为独立担保，与抵押权和质权等传统的、具备法定的从属性的担保物权不同，不天然具备从属性，因此不当然随主债权一并移转。但是让与担保人之间的担保合同中可能约定了移转担保的义务。[①] 例如，债权人与担保人约定，如果转让债权，那么担保人也有义务移转担保。

> **例 5.2.23**
>
> G_1 对 S 享有 100 万元的债权，D_1 以自己的房屋为 S 提供抵押，D_2 将自己的汽车以让与担保的方式为 S 提供担保。2 月 1 日，G_1 将自己对 S 的债权全部转让给 G_2，并办理了债权移转的登记。

基于担保移转的从属性，G_2 在 2 月 1 日取得抵押权，不论是否办理了抵押变更登记。但 G_2 不能自动取得汽车的所有权。

三、辅助性从权利的移转

（一）法条基础

债权移转时，受让人取得与债权有关的从权利，但是该从权利专属于债权人自身的除外（547.1）。

（二）与债权有关的从权利

1. 辅助债权实现的权利

例如，请求提供债务人信息的权利，请求提供发票的权利。[②]

[①] Vgl. Medicus/Lorenz, S. 365.
[②] Vgl. MüKoBGB/Roth/Kieninger, 8. Aufl., 2019, BGB § 401 Rn. 8.

2. 影响单个债权存续的权利

    特别是非独立的形成权。

3. 利息债权

    原则上是意思表示的解释问题，有疑问时，未到期的利息债权随主债权一并移转。①

4. 仲裁或管辖的约定

    我国司法实践认为，仲裁或管辖的约定也随债权移转。②

第 6 节　债权转让中对债务人的保护

一、通知作为债务人保护的要件

（一）债务人保护思想

债权转让无须债务人的同意，因此，债务人保护是债权转让中的重要思想。例如，因债权转让增加的履行费用，由让与人负担（550）。但由于现行法允许债权部分转让，势必会加重债务人负担，因此，债务人地位不得恶化不是一个一般性的原则。③

（二）通知作为债务人保护体系的中心

关于债务人保护体系的构建有两种模式：

1. 德国式主客观保护体系④

    德国法的债务人保护体系的构建依托于债务人的主观状态和客观的通知两项要素。

    （1）主观标准

    关键看债务人是否对债权转让之事实知情。债务人知情以后，债务人不得向债权出让人清偿，也不能对债权受让人主张其和原债权人之间达成的法律行为，例如免除、和解等。

    （2）客观标准

    通知导致债权受领外观产生，即通知以后，债务人不得向原债权人为有效的

---

① Vgl. MüKoBGB/Roth/Kieninger, 8. Aufl., 2019, BGB § 401, Rn. 11.
② 桂艳：《仲裁协议效力的扩张及其认定》，载《人民司法》2020 年第 5 期，第 73 页。
③ Medicus/Lorenz, S. 62.
④ 详见罗歇尔德斯，第 402 页以下。

清偿,即使债务人明知通知有误,仍然可以援引通知。在通知以前,知情以后,债务人也得拒绝向债权受让人履行。

2. 日本式客观保护体系

日本法则以通知和债务人承诺作为对债务人的对抗要件。债务人保护的体系也以通知或承诺为核心。通知或承诺以后,债权受让人才得向债务人主张债权。通知或承诺以前,不论债务人善意还是恶意,受让人均不得向债务人主张权利。①

3. 摇摆中的中国法债务人保护体系

中国法对于应当采何种体系不明确。

(1) 摇摆中的司法裁判观点

(a) 区分债务人善恶意的观点

2009年最高人民法院发布的《关于审理涉及金融不良债权转让案件工作座谈会纪要》第2条第2句规定:"不良债权已经剥离至金融资产管理公司又被转让给受让人后,国有企业债务人知道或者应当知道不良债权已经转让而仍向原国有银行清偿的,不得对抗受让人对其提起的追索之诉,国有企业债务人在对受让人清偿后向原国有银行提起返还不当得利之诉的,人民法院应予受理。"②

(b) 不区分债务人善恶意的观点

2016年的保理再审案件"遵义渝禾商贸有限责任公司诉中信银行股份有限公司贵阳分行公司、简传刚、杨小平保理业务合同纠纷案"中,最高人民法院在其说理部分又指出:"债务人在没有收到债权转让通知前,无论其是否实际知晓债权转让的情况,债权转让对债务人均不发生法律效力,债务人仍应向原债权人履行债务。"③

(2) 全国人大法工委解释与学说观点

(a) 全国人大法工委释义

在债权转让通知以前,债权转让对债务人不生效力,因此,债权出让人仍为债权人,债务人故而有权向其为一切法律行为,包括免除、延期、清偿等。④根据此种解释,债务人在接受通知以前,不论其主观状态是否为善意,均可与债权出让人达成诸如免除债务的约定,并以此对抗债权受让人。

以已经清偿的抗辩为例,保理债权转让以后,通知以前,债务人即使明知债权已经转让给保理人,但债务人仍可以向债权出让人为有效的清偿(546、548结合765)。

---

① 中田,651页参照。
② 案例参见中国信达资产管理公司济南办事处与中国银行股份有限公司淄博市周村支行金融债权转让合同纠纷案,最高人民法院(2009)民申字第1315号民事裁定书。
③ 最高人民法院(2016)最高法民申7号民事判决书。
④ 黄薇3,第919、920页。

(b) 主流学说观点

从价值判断角度来看，恶意的债务人不得保护，因此主流学说主张引入诚信原则，对第 546 条、第 765 条进行限缩解释，债权转让通知的效力仅保护善意的债务人。①

(c) 本书观点

主流学说以债务人主观状态作为判断标准是合理的。从债权转让的基本构造来看，在债权转让以后，债权已经归属于债权受让人，通知是债权受让人对债务人主张权利的要件。在转让以后通知以前，固然受让人无法向债务人收取债权，但这是否意味着债务人在恶意的情况下仍然可以向债权出让人清偿，这一问题不是债权同一性或是债权转让本身法理构造能解决的问题，而是取决于法律秩序的价值判断。从价值判断来看，以通知作为唯一判断标准的优势在于通知是一种客观标准，这就有利于构建客观的债务人保护标准，以避免债务人地位的不确定。但是，这一问题可通过合理配置证明责任来解决，由受让人证明债务人恶意即可。

(三) 通知

1. 意义

通知是对债务人主张权利的要件。通知以后，受让人得向债务人主张债权。

需要注意的是，作为债务人保护要件的通知与作为对抗要件的通知可以重合，也可以分离。

(1) 重合

多次债权转让均只进行通知，此时通知既是债务人保护要件，也是对抗要件。

例 5.2.24

G_1 将自己对 S 的债权，分别转让给 G_2 和 G_3，G_1 先向 S 通知了转让给 G_3，后又通知 S 转让给了 G_2。

此时，G_3 可以对抗 G_2，且得向 S 主张债权。

---

(2) 分离

多次债权转让，既进行了登记，又通知了债务人。此时，对抗要件中以登记为优先。但对于债务人而言，仅需要向通知的债权人履行即可，此种情况下，通知仅起到保护债务人的功能。

---

① 徐涤宇:《〈合同法〉第 80 条（债权让与通知）评注》，载《法学家》2019 年第 1 期，第 184 页，边码 43。

> **例 5.2.25**
> G_1 将自己对 S 的债权,分别转让给 G_2 和 G_3,G_3 办理了登记,甲向 S 通知转让给了 G_2。

在此例中,G_3 可以对抗 G_2。但 S 仅需要向 G_2 履行债务,G_3 不得向其主张债权。

2. 法律性质

通说认为其为准法律行为,为观念通知,类推适用意思表示的规则,到达债务人时生效。[①] 通知可类推意思表示瑕疵的规则而被撤销。被撤销的通知不生效力(合同编通则解释 49.1S2)。

3. 通知的主体

(1) 债权出让人(546)

(2) 债权受让人(764)

  (a) 适用范围

  第 764 条虽然是保理合同的规定,但就规范性质来说,是处分行为性质的规范,可以类推适用于一切债权转让。

  (b) 表明债权受让人身份和附上必要的凭证

  问题在于,身份和必要凭证两个要件是否需要同时具备?

  根据第 764 条,保理人在通知中必须表明其保理人的身份和附上必要的凭证。从本条的规范目的来看,不论是表明其债权受让人的身份还是附上必要凭证,其目的均在于使得债务人足以信赖通知,进而信赖通知中的债权转让已经真实发生。对此,应当综合各个因素加以判断。在这个意义上,表明债权受让人的身份和提供必要凭证的目的是一致的,二者并非缺一不可。例如,如果保理人提供的保理合同经过了公证确认有效,并且保理人的身份记载清晰,则债务人可直接根据保理合同的记载识别受让应收账款的保理人,并向其清偿。

  (甲) 表明身份

   受让人通知有效的前提是不增加债务人的审查义务,通知能够使得债务人信赖债权转让真实发生。因此,受让人在通知时必须表明其正是合同所记载的受让人。换言之,表明身份的目的,是使得债务人明确其作为通知记载的受让人的身份。

---

① 中田,649 页参照。

> **例 5.2.26**
> 通知记载了 G_2 保理公司是债权受让人,那么,G_2 在发出通知时,可以提供相应的营业执照复印件等以证明自己是 G_2 保理公司。

　　（乙）必要凭证

　　　　根据全国人大法工委的说明,所谓必要凭证系指经过公证的债权转让合同。① 我国部分学者则较为激进,认为提供保理合同的原件及复印件、基础交易合同复印件、债权人与债务人的往来单据、银行流水清单、应收账款债权登记信息等即可。②

　　　　本书认为不宜采此种观点。按照此种观点,债务人在收到保理人的通知以后,仍有进一步审查合同真实性的义务,这就增加了债务人的负担。从比较法例来看,在债务人对通知存在疑问的情况下,其也没有义务审查或向债权人询问。③

4. 通知的形式

　　通知原则上不要式。

5. 通知的时点

　　通知可以与债权转让同时进行或者在其之后进行。

　　有疑问的是,预先通知是否发生效力?原则上预先通知应无效。因为是否转让、转让时点,对于债务人而言不明确,故而债务人受有不利益。作为例外情形,将来债权转让中通知可以先于将来债权转让。

6. 通知的生效和撤回

　　（1）通知的生效

　　　　通知为准法律行为,类推适用单方有相对人的意思表示的规则,到达债务人时生效。

　　（2）通知的撤回

　　　　（a）通知在到达债务人前

　　　　　　类推适用第 141 条意思表示的撤回规则。

　　　　（b）通知到达债务人后

　　　　　　撤回须经过债权受让人同意(546.2)。

　　　　（c）理由

　　　　　　通知作为债务人的保护要件,会对债务人产生债权已经转让的外观。如果受让人同意,那么该外观不复存在。

---

① 黄薇 3,第 917 页。
② 谢鸿飞、朱广新主编:《民法典评注.合同编.典型合同与准合同 2》,中国法制出版社 2020 年版,第 549 页（赵磊）。
③ Vgl. MüKoBGB/Roth/Kieninger, 8. Aufl., 2019, BGB § 407 Rn. 16.

7. 通知的效力
   (1) 权利主张效力
      (a) 通知以前,债权受让人不得向债务人主张权利。
         善意的债务人可以向债权出让人为有效的清偿,或与出让人达成一切法律行为,并向债权受让人主张其效力。例如,善意的债务人可以和债权出让人达成和解,并向受让人主张和解的效力。
         通知以前,即使债务人明知债权转让,债务人也得拒绝向债权受让人清偿。并且基于诚信原则,债务人也不得向债权出让人清偿。
      (b) 通知以后,债权受让人可以向债务人主张权利。
         该效力的反面解释则意味着,通知阻碍了债权出让人行使权利。[①] 收到通知的债务人必然不为善意。
   (2) 权利外观的效力
      通知到达以后,受让人取得债权人的外观。纵使债权转让实际未发生或者效力有瑕疵,债务人仍得信赖通知,向债权受让人为有效的清偿。即使债务人明知债权转让实际未发生或者效力有瑕疵,仍然得基于通知向债权受让人为有效的清偿。[②]
      理由在于,债权转让的通知彻底将债务人从审查债权转让基础关系的义务中解放出来,甚至无须审查债权转让的瑕疵,仅须审查通知的正确性。
      司法解释进一步指出,通知以后,债权出让人不得以债权转让基础关系有瑕疵为由,请求债务人向其履行(合同编通则解释49.1)。

> **例 5.2.27**
>
> G_1 把对 S 的债权转让给 G_2,并通知了 S 该债权转让。随后 G_1 发现受到了 G_2 的欺诈,于是主张撤销债权转让的买卖合同。

      此时,S 仍然可以信赖通知,向 G_2 提供有效的清偿,从而消灭债务。G_1 只能通过不当得利,要求 G_2 返还所受领的给付。
8. 通知的替代形式?
   (1) 问题
      债权出让人没有通知债务人,债权受让人能否以诉讼替代通知,直接起诉债务人?
   (2) 最高人民法院的立场
      即使没有通知,债权受让人也可以直接起诉债务人。法院在审理以后,如果

[①] 中田,649 页。
[②] 罗歇尔德斯,第 404 页。

确认了债权让与的事实,应当认定债权转让自起诉状副本送达时对债务人发生效力。由于未通知而造成的费用增加或损失,由债权受让人承担(合同编通则解释48.2)。

(3) 本书观点

债权转让通知的规范目的是避免债务人错误清偿。诉讼中,法院在审查债权受让人诉讼资格时,可以确认其是否为真实的债权人。因此,诉讼能够替代通知。有疑问的是,是否应当以诉讼状副本送达时作为通知效力产生的时间点。比较法上有观点认为,自诉讼系属时,债务人不得与债权出让人再达成和解等法律行为(德民407.2)。需要指出的是,在我国法,通知的意义不仅在于阻却债务人向债权出让人清偿的效力,而且也是债权受让人向债务人主张权利的要件。对于债务人而言,只有在判决作出以后,才能真正确定债权是否归属于起诉的债权受让人。以起诉状副本送达时作为通知的时间点,对于债务人而言可能过于严苛,因为此时债务人还无法确信债权受让人是否为真实债权人。

二、债务人享有的抗辩

(一) 基本内容和主张方式

通知以后,债务人可以向受让人主张对出让人的抗辩。在诉讼中,如果债务人主张出让人的抗辩,那么法院可以追加让与人为第三人(合同编通则解释47.1)。

(二) 原理

债务人享有的抗辩可以对新债权人主张,其背后的原理是债权同一性和债务人保护思想。

1. 债权同一性

(1) 狭义的同一性

狭义债权同一性是指,债权受让人取得的是出让人所拥有的债权,因此,在债权转让之前,债权上所负担的所有反对权(抗辩、抗辩权和形成权)均延续。[1]

(2) 广义的同一性

广义债权同一性是指,在双务合同中,债权同一性不仅指单个债权的同一,而且也包括整个债之关系的同一。换言之,在债权转让中,不仅需要考虑被转让债权本身的同一性,而且要考虑到与之有紧密联系的对待给付债权的影响。[2]例如,第525条规定了双务合同的同时履行抗辩。在双务合同中,两个债权的命运应当是相同的,即使在债权转让以后,此种给付与对待给付之间的联系仍应

---

[1] Vgl. Nörr/Scheyhing/Pöggler, Sukzession: Forderung, Vertragsübernahme, Schuldübernahme, 2. Aufl., 1999, S. 36.

[2] Vgl. Nörr/Scheyhing/Pöggler, Fn. ①, S. 36 f.

存续。
2. 保护债务人的思想
   (1) 含义
   由于在债权转让中无须债务人参与,因此,债务人的地位不应恶化,以此作为对债务人的补偿。①
   (2) 功能
   尽管债务人享有的大部分抗辩均源自债权同一性,但是债务人保护的思想一方面起到界定债务人权利范围的作用,另一方面也可证成基于债权转让处分行为所生的抗辩,此种抗辩与同一性未必相关。

(三) 债务人抗辩的类型化

对第 548 条文义所称的抗辩采广义理解,其不仅包括抗辩权,而且包括其他影响债权存续的抗辩。根据来源可作如下类型化。
1. 基于债务人与债权人之间关系的抗辩
   该抗辩源自债务人与债权出让人的法律关系。
   (1) 抗辩类型
      (a) 抗辩权
         包括债务人对债权出让人享有的抗辩权,例如时效抗辩。②
      (b) 其他诉讼上的抗辩
         如产生债权的基础关系不成立、产生债权的基础关系嗣后消灭等抗辩事由。
   (2) 抗辩产生的时间:通知时(548)
      通知以后,债务人可以主张对转让人的抗辩。言下之意即为,该抗辩在通知时已经产生。但学说和司法实践均认为即使抗辩事由产生于债权转让通知以后,基于广义债权同一性产生的抗辩也得向债权受让人主张,以避免债务人遭受不利后果。
      常见如下:
      (a) 基于双务合同对待给付牵连性而生的抗辩权
         举例:同时履行抗辩权。③
      (b) 随着债之关系发展而产生的新的形成权
         举例:在债权转让之后,债权出让人违约,导致债务人享有解除权。④

---

① Vgl. MüKoBGB/Roth/Kieninger, 8. Aufl., 2019, BGB § 404 Rn. 1.
② 农行南召支行诉华龙辛夷公司借款合同纠纷案,河南省高级人民法院(2012)豫法民三终字第 36 号民事判决书。
③ 招商银行股份有限公司长沙分行、江西煤业物资供应有限责任公司合同纠纷案,江西省高级人民法院(2019)赣民终 506 号民事判决书。
④ 奥田,442 頁参照。

2. 基于债权出让人与债权受让人之间关系的抗辩

对此,又可进一步区分基于负担行为产生的抗辩和基于处分行为产生的抗辩。

(1) 基于债权转让负担行为的抗辩

目前学界对于这一问题争议较大,通说认为这一问题涉及债权转让是否采无因性。

(a) 采无因性构造的情形

债权转让负担行为不生效,不影响债权转让的效力。此种情况下,债务人自然不得以债权转让负担行为合同的瑕疵为由主张抗辩。

(b) 采有因性构造的情形

债权转让的合同无效,债权转让同样无效,因此债权受让人不是实际债权人,债务人当然可以以此为由进行抗辩。

(c) 学说与司法实践观点

我国学说虽然采有因性构造,但试图通过债权相对性等理论,限制债务人的抗辩。如果允许债务人主张债权买卖合同的瑕疵,就违反了债之关系的效力仅涵盖创设债之关系的主体的基本思想;换言之,债务人的抗辩应因债之相对性原则而切断。①

例 5.2.28

如果债权买卖合同中,G_1 因错误而享有撤销权但尚未行使时,S 不得以此对抗 G_2,因为撤销权仅得撤销权人行使。

我国司法实践则通过限制诉权的方式限制债务人主张此种抗辩。最高人民法院《关于审理涉及金融不良债权转让案件工作座谈会纪要》第 5 条规定了国有企业作为债务人可以主张债权转让的合同关系无效,但是须另案主张,如果不另外提起无效之诉,仅以此为由抗辩,则法院不予支持。这一规则一方面明确了国有企业债务人可以主张债权买卖合同、保理合同等无效,另一方面又规定必须以诉讼方式主张,以避免债务人过度行使权利。在最高人民法院公报案例"李杰与辽宁金鹏房屋开发有限公司金融不良债权追偿纠纷案"②和指导案例第 34 号"李晓玲、李鹏裕申请执行厦门海洋实业(集团)股份有限公司、厦门海洋实业总公司执行复议案"③中,法院均认为由于债务人未以诉讼

---

① 陈自强:《无因债权契约论》,中国政法大学出版社 2002 年版,第 142—144 页。事实上,此种观点在德国法学说中也有支持者,例如,Heinrich Dörner 认为债务人此种抗辩的切断与有因无因无关,在采有因原则的情况下,债务人也可能因《德国民法典》第 770 条第 1 款而享有给付拒绝权。Vgl. Heinrich Dörner, Dynamische Relativität: der Übergang vertraglicher Rechte und Pflichten, 1985, S. 166.
② 最高人民法院(2014)民二终字第 199 号民事判决书。
③ 最高人民法院(2012)执复字第 26 号执行裁定书。

方式主张债权转让合同无效,故而不得主张此种抗辩。

(d) 价值判断

是否允许债务人主张基于债权转让负担行为的抗辩,两种观点背后反映的价值判断问题是债务人保护和债权流通性,何种利益应当优先。如果认为债务人保护的利益优先,那么应当允许债务人援用债权转让合同的瑕疵抗辩。但如果认为债权流通性的利益优先,那么应当否定债务人援用的权利。

我国《民法典》对于债权转让总体的价值判断是加快债权流通,基于此种价值判断,应当否定债务人基于债权转让负担行为的抗辩。

(2) 基于债权转让处分行为产生的抗辩

学说普遍认为,债务人可以向债权受让人或保理人主张基于债权转让的瑕疵。司法实践中,常见的保理债权转让瑕疵发生在保理债权转让的标的物是将来应收账款的情况中,特别是指此种将来应收账款不符合处分标的物确定与特定原则,故而导致保理债权转让无效。① 除此之外,债权转让作为处分行为同样可能因当事人欠缺行为能力、无处分权或者通谋虚伪等原因而无效。

(四) 债务人放弃抗辩

《民法典》第 548 条是任意性规范②,债务人可以放弃其享有的抗辩。

1. 债务人放弃抗辩意思的解释

司法实践中经常将债务人签订的应收账款真实性承诺书或者应收账款转让的确认书理解为债务人对抗辩的放弃。例如,债务人在债权转让通知书中以债务人的身份签收确认,并承诺"卖方已经按照基础交易合同的约定履行了基础交易合同项下的主要义务和其他已到期的义务"。③

此种立场体现的是债权受让人利益应优先的价值判断。此种价值判断是否成立是存在疑问的。在解释时应当回到当事人的真意,适用意思表示解释的一般规则。债权受让人要求债务人确认债权真实,是否构成请求债务人放弃抗辩的要约,这一问题存在两种解释的可能:

(1) 原则

在债权转让中,为了保护债务人,应当对债务人的意思作限缩解释。④ 如果债务人没有参与债权转让,对债权转让并无利益,那么,在文义不明确的情况下,不应将债权出让人和债务人的意思解释为要约与承诺,而应将债务人的确认书

---

① 例如,卡得万利商业保理(上海)有限公司诉福建省佳兴农业有限公司等借款合同纠纷案,上海市高级人民法院(2016)沪民申 2374 号民事裁定书。

② Vgl. Nörr/Scheyhing/Pöggler, Sukzession: Forderung, Vertragsübernahme, Schuldübernahme, 2. Aufl., 1999, S. 52.

③ 南京新一棉纺织印染有限公司与合肥科技农村商业银行股份有限公司宁国路支行等合同纠纷上诉案,安徽省合肥市中级人民法院(2018)皖 01 民终 981 号民事判决书。

④ Vgl. BeckOGK/Lieder, 1.8.2020, BGB § 404 Rn. 72.

或承诺书解释为意思通知。例如,债务人仅在保理人提供的应收账款转让通知书上签字,不构成放弃抗辩的意思表示。

(2) 例外

只有在文义明确、清晰的情况下,才能将债务人的意思解释为放弃抗辩。尤其是在债务人对于债权融资本身存在利益或者明知债权受让人接受债权以其确认为前提的情况下,更应当作此种解释。比较法上也有观点认为,此种情况下,可以认为债务人作出了债务承诺。①

2. 债务人放弃抗辩的范围

如果认为债务人所签的确认书或承诺书构成放弃抗辩的意思表示,则应进一步考虑债务人放弃抗辩的范围。这一问题的出发点同样是对债务人意思的解释。通常而言,放弃抗辩的意思须以明示的方式作出。此外,放弃并不限于在债权转让之后作出,事先放弃同样是有效的。

实践中也常见以概括放弃抗辩的条款作出放弃的意思表示。对于债务人而言,如果概括放弃的条款能够识别所放弃的抗辩的范围,则该条款有效。② 实践中,如果当事人仅确认了应收账款的金额,或者基础关系的真实性,那么法院认为债务人仅放弃了关于债权数额或基础关系无效的抗辩,而没有放弃其他的抗辩权。③

三、债务人享有的抵销权

(一) 债务人抵销权的维持

债权转让会导致债权人变更,这就破坏了抵销适状构成要件中的双方互负债务这一条件,会影响债务人原有的抵销权。但是,基于债权转让不影响债务人地位的理念,债务人的抵销权不受影响。《民法典》第 549 条的功能在于维持抵销适状。

(二) 通知前债务人已经抵销适状

此时,债务人已经享有抵销权,根据抗辩延续的原理,也得主张抵销。第 549 条在此种情况下作用不大。

> **例 5.2.29**
> G_1 对 S 享有 100 万元的①债权,该债权 2 月 1 日到期。S 对 G_1 享有 80 万元的②债权,该债权 3 月 1 日到期。G_1 3 月 1 日将①债权转让给 G_2,并通知了 S。

---

① Staudinger/Busche (2017) BGB § 404, Rn. 38-40.
② 潮见Ⅱ,452 页。
③ 重庆重铁物流有限公司与平安银行股份有限公司重庆分行等其他合同纠纷案,最高人民法院(2018)最高法民终 31 号民事判决书。

(三) 通知前债务人已经取得主动债权

通知以前,债务人已经取得主动债权,但该债权尚未到期。换言之,抵销适状在通知以后发生。债务人取得主动债权时,债务人不知债权转让的事实,他对于将来发生的抵销适状的信赖同样值得保护。①

1. 第549条第1项的构成要件

   (1) 通知前,债务人取得主动债权

   (2) 主动债权先于或和被动债权同时到期

2. 疑问

   对抵销适状的信赖,是否必须以主动债权先于被动债权到期或和被动债权同时到期为前提?

   本书认为,债务人对抵销适状的信赖值得保护,因此,对第549条第1项进行目的性扩张,允许债务人抵销。

> **例5.2.30**
>
> G_1对S享有100元的①债权,该债权2月1日到期。2022年1月20日,G_1将该债权转让给G_2,并通知了S。S已经取得了对$G_1$80元的②债权,该债权1月29日到期。此时,S可以直接适用第549条第1项,向G_2主张抵销。

> **例5.2.31**
>
> G_1对S享有100元的①债权,该债权2月1日到期。2022年1月20日,G_1将该债权转让给G_2,并通知了S。S已经取得了对$G_1$80元的②债权,该债权2月2日到期。此时,S不能主张第549条第1项直接适用,只能通过目的性扩张的方式适用该条。

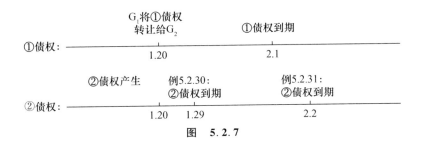

图 5.2.7

(四) 通知以后债务人取得主动债权

1. 原则

   通知以后债务人再取得主动债权,不得抵销。因为其对抵销适状的发生没有

---

① 中田,657页;罗歇尔德斯,第400页。当然,是否以通知为唯一的判断标准,德日存在不同。

信赖。
2. 例外之一:债务人的债权与转让的债权基于同一合同产生(549.0.2)
   (1) 构成要件
      (a) 通知以后取得债权
      (b) 债权和被转让的债权是基于同一合同产生的
         例如,双务合同中产生的次给付请求权等。通常而言,此种情况针对的是将来债权的转让。

> **例 5.2.32**
>
> 1月1日,G_1 和 G_2 订立将来债权的转让合同,将 G_1 和 S 之间未来1年内的买卖合同价金债权转让给 G_2,并通知了 S。2月1日,G_1 和 S 订立买卖合同,约定价款为1000元。3月1日,S 发现 G_1 提供的货物有瑕疵,补正无果后,向 G_1 主张9000元的损害赔偿。

此时,虽然 S 的损害赔偿请求权是通知后取得的,但由于取得债权的合同在通知前已经存在,因此,S 仍能主张抵销。理由如下:将来债权转让的通知时点通常先于债权发生的时点。对于债权受让人来说,将来债权可能被抵销是有认识可能性的。对于债务人来说,其对能够抵销的信赖也有保护的必要。这也是合同双务性的要求。①

(2) 类推适用?
   (a) 问题
      当事人之间存在框架合同等继续性法律关系,被转让债权和债务人取得的债权虽然不是源自同一合同,但源自同一继续性法律关系。

> **例 5.2.33**
>
> 2022年4月24日,G_1 和 S 之间订立了持续供货合同,每月10日,G_1 向 S 提供啤酒一箱。G_1 将5月的价金债权转让给 G_2,并通知了 S。6月份,S 发现该批啤酒有质量问题,主张损害赔偿。

5月的价金债权和6月的损害赔偿请求权不是同一个合同产生的,但源自同一法律关系。

   (b) 应对
      类推适用第549条第2项。

---

① 中田,659、660 页。

(c) 理由

基于同一法律关系产生的债权之间存在较强的关联性,当事人对可以抵销有预期。

3. 例外之二:债务人取得债权的原因在通知之前已经存在

通常而言,存在于债务人取得追偿权的情况。

> **例 5.2.34**
>
> 生产者 G_1 将产品卖给销售者 S,取得了对 S100 万元的债权,2 月 1 日, G_1 把该债权转让给 G_2 ,并通知了 S。3 月 1 日,S 把该产品出售给消费者 D。4 月 1 日,D 发现该产品有生产缺陷,要求 S 赔偿。S 赔偿以后,取得了对 G_1 的追偿权。

S 虽然在收到通知后取得该追偿权,但仍能抵销。理由在于:第一,债权发生的原因已经存在,因此,债务人有合理的信赖;第二,债权何时发生,在通知前或通知后发生,存在偶然性。①

第 7 节 债权的法定让与

一、定义

在不改变债之同一性的前提下,债权依据法律规定移转给新的债权人。

二、功能和构成要件

(一) 功能

债权的法定让与的主要功能在于实现代位求偿。通过债权的法定移转,债务人在清偿后能基于原债权人的债权向其他人追偿。

债权法定让与在连带债务、不真正连带债务中有广泛的适用。

(二) 构成要件

根据规定了债权法定让与的条文判断构成要件,无需当事人额外的合意。

对抗要件同债权转让,适用第 768 条。

---

① 中田,658 页。

三、规范适用

（一）原则上类推适用债权转让的规则

包括从权利的移转规则和债务人保护规则。

> **例 5.2.35**
>
> 生产者 S 生产的产品存在缺陷，销售者 G 向消费者承担产品责任。

G 履行责任后，基于债权法定让与，取得了消费者对 S 的损害赔偿请求权。如果 S 为消费者提供了担保，那么 G 基于从权利移转的规则也取得相应的从权利。

（二）例外

第 763 条无法适用于法定让与。基于权利外观取得债权，仅适用于通过法律行为取得债权（同善意取得）。[①]

[①] 罗歇尔德斯，第 406 页。

第 3 章　债务承担和债的概括继受

第 1 节　概述
第 2 节　免责的债务承担
第 3 节　并存的债务承担
第 4 节　债的概括继受

第 1 节 概述

一、基本含义与类型

与债权人变更对应,债务人也可能变更。债务承担是指在维持债的同一性的情况下,替换或者增加债务人。常用于债务结算和简化交易。① 根据原债务人是否免责,分为两种类型。

（一）免责的债务承担

原债务人不再承担任何债务,完全从债之关系中脱离。

（二）并存的债务承担(债务加入)

原债务人与新债务人作为连带债务人共同向债权人负担债务。

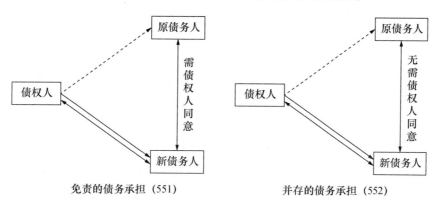

图 5.3.1

二、《民法典》的规范体系与制度原型

（一）《民法典》新增了并存的债务承担

《合同法》第 84 条以下仅规定了免责的债务承担。《民法典》新增并存的债务承担

---

① 肖俊:《债务加入的类型与结构——以民法典第 552 条为出发点》,载《东方法学》2020 年第 6 期,第 125 页。

（552），形成了如下体系：
  1. 类型 1：免责的债务承担（551）
  2. 类型 2：并存的债务承担（552）
  3. 法律效果：抗辩延续（553）；从债务移转（554）

（二）债务承担制度的原型

我国《民法典》目前的体例以免责的债务承担为原型。具体而言，债务人的变更属于债权变更，是对债权的处分行为。因此，有权变更的处分权人是债权人而非债务人。原债务人与新债务人达成的免责的债务承担合意，须经债权人同意才生效。由于处分权归债权人，因此免责的债务承担无须债务人的同意。

（三）其他可能的原型
  1. 法国法
      以原债务人和新债务人达成合意为原型，债务是原债务人的财产。
  2. 美国法
      以债务人有权移转债务为原型，但考虑其与债权转让的区别。不同原型背后体现的是对于债务是否作为一种"负财产"的不同理解。①

三、与保证的区分

（一）债务承担的担保功能

保证作为一种人的保证，额外增加了债务人的责任财产。债务承担，尤其是并存的债务承担同样增加了责任财产。

（二）二者的区别
  1. 保证的要式性
      保证采书面形式（685.1），但《民法典》没有明确规定债务承担的形式。
  2. 抗辩范围
      保证人可以主张的抗辩范围大于并存的债务承担的新债务人。保证人可以主张保证合同的抗辩和主债务人的抗辩，且一般保证人享有先诉抗辩权；但新债务人只能主张原债务人的抗辩。

（三）如何认定是保证还是债务承担？
  1. 意思表示的解释问题
      根据意思表示解释的一般规则，探究当事人具备保证的意思还是债务承担的

---

① 中田，714—717 页。对此，可能涉及到的问题包括债务能否自由移转、债务能否作为交易的客体、债务移转是否改变同一性等。

意思。

2. 推定规则

由于保证对保证人的保护更为有力,因此,有疑问时推定为保证(担保制度解释 36.3)。

第 2 节　免责的债务承担

一、定义

免责的债务承担是指,原债务人将债务的全部或者部分转移给第三人,新债务人负担同一内容的债务,而原债务人免于该债务。[①]

二、构成要件

（一）债务存在

如果债务不存在,自然无债务承担。

（二）债务承担中负担行为性质的合意

1. 负担行为合意的功能

债务承担同样遵循物债二分的结构。新债务人负有的承担债务的义务源自新债务人所订立的负担行为。

2. 当事人

该负担行为可以源自原债务人和新债务人之间的合同关系,也可以源自新债务人与债权人之间的合同关系。[②]

3. 形式

《民法典》没有明确规定债务承担的负担行为是否要式。但由于债务承担和保证的近似性,可考虑类推适用保证的书面要求。

（三）当事人间的处分行为性质的承担合意

该合意可以在债权人与新债务人之间达成,也可以在原债务人与新债务人之间达成。但在后者的情况下,尚须债权人同意。

---

① 中田,708 页参照。
② Vgl. MüKoBGB/Heinemeyer, 8. Aufl., 2019, BGB vor § 414 Rn. 5.

1. 债权人与新债务人之间的承担合意
   (1) 性质
       属于对债权的处分行为,理由是债务人变动构成债权的内容的变化。①
   (2) 无因性问题
       如果认定债权人与新债务人之间的承担合意是处分行为,则必然导致无因性之争。
       (a) 采无因性
           债务承担中的无因性有两个侧面。
           负担行为有瑕疵,那么处分行为效力不受影响,新债务人须通过不当得利请求原债务人返还所获得债务消灭的价值。② 此外,新债务人不得主张债务承担负担行为中的抗辩。
       (b) 采有因性
           负担行为有瑕疵,债务承担自动不生效。原债务人仍然为债务人。
   (3) 原债务人同意之要否
       债务承担是债权人对自己债权的处分,因此无须原债务人参与或同意。
   (4) 原债务人异议权?
       尽管原债务人因免责的债务承担而得利,但原债务人能否拒绝受益?
       (a) 异议权肯定说
           该说在此时类推无利害关系的第三人清偿中债务人的异议权。据此,债务人提出异议,则不成立免责的债务承担。③
       (b) 异议权否定说
           即使类推无利害关系的第三人清偿也无意义,因为按第三人清偿的规则,即使债务人提异议,债权人仍能受领给付,债务人必须容忍。因此,即使债务人对免责的债务承担提出异议,也必须容忍债务免除的效果。④
2. 原债务人与新债务人之间的承担合意与债权人的同意
   (1) 承担合意+债权人同意的构造
       债务人将债务的全部或者部分转移给第三人的,应当经债权人同意(551.1)。在债权人与新债务人达成承担合意时,自然无须债权人同意。但第551条允许新债务人与旧债务人之间达成承担合意。有疑问的是该承担合意的性质以及与债权人同意之间的关系。
   (2) 承担合意的性质
       围绕承担合意的性质,存在要约说和无权处分说之争。

---

① 罗歇尔德斯,第408页。
② Medicus/Lorenz, S. 378.
③ 中田,709页参照。
④ 罗歇尔德斯,第409页。

（a）要约说

原债务人与新债务人之间达成的承担合意仅具备债权效力。达成承担合意后,向债权人发出的通知是变更债务人的要约,而债权人的同意是承诺。

（b）无权处分说

由于处分权归债权人,因此,原、新债务人之间的承担合意是无权处分,效力待定。而债权人的同意构成追认。

（c）理论区分的实际意义

第一,追认是否发生溯及力;第二,债权人同意的相对人是谁;第三,追认是否须要式。基于上述三点,通说采无权处分说。[1]

(3) 债权人同意

债权人享有债务的处分权,因此,原、新债务人之间的处分是无权处分,需要债权人的同意。

（a）性质

属于单方有相对人的法律行为。

（b）相对人

为新债务人或原债务人。

（c）形式

不要式。

（d）时间效力

于到达时生效,有溯及力。

(4) 原债务人与新债务人的催告权

（a）目的

为了尽快结束效力待定的状态,实定法规定了原债务人与新债务人的催告权(551.2)。

（b）催告的效力

债权人须在合理期限内同意,否则视为拒绝。

三、效果

（一）债务人地位的移转

原债务人脱离债之关系,仅新债务人向债权人负有原来的履行义务。但在双务合同中,原债务人仍保留合同当事人的地位,享有解除权等与合同相关的权利。[2]

---

[1] Vgl. MüKoBGB/Heinemeyer, 8. Aufl. 2019, BGB § 415 Rn. 2.
[2] 罗歇尔德斯,第410页。

（二）新债务人的抗辩

1. 继受原债务人享有的抗辩

债务承担不改变同一性，因此在债务承担以前，原债务人已经享有的抗辩和抗辩权，归新债务人。但从属于债之关系的形成权不发生继受，也不得以原债务人的债权进行抵销。① 新债务人主张原债务人的抗辩时，法院可以追加原债务人作为第三人（合同编通则解释47.2）。

2. 新债务人基于处分行为享有的抗辩

新债务人可主张基于债务承担处分行为瑕疵的抗辩或抗辩权。例如，新债务人与债权人之间的债务承担处分合意因欺诈而可撤销。

3. 新债务人基于负担行为享有的抗辩

（1）新债务人与债权人之间的负担行为产生的抗辩

理所当然可以主张。②

（2）新债务人与原债务人之间的负担行为产生的抗辩

原则上，新债务人不得主张与原债务人之间的负担行为产生的抗辩。但如果负担行为与处分行为瑕疵同一，则新债务人可以主张该抗辩。

（三）担保消灭

1. 原则

担保权消灭。理由在于：债权人是否会行使担保权取决于债务人的资信状况，债务人变更后，为了保护担保人的利益，担保权消灭。

2. 例外

（1）担保人和新债务人是同一人时，基于债权人的意思可以移转担保。

（2）基于担保人的承诺。

（四）新债务人对原债务人的求偿权？

1. 新债务人和原债务人之间的约定优先

2. 无约定时，不允许求偿

新债务人自愿承担债务，那么也承担了此种不利。而原债务人从原债之关系中解脱的期待值得保护。因此，新债务人不得基于无因管理或不当得利主张求偿。③

---

① 罗歇尔德斯，第411页。
② Vgl. MüKoBGB/Heinemeyer, 8. Aufl., 2019, BGB § 417 Rn. 9.
③ 中田，711页参照。

第 3 节　并存的债务承担

一、定义

新债务人和原债务人作为连带债务人，共同向债权人负担同一债务。并存的债务承担也被称为债务加入。

二、构成要件

（一）债务存在

（二）当事人间的合意（552）

1. 第三人（新债务人）与（原）债务人的债务加入合意
  （1）性质
　　其性质为利益第三人合同。债权人是受有利益的第三人。与免责的债务承担中的合意不同，债务加入中的合意不是对债权人权利的处分，因此该合意不具备处分行为的性质。[①]
  （2）无须债权人同意
　　由于该合意的性质是利益第三人合同，因此其生效无须债权人同意。
  （3）通知（552）
    （a）性质
　　其性质为有相对人的准法律行为，属于事实通知。
    （b）效果
　　债权人收到通知后，享有拒绝权。债权人拒绝后，第三人（新债务人）与（原）债务人的债务加入合意无效。[②] 第 552 条没有明确规定这一点，但这是利益第三人合同的当然之理。（参见上文）

[①] MüKoBGB/Heinemeyer, 8. Aufl., 2019, BGB § 417, Rn. 12.
[②] 肖俊：《债务加入的类型与结构——以民法典第 552 条为出发点》，载《东方法学》2020 年第 6 期，第 129 页。

2. 第三人(新债务人)单方的债务承担
  (1) 争议①
    (a) 学说
      第三人的单方意思表示不发生债务承担的效果,而必须通过合意。② 理由是债务加入与保证类似,既然保证需要以合意的方式达成,债务加入同样应当以合意方式达成。单方意思表示成立债务加入对第三人的负担过重,因为其无法主张加入意思的撤回与撤销。
    (b) 实践
      实践中大量的债务加入以单方行为的形式作出,我国司法实践谨慎地承认债务人的单方允诺也能成立债务加入。例如,第三人对债权人出具欠条和承诺函。
  (2) 本书观点
      目前我国学界有力说认为,司法实践中债务人单方出具借条等债务加入的形式不是单方允诺,而是合意的简化。例如,第三人出具借条构成要约,而债权人受领构成默示的承诺。此种观点的优势在于:第一,赋予第三人在发出要约后、要约到达债权人前,撤回要约的机会。由于债务加入和保证类似,该第三人需要此种保护。第二,与第 552 条文义相符,该条规定了债权人的拒绝权。这就意味着如果债权人明确拒绝,那么合意不成立。
3. 第三人(新债务人)与债权人之间的加入合意
  (1) 容许性
      尽管第 552 条没有规定此种合意形式,但基于意思自治的基本原理,当然允许第三人与债权人达成债务加入的合意。通常而言,第三人与债务人之间存在利害关系。典型的如公司对外负有债务,公司代表人以自然人的身份为公司承担债务。③
      即使债务人反对,第三人仍能与债权人达成债务加入的合意。理由在于对保证的类推,在保证的情况下,保证人可以在债务人反对的情况下与债权人达成保证合同。那么,债务加入同样应该可行。④
  (2) 形式
      《民法典》没有明确规定债务加入合意的要式性,但可以考虑类推保证合同的要式性,以加强对第三人的保护。

---

① 肖俊:《债务加入的类型与结构——以民法典第 552 条为出发点》,载《东方法学》2020 年第 6 期,第 129 页。
② MüKoBGB/Heinemeyer, 8. Aufl., 2019, BGB § 417, Rn. 12.
③ 肖俊,同注①,第 131 页。
④ 中田,706 页。另外一种论证方式,参见同上文,第 131 页以下。

三、效果

(一) 产生连带债务关系

在效果上,债务加入在第三人和债务人之间形成连带债务(552)。如果第三人与债务人之间存在关于追偿权的约定,则从约定;如果没有约定,则按照不当得利或无因管理等制度处理(553.1)。

(二) 第三人的抗辩

1. 债务加入时(原)债务人享有的抗辩

   债务加入不改变债的同一性,因此新债务人(第三人)可以主张(原)债务人已经享有的抗辩(合同编通则解释 51.2)。

2. 连带债务产生的抗辩

   在债务加入以后,新债务人(第三人)享有连带债务产生的抗辩。

3. 新债务人(第三人)基于加入合意产生的抗辩

   对于这一问题,需要区分加入合意的当事人。

   (1) 合意当事人为第三人(新债务人)与(原)债务人

   基于债之关系的相对性,新债务人(第三人)不得对债权人主张其和(原)债务人之间的合意产生的抗辩。

   (2) 合意当事人为第三人(新债务人)与债权人

   第三人(新债务人)可以主张该加入合意产生的抗辩。

第 4 节 债的概括继受

一、概述

(一) 定义

债的概括继受,又被称为合同地位的承担,是指广义债之关系的一方当事人基于法律行为或法律规定,将其权利义务一并移转给第三人,由第三人取代其成为广义债之关系的当事人。

(二) 原因

1. 依据法律行为

   原债之关系的双方当事人和第三人间可以达成合意,将一方当事人的权利义务概括移转给第三人。该法律行为的性质是处分行为。

2. 依据法律规定

债权债务因法律规定而发生概括移转。常见的情况如企业合并(67.1)、法定继承、营业转让等。

二、构成要件

（一）被移转的合同存在

被移转的合同须可以移转，如果法律禁止移转，则不能移转。

（二）当事人之间的合意或存在移转合同地位的法律规定

1. 当事人的合意

（1）三方合意

（2）双方合意+另一方的同意

债的概括移转是将一方当事人的权利和义务均移转给第三人，因此，若仅该当事人和第三人之间达成合意，需要债之关系中另一方当事人的同意。

2. 存在移转合同的地位的法律规定

债的概括移转是否发生，取决于该法律规定的要件是否满足。此种情况下无须任何一方当事人同意。

例 5.3.1

在买卖不破租赁中，买受人基于第725条概括取得出租人的地位。此时无须承租人同意。

（三）对抗要件

1. 问题

《民法典》没有明文规定债的概括移转的对抗要件问题，但多重转让导致的问题同样存在。

（1）多重债的概括移转

例 5.3.2

1月1日，G_1和S签订了买卖合同，2月1日，G_1将自己的合同地位概括移转给G_2，3月1日，G_1又把其合同地位概括转让给G_3。

（2）债的概括移转和债权转让之间

> **例 5.3.3**
> 1月1日，G_1 和 S 签订了买卖合同，2月1日，G_1 将其合同地位概括移转给 G_2，3月1日，G_1 又把债权转让给 G_3。

2. 应对

（1）多重债的概括移转竞合

根据移转的时间确定优先顺位。①

（2）债的概括移转和债权转让竞合

类推适用债权转让的对抗规则。②

三、效果

1. 受让人成为债之关系的当事人，出让人从债之关系中解脱

除当事人另有约定外，债之关系中已经产生的一切权利和义务均移转给受让人，包括解除权等从属于债之关系的形成权。债概括移转后，新产生的权利义务归属于受让人。

2. 担保消灭

债的概括移转会导致债务人变动，对于担保提供人而言影响巨大，因此应类推适用免责的债务承担中担保消灭的规则。③

---

① 潮见Ⅱ，533页。
② 潮见Ⅱ，534页。
③ 潮见Ⅱ，535页。

第6部
多数当事人之债

第1章 总论

第1节 多数人之债的基本内涵
第2节 多数人之债的三个基本问题

第 1 节　多数人之债的基本内涵

一、定义和类型

（一）定义

债之关系的当事人可以是复数主体。对此，存在两种基本的类型：

其一，只存在一个债权，但债权人或债务人为复数（广义的多数人之债）。

> **例 6.1.1**
>
> G_1 和 G_2 共有一套房，共同出租给 S。

> **例 6.1.2**
>
> S_1 和 S_2 共同向 G 承租一套房，S_1、S_2 和 G 约定，S_1 和 S_2 必须一起向 G 支付租金。

在【例 6.1.1】中，G_1 和 G_2 准共有对 S 的债权。在【例 6.1.2】中，S_1 和 S_2 是 G 的协同债务人。

【深化】

史尚宽认为德国民法不承认对债权和债务的共有的观念。[①] 这一观点是德国共同法的通说，但目前德国民法教义学认可债权的准共有。[②] 此外，本书不认可不可分债务，并认为共有债务概念无实际意义；在史尚宽认为成立债务准共有的情况下，本书认为成立协同债务（详见下文二）。

其二，存在复数债权或债务，但其给付目的同一，因此对同一个给付，存在复数债权人或者复数债务人[③]（狭义的多数人之债）。

[①] 史尚宽，第 692 页。
[②] HKK/Meier, § §420-432 Ⅱ, Rn. 49, 57.
[③] 潮见Ⅱ, 561 页。

> **例 6.1.3**
>
> G_1 和 G_2 共有一套房,出租给 S。双方约定,S 每个月支付租金共 1000 元,给 G_1 和 G_2 各 500 元。

> **例 6.1.4**
>
> G_1 和 G_2 共有一套房,出租给 S。双方约定,S 每个月支付租金共 1000 元,G_1 和 G_2 都可以要求 S 支付全部的 1000 元的租金。

> **例 6.1.5**
>
> S_1 和 S_2 共同向 G 承租一套房,双方约定租金共 1000 元,S_1 和 S_2 各向 G 支付 500 元。

> **例 6.1.6**
>
> S_1 和 S_2 共同向 G 承租一套房,双方约定租金共 1000 元,S_1 和 S_2 向 G 支付 1000 元。

【例 6.1.3】中 G_1 和 G_2 对 S 的债权为按份债权;【例 6.1.4】中则为连带债权;【例 6.1.5】中 S_1 和 S_2 对 G 负担的为按份债务;【例 6.1.6】中则为连带债务。

第 517 条至第 521 条规定的正是此种多数人之债。多数人之债可以基于约定或法定的原因产生。其定义如下:以同一给付为标的的债之关系,其中债务人或债权人为复数。①

(二) 类型

1. 广义的多数人之债

广义的多数人之债是单个债权或债务的共有,与物权的共有相同,同样可以分为按份共有与共同共有。当然,债务之准共有并无意义。

2. 狭义的多数人之债

传统学说和第 517 条以下根据给付是否可分区分不同类型的多数人之债。② 所谓的给付可分,是指一项给付可以分为若干同质部分而履行,而不会实质改变内容或改变价值,特别是不会导致给付总体价值减少。③ 判断是否可分,需要从约定和自然属性出发。然而,给付自然上是否可分,对于判断成立何种多数人之债,并不重要(详见第 2 章第 1 节)。

根据债务人多数还是债权人多数,可以进一步区分狭义的多数人之债。在给

---

① 史尚宽,第 634 页。
② 参见史尚宽,第 634 页。
③ Vgl. MüKoBGB/Heinemeyer, 8. Aufl., 2019, BGB § 420 Rn. 4.

付可分的情况下,可以成立按份债权、按份债务和连带债务。在给付不可分的情况下,可以成立连带债权、协同债权、连带债务和协同债务。

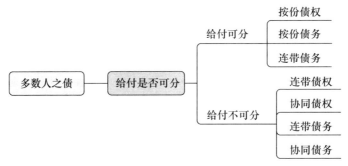

图 6.1.1

二、债数

(一) 债之个数的判断基准

围绕判断多数人债之关系涉及的是一债还是数债的基准,存在不同的立场。

1. 主体基准说:根据主体的数判断;
2. 标的基准说:根据给付标的物的数判断;
3. 效力基准说:根据就各主体所生之事件是否必然影响其他人判断,如果就某主体所生之事件能独立发生效力,则存在数债,反之仅存在一债。①

(二) 本书的观点

上述一债还是数债的争论,是无意义的概念之争。② 判断债数的意义在于当事人如何行使权利、哪些事件会影响其他当事人。其背后的逻辑是在一债的情况下,各项权利均须由当事人共同行使,对当事人之一的判决也当然具备绝对效力。在债务人为复数时,每个债务人所发生的履行迟延等事由当然影响其他债务人。相反,只有在复数债的情况下,才需要讨论当事人之一能够单独行使的权利、所生事由范围等问题。但是,如何处理这一问题,应当从当事人的利益状况、平等对待相类似情况以及实证法的规定等角度出发。③

---

① 参见史尚宽,第 634 页以下。
② Vgl. Meier, Gesamtschulden, 2010, S. 72.
③ Vgl. Meier, Gesamtschulden, 2010, S. 72.

第 2 节　多数人之债的三个基本问题

理解多数人之债,需要从三个基本问题出发加以考虑,即对外效力、影响关系和内部关系。[①]

一、对外效力

多数人之债对外效力的问题是指复数当事人与相对人的关系问题。在对外效力范畴内讨论的问题有:

(一) 多数债权人

1. 单个债权人能否请求全部给付?
2. 如果允许,债务人是否必须向全体债权人为给付?
3. 单个债权人能否请求相应部分的给付?是否必须债权人共同向债务人请求为全部给付?

(二) 多数债务人

1. 债权人能否请求单个债务人提供全部给付?抑或只能向单个债务人请求相应部分的给付?
2. 债权人是否必须向债务人全体请求给付?

二、影响关系

影响关系是指就复数当事人之一所生的事件是否影响其他当事人。这些事件如果影响其他当事人,则称为具有绝对效力的事由;反之则为具备相对效力的事由。

(一) 履行和履行相当的事由

所谓与履行相当的事由是指履行以外可以消灭债权的事由,例如抵销等。

1. 多数债权人之债

　　单个债权人受领给付是否对其他债权人产生影响?

2. 多数债务人之债

　　债权人从任何一个债务人处获得清偿是否对其他债务人产生影响?

[①] 参见中田,501 頁以下。

（二）请求履行

债权人（之一）请求债务人（之一）履行时：
1. 是否发生对其他债权人有利的中断？
2. 是否发生对其他债务人不利的中断？

（三）履行以外消灭债权的事由

债的变更、免除、混同等非依债之本旨消灭债权的事由是否会对其他当事人产生影响？

（四）其他

例如，债务承诺等是否会对其他当事人产生影响？

三、内部关系

所谓内部关系设计的是多数当事人内部份额分配的问题。

（一）多数债权人关系

债权人之一受领给付后，其他债权人如何请求其返还多受领的部分？

（二）多数债务人关系

债务人之一清偿全部债务以后，如何向其他债务人追偿？

第 2 章　多数债务人之债

第 1 节　按份债务
第 2 节　连带债务
第 3 节　不真正连带债务
第 4 节　协同债务(共同债务、债务人共同体)

第 1 节 按份债务

一、定义

按份债务是指,债务人有数人,每个债务人在其份额的限度内负担给付义务的债务。(517.1 后)

二、构成要件

(一) 给付可分

给付是否可分可以从事实、法律和观念三个维度进行判断,其中尤以观念上可分最为重要。事实上可分或法律上可分的给付,可以因为当事人的约定而不可分。

1. 事实上可分

事实上可分是指,一项给付可以分为若干同质部分而分别提供,且不会实质性地改变内容或改变价值,特别是不会导致给付价值减少。此种判断应当从经济角度出发,而非技术角度。典型的事实上可分给付是给付标的物是复数可替代物的情况,例如,给付一定数额的金钱。① 典型的事实不可分给付如不作为债务、共有物的出租等。

> **例 6.2.1**
> 一支乐队和酒吧签订了演奏合同,乐队中的每一个人的演出在技术上可分,但经济上是一个整体。因此,演奏合同的标的不可分。

2. 法律上可分

法律上可分是指,事实上不可分的给付,但法律规定其可分。换言之,给付在法律性质上可分。此种情况尤其常见于以权利的移转为义务的债务中。

---

① Vgl. BeckOGK/Kreße, 1.9.2021, BGB § 420 Rn. 4.

> **例 6.2.2**
>
> 所有权在法律上可分,因为所有权可以按份共有。进而,所有权移转的义务在法律上可分。按份共有人可以以按份债务的形式与买受人订立合同,每个共有人负有移转其份额的按份债务。①

相反,事实上可分的给付也可能因为法律而不可分。

> **例 6.2.3**
>
> G_1、G_2 共同共有一套房屋,出租给 S。

G_1、G_2 对 S 的租金债权,虽然事实上可分,但因为第 307 条的规定该债权为不可分。金钱事实上可分,但因共同共有产生的金钱之债均因法律不可分。

3. 观念上可分

观念上可分是指,一个事实上不可分的给付因当事人的约定而可分。

> **例 6.2.4**
>
> S_1、S_2 共有一头活的动物,两人达成一致,出卖该动物。该动物所有权的移转在事实上不可分,但两人与 G 约定,S_1、S_2 各自将其份额转让给 G。原本给付动物所有权的债因当事人约定而转变为给付份额的可分给付。②

相反,事实和法律上可分的给付也会因为当事人的约定而不可分。③ 例如,金钱之债可以因为当事人的约定不可分。

> **例 6.2.5**
>
> S_1、S_2 共同向 G 承租了一套房屋。双方当事人约定,S_1、S_2 必须共同向 G 支付租金。

通过该约定,S_1、S_2 将可分的金钱之债变成了不可分的给付,这意味着 S_1、S_2 不能单独向 G 支付租金;如果 S_1 或 S_2 单独支付租金,G 可以拒绝受领。

---

① Vgl. MüKoBGB/Heinemeyer, 8. Aufl., 2019, BGB § 420 Rn. 4.
② Vgl. Staudinger/Looschelders, BGB—Neubearbeitung 2012, § 420 Rn. 17.
③ Vgl. Staudinger/Looschelders, Fn. ② Rn. 18; BeckOGK/Kreße, 1.9.2021, BGB § 420 Rn. 8.

【深化】

观念上可分补充了事实上可分,并揭示出判断是否可分的关键在于判断给付义务之所在①,也即当事人对于如何给付达成了怎样的合意。

但以合意为判断标准的观点也受到了一定的质疑。《日本民法典》债法改革之前,允许当事人通过合意将可分的债务转变为不可分债务,但在改革以后,反而排除了此种合意不可分的情况。其理由是:根据事实上是否可分来设计各个债务人是否均须负担全部债务的规则更为合理。② 如果允许当事人约定不可分之债,会导致连带之债和不可分之债的界限模糊。③

4. 本书的立场

给付是否可分不仅是事实层面的问题,更关键的是规范评价和当事人合意的解释问题。一方面,法律上可分的范围大于事实上可分的范围,例如,所有权的移转事实上不可分,但在法律上可分;另一方面,在法律可分的前提下,当事人是否约定了按份债务,这一问题是观念可分的问题。对此,需要判断当事人通过约定而明确的各自所负担的义务是什么。

例 6.2.6

S_1、S_2、S_3 按份共有一头牛,S_1、S_2、S_3 与 G 订立合同,约定将该牛共同出卖给 G。

例 6.2.7

S_1、S_2、S_3 按份共有一头牛,S_1、S_2、S_3 与 G 订立合同,约定各自将牛出卖给 G。

在上例中给付是否可分取决于当事人的合意内容为何,是出卖共有的所有权,还是出卖各自的份额。从比较法角度来看,上文【深化】中提到,日本法改革后不承认当事人约定的不可分之债,这与其说是排除了当事人约定的可能性,倒不如说是试图在法律效果层面明确多数当事人所负担的义务是什么。本书认为,即使给付可分,但如果当事人通过约定确定给付不可分,则给付标的仍应被视为一个整体。

---

① BeckOGK/Kreße: 1.9.2021,BGB §420 Rn. 10.
② 参见中田,551 页以下。
③ 潮见Ⅰ,619 页。

（二）存在复数债务人

（三）存在相应约定或存在法定的产生按份债务的事由

1. 约定

按份债务可因当事人约定而产生。此种约定不限于明示，也包括默示。

（1）问题

如果当事人约定不明，应产生按份债务还是连带债务。

例 6.2.8

S_1 和 S_2 两人为朋友，共同向 G 租赁一间房屋。在当事人未明确约定的情况下，S_1 和 S_2 对 G 的租金债务为何种性质？

（2）应对

有观点主张借鉴德国法，认为如果复数债务人签订合同，所负担的给付可分，在存疑时，应当推定为连带债务。①

然而，我国法上是否有必要追随这种做法不无疑问。第一，在合同之债有复数债务人的情况下，以连带债务还是按份债务作为原则这一问题，从价值判断角度看，需要考虑保护债务人的个人自由和维持当事人的自我责任。据此，每个债务人均仅应当对自己的债务负责。第二，连带债务在经济上对债务人过于严格，因此需要限制其适用。这一判断也为全国人大法工委所认可。② 因此，在我国法中，如果复数债务人因法律行为负担可分给付，且约定不明时，应当推定为按份债务，以保护债务人。

在上例中，应当推定 S_1 和 S_2 对 G 负担的租金债务为按份债务。

2. 法定事由

从比较法的角度来看，按份债务在我国《民法典》中起到的作用更大。例如，第 1172 条规定，无意思联络的情况下两人以上共同侵权所生之债构成按份债务。相反，类似的情况下，德国法学说则认为此时构成连带债务。③

（1）问题

我国立法的用语不明。《民法典》的条文在规定多数人债务时，往往采用"相应的责任"的表述，未明确指出是连带债务还是按份债务。例如，第 1191 条第 2 款规定劳务派遣单位"承担相应的责任"。对此存在不同的理解。

---

① 参见王洪亮，第 492 页。
② 参见黄薇 2，第 187 页。
③ 参见 Brox/Walker, Besonderes Schuldrecht, 44. Auflage, 2020, S. 675。

(2) 应对

有观点认为,此种模糊用语是立法者有意的留白,留待学说与司法实践的发展来确定类型。① 此种观点可兹赞同。"相应的责任"的用语表明,这是立法者有意留下的法律漏洞。对此,需要根据相应规范的法律理由等评价因素,考虑应认定为按份债务还是连带债务。而在存疑的情况下,我国学说遵循前述推定规则,认为应当系按份债务。②

(3)《民法典》中规定的事由

《民法典》中规定发生按份债务的情形包括:

(a) 按份的民事责任的责任人(177)

(b) 未尽到监护责任的监护人与教唆、帮助未成年人侵权的侵权人(1169.2后)③

(c) 非共同实施的数人侵权,且每个侵权人的行为不足以导致全部损害(1172)

(d) 监护人与有过错的受托人(1189)

(e) 有过错的劳务派遣单位与用工单位(1191.2)④

(f) 承揽人与有过错的定作人(1193S2)

(g) 机动车所有人、管理人和使用人(1209后)

(h) 未尽到安全保障义务的公共道路管理人与直接侵权人(1256S2)

(四)多个债务源自同一法律关系?

有学说认为,按份债务中,多个债务必须源自同一法律关系;如果源自不同的法律关系,则各个债务人各自承担其债务,不形成按份债务。⑤ 这一观点承继自德国法:如果两个债务人彼此均基于独立的合同而向债权人负有义务,那么这两个债务相互独立,而非形成按份债务。⑥ 相反,我国传统学说则认为,按份债务虽然通常源自同一法律关系,但非以此为必要。

例 6.2.9

买受人 S_1、S_2 和 S_3 与 G 签订以 3000 元的价格购买 3 吨煤炭的合同,S_4 随后加入该合同的价金债务。

---

① 参见邹海林、朱广新主编:《民法典评注·侵权责任编 2》,中国法制出版社 2020 年版,第 474 页,第 1209 条(曹险峰)。

② 参见同上书,第 1209 条(曹险峰)。

③ 参见邹海林、朱广新主编:《民法典评注·侵权责任编 1》,中国法制出版社 2020 年版,第 56 页,第 1169 条(叶名怡)。

④ 参见黄薇 4,第 111 页。但也有相反观点认为,此种情况下应当成立连带债务。参见同上书,第 307 页,第 1191 条(刘文杰)。

⑤ 王洪亮,第 492 页。

⑥ Vgl. MüKoBGB/Heinemeyer, 8. Aufl., 2019, BGB § 420 Rn. 2.

就该 3000 元的债务来说，S_1、S_2、S_3 和 S_4 四人形成了按份债务关系，但买卖合同和 S_4 加入债务的合同是两个法律关系。①

本书认为，我国传统学说更可取。按份债务源自同一法律关系只是一种常态，德国法的观点想要表达的是，在两个债之关系中债务人各自独立，但不能由此反推认为按份之债仅可能源自同一法律关系。另外，我国法的多数债务人关系以构成按份债务为原则，如果认为按份之债必须源自同一法律关系，与我国现行法不符。例如，公共道路管理人未尽到管理义务的行为和堆放妨碍通行的物品的行为人的堆放行为，是两个独立的侵权行为（1256S2），但应当构成按份债务。

三、按份债务的效力

（一）对外关系

按份债务是相互独立的数个债务，每个债务人仅须履行其相应部分的债务，债权人须向每个债务人单独请求履行相应部分的债务。债权人承担了个别债务人不能清偿的风险。②

（二）影响关系

按份债务原则上适用相对效力，履行、履行的替代和给付障碍均发生相对效力。但是，涉及按份债务的解除权和减价权仍然需要按份债务人共同行使或对按份债务人共同行使③，理由在于解除权和减价权的不可分性。

（三）内部关系④

1. 内部关系中份额的确定

 按份债务中债务人所负担的份额根据约定或者法律规定来确定。

 按份债务份额不能确定的，视为份额相同（517.2）。

2. 内部关系与对外关系中份额的关系

 内部关系中的份额与对外关系中的份额可以不一致。债务人是否有求偿权取决于内部关系中的份额。

> **例 6.2.10**
>
> S_1、S_2、S_3 对外承担按份债务，S_1、S_2、S_3 内部约定："S_1 承担 30%，S_2 承担 30%，S_3 承担 40%。"但在对外关系上，如果债权人不知且不应知债务人的内部约定，那么，S_1、S_2、S_3 仍然各自承担 1/3 的债务。

---

① 参见史尚宽，第 634 页以下。
② 参见中田，520 页以下。
③ 罗歇尔德斯，第 419 页。
④ 参见中田，521 页以下。

(a) 对外承担份额少于内部份额

如果按份债务人之一对外承担的份额没有超过内部份额,则不能追偿。在【例 6.2.10】中,如果 S_3 对外仅清偿了 1/3 的债务,少于内部份额(40%),则 S_3 不得向 S_1、S_2 追偿。

(b) 对外承担份额多于内部份额,但仅清偿了内部份额

如果按份债务人之一对外承担的份额比内部关系中的份额多,但其仅清偿了内部份额,未完全清偿超过部分的外部份额,则是否可以追偿取决于内部约定。在【例 6.2.10】中,假设 S_1 对外支付了 31% 的债务。此时,S_1 能否追偿取决于 S_1 和 S_2、S_3 之间的约定。

(c) 清偿的债务多于对外承担的份额和内部份额

如果按份债务人之一清偿的债务超过外部份额和内部份额,那么该债务人可以向其他按份债务人追偿。在【例 6.2.10】中,假设 S_1 对外清偿了 1/2 的债务,此时 S_1 可以追偿。

第 2 节 连带债务

一、定义

所谓连带债务是指,存在复数债务人,而每个债务人均负担全部债务,债务人之一或数人清偿全部给付,则债务全部消灭的债务(518.1 后)。

二、特点

1. 存在复数债务人;
2. 每个债务人负有全部的给付义务;
3. 债权人只享有一次给付利益。债权人仅有权受领一次全部给付,也即清偿具备绝对效力。[①] 即使连带债务人之一仅清偿了部分债务,该部分债务也绝对消灭。

---

① MüKoBGB/Heinemeyer, 8. Aufl., 2019, BGB § 421 Rn. 3.

三、构成要件

（一）复数债务人以及单一债权人

（二）复数债务人对债权人负担给付是为了满足债权人的同一利益

债务人的给付标的不需要相同。

例 6.2.11

S_1 和 S_2 共同故意侵权，撞毁了 G 的汽车。G 可以请求 S_1 修理，要求 S_2 承担金钱损害赔偿。①

该例中，虽然 S_1 和 S_2 负担的给付标的不同，但均是为了满足 G 的侵权请求权，因此构成连带债务。

（三）每个债务人负有完成全部给付的义务

如果不是每个债务人负有义务，而是全体债务人共同负有完成全部给付的义务，那么构成协同债务（参见本章第 4 节）；如果每个债务人仅须完成自己负责的部分债务，那么构成按份债务。②

（四）债权人只有一次受领权限，仅能获得一次全部给付

（五）存在连带债务产生的基础

1. 法定事由

《民法典》中规定发生连带债务的情形包括：

(1) 法人分立后，对原来的债务承担连带责任(67.2)。

(2) 法人设立失败后，全体发起人对设立中产生的债务承担连带责任(75.1 后)。

(3) 营利法人的出资人滥用法人人格独立和有限责任，与法人一并对法人的债务承担连带责任(83.2)。

(4) 代理人与相对人恶意串通造成本人损害的，承担连带责任(164.2)。

(5) 违法事务代理中，代理人与本人承担连带责任(167)。

(6) 因共有的不动产或者动产产生的债权债务，共有人对外承担连带责任(307)。

(7) 共同承揽人对定作人承担连带责任(786)。

---

① 类似例子参见王洪亮，第 493 页。
② Brox/Walker, S. 449.

（8）同意转包中,实际完成工作的第三人就其完成的工作成果与总承包人或者勘察、设计、施工承包人向发包人承担连带责任(791.2)。

（9）多式联运中共同承运人对托运人承担连带责任(834 后)。

（10）共同受托人对委托人承担连带责任(932)。

（11）合伙人对外承担连带责任(973)。

（12）共同侵权人对外承担连带责任(1168)。

（13）教唆、帮助他人侵权之人,与侵权人承担连带责任(1169.1)。

（14）共同危险行为人承担连带责任(1170 后)。

（15）共同侵权人对外承担连带责任(1171)。

（16）网络服务提供者未尽到义务的,与侵权的网络用户承担连带责任(1195.2 后,1197)。

（17）挂靠机动车发生事故的,挂靠人与被挂靠人承担连带责任(1211)。

（18）以买卖或者其他方式转让拼装或者已经达到报废标准的机动车发生事故的,出卖人与买受人承担连带责任(1214)。

（19）盗窃、抢劫或者抢夺的机动车发生交通事故的,盗窃人、抢劫人或者抢夺人与机动车使用人承担连带责任(1215.1)。

（20）非法占有高度危险物致人损害时,所有人、管理人未尽到管理义务的,与占有人承担连带责任(1242)。

（21）建筑物倒塌、塌陷责任中,建设单位与施工单位承担连带责任(1252.1)。

2. 约定

当事人约定不明时,推定成立按份债务(参见前文),因此当事人成立连带债务必须有明确约定。当然,此种约定不以明示为限,也可以是默示约定。具体认定标准如下：

（1）学说

应从以下三点加以判断：① 债务人之间的主观共同目的；② 债务人之间相互的保证性；③ 连带债务成立的可能性。①

（2）司法实践的立场

《担保制度解释》第 13 条第 1 款和第 2 款涉及了共同担保人之间形成连带债务的约定的判断。以该条为出发点,可见我国司法实践在判断是否构成连带债务时主要的考量要素是：① 各个债务人之间是否知道彼此存在；② 是否可期待彼此之间相互追偿。由此可见,司法实践的立场更加侧重学说中的②（相互的保证性）,但对共同目的和成立可能性两个要素考虑不足。

3. 法定和约定以外的事由

尽管我国立法和司法实践倾向于连带债务明定主义,即连带债务的产生仅限

---

① 中田,528 页以下。

于法定或约定的场合,但我国学说倾向于扩张解释第 518 条第 1 款第 2 句以放宽对连带债务的认定。① 即使欠缺明确的约定,且法律没有明确规定,复数债务人的情形也可能形成连带债务。这意味着对连带债务适用范围的扩张。此时首先涉及的问题是,在无法定和约定时,构成连带债务的理由和标准是什么。

(1) 扩张连带债务的理由

在给付利益同一的情况下保护债权人,避免因为存在复数债务人而造成主张权利的困难。

(2) 标准——如何理解"给付利益同一"

（a）早期标准

法律目的共同性(rechtliche Zweckgemeinschaft),即各债务人所负担的债务是为了实现共同的目的而结合在一起。②

对此的批评认为其和"给付利益同一"同义反复③,即这种观点没有提出具体的标准。

（b）目前标准

同一位阶(Gleichstufigkeit)理论,即各个债务人的履行行为的清偿效果彼此相同,可相互替代。④ 这也就意味着,构成连带债务的意义,是为了让某一债务人清偿以后能够向其他债务人追偿。⑤

例 6.2.12

S_1 与 S_2 商量,为了造成 G 的财产损害,分别驾驶一辆汽车在路过南京大学门口时撞向 G 停放在南大门口的摩托车。

S_1 和 S_2 构成共同故意侵权。两人均须对被害人承担全部的责任,彼此之间无顺位之分。

相反,连带保证中,由于保证债务具备从属性,债权人应先向主债务人主张权利,且保证人可以要求主债务人承担全部债务,因此主债务和保证债务两个债务不具备同一位阶。⑥

（c）对同一位阶理论的批评

同一位阶理论意味着部分债务人获得了更多保护。处于同一位阶的连带债务人之一清偿了债务以后,不仅可以通过债权的法定让与取得债权人的债权,而且取得了连带债务的追偿权。相反,如果债务人之一和其他债务人在地

---

① 张定军:《连带债务发生明定主义之反思》,载《法学研究》2023 年第 2 期,第 155 页、第 171 页。
② Brox/Walker, S. 449.
③ Looschelders1, S. 480.
④ BeckOK BGB/Gehrlein, 60. Ed. 1.11.2021, BGB § 421 Rn. 8.
⑤ Looschelders1, S. 480.
⑥ Brox/Walker, S. 450.

位上不处于同一位阶,那么,其全部清偿以后,只能基于代位取得债权人的债权。在有些情况下,此种状况会导致价值判断上的疑问。在【例 6.2.12】中,假设 G 为摩托车投了财产保险,保险人为 D。S_1 和 S_2 之间构成连带债务关系,尽管 D 对 G 基于保险合同也有赔偿义务,但 D 和 S_1、S_2 之间不构成连带债务关系。假设 D 先向 G 支付保险金,那么,D 只享有了 G 对 S_1、S_2 的债权,而无追偿权。相反,假设 S_2 先向 G 赔偿损害,则 S_2 不仅享有了 G 的债权,而且基于连带债务享有了对 S_1 和 D 的追偿权。[①]

由于连带债务作为一种多数债务人的类型,包括了大量完全不同的案型,因此,试图从中找到统一的构成要件是不可能的。[②]

(d) 本书观点

上述对于同一位阶理论的批评的立足点,是德国法中连带债务人追偿的双重路径,也即连带债务人之一清偿全部债务以后不仅享有追偿权,而且(通过法定债权移转)享有债权人的债权。由此,对连带债务人的保护反而优于更值得优待之债务人。此种观点在我国法中也是成立的。因此,在判断是否构成连带时,应当更加重视基础法律关系的内容,从风险分配的角度出发,判断给予债务人之一额外的优待是否具备正当性。

四、连带债务的效力

(一) 对外关系

债权人得在诉讼内外请求任一债务人清偿债务。如果获得清偿,则相应部分的债务消灭。[③] 清偿的方式也不限于履行,而且包括提存、抵销(520.1)、免除、混同和以物抵债。

(二) 影响关系

1. 原则:相对效力

连带债务人之一所生的事件,仅具有相对效力,即不对其他连带债务人发生效力,例如履行迟延等。理由在于,连带债务关系中各个债务人相互独立,仅因清偿同一债务这一点而具有联系,因此就单个债务人所生的事件不应影响其他债务人,除非该事件有利于全体债务人或者与清偿有关。

例 6.2.13

S_1、S_2 对 G 负有 100 元的连带债务,未约定履行期限。G 向 S_1 催告要求付款,S_1 到期未支付,S_1 对 G 陷入履行迟延。S_2 不会因为 S_1 到期未支付而陷入迟延。

[①] HKK/Meier, §§420-432/I, 2007, Rn. 219.
[②] Vgl. Meier, Gesamtschulden, 2010, S. 1254.
[③] 参见中田,529 页。

由于履行迟延发生相对效力,因此 S_2 没有陷入迟延。
2. 例外之一:绝对效力
就连带债务人之一所生的事件,例外情况下对其他连带债务人也发生效力,且不考虑份额。
(1) 履行和提存
履行和提存发生绝对效力是连带债务的应有之义(520.1)。
(2) 受领迟延
受领迟延与履行密切相关,因此产生绝对效力。[1] 债权人对债务人之一陷入迟延,其他债务人也因此受益(520.4)。
(3) 抵销
(a) 抵销的绝对效力
债务人之一行使抵销权发生绝对效力,自不待言(520.1)。
(b) 其他债务人的拒绝权
有疑问的是,抵销适状的债务人不行使抵销权时,其他债务人能否拒绝履行。《日本民法典》第 439 条第 2 款规定在该抵销适状的范围内,其他连带债务人得拒绝履行。该规定的目的在于:第一,避免因抵销适状的债务人无资力,导致清偿了全部债务的债务人无法向其追偿;第二,避免因债权人无资力,导致被追偿的抵销适状的债务人无法对债权人主张其主动债权。[2]
上述价值判断在我国法下也成立。因此,本书认为,若抵销适状的债务人不行使抵销权,其他债务人可以拒绝履行。
3. 例外之二:限制的绝对效力
就连带债务人之一所生的事件,在该债务人于内部关系中负担的份额范围内,对其他债务人发生效力。
(1) 免除
第 520 条第 2 款明确了免除具备限制的绝对效力。

例 6.2.14

S_1 与 S_2 对 G 负有 100 元的连带债务,S_1 与 S_2 内部约定 S_1 的份额是 30 元,S_2 的份额是 70 元。G 免除了 S_1 50 元的债务。

对于 S_2 而言,在 S_1 的份额限度内,该免除发生效力。因此,最终 S_2 对 G 负担 70 元的债务。
相对效力对于被免除的债务人而言意义不大,因为他还能被其他债务人追

---

[1] 罗歇尔德斯,第 421 页。
[2] 参见中田,533 页。

偿。第 520 条第 2 款直接确定了限制的绝对效力。该规则应理解为任意规定，如果当事人无明确意思，即按限制的绝对效力认定免除行为的范围。

【深化】 免除的效力

免除具备何种效力，在比较法上是争议问题。一般而言，这是意思表示解释的问题，取决于当事人的意思是仅仅免除单个债务人的债务（相对效力），还是免除全体债务人的债务（绝对效力），或者限制的绝对效力。①

(2) 混同

混同的效果与免除相同(520.3)。如果混同的债权额度超过了内部份额，该债务人得向其他人追偿。

(3) 时效

(a) 问题

我国《民法典》没有明文规定时效及对其计算有影响的事件等发生何种效力。

(b) 比较法考察

《德国民法典》第 425 条第 2 款明确规定，时效届满、重新起算等均发生相对效力。日民在债法改革以前规定时效具备绝对效力，但债法改革以后认为时效具备相对效力。这是因为，连带债务也发生在债务人之间没有紧密关系的情况下，如果债权人仅对债务人之一请求履行可以中断时效，会使得其他不知情的债务人蒙受不利。②

(c) 我国学说

我国有力学说认为时效届满产生限制的绝对效力。③

例 6.2.15

S_1 和 S_2 对 G 负有 100 元的连带债务，S_1 和 S_2 内部约定均分，G 对 S_1 的债权罹于时效届满。

该时效届满在所承担的内部份额的限度内对 S_2 产生效力，即 S_2 对 G 仅需承担 50 元的债务。

---

① 罗歇尔德斯，第 421 页。
② 参见中田，531 页。
③ 李中原：《连带债务中免除和时效届满的涉他效力模式——从连带性的规范基础出发》，载《苏州大学学报（法学版）》2022 年第 2 期，第 26 页。

如果时效届满仅产生相对效力,那么其他债务人仍需要向债权人清偿全部债务,随后向其他债务人追偿。但不论基于追偿权还是代位权追偿,均会受该时效抗辩的影响。这就意味着债权人将时效的不利后果转嫁给了其他债务人。这不符合连带债务内部追偿的规范目的。①

【例6.2.15】中,如果时效届满发生相对效力,那么G仍能要求S_2清偿全部债务,随后,S_2向S_1基于追偿权或者代位权追偿,S_1对S_2可以主张时效抗辩。最终,S_2承担了全部债务。

我国有观点认为时效中断、中止均应发生相对效力。② 但最高人民法院《诉讼时效规定》第15条规定时效中断发生绝对效力。

(d) 本书观点

时效届满、中断和中止均应当发生相对效力。理由如下:

我国学界有力说的前提是连带债务内部关系中的追偿权和代位权也受到时效抗辩的影响。代位权自不待言,此时债务人取得的是债权人原来的债权。而追偿权则须通过不当得利制度解释,即其他债务人向债权人清偿全部债务后,超过其内部份额的部分依据不当得利法要求其他债务人返还。在此种理解下,追偿权也受时效届满的影响,因为该债务人并未得利。③ 但此种解释模式不是唯一的,例如,《德国民法典》第426条第1款规定债务人的追偿权是独立的权利,不受债权人对某一债务人时效的影响。所以,对于这一问题的处理,更妥当的方式是考虑损失分配的合理性。具体而言:

(甲)时效中断和中止的效力

时效中止、中断仅发生相对效力,以避免没有紧密联系的连带债务人在不知情的情况下承受中断或中止的效果。对于债权人而言,在收取债权时尽力通知每个债务人也是其分内之事,没有增加额外的负担。

(乙)时效届满的效力

时效届满也发生相对效力。如果时效届满发生限制的绝对效力,则意味债权人承担了时效带来的不利。连带债务的目的是避免债权人因存在多个债务人而在债权收取中遭遇不便,如果时效届满发生限制的绝对效力,就增加了债权人收取债权的难度,与制度目的背道而驰。

时效的中断、中止和时效届满在连带债务影响关系中的效力需要统一。我国目前的学说会导致对债务人不合理的优待。

---

① 李中原:《连带债务中免除和时效届满的涉他效力模式——从连带性的规范基础出发》,载《苏州大学学报(法学版)》2022年第2期,第30页。
② 朱广新、谢鸿飞,第460页(张定军)。
③ 李中原,同注①。

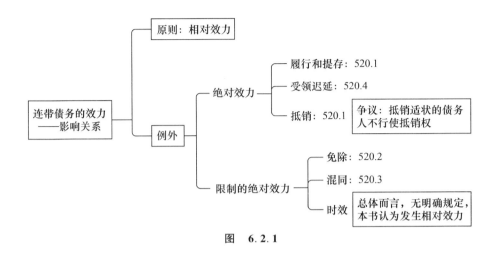

图 6.2.1

(三) 内部关系

对外清偿超过内部份额的连带债务人不仅享有追偿权(519.2.S1 中);还享有债权人的权利(519.2.S1 后)。

1. 追偿权

连带债务人之一对外清偿或用自己的财产使得其他连带债务人免责,并且超过了内部份额时,该债务人可以请求其他债务人在其未履行份额的限度内补偿超过的部分。

(1) 追偿权的性质[①]

(a) 主观共同关系说(主观共同利益说)

在连带债务的内部关系中存在由多数债务人共同分担债务的主观关系。

(b) 不当得利说

其他连带债务人因连带债务人之一的超额清偿而免责,此种免责无法律上之原因。

(c) 第三人清偿说

连带债务人之一超过其内部份额所清偿的部分,对其他债务人而言,构成第三人清偿。

(d) 公平分担说

追偿权是出于各个债务人之间公平分担债务的公平考量。

(e) 本书观点

性质之争意义不大,因为第 519 条第 2 款对追偿权的行使条件等作了较

---

① 李中原:《连带债务中免除和时效届满的涉他效力模式——从连带性的规范基础出发》,载《苏州大学学报(法学版)》2022 年第 2 期,第 29 页;参见中田,539 页。

为明确的规定。在这个意义上本书支持公平分担说。
(2) 构成要件
  (a) 连带债务人之一清偿
  (b) 连带债务人之一清偿超过应清偿的部分
    存在争议的是:连带债务人之一的追偿权是否必须以清偿超过其内部份额为前提?
    (甲) 肯定说
      只有清偿超过内部份额时,清偿的连带债务人才能行使追偿权(519.2)。肯定说的优点在于使法律关系简明,避免循环求偿。
    (乙) 否定说
      清偿无须超过内部份额,连带债务人也得求偿。否定说的优点是公平。

例 6.2.16
S_1、S_2 对 G 负有 100 元的连带债务,未约定份额,S_1 对 G 清偿了 30 元。

      按肯定说,S_1 不得向 S_2 追偿。按否定说,S_1 能向 S_2 追偿 15 元。
  (c) 追偿对象未向债权人履行自己的份额
    理由在于避免循环追偿。

例 6.2.17
S_1、S_2、S_3 对 G 负有 99 元的连带债务,约定的内部份额相同,S_1 清偿了 66 元,S_2 清偿了 33 元。

      S_1 可向 S_3 追偿 33 元,但不能向 S_2 追偿。
(3) 追偿效果
  (a) 范围:超过应清偿的部分
    应清偿部分难以确定的,视为份额相同(519.1)。追偿的范围也包括追偿权成立后产生的利息、清偿的费用等。①
  (b) 在连带债务人内部转化为按份债务
    就超过部分而言,其他连带债务人不是承担连带责任,而是承担按份责任。

---

① 王洪亮,第 500 页。

> **例 6.2.18**
> S_1、S_2、S_3 对外承担连带责任,共 150 万元的债务。S_1 对外履行 150 万元以后,超过应清偿的部分 100 万元。

在追偿时,S_2、S_3 并非向 S_1 承担连带责任,而是分别承担各自 50 万元的按份债务。①

(c) 二次分担的问题

(甲) 问题

追偿时,若出现连带债务人之一无资力的情况,应当如何处理?

(乙) 解决方案

其他连带债务人应当在相应范围内按比例分担(519.3)。

> **例 6.2.19**
> S_1、S_2、S_3、S_4 对外承担连带责任,共 120 元的债务,约定内部份额相同。S_1 全部清偿以后,本应当向 S_2、S_3、S_4 各追偿 30 元。但此时,S_3 破产。

S_3 的 30 元,由 S_1、S_2、S_4 按比例分担,由于约定份额相同,那么,每人承担 10 元。

(丙) 理由

连带债务人承担彼此不能清偿的风险。

2. 追偿权人享有的债权人的权利(代位权)

(1) 我国的立法选择

(a) 德国法——债权法定让与说

连带债务人清偿以后,基于债权的法定让与取得债权人的债权;其他从权利也随之移转。由此,清偿的连带债务人享有追偿权和代位权两个不同的权利。

(b) 中国法

围绕《民法典》第 519 条第 2 款第 1 句第 3 分句"相应地享有债权人的权利"是否包括债权人对其他连带债务人的债权,存在争议。

(甲) 否定说

超额清偿的连带债务人仅享有追偿权,"债权人的权利"系指债权人的

---

① 参见黄薇 3,第 191 页。

担保权等从权利,不包括债权。[1]
(乙)肯定说
采与德国法相同的解释进路,清偿后的债务人基于债权法定移转享有原债权人对其他连带债务人的债权和从权利。

例 6.2.20

S_1、S_2 对 G 负担 100 元的连带债务,内部约定以相同份额分担。S_1 向 G 清偿了 100 元。

按否定说,S_1 仅享有对 S_2 的 50 元的追偿权。按肯定说,S_1 享有对 S_2 的 50 元的追偿权,并且 S_1 还基于债权法定让与从 G 处取得了对 S_2 的 50 元的债权。

本书采肯定说。理由是债务人保护。
(2)追偿权和代位权的关系
  (a)竞合
    追偿权和代位权均使清偿后的连带债务人获得向其他债务人请求补偿超额清偿的请求权。二者相互独立,构成请求权竞合。代位权的范围受到追偿权范围的影响,即二者范围相同。
  (b)区别
    (甲)时效
      二者的时效不同,追偿权的时效自可行使时起算。代位权的时效继承债权人原债权的时效。
    (乙)担保存续
      原有担保是否存续不同。代位权实质上是原债权的法定让与,因此代位权人享有债权人原来所享有的担保。
(3)权利的范围
    不仅包括债权,还包括其他从权利,如抵押权等。
3. 追偿权和代位权的行使限制
    追偿权或代位权的行使,不得损害债权人的利益(519.2S1 但)。该规定于连带债务人之一部分清偿的情况有其意义。

---

[1] 最高人民法院在解释第 519 条时认为,该条是对追偿权的规定,未提及代位权。就此推论,最高人民法院的观点是:连带债务人之一清偿后仅享有追偿权。参见最高人民法院民法典贯彻实施工作领导小组主编:《中华人民共和国民法典合同编理解与适用(一)》,人民法院出版社 2020 年版,第 398 页。

> **例 6.2.21**
>
> S_1 和 S_2 对 G 负担 100 元的连带债务,约定内部份额相同,S_2 对 G 提供质押担保 30 元。S_1 向 G 清偿了 80 元。根据代位权,S_1 也享有相应的质押权,但为了避免 G 利益受损须劣后于 G。

4. 被追偿连带债务人的抗辩

其他连带债务人对债权人的抗辩,可以向该债务人主张(519.2S2)。

(1) 问题

本条是否适用于追偿权?

(2) 应对

我国主流学说认为,《民法典》第 519 条第 2 款第 2 句规定是对第 1 句的补充,因此追偿权和代位权均可适用。[1]

(3) 正当性

代位实质上是债权的法定让与,债务人得向新债权人主张抗辩自然毫无疑问。但追偿权作为一项新的、独立的请求权,是否受原连带债务中抗辩的影响存在疑问。我国学说从二者统一的角度,认可了这一点。但比较法上,德国法认为追偿权不受原抗辩的影响。[2]

第 3 节 不真正连带债务

通说认为,不真正连带债务是一种独立的多数债务人之债。[3]

一、定义和特点

(一) 定义

具备连带债务的其他要件,但不具备同一位阶性的复数债务人关系。[4]

---

[1] 朱广新、谢鸿飞,第 445 页以下(张定军)。
[2] 罗歇尔德斯,第 423 页。
[3] 史尚宽,第 672 页。
[4] 参见王洪亮,第 501 页。

(二) 特点——相对连带债务而言

1. 债务人之间地位不相同(不处于同一位阶)。
2. 除了清偿发生绝对效力外,其他事项均发生相对效力。
3. 不存在求偿关系,不真正连带债务中存在终局性的责任承担者。

二、我国法上的两种表现形式

(一) 条文规定终局责任人,对于债权人而言,债务人之间无顺位

产品责任中,生产者和销售者对外向消费者承担连带责任,在内部关系中,由造成产品缺陷者,承担终局性的责任(1203)。

> **例 6.2.22**
> S_1 是生产者,S_2 是销售者,S_2 造成了产品缺陷,G 是消费者。

G 可以要求 S_1 或 S_2 中的任何一方承担全部赔偿。S_1 向 G 清偿以后,可以要求 S_2 承担终局性的责任,而非根据连带债务的内部关系追偿。

(二) 补充责任

1. 定义

债务人之间存在顺位:债权人须先向第一顺位责任人要求赔偿,在第一顺位责任人不能赔偿或赔偿不足时,方得向第二顺位的责任人请求赔偿。第二顺位的责任人清偿后,可要求第一顺位的责任人承担终局性的责任。

2. 举例

第三人侵权时,未尽到安全保障义务的经营者、管理者或者组织者承担补充责任(1198)。

三、我国传统理解中的不真正连带债务的效力(通说)

(一) 对外关系

全部债务人均负担全部给付。

(二) 内部关系

存在终局性的债务人,由其承担全部给付。其他债务人在对外履行给付后,基于债权的法定移转,取得了债权人的债权,故而可以向该终局性的债务人主张权利。

四、不真正连带债务概念的存废

本书认为,不真正连带债务没有独立存在的必要。这一概念继受自德国法,用以区

分真正的连带债务和不真正连带债务。但不真正连带债务内容多样,仅具不是完全意义上的连带债务这一消极共性,难以用一个概念加以涵摄,故应该关注其法律关系中的具体内容。①

不真正连带债务的核心在于存在终局性责任人,实际清偿的非终局性债务人能向终局性债务人追偿的依据是债权的法定让与,即令前者代位取得原债权人的债权。

第4节 协同债务(共同债务、债务人共同体)

一、定义和特点

(一) 定义

必须由全体债务人共同履行的债务,债权人不得请求单个债务人部分或全部履行。

(二) 特点

1. 必须共同履行
2. 给付标的事实上或法律上不可分

> **例 6.2.23**
> 四重奏的乐队签订的表演合同,该表演合同的标的不可分,须债务人共同履行。

> **例 6.2.24**
> 合伙企业对外承担的金钱债务,虽然标的可分,但必须由全体合伙人共同履行。②

二、产生原因

1. 因事实原因产生

给付事实上不可分。

---

① 参见中田,549 页。
② 王洪亮,第 503 页以下。

2. 因法律原因产生

　　给付法律上不可分。如合伙债务、夫妻共同债务等。①

三、效力

（一）对外关系

　　债权人必须向全体债务人请求给付。

（二）影响关系

　　由于给付不可分,因此所有就单个债务人所生事件均发生绝对效力。【例 6.2.23】中一个表演者因病不能履行,该债务陷入履行不能。

（三）内部关系

　　原则上根据约定确定内部份额。约定不明或没有约定时,根据相关法律确定,例如《合伙企业法》等。

四、与不可分债务的关系

（一）不可分债务的定义

　　数债务人负担同一不可分给付,而各债务人得单独为全部给付的债务。

（二）不可分债务的特点——相对协同债务、连带债务而言

　　1. 给付不可分
　　2. 每个债务人均可为全部给付

例 6.2.25

　　S_1 和 S_2 共有一匹马,出卖给 G。

　　S_1 和 S_2 对 G 承担不可分债务,S_1 和 S_2 均可将马的所有权和占有移转给 G。

（三）不可分债务的存在必要性

　　我国没有规定不可分债务。比较法上,《日本民法典》第 430 条规定了不可分债务。

　　然而,不可分债务并无独立存在的必要。理由如下:
　　1. 规范适用无独立性

　　日本法上的不可分债务在对外效力、影响关系、内部关系上均类推适用连带债

---

① 王洪亮,第 503 页。

务的规则,说明连带债务制度能够处理不可分债务的情况。我国有观点认为,不可分债务和连带债务虽然都有整体履行的内容,但二者的产生原因和功能不同,因此不能以连带之债替代不可分之债。① 本书认为,该观点不可取,因为不可分债务和连带债务在整体履行这一点上产生的原因固然不同,但不影响规范适用。

2. 与协同债务之间的替代关系

我国学理上承认了协同债务,这样压缩了不可分债务的适用空间。

3. 实例罕见

给付不可分且每个债务人均可为全部给付的情况,实践中极为罕见。

---

① 齐云:《论协同之债》,载《法商研究》2020 年第 1 期,第 151 页。

第 3 章　多数债权人之债

第 1 节　按份债权
第 2 节　连带债权
第 3 节　协同债权(共同债权、债权人共同体)

第 1 节 按份债权

一、定义

债的标的可分,存在复数债权人,每个债权人按份额享有债权。

> **例 6.3.1**
> S 向 G₁ 和 G₂ 购买一台电脑。双方约定,S 需向 G₁ 和 G₂ 各支付一半的价款。

二、构成要件

（一）复数债权人

（二）给付可分

1. 定义

   同按份债务中给付可分的定义,即一项给付可以分为若干同质部分而履行,且不会因此实质性地改变内容或改变价值,特别是不会导致给付价值减少。

2. 限缩适用

   由于按份债权对于债务人而言较为不利（必须分别向每个债权人按份额清偿）,因此司法实践倾向于限缩给付可分这一概念;如果债权人内部存在共同受领权,那么即使给付事实上可分,也视为不可分。①

三、法律效果

（一）对外效力

1. 原则

   各个债权独立,每个债权人在份额限度内独立行使债权。

   如果债务人对单个债权人的给付超过了份额,则超过部分不发生清偿的效力。

---

① 参见罗歇尔德斯,第 416 页。

2. 例外

(1) 同时履行抗辩权

如果债务人行使同时履行抗辩权,那么任一按份债权人均不得行使债权。

(2) 解除权

解除权是形成权,应当由全体债权人共同行使。① 但解除的事由仅发生于按份债权人之一即可。②

(二) 影响关系

就单个债权人所生的事项原则上均发生相对效力。

(三) 内部关系

按份债权中债权人的份额根据当事人的约定或者法律规定确定。第517条第2款规定,不能确定按份债权份额的,视为份额相同。内部关系中的份额与对外关系中的份额可以不一致。如果按份债权人之一受领的给付超过了内部份额但未超过外部份额,须按不当得利或无因管理向其他债权人返还。③

第2节 连带债权

通说认为,连带债权是一种独立的多数债权人关系类型。④ 但本书认为,连带债权的概念应当废除。

一、定义

每个债权人均可向债务人请求全部给付,债务人则只须向债权人之一清偿一次即可消灭全部债务。⑤

二、效力

我国立法没有规定连带债权。以下有关其效力的论述根据通说观点展开。⑥

---

① 参见中田,510页。
② 罗歇尔德斯,第416页。
③ 不同意见参见中田,511页。
④ 史尚宽,第676页。
⑤ 参见王洪亮,第488页。
⑥ 参见中田,513—515页;王洪亮,第488页、第489页。

（一）对外效力

每个连带债权人都是可收取和受领全部给付的债权人，因此均可单独请求债务人为全部或部分履行。债务人可以向任一债权人清偿，而无须向提出请求的债权人给付。

（二）影响关系

就连带债权人之一所生的事件，原则上不影响其他债权人（相对效力）。典型如诉讼：如果债权人之一起诉后败诉，对其他债权人无形式和实质既判力。

（三）内部关系

连带债权人之一受领全部给付后，须向其他债权人返还超过其份额的部分。其他债权人须承担超额受偿债权人的破产风险。

三、连带债权概念的存废

本书认为，连带债权的概念无实际意义。理由如下[①]：

首先，连带债权源自罗马法。罗马法上不承认代理与债权让与，只能借助连带债权制度使每个债权人得收取债权、对债务人提起诉讼或处分债权并对全体债权人发生效力成为可能。但在承认代理和债权让与后，连带债权的制度意义就不复存在了。现代法律仍然规定连带债权仅仅是因为路径依赖，以及与连带债务对应。

其次，从连带债权的效力看，连带债权对债权人和债务人均不利。对于债权人而言，即使其请求债务人清偿，债务人也可以选择向其他债权人清偿；并且须承担其他债权人的破产风险。对于债务人而言，由于诉讼仅具相对效力，因此债务人有被重复起诉的风险。

最后，如果当事人欲实现连带债权的效果，可以授予彼此代理权或对全体发生效力的处分债权的权利。

第 3 节 协同债权（共同债权、债权人共同体）

一、定义

存在数个债权人，债务人须向全体债权人为给付的多数债权人之债。

[①] 详见〔德〕索尼娅·梅耶：《连带债权——因多余而无从认知的本质？》，冯洁语、倪龙燕译，载《南京大学法律评论》2015 年第 2 期，第 139 页以下。

二、特点

1. 多个债权人
2. 每个债权人均可请求债务人履行
3. 债务人必须向债权人全体为给付

三、适用范围

(一)给付事实上不可分

> **例 6.3.2**
>
> G_1 和 G_2 共同向 S 购买一头牛。

(二)给付法律上不可分

典型如共同共有或按份共有的债权。[①]

> **例 6.3.3**
>
> 向共同共有人给付金钱,金钱在事实上可分,但由于是共同共有人享有的债权,因此法律上不可分。

(三)推定规则

1. 推定

   存在多数债权人时,推定成立协同债权。

2. 理由

   协同债权兼顾了债权人和债务人的利益。[②]
   (1) 单个债权人可以请求债务人履行。
   (2) 债务人无须考虑债权人的内部关系。

四、效力

(一)对外关系

1. 每个债权人均有权请求债务人履行。

[①] 王洪亮,第 490 页。
[②] 罗歇尔德斯,第 418 页。

2. 债务人须向全体债权人履行。

(二) 影响关系

就单个债权人所生的事件,均发生绝对效力,例如催告、受领迟延等。

(三) 内部关系

1. 根据约定确定。
2. 约定不明或没有约定,按产生协同债权的法律规定确定。
3. 没有法律规定,类推适用连带债务的规定,即各债权人的份额相同。

第4章 保证

第1节 概述
第2节 保证债务的发生
第3节 债权人与保证人之间的关系
第4节 债务人与保证人之间的关系
第5节 根保证
第6节 连带保证
第7节 共同保证
第8节 反保证

第1节 概述

一、担保的体系

（一）债权的担保

担保是指增加特定债权将来得以实现之可能性的手段。确保特定债权将来得以实现的手段，主要包括但不限于以下类型：
1. 令特定债权人的地位凌驾于其他债权人之上
    （1）优先权
    （2）担保物权
        （a）意定担保物权
            （甲）典型担保物权：抵押权、质权
            （乙）非典型担保物权：所有权保留、让与担保
        （b）法定担保物权：留置权
    （3）预告登记
        仅仅凌驾于通过法律行为创设的请求移转登记不动产所有权的债权之上。
2. 增加责任财产
    即通过引入他人的责任财产来确保债权的实现。
    （1）保证
        引入保证人的责任财产来担保债权的实现。
    （2）并存的债务承担
        引入债务承担人的责任财产来担保债权的实现。
3. 通过实际占有债务人一方的金钱来确保债权的实现
    （1）封金
        由债权人占有债务人或者第三人提供的一定数量的可以特定的货币，以担保债权的实现。当债务人不履行债务时，债权人可以直接以该笔金钱来抵充债务。
    （2）违约定金
        双务合同的一方当事人向对方支付一定的金钱，当一方不履行债务时，通过适用定金罚则来担保债权的实现。

（3）押金

在租赁关系中较为常见的一种担保方式，用以担保到期未支付的租金债权以及因租赁物毁损产生的损害赔偿请求权。

（4）特定账户资金

债务人以特定账户内的银行货币来担保债权的实现。

（二）保证制度的体系定位

1. 债法总则中的制度

我国法将保证设计为一种典型合同，但保证合同与买卖合同、租赁合同、委托合同等有着显著的区别，在逻辑上并非并列关系。尽管保证关系的建立离不开合同，但保证制度的侧重点并不在于合意的内容，而在于如何实现对特定债权的担保。因此，在学理上宜将保证定位为债法总则中的制度。

2. 多数当事人之债的子类型

保证在形态上是两个以上的债务人面对同一债权人，在这一点上可以将其定位为多数当事人之债的子类型。

二、保证的类型

（一）保证中的变量

保证基于保证人与债权人之间的合意产生，意定性决定了保证存在多种类型。保证中涉及的变量包括：

1. 是否担保特定的单笔债权
2. 保证人的人数
3. 保证人是否仅在债务人不能履行债务的情形才应补充履行（补充性）

（二）标准型的保证

了解保证制度，可从标准型的保证开始。所谓标准型的保证，是指为了担保特定的债权，一名保证人在债务人不能履行债务的情形才负担补充履行义务的保证。

（三）特殊类型的保证

1. 共同保证

数人担任同一债权的保证人。共同保证又可因为约定内容的不同进一步存在多种形态，常见的有多人单纯保证、保证连带以及多人连带保证等【本章第 7 节一（二）】。

2. 连带责任保证

不具有补充性的保证，即无论债务人是否不能履行债务，债权人均可以直接请求保证人履行债务的保证。学理上多称之为连带保证。

3. 根保证

根保证指所有用以担保一定期间内不特定之多笔债权的保证。根保证同样因为约定内容的不同,理论上存在多种可能形态,常见的类型如下:

(1) 最高额保证

> **例 6.4.1**
>
> 因业务需要,S 在今后 1 年内会多次向银行 G 借款,并于合适时偿还。为了担保这些贷款的清偿,B 与 G 约定,对于 G 在今后 1 年内对 S 的贷款债权在 1000 万元的额度内承担保证责任。

最高额保证的特征在于,保证人所担保的债务存在上限;所担保的多笔债权具有时间上的连续性。在【例 6.4.1】中,保证人 B 所担保的是一定期间内可能会发生的多笔借款债权,且 B 所承担的保证责任有一定的上限。

(2) 人事保证

> **例 6.4.2**
>
> B 向钱庄 G 推荐了一名学徒。为了自保,G 与 B 签订保证合同,约定:该学徒在钱庄期间给钱庄造成的一切损害,均由 B 担保。

人事保证的特征,是对特定人可能负担的不特定债务,由保证人提供保证来担保。在【例 6.4.2】中,对雇佣关系中之受雇人将来因职务上之行为给雇主造成损害而负担的损害赔偿债务,保证人向雇主所作的保证。不过,人事保证并不限于雇佣关系,也可以是雇佣关系之外的其他人事关系。

尽管我国法对于人事保证未作规定,但没有理由否认这种保证的效力。不过,若对于债务的种类和数额不作任何的限定,有可能会给保证人带来超乎寻常的负担。日本法的判例对人事保证的保证债务作出限制。

(四) 受托保证和非受托保证

按照保证人承接保证债务的原因,可以分类为受托保证和非受托保证。受托保证中保证人与债务人之间存在委托关系,因此追偿的基础是委托。非受托保证中保证人担任保证属于无权限管理他人事务的行为,可能符合被管理人即债务人可推知的意思,也可能不符合。若符合,则构成无因管理;若不符合,则构成不当得利。

三、保证债务的性质

（一）独自性

在与主债务的关系上，保证债务具有两面性：一方面因为其担保目的而天然地具有从属性，但另一方面毕竟保证之债基于法律行为而发生，当然要遵从法律行为自由的原则；而且相对于具有对世性的担保物权，保证之债仅具有相对性。因此，较之意定的担保物权，保证具有更大的自由度。这种独自性体现在如下方面：

1. 发生原因

保证债务可以与主债务的发生原因不相同。第一，主债务可以基于法定发生也可以基于意定发生，但保证之债通常都是意定的。第二，即便主债务也是意定的，但其与保证债务分别基于不同的合同发生。不过，受从属性的制约，保证的合意既不能约定专门的违约责任，也不能约定超出主债务责任范围的保证责任（担保制度解释 3.1）。

2. 存在独立消灭的情形

保证期间（后述）的到来会导致保证债务消灭，但主债务却依然存在。

3. 针对保证债务的保证

可以以保证债务作为主债务，再约定保证债务。最为典型的便是反担保（反保证）。

（二）从属性

1. 含义

在学理上，"从属性"指的是保证债权相对于主债权而言具有从属地位。这种从属性是单向的，即发生于主债权的事由会影响到保证债权，反之却不成立。

依我国的实定法，从属性是指保证合同从属于主债权债务合同（682.1）。然而，这样的表述并不准确，在客观上缩小了保证债务从属性的范围。这是因为，主债务未必需要基于合同而发生，保证债务也未必都是通过合同这种法律行为产生的。

保证债权的从属性主要体现在如下方面：

（1）成立上的从属性

主债权因其发生原因不成立、无效、被撤销而不存在的情形，保证债权亦不成立（682.1）。第 682 条第 1 款使用的表述为"主债权债务合同无效"，这里的"无效"应解释为示例，还应包括意思表示被撤销、法律行为的效果不归属等其他导致主债权债务不成立的事由。

在交易世界，常有保证合同订立在先、主债务发生在后的情形，可以解释为保证合同这一法律行为中附有主债务成立的停止条件，在此情形保证债务自主债务成立时成立。

(2) 消灭上的从属性

当主债权因为出现债的消灭事由而消灭时,保证债权也随之消灭。这是担保应有之义。

(3) 范围上的从属性

既然保证是债的担保手段,保证债权的内容原则上也受制于主债权,以主债务及其利息、违约金、损害赔偿金和实现债权的费用作为其担保的范围(691S1)。此外,当主债权因为合意变更、部分免除、部分清偿等原因而缩减时,保证债权也随之缩减(695.1前)。

【深化】 限定继承与保证债权的关系

在因债务人的死亡而发生限定继承的情形(我国法采取的是当然限定继承主义,1161),继承人仅以所得遗产之积极价值为限负担被继承人的债务,此时保证债权是否发生缩减呢?学理上认为,限定继承并不导致债权的缩减,而是被分配的责任受限,因此,保证债权并不会发生缩减。①

(4) 移转上的从属性

在主债务的债权人变更(债权移转)的情形,保证债权也随之移转。移转上的从属性表达的是保证债权随着主债权的移转而移转,在逻辑上不存在保证合同的伴随性。这一点再次说明第682条第1款之表述的不当之处。

只不过,如果保证人不知道债权转让的事实,就会错误地向原债权人清偿,从而面临不得不二重清偿的风险。为此,仅在出让人通知保证人的情形,受让人才能对保证人主张保证债权(696.1)。这意味着在移转的从属性上保证不同于担保物权。其根本原因在于,担保物权是支配权,被担保债权的受让人就是担保物权人,当到期债权得不到清偿时,其可以径直实现担保物权,不存在担保人错误清偿的危险。

(5) 诉讼时效上的从属性

尽管保证债权具有独自性,与主债权有各自的诉讼时效,但从属性仍在一定程度上会反映到诉讼时效上。

(a) 时效期间不重叠的情形

在主债权与保证债权各自的诉讼时效期间不发生重叠的情形(本章第3节三(二)2(1)),主债务诉讼时效中断之时,保证债务的诉讼时效尚未开始起

---

① 中田,582页。

算,自然不存在中断、中止的从属性问题。

(b) 时效期间重叠的情形

在主债权和保证债权的诉讼时效期间发生重叠的例外情形(本章第 3 节三(二)2(2)),仍有必要探讨中断、中止的从属性问题。一般认为,在时效中断和中止问题上,一般保证的保证债权仍具有从属性,即若主债权的诉讼时效中断、中止,则保证债权的诉讼时效也随之中断、中止。[①]

其理由在于,如果不承认时效中断和中止上的从属性,享有先诉抗辩权的保证债权反而将先于本应先行使的主债权发生时效届满的不当效果,进而迫使债权人不得不分别就主债权和保证债权采取中断时效的措施,这对于债权人来说,负担过重。

反之,由于主债权并不从属于保证债权,因此当保证债权的诉讼时效发生中断时,并不会导致主债权的诉讼时效随之中断。如果因为保证债权的时效单独中断导致主债权的诉讼时效届满而保证债权的诉讼时效尚未届满的状况发生,此时保证人可以援用主债务人的时效抗辩(701);但如果其未援用,承担保证责任后无权向主债务人追偿(诉讼时效规定 18.2)。

2. 因主债务不存在而导致保证债务不成立时的后果

主债务因为其发生原因的不成立、无效或者被撤销而不存在时,保证债务亦不成立(682.1)。在此情形,保证人是否就无须承担任何责任呢?保证合同被确认无效后,保证人、债权人有过错的,应当根据其过错各自承担相应的民事责任(682.2)。可见,主债务因为其发生原因的不成立、无效或者被撤销而不存在,保证人虽然无须负担保证债务,但依然要承担法定的责任。

(1) 责任性质

关于这种责任的性质,少数说认为属于侵权责任,[②]通说则认为其为缔约过失责任。不过,定性之争的意义有限,仅仅产生实定法依据上的差异。[③] 根本原因在于,缔约过失责任与侵权责任的关系原本就是交织重叠的。

(2) 构成要件

(a) 保证人的过错

如果保证人明知或应知主债务因为其发生原因的不成立、无效或者可撤

[①] 杨巍:《保证债务与主债务的诉讼时效关联》,载《法学》2020 年第 6 期,第 23—26 页。也有观点认为,诉讼时效的中止源于非债权人所能控制之客观原因,因此构成主债权的诉讼时效中止事由同时也构成保证债权的诉讼时效中止事由。质言之,保证债权的从属性并不会体现在诉讼时效的中止问题上。参见李国光、金剑峰等:《最高人民法院〈关于适用《中华人民共和国担保法》若干问题的解释〉理解与适用》,吉林人民出版社 2000 年版,第 155 页。不过,导致债权人不能向债务人行使权利的不可抗力未必会导致债权人不能向保证人行使权利,因此这一观点不能解释全部的中止事由。

[②] 程啸:《保证合同研究》,法律出版社 2006 年版,第 168 页。

[③] 王蒙:《论主合同无效时过错保证人的责任》,载《比较法研究》2021 年第 6 期,第 88 页。

销而可能不成立时,其不仅不告知债权人反而提供担保,则可能导致如下结果:(甲)债权人与债务人之间发生基于法律行为的债权债务关系;(乙)债权人基于其与债务人已经订立的合同而有所支出。此外,若债权人对债务人的债权已经发生,则可能(丙)延误债权人采取救济措施的时机。① 基于诚信原则,保证人有告知债权人此等信息的义务。保证人明知或应知而不告知的行为,应被评价为过错。

(b) 因果关系

无论是缔约过失责任还是侵权责任,都需要保证人未告知与损害之间存在因果关系。这里的因果关系主要存在以下三种情形②:

(甲)债权债务关系的发生阶段

若保证人告知,债权人本不会通过实施法律行为构建其与债务人的债权债务关系。在要式法律行为的情形,还包括要式行为的实施。

(乙)债权债务关系成立后,债权人履行其义务前的阶段

若保证人告知,债权人本不会履行其义务(例如给付金钱)。

(丙)债权人履行其义务后的阶段

若保证人告知,债权人本可以在债务人尚有履行能力的阶段及时回收其债权。

(3) 责任范围

司法解释的立场是,担保人承担的赔偿责任不应超过债务人不能清偿部分的 1/3(担保制度解释 17.2)。似乎在此情形中,担保人对于无效的贡献不会超过 1/3。然而,保证人对主合同无效或者被撤销原因的参与程度,存在多种可能。司法解释的上述限定并不妥当,而且也没有必要。

3. 从属性的排除

不同于物保的对世性,人保仅具有相对性,因此,有关保证之从属性的规定大多属于任意规范,债权人和保证人完全可以通过合意予以排除。排除任何一种从属性的保证,构成广义的独立保证。

(1) 成立上之从属性的排除

当事人可以约定,即便构成主债务之基础关系无效、被撤销、效果不归属,保证债务依然有效。无论主债务的命运如何,保证人都要对债权人承担保证责任。这样的保证被称为狭义的独立保证。狭义的独立保证常见于外贸领域,例如独立保函。

---

① 王蒙:《论主合同无效时过错保证人的责任》,载《比较法研究》2021 年第 6 期,第 91 页。
② 同上文。

> **例 6.4.3**
> G 公司向国外 S 公司出售了 1 集装箱的签字笔。有关价金的支付，B 银行向 G 提供了无因的保证价金支付的保函。

在【例 6.4.3】中，即便买卖合同无效或者被撤销，G 都可以向 B 主张保证债权。

狭义的独立保证在学理上的上位概念是损害担保，即无论主债务存在与否，担保人都要对他人所遭受之一定损害负担填补义务。最为典型的损害担保是产品生产者提供的质保。

（2）范围上之从属性的排除

当事人可以约定不同于第 691 条第 1 句的保证范围，例如可以作定额保证、部分保证。

（3）移转上之从属性的排除

当事人可以约定只对特定的债权人负担保证债务，即保证债权不随主债权的移转而移转。

4. 不可排除的从属性

然而，并非所有的从属性规范均可以通过合意排除。最为典型的便是时效上的从属性，因为时效制度本身具有强行性。此外，下列情形对从属性的排除也是无效的。

（1）消灭上之从属性

消灭上的从属性不能被合意排除，这是由担保本身的内涵所决定的。如果保证人对债权人负担的保证债务在主债务消灭后依然存在，那么这样的债之关系就不再属于担保。

（2）范围上之从属性

保证债务不能重于主债务。

（a）保证契约订立时

保证债务中超过主债务的部分无效。

（b）保证债务成立后（695.1）

在保证债务成立后主债务缩减的，保证债务也缩减。这是从属性的归结。然而，在保证债务成立后主债务加重的，保证债务原则上却不受影响，因为保证债务超出当初的合意意味着不利益的强加，有违保证人的意思自治。当然，如果保证合意中约定，主债务加重的保证债务随之增加，亦无不可。

（3）成立上的从属性

我国法对于独立保证采取的是法定主义的立场，即唯有法律才可以排除保证在成立上的从属性（682.1），暗含了对合意排除的否定。司法解释的立场更为明确,即排除成立上之从属性的合意无效,除非是金融机构开立的独立保函(担保制度解释 2)。

上述立场体现了对不了解狭义独立保证风险之担保提供者的关怀。然而,该立场明显过于绝对,与意思自治的理念相悖。

> **例 6.4.4**
>
> S 向 G 承租了一批工程机械,B 担任保证人,担保工程机械的妥善使用和归还。事后得知自己被 S 欺诈的 G 撤销了租赁的意思表示,但工程机械已经损坏,B 是否需要承担保证责任?

在此例中,保证之债的内容是对租赁物之返还的担保,与主债务成立与否无关。换言之,此例中债权人与保证人通过合意排除了成立上的从属性。质言之,就恢复原状义务以及履行不能时的损害赔偿义务而言,保证人承担了不具有成立上之从属性的保证债务——狭义的独立保证。① 但如果依禁止独立担保的规范(682.1),保证人对撤销后的恢复原状之债无须承担保证责任。

在本书看来,禁止独立担保之规范(682.1)的目的,在于防止保证人承担出乎意料的过重责任。因此,可基于这一基准来限缩解释第 682 条第 1 款的适用范围。如果保证人于提供保证时明知主债务的发生原因可能存在无效、可撤销、效果不归属等事由,可以认定保证人有负担恢复原状的债务的意愿。② 在此种情形第 682 条第 1 款没有适用的余地。

当然,上述结论不适用于主债务的发生原因可撤销的事由是债权人对债务人的欺诈、胁迫的情形,因为在这种情形如果还令保证人承担保证债务,无异于对债权人欺诈、胁迫行为的纵容。③

(三) 补充性

除连带保证外,保证债务具有补充性,即保证人仅在主债务得不到履行时才负担履行义务。关于其具体内涵,将在下文(本章第 3 节三(二)1)详述。

---

① 中田,578 页。国内学界也有观点基于统一对待解除后与无效后之返还的立场,主张保证责任应涵盖撤销、无效后的返还之债。参见李运杨:《论担保从属性的类型及其突破》,载《山东大学学报(哲学社会科学版)》2022 年第 6 期,第 161—162 页。

② 《日本民法典》第 449 条规定:为因行为能力之限制而可撤销之债务提供保证者,在订立保证合同时知道撤销原因的,推定其负担与主债务不履行之情形或者该债务被撤销之情形相同目的之独立债务。

③ 中田,573 页。

第 2 节 保证债务的发生

一、保证债务的发生原因

保证债务的发生,通常是基于保证合同,因此制度设计的重点是保证合同。但保证债务的基础并不限于保证合同。例如,保证债务还可以通过遗嘱行为发生。

> **例 6.4.5**
> A 通过遗嘱将某项财产遗赠给 X,并指定由继承人中的 Y 作为债务人履行因遗赠所生之债务,继承人中的 B 作为该债务的保证人。

二、保证合同的成立

（一）方式——书面形式

1. 法律行为被要求采取书面形式的目的

为了最大限度地保障意思自治,私法秩序原则上对于法律行为并无形式上的要求。但针对特定类型的法律行为,会例外地要求采取书面形式。之所以设置这样的规范,通常是为了警示意思表示的表意人,促使其谨慎行事。

2. 要求书面形式之法律规范的类型

根据强度的不同,要求法律行为采取书面形式的规范可以分为两种类型:

（1）倡导规范

即便违反也不影响法律行为的效力,其规范强度较弱,止步于倡导。

（2）强行规范①

若违反则法律行为当然无效。

至于各个具体的规范属于哪一种类型,通常从规范的表述中无法判别,只能从立法的宗旨、历史沿革等因素出发作个案的识别。

3. 保证合同的形式要求

未采用书面形式的保证合同无效,这是罗马法以来的传统,比较法上亦多将保

---

① 关于规范的命名,在我国法学界远未达成共识。本书所使用的用语"强行规范"或者"强行法规",是指若违反将直接导致法律行为无效的私法规范。

证规定为要式合同(德民766、日民466.2、466.3)。其理由在于,保证合同为无偿、单务合同,保证人的负担过重,为此需要保证人在订立保证合同时格外慎重。

不过,现行法对此的规定似乎并不清晰。第685条允许保证合同以"主债权债务合同中的保证条款"的形式呈现,却未对这里的"主债权债务合同"本身的形式加以限定。此乃立法的失误。应将第685条中的"主债权债务合同"限定为书面合同,并将该条定性为强行规范。通说亦采此立场。①

【深化】

保证人已履行未采用书面形式之保证债务的情形,会发生何种效果?
关于这一点存在截然相反的立场。
(1) 保证之债不成立说②

既然保证合同未采取书面形式,保证合同无效,保证之债不成立。由此产生如下问题:

(a) 不当得利的返还

既然保证之债不成立,保证人履行保证债务的行为构成非债之清偿,保证人可以主张不当得利的返还。若不认可不当得利的救济,有可能助长债权人的强行追讨。

(b) 是否会发生第三人清偿的效果?

保证人清偿的是自己的债务,其并没有为第三人清偿的意思,因此其对保证债务的履行不构成第三人清偿,从而不会发生第三人清偿的效果。但如果担任保证人是受债务人之托,应允许保证人基于委托关系向债务人追偿。

(c) 债权人能否再向债务人主张债权

从诚信原则的角度考虑,不应允许已经接受了保证人清偿的债权人主张保证合同无效。因此,除非保证人主张不当得利的返还,否则不应允许债权人再向债务人主张债权。

(2) 保证之债成立说

在本书看来,保证人主动履行保证债务的事实,既可以理解为保证人当初未订立书面形式的保证合同并非冲动之举,也可以理解为保证人事后追认了当初的冲动之举。因此,除非有证据证明保证人对保证债务的履行非出于自愿,保证人对保证债务的履行(含部分履行)将导致保证合同溯及地发生效力。

---

① 黄薇3,第749页;朱广新、谢鸿飞,第39页;王铁等,第239页;最高人民法院民法典贯彻实施工作领导小组主编:《中华人民共和国民法典合同编理解与适用(二)》,人民法院出版社2020年版,第1307页;徐涤宇、张家勇,第744页【夏昊晗执笔】;杨代雄,第647页【任我行、杨代雄执笔】。
② 中田,570页。

4. 空白保证的效力

> **例 6.4.6**
> S 向金融机构 G 借款时,请 B 担任保证人。B 按照 G 的要求先在一份空白的保证书上签了名,并填写了债务人 S 的姓名,但由于当时 G、S 之间债权债务的细节尚未商定,所以保证书上没有填写贷款金额、保证期间等信息。之后 G 在向 S 发放贷款时自己填写了主债务的数额和还款期限。

当事人将留有空白内容的合同交与合同相对方的,应视为对合同内容包括保证合同中保证事项的无限授权,合同相对方在空白部分可以填写相应内容。① 若从保护保证人之谨慎决定的角度看,上述立场未必就不容置疑,因为毕竟授权本身没有采取书面形式。

(二) 具体的形式

1. 债权人与保证人订立保证合同
2. 主合同中含有保证条款,债权人、债务人、保证人三方签署(685.1)

> **例 6.4.7**
> B 仅仅在 G 与 S 之间的合同文本上签字,但合同中也没有保证条款。在此情形,保证债务成立吗?

不一定。这种签名既有可能是保证,也可能仅仅是见证。考虑到保证的无偿性,在无其他线索的情况下应解释为见证。

3. 保证人单方允诺
   债权人接受且未提出异议的,保证合同成立(685.2)。

三、保证人的资格

(一) 保证人的行为能力

一般认为,限制行为能力人不具有作为担保人订立担保合同的能力。

(二) 保证人的资力

保证人是否拥有足够的承担保证责任的财产,不影响保证合同的效力。

(三) 法定代表人代表法人对外担保的效力

这里的核心问题是法定代表人是否有相应的权限。如果不具有相应的权限,何种

---

① 雷鸿鸣、梁建学保证合同纠纷案,最高人民法院(2018)最高法民申 3112 号民事裁定书。

情形下构成表见代理？这些是代理法领域的问题,并无特殊性可言。不过,鉴于公司法定代表人对外担保的典型性,司法解释作了详细的规定(担保制度解释7)。

（四）我国法特有的限制

我国法对下列主体的保证人资格作了限制,违反限制规范的保证无效。

1. 机关法人(683.1正、担保制度解释5.1)

但经国务院批准为使用外国政府或者国际经济组织贷款进行转贷的除外(683.1但)。

2. 基层自治组织(担保制度解释5.2正)

但依法代行村集体经济组织职能的村民委员会,依照村民委员会组织法规定的讨论决定程序对外提供担保的除外(担保制度解释5.2但)。

3. 非营利组织(683.2、担保制度解释6.1)

以公益为目的的非营利性学校、幼儿园、医疗机构、养老机构担任担保人的担保无效。

四、保证合同的瑕疵

保证债务有可能因为保证合同本身的瑕疵而受到影响。保证合同本身的瑕疵涉及多种原因,主要包括:意思表示因瑕疵而被撤销、无效;作为法律行为的保证合同本身不成立、未生效;因行为能力的欠缺或者对公共秩序的违反而无效、被撤销或者效力待定;无权代理导致的效果不归属等。

（一）总论——保证人的责任

因保证合同的瑕疵导致保证债务不成立的,依缔约过失制度处理。

1. 债权人与担保人均有过错的情形

担保人承担的赔偿责任不应超过债务人不能清偿部分的1/2(担保制度解释17.1.1)。

2. 担保人有过错而债权人无过错的情形

担保人对债务人不能清偿的部分承担赔偿责任(担保制度解释17.1.2)。

3. 债权人有过错而担保人无过错的情形

担保人不承担赔偿责任(担保制度解释17.1.3)。

（二）分论——特殊的保证瑕疵

1. 保证与重大误解

在意思表示瑕疵中,有争议的是重大误解。

> **例 6.4.8**
>
> S 央求 B 为其向 G 借款作担保，B 碍于情面遂与 G 签订了书面的保证合同。
> ① B 误以为 S 有足够的财产所以才担任保证人，但实际上 S 的偿债能力极差。
> ② B 听说另有 T 为借款提供了物上保证所以才担任保证人，但事后才发现物上保证纯粹是子虚乌有。

保证人对自己最终履行保证债务的可能性和程度发生的认识错误，构成动机错误。问题是保证人能否主张重大误解而撤销其意思表示呢？这里涉及动机错误的效果和实定法依据问题，在此仅作简单介绍，详细讲解可参看民法总则的教材。

（1）否定立场

无论从重视动机是否表示出来的立场看，还是从重视动机是否成为合意内容的立场看，保证人均不能基于上述动机错误撤销其意思表示，因为保证人在作保证时并未向相对人表达其动机，动机也未成为保证合同的内容。

（2）肯定立场

保证人的动机错误与保证的意思表示之间存在着因果关系，且债权人也能够认识到保证人重视自己最终履行保证债务的可能性和程度，因此保证人可以基于重大误解撤销其保证的意思表示。

2. 法律行为法的特别制度——对借新还旧的担保（含保证）

> **例 6.4.9**
>
> S 向 G 借款 50 万元，并出具借条一张，约定了还款期限。到期后，S 未偿还，遂将借条撕毁后再次向 G 出具借条一张，约定了新的还款期限。
> ① B 作为保证人进行担保，但其当时并不知道是借新还旧，事后能否拒绝承担保证责任？
> ② 前后两笔债务都由同一人 B 作为保证人进行担保。B 能否以借新还旧为由拒绝承担保证责任？

（1）法律行为法的应对

在【例 6.4.9】①中，B 所作的意思表示存在重大误解（动机错误），本应由法律行为法来应对。若构成重大误解，表意人应于知道或者应当知道之日起 90 日内或自行为之日起 5 年内行使撤销权（152.1.1）。在【例 6.4.9】②中，B 的意思表示完全不存在重大误解。

（2）司法解释的应对（担保制度解释 16.1）

（a）新贷与旧贷的担保人相同的情形

担保人对新贷负担保责任。

（b）新贷与旧贷的担保人不同,或者旧贷无担保新贷有担保的情形

新贷担保人不必承担担保责任,除非债权人有证据证明新贷的担保人提供担保时对以新贷偿还旧贷的事实知道或者应当知道。

(3) 两者的差异

 (a) 保证人善意无过失的情形

  （甲）依法律行为法

   如果构成重大误解,撤销权的行使受除斥期间的限制。

  （乙）依担保制度解释

   不承担责任意味着保证合同无效,无效的主张不受除斥期间的限制。

 (b) 保证人应知借新还旧的情形

  （甲）依法律行为法

   在意思表示存在错误的情形,表意人通常都有过失。有过失照样构成错误,依然可以撤销。

  （乙）依担保制度司法解释的立场

   担保人应当承担担保责任。

 (c) 不承担担保责任的后果

  （甲）依法律行为法

   各方当事人依然会依各自过错承担相应的缔约过失责任(682.2)

  （乙）依担保制度解释

   司法解释对于后果未作规定,应适用第682条第2款。

(4) 两套制度的关系?

 两者构成特别法(担保制度解释)与一般法(法律行为法)的关系,故应优先适用担保制度解释的规范。

3. 无权代理、无权传达

例 6.4.10

S向金融机构G借款时,请B担任保证人。B在一份空白的保证书上签了名,并填写了债务人S的姓名,嘱托S填写商定的保证金额后将该保证书转交给G。S在交给G之前擅自超额填写了保证金额。

S作为传达人未按照本人B的指示如实传达,可以类推适用无权代理的规定(171.1)。不过,如果G有理由相信S,则可以类推适用表见代理的规定(172)。

第 3 节　债权人与保证人之间的关系

一、保证债务的内容——介于自由与从属性之间

（一）自由还是法定？

1. 自由的面向

既然保证关系系基于法律行为而发生的债之关系，其较之于担保物权便具有更大的自由度。除了前述之对从属性的排除【本章第 1 节三（二）】外，自由还体现在如下情形：

（1）保证类型

当事人可以自由选择保证的类型，例如一般保证或者连带保证、独立保证还是从属性保证、根保证还是单笔债务的保证等。

（2）保证的阶段性

保证人既可以与债权人约定全程的保证，也可以约定阶段性的保证。

> **例 6.4.11**
>
> 需要筹措后续建设资金的开发商 B，向购房人 S 预售商品房，S 因资金不足决定通过 G 银行办理按揭贷款，由银行将贷款直接支付给开发商 B。在这个阶段，由于商品房尚未建好，G 无法通过设定抵押权来获得担保。于是，B 与 G 签订书面的保证合同，约定由 B 为 S 的债务提供保证，自银行发放贷款时起，直到工程竣工后购房人取得所有权登记且办理完成抵押权登记之时。

这种阶段性保证，一般被理解为附解除条件的保证合同，即当约定的条件——上例中完成抵押登记——成就时，保证合同归于消灭，从而导致保证债务的消灭。

（3）保证期间

当事人可以在法定的范围内自由决定保证债权的行使期间（本章第 3 节二（四））。

2. 法定的面向

另一方面，保证也存在着法定的面向。除了前述之对从属性之排除的限制（本章第 1 节三（二）4）外，制约还体现在两个方面：

(1) 来自强行法规的制约

　　(a) 有关主体资格的限制(683、担保制度解释 5、6.1)

　　(b) 有关保证期间限度的限制(692.2 前)

(2) 来自保证合同之要素的限制

　　此外,如果当事人的约定背离了保证的要素,则不再被定性为保证。归根到底保证的目的是担保主债权的实现。如果约定的"保证"债权与主债权之间不存在主从关系,即便当事人将彼此间的法律行为命名为保证,在法律属性上也不构成保证。

(二) 保证债务的范围

1. 任意规范性

　　关于保证债务的范围,存在着任意规范:包括主债务以及从属于主债务的债务,即利息、违约金、损害赔偿、实现债权的费用(691)。对此,当事人完全可以作出不同的约定,在这一点上,保证不同于担保物权,后者受到物权法定主义的制约。

2. 定额保证

> **例 6.4.12**
>
> S 向 G 借款 100 万元,由 B 担任保证人。S 最终不能偿还本息 120 万元。
>
> ① B 在与 G 的保证合同中约定,保证 100 万元。
>
> ② B 在与 G 的保证合同中约定,保证 70 万元。

(1) 保证合同中载明的保证金额恰好是主债务数额的情形(【例 6.4.12】①)

　　保证人对于超出主债务数额的利息、违约金、损害赔偿、实现债权的费用是否还需要承担保证责任?换言之,在此情形,第 691 条是否还有适用的余地?关于这一点,归根到底还是保证合同的解释问题。由于保证的债务数额恰好与主债务数额相同,除非有其他证据,宜解释为仅仅是对所担保之主债务的列举,不能排除利息、违约金、损害赔偿、实现债权的费用,因为在保证债务发生之时利息、违约金、损害赔偿、实现债权的费用尚不确定,双方权且以主债务的数额来概括保证债务的范围合乎交易常态。

(2) 定额保证的数额低于主债务数额的情形(【例 6.4.12】②)

　　除非有其他证据,应解释为该数额为保证债务的上限。

3. 部分保证

　　保证人当然可仅提供部分保证。部分保证的方案无非如下几种:

(1) 部分保证的方案

　　(a) 担保主债务能够得到清偿的上限

　　(b) 如果主债务有残余,则担保偿还到一定数额

(c) 担保一定比例的剩余主债务得到清偿
(2) 方式不明的情形
现实中的意思表示可能含混不清。

例 6.4.13

G 向 S 贷款 100 万元时,保证人 B 提供了 60 万元的保证。结果 S 只偿还了 50 万元。这时,B 负担的保证债务是多少?

若根据方案(a),B 需负担 10 万元;若根据方案(b),B 需负担 50 万元;若根据方案(c),B 需负担 30 万元。日本的通说以方案(b)作为合意内容不明时的解释规则。①

如果除了主债务之外还有利息、违约金、损害赔偿以及实现债权的费用,还需要解释主债务之外的部分是否在部分保证的范围之内。如果是以比例的形式提供部分保证,除非有其他证据,宜解释为对主债务部分的列举,不应排除相应的利息、违约金、损害赔偿以及实现债权的费用。

4. 基于法定解除的恢复原状义务?

例 6.4.14

S 与 G 之间存在买卖关系,按照约定 G 将价金预付给了 S,B 为 S 的履约提供了保证。因为 S 严重迟延,G 经催告后解除了买卖合同。但 S 已经无力退还价金,G 能否要求 B 承担保证责任?

解除的效果之一是恢复原状(566.1)。问题是恢复原状的义务是否属于保证的范围?从第 691 条的规定看,似乎不包括在内。针对这个问题的思考,有两种不同的进路。
(1) 同一性的进路
这种进路从恢复原状义务与原来之债务(第一性的债务)是否具有同一性的角度来判断恢复原状义务是否属于保证的范围。一般认为,两者之间存在着同一性。
(2) 当事人意思的进路
这种进路不再拘泥于同一性的问题,而是探究保证合同当事人的意思。通常来说,保证人提供保证时仅仅保证第一性的债务(在上例中指 S 对出卖人义务的履行)是例外,常态毋宁是保证债务人的一切相关债务,保证不因债务人的债

---

① 我妻,第 414 页;奥田,392 页;中田,576 页。

务不履行给债权人添麻烦。① 因此,只要没有特别排除,债务人因法定解除而负担的恢复原状义务也属于保证的范围。这种进路更具有说服力。现行法关于解除效果的一般规定采取的就是此种立场(566.3)。

5. 合意解除契约情形下的返还或者赔偿义务?

> **例 6.4.15**
>
> 学校 G 需要建设一座宿舍楼,交由建筑公司 S 来完成。在订立合同时双方约定,G 先向 S 支付工程款的三分之一(3000 万元),剩余部分待工程完工后支付,由 B 担当 S 的保证人,保证由该合同所生之债务。可是,工程进行一段时间后,S 内部发生重大变故(领导层因行贿罪全部被逮捕),工程有可能进行不下去了。于是 S 与 G 协商,双方通过合意解除了该合同,约定 S 返还 1000 万元。因 S 彻底丧失了偿还能力,G 能否向 B 主张保证责任?

(1) 同一性进路

若依同一性的进路,答案一定是否定的。其理由在于,基于合意解除所形成的债务与原来的债务之间完全没有同一性,且保证人对于该债务的形成完全没有参与,将这一债务纳入保证的范围,会严重损害保证人的利益。

(2) 当事人意思的进路

若依当事人意思的进路,则除非保证人与债权人有特别约定,保证人仍应在法定解除之恢复原状的范围内承担保证责任。

二、保证期间

(一) 概念

即根据当事人约定或者法律规定,债权人能够向保证人主张保证债权的期间。在该期间内若没有主张权利,则保证人不再承担保证责任(693)。

(二) 保证期间的性质

该期间"不发生中断、中止和延长"(692.1),在性质上属于除斥期间。问题在于,这个期间是什么权利的除斥期间? 应认为是债权人单方面决定保证债权这个请求权之命运的"权利",即维系或者消灭实体权的形成权。

(三) 形成权的行使方式

1. 一般保证的情形

在一般保证的情形,该形成权只能针对债务人通过诉讼或者申请仲裁的方式

---

① 我妻,第 415 页。最高裁判所昭和四十年(1965 年)6 月 30 日大法廷判决,最高裁判所民事判例集 19 卷 4 号 1143 页。

行使（693.1）。通过诉讼或者申请仲裁的方式请求，可以防止债权人与债务人串通起来伪造于保证期间内已作出请求的表象。

2. 连带保证的情形

对该形成权的行使必须针对保证人，但方式上没有限定（693.2）。之所以不限定为诉讼或者申请仲裁的方式，是因为在此情形被请求人就是保证人，不存在债权人伪造于保证期间内已作出请求之事实的危险。

（四）与保证债务诉讼时效的关系

一旦债权人在保证期间内请求，保证期间的使命即告终结。债权人在保证期间内的请求，是保证债权之诉讼时效开始的前提。这是因为，在作保证期间内的第一次主张之前，保证债权尚属不确定的权利，没有必要炮制出这种权利的诉讼时效。

1. 一般保证

一般保证的债权人在保证期间届满前对债务人提起诉讼或者申请仲裁的，从保证人拒绝承担保证责任的权利消灭之日起，开始计算保证债务的诉讼时效（694.1）。

保证人拒绝承担保证责任的权利消灭之日＝先诉抗辩权消灭之日

2. 连带保证

连带保证的债权人在保证期间届满前请求保证人承担保证责任的，从债权人请求保证人承担保证责任之日起，开始计算保证债务的诉讼时效（694.2）。

（五）保证期间的长度（692.2）

当事人可以约定保证期间的长度；未作约定或者约定不明的，保证期间为主债务履行期限届满之日起的 6 个月。在下列情形视为没有约定期间：

1. 约定的保证期间早于主债务履行期限或与主债务履行期限同时届满

这样的约定意味着主债务到期时保证期间已经届满，即在债权人可以向债务人主张债权之初，保证债权就已经同时消灭了。这样的保证毫无意义。

2. 约定的保证期间直到债权人最终得到清偿为止

这样的约定意味着只要主债务不消灭，保证债务将永远存续，对保证人过于不利。

三、保证人的抗辩

（一）源于债务人的抗辩

保证之债的从属性决定了，当债务人对债权人享有某种抗辩时，保证人可以在一定程度上加以援用（701S1、702）。① 债务人对债权人可能享有的抗辩多种多样，既可以是

---

① 反之，由于从属性的单向性，主债务人并不能援用一般保证之保证人的抗辩事由。

单纯阻却债权行使的抗辩，例如诉讼时效抗辩、执行时效抗辩、债务未到期的抗辩、同时履行抗辩、先履行抗辩、不安抗辩等；还可以是消灭债权的抗辩，包括可以导致基础关系之原因（意思表示、法律行为）归于消灭从而间接消灭债权的形成权（撤销权、相对无效的主张、追认的拒绝），也包括直接消灭债权的形成权（抵销权、选择权）。

1. 援用的程度

不过，援用的程度却因债务人所享有之抗辩的性质差异而有所不同。

（1）阻却债权行使之抗辩

对于仅仅阻却债权人行使债权的抗辩，保证人完全可以原封不动地援用（701S1）。

【深化】 同时履行抗辩权和先履行抗辩权的援用

关于同时履行抗辩权和先履行抗辩权的属性，学理上历来有行使效果说和存在效果说之争。若采存在效果说，则意味着即便债务人不主张，也会自动发生抗辩的效果。反之，若采行使效果说，则意味着只有债务人行使抗辩权时才会发生抗辩的效果。从第701条的文义看，似乎保证人唯有主张才能发生抗辩的效果。对于同时履行抗辩和先履行抗辩如果采存在效果说，则保证人不主张也应自动发生抗辩的效果。

（2）消灭债权的抗辩

例 6.4.16

债务人 S 对债权人 G 享有同种类的债权，且已经到期。面对 G 的追讨，保证人 B 能否代 S 作抵销？

如果债务人享有足以消灭债权人之债权的抗辩权，例如撤销权、抵销权、选择权以及拒绝追认权等，保证人仅能援用到阻却请求权的程度。我国实定法上的表述为"拒绝承担保证责任"（702）。这是因为，形成权具有一定的人身属性，即与权利人之间存在密切的关联，这样的权利通常不允许由别人代为行使，否则会过分地干涉权利人的财产管理。

现行法仅仅规定了保证人可以援用债务人享有的抵销权和撤销权，而选择之债中的选择权[①]以及无权代理中本人的拒绝追认权等也可类推适用第702条。有观点认为，对于债务人享有的违约方解除权（580.2）也应类推适用第702

---

① 程啸：《论〈民法典〉第 702 条上的保证人抗辩权》，载《环球法律评论》2020 年第 6 期，第 53 页。

条。① 然而,当法官认可债务人作为违约方的解除主张(580.2)时,债务人所承担的违约责任与原合同债务存在同一性关系,保证人仍应承担保证责任,不能"拒绝承担保证责任"。因此,这样的抗辩对于保证人而言并没有意义。

如果债务人已经行使了抵销权、撤销权,则意味着债务(部分)消灭,保证债务原则上也随之消灭或者缩减,保证人自然无须援用第 702 条。不过,存在着可以从保证合同中解释出保证人需要对意思表示被撤销后的次生债务负担保证责任的情形【本章第 1 节三(二)4(3)】,如果在一定程度上放宽对独立保证的限制,则在此情形保证人无法援用债务人的撤销权作为抗辩。

2. 债务人对抗辩的放弃

债务人放弃抗辩的,保证人仍有权向债权人主张抗辩(701S2)。这是因为,债务人不能单方面加重保证人的负担。

从规范的安排看,既然第 702 条是有关消灭权利之抗辩的规定,因此第 701 条所规范的就应当仅限于单纯阻却权利行使的抗辩。对于可以消灭债权的形成权,鉴于其人身属性,债务人明确放弃行使的,保证人不能"拒绝承担保证责任"。

3. 保证人未援用的后果

(1) 保证人不知存在可以援用之抗辩的情形

通常,保证人对于债务人对债权人享有的抗辩无从知晓,因此未援用本身不应受到负面评价。如果未援用的是阻却权利行使之抗辩,则保证人仍有权向债务人追偿。如果未援用的是消灭权利的形成权,则当债务人事后行使了撤销权、抵销权等时,保证人不仅可向债权人主张不当得利的返还,而且还可以就债权人无法向保证人足额返还的部分以及救济费用向未告知抗辩权存在之债务人主张损害赔偿。②

(2) 保证人怠于援用的情形

然而,如果保证人明知或者应知存在可援用之抗辩却怠于援用,从而履行了保证债务,则保证人无权向债务人追偿。这是因为,在受托保证的情形,保证人怠于援用债务人的抗辩从而履行了保证债务的,属于受托人未妥善处理受托事务的情形,无权向债务人(委托人)主张必要费用的偿还(921S2)。在非受托保证的情形,保证人怠于援用债务人所享有的抗辩从而履行了保证债务的,属于无因管理中管理人违背善良管理人义务(981)的情形,保证人亦无权向债务人请求必要费用的偿还。③

保证人是否构成怠于援用,应当由债务人承担证明责任。

---

① 程啸:《论〈民法典〉第 702 条上的保证人抗辩权》,载《环球法律评论》2020 年第 6 期,第 53 页。
② 同上文,第 51 页。
③ 王蒙:《〈民法典〉第 701 条(保证人抗辩援引规则)评注》,载《南京大学学报(哲学·人文科学·社会科学)》2022 年第 4 期,第 35 页。

（二）保证人固有的抗辩

1. 先诉抗辩权

（1）含义

所谓先诉抗辩权，也称为检索抗辩权，指面对债权人的主张，保证人可作的如下抗辩：应先由债务人履行其债务，只有在其不能履行时才由保证人承担责任。在达到被强制执行的债务人仍不能履行债务[①]的状态之前，债权人不得对保证人的财产实行强制执行（687.2 正）。可见，先诉抗辩权是阻却而非消灭请求权的抗辩权。其中的"不能履行"不限于履行不能。因为金钱之债不存在履行不能，种类之债在多数情况下也不存在履行不能。

（2）对先诉抗辩权的限制（687.2 但）

在下列情形，保证人不能作先诉抗辩：

(a) 债务人下落不明，且无财产可供执行

(b) 法院已经受理债务人破产案件

(c) 债权人有证据证明债务人的财产不足以履行全部债务或者丧失履行债务能力

(d) 保证人书面表示放弃先诉抗辩权

除此以外，在主债权诉讼时效届满而保证债权的诉讼时效尚未届满的情形，保证人也不能作先诉抗辩。但此时，保证人可以援用主债务人的时效抗辩（701）。

（3）一般保证的保证债权行使（担保制度解释 26）

(a) 已取得主债权之执行依据的情形

只需要起诉一般保证人。

(b) 未取得主债权之执行依据的情形

债权人须一并起诉债务人与保证人，而不能仅起诉保证人。判决书主文中须明确，保证人仅对债务人财产依法强制执行后仍不能履行的部分承担保证责任。

(c) 财产保全

若债权人未对债务人的财产申请保全，或者保全的债务人的财产足以清偿债务，则债权人不得申请对一般保证人的财产进行保全。

2. 保证债权诉讼时效的起算

由于保证之债的独自性，保证债权有其自身的诉讼时效。当保证债权的诉讼

[①] 何谓强制执行都不能实现债权之时呢？判断基准要区分两种情形：(1) 法院作出终结本次执行程序裁定，或者依照《民事诉讼法》第 268 条第 3 项、第 5 项作出终结执行裁定的，自裁定送达债权人之日起算；(2) 法院自收到申请执行书之日起 1 年内未作出前项裁定的，法院收到申请执行书满 1 年之日起算，但是保证人有证据证明债务人仍有财产可供执行的除外（担保制度解释 28.1）。

时效届满时,保证人便享有了时效抗辩权。若保证人援用时效利益,则债权人无法主张保证债权。问题是保证债权之诉讼时效何时起算？若起算点不能确定,则无法判断时效期间是否经过。

(1) 主债权经过诉讼或者仲裁获得执行依据的情形

在债权人于保证期间内起诉或申请仲裁的情形,保证人的先诉抗辩权消灭之时,保证债务的诉讼时效起算(694.1)。具体而言,自终结本次执行程序裁定或者依《民事诉讼法》第 268 条第 3 项、第 5 项所作之终结执行裁定送达债权人之日起,保证债权的诉讼时效开始计算(担保制度解释 28.1)。在此情形,由于主债权的诉讼时效早已完成其使命,因此,主债权的诉讼时效期间与保证债权的诉讼时效期间不会发生时间上的重叠。

(2) 主债权未获得执行依据的情形

在先诉抗辩权受到限制的情形(687.2 但),保证债权的诉讼时效自债权人知道或应当知道该情形之日开始起算(担保制度解释 28.2)。此种情形下,一般保证中主债权的诉讼时效期间与保证债权的诉讼时效期间会发生时间上的重叠。

四、债权人的担保保存义务

所谓债权人的担保保存义务,是指债权人对于其所享受的担保权(既包括担保物权也包括保证债权)负有不得抛弃的不真正义务,若抛弃则其他担保人在所抛弃的权益范围内免于承担担保责任。我国法仅就债务人自身所提供之担保规定了债权人的担保保存义务(409、435),而在保证的情形,涉及的却是对他人之保证的抛弃。虽然各保证人对债权人负担连带债务即连带共同保证的情形,自然可以适用连带债务的规则(520.2)[①],但保证人可以相互追偿的情形并不限于连带共同保证,在这些情形就无法适用连带债务的规则了。所幸司法解释填补了这一漏洞。

> **例 6.4.17**
>
> G 对 S 拥有 100 万元的债权,B_1 和 B_2 为可以相互追偿的全额保证人。G 因疏忽错过了其对 B_1 之保证债权的保证期间。

由于 G 对 B_1 之保证债权的保证期间已经经过,该保证债权消灭。因此,承担了保证债务的 B_2 将无权向 B_1 追偿。令 B_2 就 S 不能履行的部分承担全部保证责任,等于将 G 的疏忽转嫁给了 B_2,有违公正。为此,其他保证人在其不能追偿的范围内免于承担保证责任(担保制度解释 29.2)。

---

① 有观点从保护债权人利益的角度出发,对于债权人与部分保证人和解的情形是否能一律适用连带债务的相关规则提出了质疑。参见周江洪,第 191—192 页。

第4节　债务人与保证人之间的关系

一、追偿权

保证人作出清偿等消灭债务的行为后,"除当事人另有约定外",保证人可"在其承担保证责任的范围内向债务人追偿(700 正)。保证人之所以负担保证债务,或是出于债务人的委托,或是单方面对他人事务的管理。原因不同,导致追偿的法理基础以及范围不同。第 700 条并非独立的请求权基础,其意义在于为追偿确定了上限。但需要注意,该上限规定是任意规范,可以被保证人与债务人的合意所排除。

（一）追偿的范围

1. 受托保证的情形

如果保证人是受债务人之托而提供保证的,则因保证人与债务人之间存在委托关系,保证人原本可以基于委托合同向债务人主张处理委托事务的费用(921S2)和委托报酬(928.1)。如果保证人与债务人就委托报酬存在约定,保证人可以向债务人主张的债权数额不受保证人承担保证责任之范围的限制。

> **例 6.4.18**
>
> S 曾向 G 借款 100 万元,为期 1 年,年利率为 5%,迟延利率为 8%。B 受 S 之托,为该借款债务提供保证。当时 B 与 S 约定,若 B 履行了保证债务,则 S 应当在 1 年内偿还,年利率为 8%,超过 1 年未偿还时年利率为 10%。借贷期满后 S 一直无力清偿,期满一年时 B 向 G 支付了本息 113 万元。B 在履行保证债务后满 2 年时可以向 S 追偿多少?

在【例 6.4.18】,保证人履行的保证债务为 113 万元,而保证人可追偿的数额为 $113+113\times8\%+113\times10\% = 133.34$(万元)。尽管这其中有 $113\times10\% = 11.3$(万元)属于迟延利息,但即便扣除迟延利息,保证人可以追偿的数额也超过了保证人履行保证债务的数额(113 万元),为 $113+113\times8\% = 122.04$(万元)。

如果双方未就追偿数额作出特别约定,这时保证人可以向债务人行使的便是法定的追偿权,应适用第 700 条的规定,保证人仅能在其承担保证责任的范围内向债务人追偿。不过稍显遗憾的是,我国法仅规定了追偿的上限——"其承担保证责任的范围内"(700),并未就追偿权的具体构成作出规定。如此一来,留下了法律漏洞。对此,比较法上的经验值得借鉴。例如日本法规定,追偿权的对象包括:(甲)为消灭主债务所支出的财产;(乙)消灭行为之日起的法定利息;(丙)不可避免的费用或者其他损害(日民459)。其中,不可避免的费用主要包括包装费、搬运费、货币兑换费等;其他损害主要指被债权人追究而负担的诉讼费、执行费、为清偿而将自己财产变价或者为设定担保所花费的费用等。

2. 非受托保证的情形

(1)构成适法无因管理的情形

如果保证人并未受债务人之托,则通常因不违背债务人可被推知的意思而构成无因管理,因此保证人可以主张必要费用的偿还(979.1)。不过,必要费用有可能超过保证人所承担之保证责任的数额。

例 6.4.19

眼看好友 S 对 G 的金钱债务即将到期而束手无策,为了帮助 S,B 私下与 G 订立保证合同,并从银行按照通常的利率贷款若干,于债务到期日履行了保证债务。

为了管理 S 的事务——偿还债务,B 付出了超过债务总额的必要费用=债权额+贷款利息。在此情形,保证人的追偿权——必要费用偿还请求权的范围受到第 700 条的限制。

(2)不构成适法无因管理的情形

非受托的保证也可能因为违背了债务人可被推知的意思而不构成适法无因管理。

例 6.4.20

眼看好友 S 对 G 的金钱债务即将到期而束手无策,为了帮助 S,B 决定借高利贷来帮 S 偿债,于是私下与 G 订立保证合同,并从小贷公司借得高利贷若干,于债务到期日履行了保证债务。

在此情形,保证人仅能在债务人"获得的利益范围内"向债务人主张必要费用的偿还(980)。由于债务人的获益就是其对债权人之债务的消灭,所以保证人能够追偿的数额就是其所承担之保证的数额。

(二)追偿的时期——约定追偿权的情形

若保证人与债务人约定可事前——履行保证债务之前——追偿,理应尊重其约定。这种约定在特殊情形有其经济合理性。例如,在金融机构为债务人担任保证人的情形,就有可能约定:当发生特定危及债务人信用的事实时,金融机构可以事前追偿。

(三) 追偿的时期——法定追偿权的情形

1. 原则——事后追偿(700、979.1、980)

原则上,只有在履行了保证债务后保证人才能向债务人追偿。

(1) 理由

保证制度的目的是增加债权人回收债权的可能性。如果允许保证人在履行保证债务之前就向债务人行使追偿权,有违保证的目的。为此,原则上保证人无权在履行保证债务之前向债务人追偿。因此,即便在受托保证的情形,也不应承认保证人对债务人的费用预付请求权(921)。在这个意义上,第 700 条具有区别于第 921 条的特别意义。此外,在非受托保证的情形,追偿权实际上是无因管理的费用偿还请求权,而该请求权也以管理费用的实际支出作为前提。

(2) 清偿期到来前的清偿

如果保证人在主债务清偿期到来之前履行了保证债务,其仍应待到主债务的清偿期到来时才能向债务人追偿,否则会构成对债务人期限利益的剥夺。

(3) 债务人先向保证人清偿的效果

如果债务人在保证人承担保证责任之前向保证人清偿,尽管会减少债务人的责任财产,但由于有保证存在,而保证是以保证人的全部责任财产作担保,故在总量上通常不会危及债权人的债权,因此没有适用债权人撤销权的余地。

(4) 事后法定追偿的要件

(a) 保证人承担了保证责任

指保证人履行了保证债务,以及通过抵销、提存、代物清偿的方式承担保证责任的情形。

(b) 债务人对债权人的债务因此消灭

尽管保证人向债权人承担了保证责任,但如果债务人的债务并非因此而消灭,例如因债务人自身的清偿行为、债权人的免除、第三人的清偿等原因而消灭,则保证人无权向债务人追偿。

(c) 保证人无过错

这里的过错,是指保证人原本不必承担保证责任而仅因为其疏忽才导致其承担保证责任,例如忽略了债务人的抗辩。

2. 例外——法定的事前追偿权

保证人的事后追偿通常伴随有不能实现的风险。不过,保证人完全可以通过反担保、事前追偿的约定等方法来规避风险。然而,在特定的情形,仍有必要基于一定的价值判断赋予保证人在尚未履行保证债务的阶段即可从保证债务中解放出来的法定救济手段。

(1) 救济手法

主要有两种:一是赋予保证人法定的事前追偿权(例如日民 460);二是赋予

保证人对债务人的解放请求权(德民775以下),即保证人有权请求债务人免除保证或者提供担保。我国法选择的是前一种手法(企业破产法51.2)。

(2)事由

从比较法角度看,赋予保证人法定的事前追偿权的情形主要有两类:一类是债权人怠于主张债权的情形;另一类则是保证人因不可归责于其自身的原因而不得不承担保证责任的情形。

(a)债务人已进入破产程序,但债权人未申报债权的情形(担保制度解释24、日民460.0.1)。

在此情形,如果保证人只能事后追偿,只能等破产程序结束后参与希望更加渺茫的追加分配。因为只有等到申报债权的期限届满才知道债权人有没有申报,但这时保证人已来不及再申报。所以,实际的操作应该是:保证人也在申报期内申报,事后如果发现债权人已经申报,便不认可保证人之债权申报的效力。

(b)债务已届清偿期限的情形(德民775.1.3、日民460.0.2)

清偿期限届至后若债务人不及时履行其对债权人的债务,日后债务人随时有可能陷入无资力的境地;此外,债权人还有可能通过拖延战术恶意地积攒更多的迟延损害赔偿。这些都极有可能损害保证人的利益。

(c)债权人获得对保证人的可执行的履行判决的情形(德民775.1.4)

在此情形,保证人将确定地履行保证债务,应允许其向债务人作事前追偿。然而,如果债权人获得对保证人的可执行的履行判决是基于保证人的过失(例如疏于抗辩),则不应认可保证人的事前追偿权(日民460.0.3)。

(d)在债务人住所、工商营业所或居留地发生变更,导致保证人对债务人的追诉显著困难的情形(德民775.1.2)

遗憾的是,我国法未就上述(b)(c)(d)情形赋予保证人事前追偿的权利。

(四)保证人的通知

1. 事前的通知

为保障债务人对债权人的抗辩,日本法规定,保证人在清偿或者实施其他消灭债务的行为时需要通知债务人,否则债务人可以其对债权人的抗辩对抗保证人(日民463.1)。我国法未规定,但理应作相同处理。

2. 事后的通知

若保证人清偿债务后不将已履行保证债务的事实通知债务人,债务人可能会向债权人清偿。为保护债务人,若保证人违反事后通知的义务,导致债务人善意无过失地清偿,则债务人的清偿应被视为有效的清偿(日民463.3)。如此一来,保证人将无法向债务人追偿,他只能向债权人主张不当得利的返还。

二、清偿代位

1. 含义
履行保证债务后,保证人可代位债权人行使其权利(700)。

2. 代位的长处与短处——对保证人以及第三清偿人而言
(1) 长处
清偿人可以享受原债权人的担保地位。
(2) 短处
债务人对原债权人的抗辩也可以用来对抗代位人。

3. 与追偿权的关系
(1) 独自性
因代位债权人而取得的原债权与追偿权是两个债权。这两个债权的数额、利率、诉讼时效起算点可能都不相同,时效障碍(中断、中止)也彼此独立,互不影响。为此,保证人向债务人主张权利时,需要明确主张的是哪一个权利。作为原告的保证人的主张不明确时,法官应作释明。如果原告拒绝明确其主张的权利,则应以诉讼请求不明为由驳回起诉。
(2) 代位的作用
保证人因代位债权人而取得的原债权,用以担保追偿权的实现。两者之间是主从竞合关系,追偿权为主,代位的原债权为从。因此,代位权的范围以追偿权为限。

三、行使权利不得损害债权人的利益

在保证人部分清偿保证债务的情形,债权人对主债务人的债权会有残存部分。这时,无论是保证人部分代位债权人还是保证人对主债务人行使追偿权,都有可能与债权人的残存债权发生竞争关系。对此,实定法笼统地表达了"不得损害债权人的利益"的立场(700但)。

1. 保证人向债务人主张代位的情形
这种情形与对于清偿债务人债务具有合法利益之第三人作部分清偿的情形类似(参见第 3 部第 1 章第 4 节五(五)1)。不过,考虑到保证人不同于清偿他人债务的第三人,前者担保人的身份决定了其注定要劣后于债权人的地位,无论是否存在担保物权,均应确保债权人的地位优先。具体而言,对于"不得损害债权人的利益"可作如下解释:在权利的行使环节,保证人唯有在获得债权人同意的情形方可与债权人共同行使债权;在债权的实现环节,债权人先于保证人受偿。

2. 保证人向债务人追偿的情形
依本书立场,在第三人清偿的情形,该第三人的追偿权与债权人的残存债权彼此平等(参见第3部第1章第4节五(五)2)。不过,实定法对于保证人的追偿权行使,亦要求"不得损害债权人的利益"(700但)。这主要是因为保证人原本就处于担保人的地位,应当尽量满足债权人的债权实现。在具体操作层面,可作与保证人向债务人主张代位的情形相同的理解。

第5节 根保证

一、总论

(一)多样性

如前所述,根保证是指担保一定期间内发生的债权人对债务人的数笔债权的保证。由于保证本身的独自性,以及保证关系属于债之关系而非物权关系,因此,在理论上根保证可以有很多种形态。虽然实定法仅仅规定了其中的一种类型,即最高额保证,但没有理由否定其他类型之根保证的效力。

然而,尊重根保证的效力,并不意味着法秩序就只能放任债权人与根保证人之间的合意。

(二)根保证人的保护[①]

根保证中保证债务的内容存在一定程度的不可控性,为防止保证人承受过重的负担,需要法秩序适度介入,而不能放任契约自由。遗憾的是,由于我国法缺乏对根保证的一般性规定,在这一问题上存在着明显的法律漏洞。

1. 对保证债务量的限定

在不确定保证债务上限[②](例如人事保证)的情形,为防止保证人承受过重的债务,恐怕需要在个案中通过法律行为法尤其是乘人之危制度(151)来介入。

2. 信息提供

在缔约阶段和保证合同存续期间,债权人应向保证人提供相应的信息。

3. 对保证债务发生期间的限定

要么限定保证债务的发生期间,要么赋予保证人单方面终止保证合同的权限。

[①] 中田,603—604页。

[②] 将这种情形称为最高额保证在表述上有些怪异,这主要是因为汉语中对此类保证没有给出一个更恰当的专业术语。日语中的"根保证"就可以回避这种尴尬。

4. 对根保证之继承的限定

由于根保证通常基于债务人以及保证人之特定的人身性,因此,在债务人或者根保证人为自然人的情形,当债务人或者保证人死亡时,不发生根保证的继承。

二、最高额保证

(一) 含义和特征

1. 含义

所谓最高额保证,是指保证人于一定期间内就连续发生的债权在最高额限度内所提供的保证。

根据保证人所负担之保证的类型不同,最高额保证可以分为最高额一般保证和最高额连带保证。

2. 特征

(1) 存在最高额债权限度的约定

(a) 未约定最高额债权限度的情形

如果没有约定保证的最高额债权限度,通过对保证合同的解释也无法确定保证的最高额债权限度,则不属于最高额保证。此种情形自然不能适用《民法典》中有关最高额保证的规定,但并不意味着根保证本身无效。在此情形只能通过对合同的解释来确定根保证人的债务。当然,如前文所述,如果最终导致根保证人负担过重,则存在法律行为法介入的余地。

(b) 主债权最高额抑或债权最高额?

最高额保证中所约定的最高额债权限度到底是针对主债权最高额的还是针对债权最高额的?若是针对前者,则意味着主债权的数额不超过最高额债权限度即可,此外,最高额保证人还需要负担可能的利息、违约金、损害赔偿以及实现债权的费用。

关于这一点,自然是当事人的合意优先。问题是不存在合意的情形,该如何确定? 司法解释的立场相当明确,以债权最高额作为解释基准(担保制度解释15)。这一立场符合根保证之当事人通常的预期,值得肯定。

(c) 累积债权总额抑或债权余额?

在约定的期间内,债权可能不断地发生增减,累积的债权总额和债权余额不一定一致。最高额债权限度针对的是约定期间内所发生之债权的总和,还是期满时的债权余额呢? 答案显然是债权余额,这才是债权人接受保证的目的所在。

（2）债权发生期间

最高额保证需要存在确定的债权发生期间。债权人和债务人可以不约定具体的债权确定期间，而约定债权确定期间的确定方法。

（3）连续发生

尽管最高额保证的定义规定中要求被保证的债权必须"连续发生"，但在本书看来，这一表述的真正目的，其实是要强调（a）根保证合同订立时债权的发生尚不确定；(b）在债权确定期间内有可能发生多笔债权；①（c）所发生的多笔债权种类符合约定②。因此，"连续发生"这一表述词不达意。

（二）担保债权的确定

同最高额抵押一样，最高额保证也需要确定被担保的债权数额。关于被担保债权的确定方法，参照适用最高额抵押中有关被担保债权确定的规定（690.2、423）。不过，最高额保证毕竟不同于最高额抵押，并不能全部照搬后者的规定。适于最高额保证的债权确定的方法包括：

1. 约定的债权确定期间届满。
2. 未约定确定期间或者约定不明确的情形，债权人或者保证人自最高额保证合同生效之日起满2年后可以请求确定债权。
3. 新的债权不可能发生之时。在有证据足以证明新的债权不可能发生时，就没有必要再等到约定的债权确定期间届满。

新的债权不可能发生的情形主要有两种：(1）连续交易的终止；(2）构成所担保之债的基础法律关系消灭。③

4. 债务人、保证人被宣告破产或者解散时。在债务人、保证人的主体资格即将终止之时，有必要确定被担保债权的数额。
5. 债务人、保证人死亡之时。此外，在债务人为自然人的情形，根保证人通常仅仅愿意为债务人个人提供担保。因此，对于在债务人死亡之后发生的债务，根保证人没有担保的义务。同理，在根保证人为自然人的情形，愿意为债务人提供根保证的仅仅是根保证人本人，因此，对于根保证人死亡后发生的债务，同样不应作为被根保证所担保的债务。对此，日本法有明文的规定（日民465之4.1）。我国法虽然没有规定，但通过对根保证合同的解释，也可以得出相同的结论。

---

① 不过，即便最终在约定期间内仅发生了单笔债权，也依然属于最高额保证所担保的债权。
② 黄薇3，第760页将其称为"同质性"。其实，债权人和最高额保证人完全可以将两种以上不同质的债权作为担保的对象。
③ 黄薇3，第739页。

第 6 节　连带保证

一、概念及判定

（一）概念

所谓连带保证，是指保证人与债务人连带负担债务的保证。它与一般保证的最大差异在于不具有补充性，保证人不享有先诉抗辩权（688.2）。

（二）判定

连带与否，由当事人自由约定。因此，连带与否的判断，是保证合同的解释问题。一般来说，当事人在保证合同中约定了保证人在债务人不履行债务或者未偿还债务时即承担保证责任、无条件承担保证责任等类似内容，不具有债务人应当先承担责任的意思表示的，为连带保证（担保制度解释25.2）。

问题在于，约定不明时该如何定性？《民法典》以一般保证作为预设规范（686.2）。这一立场在民事领域较为合理，符合保证当事人通常的预期。然而，由于我国法采取的是民商合一的立法模式，这一任意规范也适用于商事领域，其正当性就令人怀疑。唯一的应对办法，是将第686条第2款的适用范围限定在民事领域。

二、特征

连带保证兼具保证与债务的双重属性。

（一）保证的特征

连带保证关系中主债务与保证债务之间具有主从关系，这是连带债务所不具备的。主从关系决定了连带保证具有一些不同于连带债务的特征。

1. 份额

连带债务人有各自分担的份额，但连带保证中不存在这样的份额，债务人需要对全部债务承担清偿责任，而保证人则在保证范围内承担保证债务。

这种从属性决定了主债务缩减（例如债权人作部分免除、主债务人作部分清偿）时，连带保证债务也随之缩减。这一点与连带债务中债的部分消灭稍有不同。

2. 追偿

不同于连带债务人之间可以就超出自己份额部分的清偿相互追偿，连带保证中只有保证人享有对主债务人的追偿权,主债务人却不享有对连带保证人的追偿权。

(二) 连带债务的特征

关于连带保证在多大程度上具备连带债务的特征,本应由立法予以明确,但我国的实定法对此却未置一词。在解释论上应当类推适用连带债务的规则(520),即清偿、抵销、混同以及受领迟延的事实无论发生在主债权还是连带保证债权,均发生绝对效力,换言之,影响是双向的。在这一点上连带保证不同于一般保证。不过,不同于连带债务,连带保证中主债务与保证债务毕竟存在主从关系,债权人对保证债务的免除,不应影响到主债务。

稍有争议的是诉讼时效的中断和中止。较之于一般保证,连带保证债权与主债权的关系更为密切。因此,如果承认一般保证中保证债权在时效中断和中止上具有从属性(本章第1节三(二)1(5)),就应该承认当主债权发生时效中断或者中止时,会影响到保证债权,换言之连带保证债权在时效中断和中止上相对于主债权具有从属性。有争议的是,连带保证债权发生时效中断或者中止时,是否会反过来导致主债权的诉讼时效发生中断或者中止。关于这一点,在比较法上存在不同立场,很难说存在唯一正确的选择。

第7节 共同保证

一、概念和类型

(一) 概念

所谓共同保证,是指就同一笔主债务,由数人负担保证债务的情形。

> **例 6.4.21**
> G 对 S 有 300 万元的金钱债权,B_1、B_2、B_3 为保证人。清偿期到来后 S 不能清偿,于是 G 打算追究 B_1、B_2、B_3 的保证责任。B_1、B_2、B_3 分别对 G 负担多少债务?

(二) 类型

共同担保可以有多种类型,即便是多人保证,也可以因为约定的不同而呈现出多种可能的样态。较为常见的有如下三种基本形态①：

1. 多人单纯保证

指各保证人之间不存在连带关系，与债务人之间也不存在连带关系。在我国法上，由于共同担保人原则上不得相互追偿（担保制度解释13.3，详见下文），多人单纯保证的各保证人原则上须按照各自保证债务范围全额负担保证债务，各保证人并不享受免于债权人超额向其主张债权的分别利益。这一立场在比较法上较为少见。

2. 保证连带

指各保证人与债务人之间为一般保证关系，但各保证人之间存在应履行全部债务之特约的情形。司法解释上的用语为"连带共同保证"（担保制度解释13.1）。在保证连带中，各保证人不享有分别利益，须对债务人的债务全额负担履行义务。

3. 多人连带保证

指各保证人都是连带保证人的情形。在多人连带保证中，各保证人亦不享有分别利益，须对债务人的债务全额负担履行义务，但各保证人之间并不存在连带关系。

上述三种基本形态中，最为基本的当属多人单纯保证，因为其他情形需要保证人之间特别约定。这就意味着当无法判明是哪一种共同保证时，应推定为多人单纯保证。

二、影响关系

既然共同保证也属于多数当事人之债，那么就一名保证人所发生之事由是否会影响到其他保证人，便是无法回避的问题。

（一）多人单纯保证的情形

由于各保证人之间并无关联，因此就一名保证人所发生之事由，仅具有相对效力，不会影响其他保证人。不过，由于我国法上多人单纯保证的保证人不享有分别利益，就一名保证人所发生的部分或者全部清偿，具有绝对效力。

（二）保证连带的情形

保证连带接近于连带债务，因此，就一名保证人所发生之事由具有何种影响力，应类推适用连带债务的规则。

（三）多人连带保证的情形

这种共同保证介于前两者之间，因而就一名保证人所发生之事由具有何种影响力，存在两种相互对立的立场。或类推适用按份债务规则，或类推适用连带债务规则。

---

① 还可以有复杂的类型，例如其中一名或者数名保证人负担部分保证债务。

三、共同保证人之间的相互追偿

其中某一保证人履行了保证债务后,能否向其他保证人追偿?围绕这一问题,学界发生了激烈的论战。

(一)理论上的对立

1. 追偿否定说及其不足

(1)否定说的理由

(a)符合意思自治

在多人单纯保证的情形,各保证人都做好了履行全部保证债务的心理准备,为什么还可以要求其他保证人分担呢?允许追偿有违意思自治。

(b)减少讼累

不允许保证人间的相互追偿,可以减少讼累,降低诉讼成本。

(2)否定说的障碍

否定说的障碍在于《民法典》第700条的规定。依该条,保证人履行了保证责任后,可以"享有债权人对债务人的权利",这就意味着该保证人获得了债权人的地位。既然如此,其不仅可以向债务人主张原债权,还可以对其他担保人主张担保权。①

2. 追偿肯定说及其不足

(1)肯定说的理由

(a)公平价值的实现

允许保证人之间就超出自己应负担部分的相互追偿,才能实现共同保证人之间的公平。

(b)避免道德灾难

不允许相互追偿,有时会导致个别保证人通过向债权人输送利益以影响其选择。保证人还可以让亲朋好友来高价受让债权,然后受让人再有选择地主张保证债权。唯有允许相互追偿,才能避免上述难题。

(c)法与经济学的视角

最有说服力的理由,来自法与经济学上的理由:允许担保人之间的相互追偿不仅符合效率,亦契合意思自治即自由价值。②

(2)肯定说的不足

肯定说的最大问题在于:如果认为履行了保证债务的保证人所代位的是债权人的全部地位,那么他就可以在整个债权范围内向其他担保人主张担保权,而

---

① 王轶等,第339页便如此理解第700条中"享有债权人对债务人的权利"。
② 贺剑:《担保人内部追偿权之向死而生——一个法律和经济分析》,载《中外法学》2021年第1期,第107—119页。

履行了担保义务的其他担保人又可以依《民法典》第 700 条再次代位,从而引发无限循环的追偿。如果不以第 700 条作为保证人向其他担保人追偿的请求权基础,将不得不另行寻找。

(二) 司法解释的立场

1. 原则

不认可追偿(担保制度解释 13.3)。

2. 例外(担保制度解释 13)

在以下情形,例外地认可保证人对其他保证人的追偿权:

(1) 共同保证人约定相互追偿及分担的份额

既然存在约定,自然可以追偿。

(2) 共同保证人约定连带共同保证的

这里的连带共同保证,指的便是学理上的保证连带,即各保证人连带负担保证债务。既然如此,依连带债务的相关规定(519.2),保证人可以相互追偿。

(3) 在同一份合同书上签字、盖章或者按指印

各保证人在同一份合同书上签字、盖章或者按指印,通常意味着彼此知道对方的存在。在此情形,可以推定为连带共同保证。[①] 既然如此,某一保证人履行了超出其自身债务份额的债务时,自然可以向其他保证人追偿(519.2)。不过,如果在先签字、盖章或者按指印的保证人不知道会有后续的保证人加入,就不应该认定为连带共同保证。在此情形,仅认可后续保证人向在先保证人的追偿,而不认可在先保证人向后续保证人的追偿,才符合《担保制度解释》原则上不认可担保人相互追偿的立场。

可见,在上述三种允许保证人向其他保证人追偿的例外情形,全都存在相应的请求权基础。

(三)《民法典》第 700 条的解释论

通过上文对否定说和肯定说的分析可知,仅从文义看,第 700 条既不能支撑否定说也不能支撑肯定说。

一种可能的解释,是认为第 700 条仅仅规定了履行了保证债务的保证人有向其他担保人追偿的可能性。[②] 然而,将第 700 条作如此的虚化处理,并非理想的方案。

另一种可能的方案,则是借鉴日本法的规定(日民 501),一方面承认发生清偿代位的效果,即履行了保证债务的保证人可以行使债权人的一切权利;另一方面为了防止无休止的循环追偿,又将保证人向其他保证人追偿的范围限定为超出保证人分担份额的部分。

[①] 林文学、杨永清、麻锦亮、吴光荣:《〈关于适用民法典有关担保制度的解释〉的理解和适用》,载《人民司法》2021 年第 4 期,第 34 页。

[②] 周江洪,第 185 页。

然而，日本法的出发点是承认保证人之间可以相互追偿，并以《日本民法典》第501条中的代位作为实定法依据。由于担保制度解释出台，我国法原则上不承认保证人之间的相互追偿权，而在承认相互追偿的特殊情形有特定的请求权基础支撑，所以我国法并不需要通过第700条来为例外的保证人间相互追偿权提供实定法依据。因此，本书赞同将《民法典》第700条中代位的对象限于主债权，不包括担保权的立场。①

（四）追偿的数额

1. 超出追偿者应当负担的部分

保证人可以向其他共同保证人追偿的，应是超出自己应当负担的部分。除非存在部分保证的例外情形，原则上共同保证人应当负担的份额按照保证人的人头均分确定。

例 6.4.22

G 对 S 享有 300 万元的金钱债权，B_1、B_2、B_3 为共同保证人。清偿期到来后 S 不能全额清偿，尚有 240 万元未能清偿。于是 G 追究 B_1 的保证责任。B_1 清偿了 170 万元。B_1 可以向 B_2、B_3 分别追偿多少？

① B_1、B_2、B_3 为多人单纯保证。
② B_1、B_2、B_3 为保证连带。

计算自己应负担的部分时，以清偿时主债务的数额为基准。在此事例中，B_1、B_2、B_3 各自负担的份额为 80 万元。

2. 可以向每一共同保证人追偿的数额

至于能向每一个共同保证人追偿多少，则取决于共同保证的类型。

（1）多人单纯保证情形

按照司法解释的立场，各共同保证人之间原则上不得相互追偿。在【例6.4.22】①中，B_1 无权向 B_2、B_3 追偿。如果各担保人在同一份合同书上签字、盖章或者按指印，则 B_1 可分别向 B_2、B_3 追偿 45 万元（担保制度解释13）。

（2）保证连带的情形

超额履行了保证债务的保证人可以就超出的数额全额向各个共同保证人追偿。在【例6.4.22】②中，B_1 可以分别向 B_2 和 B_3 追偿 45 万元。

---

① 叶金强：《〈民法典〉共同担保制度的法教义学构造》，载《吉林大学社会科学学报》2021年第3期，第73页。

【深化】 保证与物上保证共存情形的相互追偿

共同担保中担保人之间相互追偿的前提,是各担保人应负担债务的确定。若只有共同抵押,应当按照不动产价格的比例分担(参见物权法的教材);若只有数人保证,应当按照保证人的人头计算比例。如果既有保证又有物上保证,该如何确定各担保人的应负担债务?对此,我国法未作规定。

> **例 6.4.23**
>
> G 对 S 有 1200 万元金钱债权。B_1、B_2 为可以相互追偿的保证人。D_1、D_2 分别以自己价值 800 万元和 400 万元的房产提供了抵押(假设两者为共同抵押,没有顺位)。

相互追偿的前提,是担保人之间的公平分担,但同时应考虑共同抵押的特殊规则。因此,应按照总人头数确定保证人的应负担债务以及物上保证人应当负担的债务总额。然后,再根据共同抵押的规则确定各物上保证人的负担数额。

在【例 6.4.23】中,保证人 B_1 和 B_2 各自的应负担数额为 300 万元;而物上保证人 D_1 和 D_2 的应负担数额分别为 400 万元和 200 万元。

第 8 节 反保证

一、概念

债务人或者第三人为了确保担保人在履行了担保责任后向债务人追偿的权利而提供的保证。

反保证是反担保(387.2)的下位概念。反担保的手段具有多样性,既可以是反保证,还可以是其他形式的担保,例如担保物权,以及其他具有担保功能的手段。然而,《民法典》并未就反担保设置任何规范,使得反担保作为一个实定法概念的意义微乎其微。反保证也存在同样的问题。反保证也是保证,其属性、效果原则上都应适用保证的规则。

二、反保证的从属性

(一) 从属于追偿权

反保证是对担保人追偿权、代位之原债权的担保,因此,它从属于担保人对债务人的追偿权、代位的原债权。

由于担保人的追偿权未必来自于合同(例如构成无因管理、不当得利的情形),认为保证合同从属于主债权债务合同的见解将无法解释此时的从属性。

(二) 从属于代位的原权利?

如果担保人还因代位而享有原债权人的债权,反保证是否还同时担保担保人享有的原债权呢?从当事人约定反保证时的目的看,既然反担保是为了确保担保人能够向债务人追偿的权利,那么当担保人基于代位主张原债权时,反保证人理应负担相同的保证债务。

这就意味着,在担保人既享有追偿权又可以基于代位享有原债权的情形,反保证既是对担保人追偿权的保证,也是对担保人因代位而享有之原债权的保证。这并不意味着反保证人负担了两项保证债务,反保证人仅应根据担保人的权利主张而负担对相应权利的保证债务,这是因为,追偿权与原债权之间存在主从竞合关系。

三、保证期间的起算点

就通常的保证而言,保证期间自主债务履行期届满之时起算。反保证的情形似乎也应如此。依最高人民法院的立场,反保证的保证期间自担保人实际履行担保责任之日起算。① 然而,上述立场未区分不同类型,将问题简单化了。实际情况稍有些特殊。

(一) 追偿权和代位原债权的差异

如前所述,追偿权与基于代位的原债权属于完全不同的权利,各自有自己的履行期。因此,保证期间的起算点取决于担保人是主张追偿权还是基于代位主张原债权。

(二) 担保追偿权的情形

1. 反保证人受托提供反担保的情形

追偿权实际上是委托合同中必要费用和报酬的请求权,关于这两项请求权的履行期,如有约定自从约定;如无约定,则自担保人履行了担保债务或担保物权被实现之时届满。因此,保证期间应自该时刻起算。

2. 反保证人非受托提供反担保的情形

追偿权是无因管理之必要费用请求权或者不当得利的返还请求权。在此情

---

① 什邡市龙盛投资有限责任公司、广汉市三星堆汽车客运服务有限责任公司与四川欣融融资性担保有限公司债务追偿纠纷案,最高人民法院(2013)民申字第1578号民事裁定书。

形,保证期间的起算点为该请求权发生之时。

（三）担保原债权的情形

在保证人因代位原债权而要求反保证人承担反保证责任的情形,该反保证之保证期间自原债权到期之日起算。

【深化】 保证保险:保证还是保险?

债权人和债务人为了确保债权的实现,有时候也会采取另外一种形式:引入保险人,将债务不履行约定为保险事故,换言之,用保险的方式来确保债权的实现。保险法亦将这种交易形态归类为保险,称之为保证保险(保险法95.1.2)。

> **例 6.4.24**
> S 向银行 G 贷款 20 万元用于购车,为了确保如期偿还本息,遂与 G 以及保险人 B 事先签订购车贷款履约保证保险协议书,协议约定,因投保人不履行购车贷款授信合同项下的还款义务,造成被保险人 G 损失的,G 按期向 B 索赔。在此基础上,S 作为投保人与保险人 B 订立保险合同,以 G 作为被保险人。

围绕保证保险的法律属性——是保证还是保险,存在争议。

1. 两者的主要差异

（1）合同的当事人

保证合同的当事人为债权人与保证人。保险合同的当事人为债务人(投保人)与保险人。

从表面上看,保证保险合同的当事人为债务人和保险人,似乎可定性为保险合同。然而,在保险合同之外,还存在着内容与保险合同大致接近的三方协议。因此,无法简单地从合同主体上作判断。

（2）从属性的有无

保证具有从属性,特别是成立上的从属性(682.1):主债权因其发生原因不成立、无效、被撤销而不存在的情形,保证债权亦不成立;而且,成立上的从属性规定属于强行法规。

保险则不具有这样的从属性,保险合同对保险事故的约定具有相当的自由,实务中保证保险合同以及三方协议通常都会将主债权发生原因不成立、无效、被撤销而导致的返还之债的债务不履行也约定为保险事故。

也许有人会质疑:如果允许当事人约定这样的保险事故,岂不是可以轻松规避禁止独立保证的强行法规了吗? 首先,禁止独立保证的规范原本就因为有违意思自治而在正当性上受到挑战。其次,由于存在准入门槛的限制,具有保险人从业资格的主体完全不同于轻率的保证人。最后,不仅保险合同有偿,保险产品的设计也经过保险精算,所以根本没有理由将禁止独立保证之规则的适用范围扩展至保险。

(3) 先诉抗辩权

一般保证的保证人享有先诉抗辩权。除非有特别的约定,保险人通常并不享有先诉抗辩权。

在保证保险中,若保险合同或者三方协议赋予保险人先诉抗辩权,则极有可能因债权人(被保险人)的抵触而大大降低投保人的缔约可能性。此外,由于保险合同通常采用格式合同文本,其中若有先诉抗辩权条款,可能将无法通过格式条款订入规则(496.2)和内容控制规则(497)的过滤。不过,如果先诉抗辩权系经个别磋商而订立,则此时的保证保险在先诉抗辩权问题上与一般保证没有差异。但即便如此,也无须借助保证制度,直接解释合意即可明确该抗辩权的含义。

(4) 保证期间的有无

保证中存在限制债权人行使保证债权的期间——保证期间。保险中则不存在这样的法定限制。

保险合同文本以及三方协议中约定的保险期间,是针对保险事故的,在性质上完全不同于保证期间。只要发生保险事故,保险人就有义务理赔,无须像保证那样必须在保证期间内启动保证债务。当然,如果三方协议真的约定了类似于保证期间的期间(估计不会表述为"保证期间"),没有理由不予以尊重。此时保证保险在保证期间问题上接近于保证,但同样只需要通过对合意的解释即可明确该期间的含义。

(5) 同时存在其他人提供担保的情形

如果在保证保险之外,还同时存在其他人提供的担保,会涉及担保人与保证保险人可否相互追偿的问题,所适用的法律规范不应局限于保险法,因为此时引发争议的原因并不存在于保险合同关系之中,而是保险人与其他担保人之间的关系。保险法并无规定,只能适用民法的相关规范。就此意义而言,保证保险更接近于保证。

2. 本书的立场

应将保证保险定性为保险,而非保证。至于保证保险是否具有从属性,则取决于约定。

如果存在有效的先诉抗辩权和类似于保证期间的期间约定,保证保险会在一定程度上接近于保证。但即便如此,也无须适用或者类推适用保证的规范,直接解释相关的合意条款即可。

唯独在保险人与其他担保人在可否相互追偿问题上,需要类推适用共同保证的相关规范。